U0153153

第二版

法國史

劉增泉 編著

五南圖書出版公司 印行

謹以此書獻給巴黎索邦大學（Université Paris-Sorbonne）
約翰・馬丁教授（JEAN-PIERRE MARTIN），感謝他多年來對我學術論文的指導

Je dédie ce livre à mon professeur de l'Université Paris-Sorbonne, Monsieur Jean-Pierre MARTIN, pour le remercier de ses conseils et de son soutien.

再版序

　　法蘭西共和國是歐洲西北部的一個國家。在歷史和文化上，法國是西方世界最重要的國家之一，在國際事務中也扮演著非常重要的角色，前殖民地遍布全球各個角落。法國以大西洋和地中海、阿爾卑斯山和庇里牛斯山為界，長期以來一直是連接北歐和南歐的地理、經濟和語言橋樑。它是歐洲最重要的農業生產國和世界領先的工業強國之一。

　　法國是世界上最古老的國家之一，是中世紀以來由一個公國統治的公國和公國聯盟的產物。今天，和那個時代一樣，中央權力屬於國家，儘管近幾十年來法國各地區獲得了一定程度的自治權。

　　法國人民將國家視為自由的主要守護者，而國家又為其公民提供了一項慷慨的便利設施計畫，從免費教育到醫療保健和養老金計畫。即便如此，這種中央集權的傾向也常常與法國民族的另一個長期主題相悖：堅持個人至上。

　　歷史學家米切萊特對此評論道：「英國是一個帝國，德國是一個國家，一個種族，法國是一個人。」政治家戴高樂也有一句名言：「只有危險才能使法國人團結起來。」對於一個擁有 265 種起司的國家來說，我們不能把團結強加給一個毫無希望的國家。

　　這種個人主義傾向伴隨著多元化的觀點和對更大世界的極大興趣。儘管帝國主義階段是由按照法國標準（la mission civilisatrice）推動世界文明的衝動推動的，但法國人仍然讚賞作家福樓拜的話：「我並不比古代更現代，也不比中國人更法國；而祖國（la patrie）之地的概念，也就是說，生活在地圖上一小塊紅色或藍色的土地上，憎惡其他綠色或黑色的土地，在我看來，總是狹隘、愚蠢至極。」

　　同時，法國文化具有普遍性和特殊性，它對藝術和科學的發展產生了深遠的影響，特別是人類學、哲學和社會學。

　　法國在政府和民政事務中也具有影響力，在啓蒙運動和法國大革命時代賦予了世界重要的民主理想，激勵了幾代人的改革運動甚至革命運動的發展。然而，現在的第五共和自 1958 年 9 月 28 日頒布以來，一直保持著顯著的穩定，其特點是私人主動性的巨大增長和中間派政治的興起。儘管法國與其他歐洲大國（並不時與長期盟友美國）發生長期爭端，但它已成為歐盟（EU）及其前身的主要成員。

　　從 1966 年到 1995 年，法國沒有參加北大西洋公約（北約）的綜合軍事組織，保留對本國空軍、陸軍和海軍的完全控制權；但從 1995 年開始，法國在北約軍事委員會中有代表，而 2009 年法國總統薩科齊宣布，法國將重新加入該組織的軍事指揮部。作為聯合國安理會五個常任理事國之一，與美國、俄羅斯、英國和中國一道，法國有權否決提交安理會的決定。

　　巴黎是法國的首都，也是迄今為止法國最重要的都市，是世界上傑出的文化和商業中心之一。巴黎這座雄偉的城市被稱為「光明之城」，經常被重塑，最著名的是在十九世紀中葉，在奧斯曼男爵的的規畫下（Baron Haussman）致力於拿破崙三世的願景，一座現代化都市的構想，即這座城市沒有古老的霍亂沼澤和擁擠的小巷，有寬闊的道路和有規律的計劃。

　　巴黎現在是一個幅員遼闊的大都市，是歐洲最大的都市之一，但它的歷史中心仍然可以在傍晚的步行中穿越。巴黎人相信他們的都市位於世界的中心，因此曾經被指稱自己的國家有兩個部分，巴黎和勒代塞爾（le désert），後者是一片荒蕪的土地。然而，巴黎大都會現在已經遠遠超出了它的遠郊，進入了鄉村，幾乎每個法國城鎮和村莊現在都有一兩個退休人員因生活費用高昂而離開都市，因此，在某種意義上，巴黎已經開始擁抱沙漠和沙漠巴黎。

　　法國的其他主要城市包括里昂，它位於連接北海和地中海的一條古老的羅納河谷貿易路線上；馬賽，地中海上的一個多民族港口，在西元前六世紀作為希臘和迦太基商人的轉口港而建立；南特，大西洋沿岸的一個工

業中心和深水港；波爾多，位於法國西南部的加倫河沿岸。

　　當你發現法國的文化、建築甚至政治時，你無法避免法國歷史的影響！法國的生活方式和政府仍然保留著一些重大歷史事件的痕跡。

一、古代

　　法國最初被命名為高盧或加利亞。凱撒大帝帶領羅馬人進入高盧，而克爾特人仍然統治著該地區。西元前 121 年，羅馬軍隊最終戰勝了克爾特人部落，羅馬帝國建立了第一個羅馬省（納博那地區）。馬賽是羅馬的盟友，因為它是迦太基人的勁敵，成為一個重要的貿易和商業中心。經過他的勝利運動和著名的高盧戰爭（西元前 58～51 年）後，凱撒於西元前 52 年建立了盧蒂亞鎮（Lutetia）—— 未來的巴黎，當時南部地區已經取得成功（南部城鎮盧格杜努姆 *Lugdunum）（里昂）曾是高盧人的首都）。羅馬人也在二世紀將基督教帶入高盧。從三世紀開始，來自東方的野蠻人，如法蘭克人、汪達爾人和西哥德人，開始入侵該地區。因此，高盧人聚集起來，與地方領主結成聯盟，以獲得他們的保護：封建制度的最初標誌出現了。法蘭克人實際上是日爾曼人，他們決定從東方征服高盧領土。他們的領袖克洛維很快成為第一位法蘭克國王，「法蘭克國家」在現代法語中得到了它的拉丁名法蘭西 —— 法國。四世紀末，克洛維（Clovis）在蘭斯大教堂（Cathedral of Rheims）受洗，開創了墨洛溫王朝（Merovingian Dynasty）。法國傳說，克洛維皈依天主教是因為王后克洛蒂爾德（Clotilda）是天主教徒的證據。最受歡迎的法國國王的名字—路易 —— 可能來自拉丁名克洛維。

二、中世紀

　　宮相查理·馬特實際掌控墨洛溫王朝權力，開創了加洛林王朝。他擴大了法蘭克王國，甚至超過了克洛維對東方的擴張，並在 732 年努力阻止穆斯林從南方入侵。在 751 年，被稱為矮子丕平繼承了其父的職位，但強大的查理曼迅速接任了軍事領袖。查理曼於 800 年被教皇利奧三世加冕

為羅馬皇帝,這仍然是法國歷史上有關羅馬教皇與政治關係的重要日期之
一。查理曼大帝確實做出了至關重要的改變 —— 這些改變將對未來的法國
產生影響,特別是在教育和藝術領域。一首六〇年代非常流行的法國歌曲
甚至喚起了查理曼「發明」學校!在中世紀,法蘭克王國的繼承引起了許
多戰爭和衝突。843 年,凡爾登條約完成,將查理曼大帝的土地分給他的
三個兒子,加洛林王朝開始衰落。丹麥人和北歐海盜在北部海岸的襲擊增
加,加洛林國王失去了他的權力。斯堪的納維亞語中維京人的意思是「諾
曼人」,在法語中變成諾曼人。法國諾曼第省實際上是從前維京人的法國
公爵手中得名的。

　　于格、卡佩終於在 987 年登基,開創了卡佩王朝。卡佩王朝與諾曼第
公爵征服者威廉的複雜關係,他是法國的附庸國王,1066 年成為英格蘭
國王!當時,法國廣泛發展教育和建築領域。當教皇列格哥里九世授權巴
黎索邦大學為獨立學院時,哥德式風格隨著聖聖丹尼和沙特爾大教堂的修
復而出現。索邦作為教育和文化中心迅速聞名,法國哥德式教堂成為建築
的基準。查理四世去世後(查理四世是法蘭西國王腓力四世(美男子)的
第三個兒子),英國的愛德華三世於 1337 年發動了百年戰爭,決心奪取
法蘭西王國,特別是西南地區(加斯科尼 Gascony 或現代阿基坦曾是英國
人的封地)。法蘭西人的勝利部分歸功於一個年輕的法國農家女孩,名叫
貞德,她在十五世紀末幫助查理七世把英國人趕出了法國(加萊除外)。

三、文藝復興與大世紀時期

　　1515 年法蘭西斯一世登基時,他將義大利文藝復興帶到法國,邀請
了達文西這樣的偉大藝術家,他們將在很大程度上影響法國的文化、藝術
和建築。與此同時,隨著喀爾文宗教改革運動的進行,越來越多的新教徒
來到法國,導致了嚴重而長期的宗教戰爭。天主教徒和新教徒之間的暴力
衝突是由凱瑟琳・麥第奇下令的聖巴薩羅繆日大屠殺引發的。法國第一位
波旁國王亨利四世,原為新教徒,皈依天主教,結束了宗教戰爭,1598

年簽署南特法令，給予胡格諾派（新教徒）充分的公民權利和保護。十七世紀被稱為大世紀時期（Grand Siècle），是法國君主制奢侈和權力的時期。在經歷了一個更加繁榮和平的時代之後，李希留樞機主教確實大膽地將法國的封建制度轉變為君主專制制度。從那一天起，法國在歐洲舞臺上變得更加重要。路易十四國王充分利用了這一點，並通過將精緻的宮廷生活集中在凡爾賽宮（在著名的「鏡廳」，Galerie des Glaces）來增強自己的權力。路易十四——綽號「太陽王」來代表他的影響力——也迫使當地的王公和貴族對他負責，並撤銷了南特的法令。以李希留和首席「部長」馬薩林為榜樣，科伯特成為了路易十四的得力助手，以法國經濟為例，他表現出了自主性。太陽報的統治對法國的文化和藝術也至關重要：宮廷芭蕾舞表演、展覽和最重要的戲劇在當時都很成功。莫里哀、拉辛和高乃依仍然是法國古典戲劇的三大象徵。可能是由於投石黨動亂（Fronde）的結果——指影響法國五年的政治動盪是對李希留的絕對統治的反應——法國君主制最終在路易十五統治期間停止了。

四、啓蒙時代與法國大革命

　　十八世紀在法國產生了現代思想、啓蒙運動和革命。資產階級開始要求更多的公權，狄德羅、伏爾泰、盧梭等學者和思想家質疑專制主義，主張平等權利、自由貿易和自由主義。法國哲學家和作家也責備了與法國政治制度（舊政權）相關的弊端，特別是針對神職人員和貴族。與此同時，受最近爭取美國獨立革命的鼓舞，巴黎群眾開始抗議貧富懸殊。因此，著名的法國大革命發生在 1789 年 7 月 14 日，「巴士底獄」被攻入。羅伯斯比、丹敦和馬拉是革命的一些強有力的人物，領導著一個叫雅各賓的激進組織，實行所謂的恐怖統治。法國國歌《馬賽曲》實際上是由戰鬥的召喚而來：軍官德萊爾（Rouget de Lisle）創作了這首有趣的歌曲來鼓勵士兵們。

　　在革命期間，路易十六在革命廣場被斬首（被判叛國罪），現在

被稱為「協和廣場」。這一事件悲劇性地標誌著法國君主制的終結，1792 年，第一個法蘭西共和國宣告成立。路易十六和奧地利王后瑪麗‧安東妮的宮廷現在常常被認為既有權力的、輕浮的和腐敗的。法國特權階級和國王之間的鬥爭演變成了一場真正的政治危機，導致貴族代表放棄了他們的傳統特權：1789 年 8 月投票通過的立法廢除了一切形式的封建主義──農奴制、壟斷和稅收，停止了對神職人員的所有權，法律面前人人平等，司法自由。

五、拿破崙，十九世紀

　　為了結束十八世紀末的這場至關重要的血腥戰爭，這場戰爭也導致了一場針對法國歐洲鄰國的革命戰爭，威權而野心勃勃的拿破崙於 1804 年被加冕為「拿破崙一世皇帝」。除了挑戰教會的權威和再次集權於法國政府，拿破崙最著名的是他的軍事行動。他確實盡了最大努力在歐洲擴張他的帝國，但 1812 年在俄羅斯和 1815 年滑鐵盧的失敗迫使他流放到聖赫勒拿島。拿破崙仍然是法國歷史上的重要人物，主要是因為他的憲法改革、商業慣例和法國中學會考（Baccalauréat examination）的建立而被人們銘記。隨後波旁王朝國王路易十八的加冕禮被稱為復辟；路易十八本來要建立君主立憲制，但 1820 年代以議會的反動政策為標誌。1824 年查理十世繼位後，這種政治轉折更為明顯：神職人員重新掌權，耶穌會士重新出現，又給了一些錢來補償貴族等。這種不安迅速引發了街頭鬥爭和叛亂：七月革命，法國人民──記得最近的革命──最終獲勝，查理十世放棄了，波旁表弟路易‧菲利普以人民的意願當選為法國的第一任國王。這位年輕而現代的國王正式被稱為「公民國王」，起源於法國的七月君主制繁榮時期。拿破崙的侄子路易‧拿破崙於 1848 年推翻路易‧菲利普，成為第二共和國的第一任總統。

　　他隨後在全國公民投票中被宣布為拿破崙三世皇帝──這是法國首次通過新憲法。這標誌著第二帝國的開始。當時，新政府的成立使法

國人感到放心，經濟和貿易得到了發展，鐵路得到了延伸，工業化和金融服務得到了發展。十九世紀末，歐洲出現了一些爭端，特別是法國和普魯士之間的問題，普魯士是一個強大的鄰國，在七週的戰爭中戰勝了奧地利。因此，1870 年由於外交問題爆發了一場普法戰爭，而1871 年巴黎發生了一場重要的起義。事實上，由於保皇黨當時在議會中占絕大多數（期待波旁王朝的回歸），1871 年 3 月巴黎國民警衛隊被解除武裝後奮起反抗。隨後的悲劇性起義非常激烈，這仍然是一個革命事件，稱為巴黎公社（Commune）事件。

六、二十世紀的法國

　　1871 年革命失敗後，第三共和國誕生了。在這一時期，非常重要的權利被投票表決，如集會自由，這導致了法國政黨的成立，新聞自由（1881 年），工會權利（1884 年）。當時，法蘭西共和國的一些象徵被設定為：瑪麗安娜（Marianne）的半身像、馬賽曲和 7 月 14 日為法國國慶日。二十世紀初，教會與國家分離的願望影響很大。如前所述，天主教在法國社會和文化中一直佔有重要地位，但費里（Jules Ferry）努力建立公共教育的非教士組織。1905 年，實行政教分離法，除其他外，學校成為義務教育、非教派教育和自由教育。當時法國是一個殖民帝國。由於經濟原因，該國不斷擴大領土，除了在亞洲征服了新的殖民地，在非洲也占領了新的殖民地，例如，塞內加爾、加蓬、剛果和茅利塔尼亞。第三共和的另一個特點是大部分人口離開農村去都市。農村人口減少始於十九世紀中葉。確實，與當時的其他發展中國家一樣，它導致了法國的城市化。二十世紀是兩次世界大戰，第一次和第二次世界大戰的悲劇標誌。儘管法國是獲勝力量的一部分，但損失慘重，但由於美國的援助，法國迅速恢復了元氣。一戰最血腥的戰役無疑是 1916 年發生的凡爾登戰役，造成七十多萬人傷亡。在兩次世界大戰期間，法國也經歷了瘋狂年月（les années folles）和大蕭條（Great Depression）一場長期而艱難的經濟

危機，最初襲擊了美國，後來在法國出現。1940 年，由於法國對納粹軍隊的軍事打擊，貝當元帥（第三共和總理）宣布維琪政府成立，第三共和宣告結束。從 1940 年到 1944 年，法國分為兩個部分：北部地方被德軍佔領，而南部地區則是「自由」的，由法國人貝當統治。戴高樂將軍一直是二十世紀最重要的總統。從 1946 年到 1958 年（第四共和國），他一直是該國的首腦，並於 1958 年發起了第五共和國。戴高樂在 1969 年建立了目前的二十二個法國地區。第二次世界大戰後，以第一次中南半島（1946～1954）和阿爾及利亞戰爭（1954～1962）為標誌的非殖民化時期開始了。第二次有爭議的戰爭導致阿爾及利亞獨立，戴高樂在這場戰爭中發揮了重要作用。第五共和的下列總統是龐畢度（1969～1974 年）、吉斯卡（1974～1981 年）、密特朗（1981～1995 年）和席哈克（1995～2007 年）。薩科齊（2007～2012 年）、奧朗德（2012～2017 年）、馬克龍（2017～）。

劉增泉

書於淡江大學文學院研究室

序

　　對於國人而言，我們對法國似乎比對其他歐洲的國家要熟悉，信手捻來即可對法國如數家珍，法國香水、法國美食、法國服裝、法國葡萄酒等。也許你沒去過法國，但對巴黎總有著無限的憧憬吧？

　　民國初年，知識分子的風潮是到歐洲留學，錢鍾書所寫的《圍城》即是以巴黎為背景，這一時期的蔡元培、徐志摩、劉半農等文人墨客無一不對巴黎流連忘返，有太多的文章、太多的回憶躍然紙上，即使是片鱗半爪，細細嚼來，仍然令人對巴黎心動不已。

　　然而法國到底是一個什麼樣的國家，我們對其了解嗎？常聽人說，法國人很驕傲，他們以法語為榮，因此，即使會說英語也不願意開口講，真是如此嗎？席哈克在歐洲議會罵其內閣官員不講法語，似乎可以佐證法國人對於其語言的驕傲。

　　一位朋友在世足賽時，在巴黎的一家咖啡廳觀看法國主場的足球賽，全店的客人都在高喊「Aller! Aller!」唯獨他不知道是什麼意思，此時，「英文」在巴黎還真的不管用！不僅咖啡廳的老闆不招呼你，旁邊的客人也不理你，路人更是不睬你，誰教你不會講法文呢？去巴黎不會講法語的那種疏離感，只有朋友最知道個中滋味。

　　那麼法國到底有什麼令人感到驕傲的事情呢？法國這個國家的民族性又是怎麼一回事呢？

　　法國古稱「高盧」，但高盧不能等同今天的法國，因為它只是一個地理名詞，土地比起今天的法國大多了，然而談到「法國史」則非講「高盧」不可，只因為這塊土地上曾經有「高盧」人居住。

　　曾幾何時，高盧不見了，取而代之的是「羅馬」帝國，而這塊土地上的人，全變成了羅馬人。在巴黎有兩處羅馬帝國時期留下的古蹟：拉丁區的羅馬浴場和競技場；在法國南部的尼姆地區，也留下了完整的神廟，以

及凱旋門、競技場、引水橋，這些都足以說明「法國」歷史中曾經有過一段羅馬帝國輝煌時期。而「羅馬」這個過去式的專有名詞，竟然對一代梟雄拿破崙產生莫大的致命吸引力，使得十九世紀的歐洲生靈塗炭。

中世紀的「法國」似乎和德國、義大利、荷蘭、比利時、盧森堡等中歐國家沒什麼區別，它們都屬於法蘭克王國。歐洲人在講到自己國家的歷史時，在這段時間是沒有分別的，而此時人們的國家意識也很薄弱，一般人先說自己是「基督徒」，才講自己是哪一國的人。

現代法國的真正誕生是 982 年于格·卡佩創建的法蘭克王國，其後代子孫統治法國長達八百多年。與歐洲大陸的其他各國比較，德國、義大利、荷蘭、比利時、盧森堡、瑞士、奧地利等，在這時期都還是諸侯分封的小國家，它們都還沒有現代國家的名詞出現，因此法國算是現代歐洲國家的老牌國家，德國和義大利都要等到 1871 年以後才加入歐洲現代國家的行列。難怪 1870 年法國在色當一役的戰敗下，對於小小普魯士竟然除了要求賠款，還要求割讓亞爾薩斯和洛林這兩塊已經吃進肚子裡的肥肉感到如此不堪，都德所寫的《最後一課》更激發了法國人復仇的烈火。

到巴黎旅行的人，會被雨果《鐘樓怪人》中的巴黎聖母院所吸引，人們不自覺地走進聖母院祈禱。雨果的小說是虛構的，但崇信天主教的法國人又何以會發生宗教屠殺事件？1572 年 8 月 23 日，巴黎城內的神父和天主教徒發瘋似的以聖母院教堂鐘聲為信號，一夜之間大肆屠殺了兩千多名新教徒，此次大屠殺被稱為聖巴托羅謬大屠殺。雨果在書中揭發了神父的心術不正和社會的黑暗一幕，但神職人員發動人們的仇恨意識更是天理不容。

巴黎協和廣場、埃及方尖碑前是國王路易十六和瑪麗·安東妮上斷頭臺的地方。原本人們認為經過革命之後，明天會更好，但丹敦·羅伯斯比的恐怖統治，為害之烈更甚前朝，遑論所謂的第一共和國了。

時勢創造英雄給了拿破崙崛起的機會，這位科西嘉島的年輕人，在歷史的偶然下變成了法國人，並讓歐洲產生大地震，讓整個歐洲驚嚇不

已。第一帝國覆滅了，人們期盼新的幸福來臨，按照邏輯而言，法國經歷了這場歷史上的大變動，第二共和國應該是萬歲、萬萬歲了，但是半路上卻殺出了一個不速之客——路易・拿破崙，荒謬的是法國人竟以壓倒性的選票讓他成為第二帝國的皇帝，這就是法國，永遠不按牌理出牌。

　　第三共和國時期出現了第一次世界大戰時期的英雄——貝當元帥，然而令人不解的是，如此英勇奮戰的將領，在第二次世界大戰時，卻成了一名懼戰者，而且成了法國的「漢奸」。同樣一批軍人、同樣一批政客，在二次的世界大戰中卻有天壤之別的表現，此可謂是千古歷史的奇觀了。二戰對法國人而言，真是不勝唏噓，六個星期亡國，但也給了戴高樂崛起的良機。

　　如果沒有美國的參戰，法國能復國嗎？戴高樂抱怨羅斯福、邱吉爾，在二戰後期未能讓其參加重要國際會議，此乃現實所驅，因為法國的國力不行，國際地位亦相對減低，然而，法國最後還是獲得了聯合國的常任理事國地位。

　　戴高樂對法國的貢獻良多，但戴高樂的阿爾及利亞政策亦引起很大爭議，他的三次被暗殺就是佐證，一些軍人認為他出賣了法國人心中的一塊肉——阿爾及利亞。阿爾及利亞如同法國的亞爾薩斯、洛林以及科西嘉，都是法國的一塊肉，它是法國不可分割的領土，戴高樂卻二手一攤，我沒辦法了，拱手讓出了阿爾及利亞。如果說，現在科西嘉獨立分子將問題愈鬧愈大，薩科奇為了弭平暴動，退一步讓科西嘉獨立，人們會如何看待薩科奇？

　　從戴高樂以降，法國領袖紛紛企圖要獨立自主於美蘇之外，走一條自己的路，從國家民族的自尊而言，這是值得讚譽的，但從國際現實角度而言，法國人玩的是小孩騎大車的把戲，它手持著二等車廂的票，卻拼命地想擠進頭等車廂內，力不從心、又矛盾重重。走向大國之路，法國似乎還要再加一把勁。

　　美國總統傑弗遜曾言：「每一個人都有他的祖國，但法國卻是全世界

人的祖國。」

　　法國有輝煌的文化，從羅馬帝國到中世紀再到近現代，法國這塊土地上留下太多文化遺產，無論是羅馬帝國時期的尼姆古城或路易十四的凡爾賽宮，當人們拜訪法國時都為之驚豔，法國每年的觀光客有一千多萬人，巴黎是遊歐者的必經之地，法國之所以能成為人們嚮往的地方，乃是其文化底蘊深厚的緣故。

　　又，本文承蒙王惠玲老師打字和潤稿，本書才能順利付梓。

劉增泉

書於淡江大學文學院歷史系辦公室

CONTENTS
目　錄

第一章
從「無名人」到高盧羅馬人

第一節　地理

一、疆界、山脈與河川

　　法國本土面積約 55 萬平方公里，六角形是法國疆域的大體面貌，它東與義大利、瑞士接壤，西南與西班牙相連，東北與德國、盧森堡、比利時相鄰，西北與英國隔海相望——法國人稱之為芒什海峽，英國人則稱英吉利海峽，西邊是大西洋，東南邊是地中海，海岸線長達 3,300 公里，除了本土之外還有沿海諸島，地中海上有科西嘉島，大西洋上的島嶼更是星羅棋布，包括葦桑島、貝勒島、奴瓦爾穆堤島、約島、雷島、奧東龍島等，總共約 150 多個小島。

　　法國有塞納河、羅亞爾河、加倫河和隆河四大河川。就地勢而言，除了中央山地外，法國西南部有庇里牛斯山，東南部有阿爾卑斯山，東部有侏羅山，而西部、北部、東北部、南部則是廣闊的丘陵地帶和平原。這樣的地勢有利於各種農作物的種植，諸如小麥、甜菜、馬鈴薯、大麥、玉米、燕麥、稻米、菸草，以及各類的果樹、蔬菜等，尤其以南部波爾多的紅葡萄酒、北部亞爾薩斯的白葡萄酒、干邑的白葡萄酒、香檳地區的香檳酒更是舉世知名。

二、資源與氣候

　　畜牧業方面則以牛羊最多，馬次之；漁產以大西洋和芒什海峽為主要漁場；礦產以鐵為主，褐煤、煤、鋁土、天然氣及硫磺等則次之，煤主要產在與比利時交界之處，鐵則產自洛林地區，鋁土產自波爾多和阿爾卑斯山區。

　　由於法國本土三面環海、三面環陸，因而既受海洋性氣候影響，也受大陸性氣候影響，但總體來說，法國本土乃是屬於溫帶海洋性氣候，冬天不冷、夏天不熱。不過各地區的氣候仍有差異，面向大西洋的西部

地區屬於典型海洋性氣候，冬暖夏涼，愈向內陸中央高原則氣候差異愈明顯，夏季與冬季溫差也愈大，法國南部受地中海型氣候影響，夏季乾熱、冬季溫暖，南部地中海沿岸被譽為蔚藍海岸，是知名的旅遊勝地。由此看來，這樣一塊物產豐美、適於人居的肥沃之地，史前的人類會在此立足也不足為奇了。

第二節　史前時期

一、法國從何時起開始有人居住？

150多年前曾經在法國北部的索姆河發現光滑的鵝卵石，之後證實是經過人工琢磨，爾後又發現更久遠的一些遺蹟，例如，人類的化石或者經過著色的藝術品，以目前考古所發掘的石器工具推測，法國地區應該早在250萬年前就有人類存在了。

從深厚的地層和石灰層構成的洞穴裡挖掘出來的人類骨骼殘片與粗石器工具可以證明，100多萬年以前，法國這片土地上就已經有人類生存，我們透過他們所使用的工具以及他們生活中所留下來的痕跡刻畫出他們的生活，從動物牲畜所留下的牙齒，我們可以確信某些原始人過著狩獵的生活。

不列塔尼地區發現了45萬年以前人類生火的痕跡，考古學家最近還在庇里牛斯山的一個岩洞中，發現了人類的頭顱碎片，嘴與動物的相似，前額低而後傾，雙目深陷，頜骨和牙齒發達且結實有力，然而腦容量卻很小。

在尼斯的臺拉阿馬塔岩洞中，人們發現了一個窩棚，它是由類似野山羊的羱羊皮繫在岩壁上的長棍子而蓋成的，此時人類已經知道火的用途，但卻不知道如何點燃它。

二、是哪些人？

大約在8萬年前，另一批人取代了上述那些原始人，這些人被稱為早期智人——尼安德塔人，因為他們是在今天德國杜塞道夫的尼安德

塔山谷中被發現的，他們的人數比先前的原始人更多，主要居住在洞穴中，他們以木材、骨骼或者不會發光的動物骨頭作為爐火的燃料，並以大小石塊圈在爐火的外圍，後來他們開始利用敲擊石塊或鑽木以取火，火成為這個時期最重要的發明，也是人類文明的開始，不但可以防止野獸的侵犯，又是熱和光的來源，成為人類的防衛和生存工具。從尼安德塔人的骨骼，我們得知其外形的概況，他們的身材相當矮小，大約 1.6 公尺左右，但肌肉發達，頭部頜骨大而結實有力，鼻子扁平，眼睛上的骨頭很大，他們的大腦容量和現代人差不多，他們擅長打獵、捕魚，對於大自然的應用也已經有相當的知識，而且富有宗教情感或已經接近宗教的信仰，會為死者進行初步的葬禮。

大約在 4 萬年前，尼安德塔人逐漸為晚期的智人所取代，晚期的智人在體質和形態上與現代人沒有多大的區別，他們的額骨變直，出現下巴頦，平均腦容量達到 1,400 毫升，他們在法國分布較廣，最具代表性的智人是克羅馬農人，他們是因為多爾多涅省的一個岩洞而得名，今天的法國人可能是其遙遠的後裔。

三、最後的史前人

前 3,000 年，當中東地區已經開始有文字記載之際，今天的法國這塊地方和其他歐洲地區一樣，仍然處於史前階段，幸好，透過古代希臘和拉丁作家對這塊土地的有限記載，我們得以知道此地的概況。

希臘人把臨近地中海的民族稱為利古里亞人，他們生活於隆河三角洲和熱那亞灣之間的地區，分布非常廣泛，散布在不列塔尼的史前巨石陣或許跟他們有關，舊石器時代的原始人並不安葬死者，而是把死者棄之荒野；新石器時代的人們開始建造墓室建築，史前巨石陣就是從這時期開始的。

長期以來，人們對石棚的作用充滿好奇，經過考古研究顯示，石棚就是陵墓，它們由層層疊起的巨石構成，整個建築外部都鋪有石頭或泥土，至於石柱的確實作用則不得而知，或許是神殿建築的殘骸。石柱立於地上，有些形狀非常大，卡爾納克巨石柱自東向西綿延 3 公里，它們排成 10 列，總共大約 1,000 多塊巨石，離這個地區不遠的洛馬利亞科

的一塊石柱重達 350 多噸，它被雷擊中後崩塌倒地，其中 3 塊石柱都高達 21 公尺。

四、史前時代的勝地

從考古資料顯示，遠古時期的法國土地上布滿了森林和沼澤，那時的流水很淺，水面很寬，尚未形成今天的河床，很多曾經生活在這裡的原始動物都已經滅絕了，包括犀牛、穴居熊等，而另一些動物後來向北方遷徙，但是現在這些動物也已經非常稀少，只有在立陶宛和加拿大的森林中才能見到。

在法國多爾多涅省洞窟中，曾發現一連串大約西元前 15,000 年左右的岩洞壁畫，畫上的人像一根棍子，躺在一頭被激怒的野牛面前，野牛鬃毛倒豎、腸開破肚，人的下方畫著一隻鳥，它可能是鳥形的圖騰或旗幟，此外，在阿里埃日省也有發現洞窟壁畫和雕刻，夏特省也有塞爾雕刻與壁畫，這些都是史前人類所留下來的遺跡。

1991 年 7 月 9 日在馬賽附近發現了另一個岩洞——科斯凱岩洞，它以前位於海平面以上，現在卻是在地中海水面以下 36 公尺處，2 萬多年來從沒有人進去過，岩壁上畫滿了漂亮的壁畫，如人的手、鹿，甚至還有企鵝，數月後，瓦濃連爾克壁畫被發現，有鬣狗和犀牛等，其成畫的時間早於過去所知最古老的壁畫。

此外，在盧昂靠近塞納河有一座新石器時代的村落被挖掘出來，20 多年前在挖掘密特朗大圖書館地基時，發現了 2 個用樹幹鑿成的獨木舟。

五、鐵器時代

大約在西元前 2,000 年左右，法國進入銅器時代，從考古挖掘出來的墳墓裡發現的刀、斧、劍、手鐲、項圈、鈕扣、指環等，都是用青銅製成的。西元前 1,000 年左右，鐵的使用逐漸代替了青銅，法國進入了鐵器時代，這個時期的墳墓外面由塗著一層泥的石塊築成，它的形式是圓形的，像一座小丘陵，人們稱之為塚，在法國東北部，這種形式的墳墓很多，在這些墳墓裡，人們發現鐵劍、鐵項圈，還有鐵製的戰車。

　　鐵器時代的法國，西南部居住著伊比利亞人，東南部住著里格爾人，周邊的民族也不斷地遷移到法國境內。最早出現在法國沿岸的是腓尼基人，他們到達今天的摩納哥和溫德勒斯港，在那裡建立了商棧和港口。

六、希臘的殖民

　　西元前 600 年左右，希臘人與居住在今天普羅旺斯的高盧人、西班牙人建立起關係。當時有一艘從愛奧尼亞的弗西亞港啓航的船隻，停靠在羅亞爾河口東邊海岸的一處海灣裡，這艘船便是高盧首領用以搭載參加婚禮的賓客。按照高盧人的習俗，高盧公主可以從求婚者中選擇一位如意郎君，眾多求婚者坐在高盧首領的桌子旁邊，公主若將倒滿酒的酒杯遞給某個人，那個人便成了她的丈夫，當天婚禮快結束時，高盧公主在打量所有賓客後，來到希臘首領的面前，她先喝了那杯酒，然後把杯子遞給這個希臘人。高盧首領覺得這是蒼天在保佑希臘人並啓示了她的女兒，於是便把女兒嫁給他，並把船隻停靠的地方作爲嫁妝送給他，希臘人在這個地方建立起一座城市，名叫馬西利亞，也就是今天的馬賽。

　　希臘人並未深入內地殖民，但他們的貿易路線遠爲伸展到北方1953 年，在馬賽約 310 英里的維克斯（Vix）出土的銅製大杯子，證實了這種貿易的存在。書寫知識與錢幣使用，也隨著商品引入。

　　後來波斯人占領了希臘城邦弗凱亞，大批的希臘人紛紛逃到馬西利亞避難，馬西利亞因爲希臘人的到來變得非常繁榮，直到今天，馬賽的居民仍喜歡稱自己爲弗西亞人，這個城市目前還有許多希臘城邦的遺址出土，後來，希臘人又在地中海沿岸建立殖民地，今天法國一些城市的地名也讓人聯想到古代希臘的城市，例如，尼斯源出於尼卡，意爲「勝利」；阿格德源出於阿卡什，是「好」的意思。

第三節　高盧時期

一、克爾特人的入侵

　　大約就在希臘人於馬賽殖民的同時，克爾特人侵入了法國，克爾

特人是希臘人對他們的稱呼，羅馬人則根據他們的居住地稱之為高盧人。羅馬人所說的高盧，是指由萊因河、汝拉山脈、阿爾卑斯山脈、地中海、庇里牛斯山脈及大西洋所包圍的廣闊地區，其主要人口是克爾特人。

　　克爾特人身材魁梧，屬於印歐語系，與希臘人和義大利奧特人有很多相通之處。克爾特人有青銅或銅製的劍和長矛、石頭或青銅製的斧頭，以及帶有燧石箭鏃的箭，他們的圓形頭盔上飾有獸角和各種稀奇古怪的裝飾物，首領戴有金質或琥珀做的項圈、手鐲，一般戰士的項圈和手鐲則是青銅、獸骨，甚至木製的，他們有大型盾牌，作戰時赤裸上身，長髮迎風飄揚，崇拜自然神，沒有神廟或製作偶像的習俗。克爾特人的房屋是圓形或橢圓形，由泥土築成，房頂鋪有茅草或木塊，他們在沼澤地或高地上建起禦敵的圍牆，戰爭時他們便把家眷和牲畜遷到圍牆內。這樣的防禦工事直到今天還可以看到，在離迪耶普不遠的一處懸崖上就有一個土築的要塞——高盧要塞，由於受到海水的侵蝕，要塞圍牆的一部分已經不復存在，圍牆內一邊是呈土丘狀的墳墓，另一邊則可發現一些地窖的遺跡。

　　克爾特人起初居住在中歐地區，後來經過幾次的遷徙，進入相當於今天的比利時、瑞士、法國、不列顛和西班牙等地區。克爾特人很好戰，他們從伊特拉斯坎人手中奪得波河平原，另外在小亞細亞也建立王國，然而，在西元前二世紀中葉，克爾特人只統治兩個地區：外高盧地區，以及英格蘭、蘇格蘭、愛爾蘭地區。

二、社會與文化

　　外高盧地區並不只有一個國家，實際上有 60 多個獨立和敵對的國家，在每一個國家裡，權力屬於擁有土地的少數貴族，平民沒有政治上的權利，德洛伊教祭司既是神職人員、學者、也是法官，他們屬於受尊敬的階層，此外，外高盧地區的城市很少，一般的城市主要是作為設防的地點。

　　高盧人多是農民，他們飼養馬匹和豬，精通耕作之道，還會使用帶輪的犁，但是他們不懂得種植水果。從高盧人所製造的馬車和船隻可以

發現高盧人在木材加工方面具有的天賦技藝，此外，爲了貯藏酒，高盧人還發明了木桶，羅馬人和希臘人卻只會做黏土罈子。高盧人還是靈巧的冶金匠，他們喜愛美麗的徽章和珠寶，利用豐富奔放的想像力製作金屬裝飾物（如圖 1-1）。他們在水陸兩方面的商業活動都很活躍：高盧人（如圖 1-2）修建的道路雖然比不上羅馬大道，但數量眾多；不列塔尼地區的阿爾莫利克人更是優秀的水手，他們跨海去英格蘭尋找錫礦等物質。

圖 1-1　高盧人的手環、耳環與戒指

當時存在著一種高盧文學，大部分是歌頌英雄的功蹟，與荷馬時期希臘的吟遊詩人相近，詩人在富裕人家的節日宴會上朗誦詩歌，祭司通常也會寫出長篇的作品，除此之外，我們對於高盧文學一無所知，因爲它並未成文。高盧人在一定程度上受到希臘人的影響：自西元前 600 年起，愛奧尼亞的弗西亞人紛紛遷移到馬賽，此外，「泛希臘」和希臘的藝術作品，亦經由義大利的北部及阿爾卑斯山脈中部的山口，沿著多瑙河到達高盧，高盧文化因此受到希臘文化的影響。

圖 1-2　高盧戰士

三、羅馬人到高盧

羅馬人征服高盧可分成兩個階段。當羅馬人占有一部分義大利的疆

域後，約在西元前 120 年，他們奪取高盧的東南部，這一部分聯結著義大利和西班牙，羅馬人在那裡建立行省，主要城市有埃克斯和那博訥，但行省才剛建立就被日耳曼蠻族入侵破壞，日耳曼蠻族包括辛布里人和條頓人，西元前 100 年，羅馬的執政官馬略在埃克斯附近和波河平原，又先後兩次擊退日耳曼蠻族。

　　高盧的其他部分地區則被凱撒在西元前 58 年至西元前 51 年間占領，凱撒征服高盧是因日耳曼人入侵高盧所致。因為日耳曼人的入侵，高盧地區的一個王國向羅馬求援，當時凱撒擔任那博訥省總督，他允諾幫助高盧抵抗日耳曼人的侵略，因此在西元前 58 年率兵進入亞爾薩斯，將日耳曼人驅逐到萊因河彼岸，由於征戰的順利，他的占有欲也隨之升起，於是進一步征服了高盧。兩年之後，他認為自己在高盧已經徹底地成功，因而跨過萊因河威嚇日耳曼人，又渡過芒什海峽（即英吉利海峽）威脅英格蘭的不列顛人。

　　然而高盧人卻以臣服於他人為恥，不久高盧北部和東北部爆發抗爭，西元前 53 年，凱撒花了整整一年的時間鎮壓反抗運動，他放火並蹂躪村莊，屠殺居民或將之賣為奴隸，高盧人的抗爭終於暫時平息。

四、高盧的民族英雄韋辛格托里克斯

　　高盧人在凱撒的鎮壓之下，愈加地被激怒，西元前 52 年又爆發了一場新的起義，幾乎所有高盧人都團結在年輕領袖奧弗涅人韋辛格托里克斯的旗幟之下，他勇敢而富有號召力。為了戰勝羅馬人，韋辛格托里克斯決定採用一種新的戰略：拒絕交戰、騷擾敵人，並燒掉敵人周圍的城鎮，甚至在城市裡製造荒漠以阻止敵人的補給。於是凱撒無法成功奪取高盧，羅馬人損失慘重而被擊退，只得邊戰邊撤回那博訥地區。

　　但是，之後高盧人的一個嚴重錯誤挽救了凱撒，高盧人的騎兵在第戎附近瘋狂地撲向羅馬軍團，卻被擊敗，凱撒利用機會，回頭將韋辛格托里克斯率領的高盧人驅趕至地勢較高的阿萊西亞城，凱撒全力圍困高盧人，為了摧毀敵軍的任何突圍企圖，羅馬軍團完成了一項巨大的工程，他們修建了兩道防禦工事，一道向著城市，另一道向著城外，高盧人因為這項工事而被擊潰。西元前 52 年，韋辛格托里克斯為了救出部

屬而自我犧牲，他以自己的名義向凱撒投降，不久便被關進監牢，六年之後，當凱撒征伐勝利歸來之日，即將他處死。

　　阿萊西亞的淪陷標誌著高盧戰爭的結束。征服高盧，羅馬人只用了八年的時間，征服西班牙，卻用了兩個世紀。羅馬征服高盧這一罕見的勝利，可以歸於高盧人的內部矛盾，但是，羅馬軍團也確實比高盧軍隊更占優勢，尤其凱撒的軍事領導天才更是羅馬勝利的關鍵。高盧人有100萬人被殺、100萬人被賣為奴隸，然而，之後的高盧卻比任何其他省更迅速地羅馬化，不久之後即成為羅馬最富庶的地區之一。

第四節　羅馬帝國時期

一、物質的進步

　　羅馬帝國統治下的所有地區中，高盧是羅馬化最深的地方。在羅馬人的帶領下，高盧人開發森林，修建道路，修建引水道橋——例如，嘉德橋，在尼姆、阿爾勒、巴黎修建競技場，修建尼姆方形神廟和維也納神廟。人們很少再看到生活悲慘的小市鎮，隨處都有與義大利城市相媲美的城市，例如，那博納、阿爾勒、維也納、尼姆、貝濟耶、奧朗日、弗雷瑞斯、土魯茲、波爾多、里昂、蘭斯、歐坦、克萊蒙等，萊因河邊界上也有史特拉斯堡、美茵斯、科隆、特雷沃等繁榮的城市。（如圖1-3）里昂、奧朗日、阿勒爾等城市都有劇院，巴黎有公共浴池，奧朗日有凱旋門等，於西元前43年建立的里昂城更成為高盧六個行省的首府。

圖1-3　古羅馬卡瑞卡拉浴場遺跡

　　此時一批新作物的出現，促使羅馬人在種植水果種類方面更具有多樣性。征服聖特和朗格熱前，羅馬就已經有斗篷行業、冶金工業、珠寶藝術、陶瓷行業及製鞋業等。此外，高盧人也改良並發明了一些農具。

二、從高盧人到高盧羅馬人

至少在城市裡，許多高盧人都接受了羅馬人的風俗習慣和語言，他們已經不是純高盧人，而是高盧－羅馬人，拉丁語逐漸取代高盧語而在富人中普及，因為他們必須與義大利官員或商人往來，拉丁語自然成為通用語言。二世紀時，歐坦的高等教育學府享譽整個西方，拉丁語也進入城市居民的生活，但由於此時拉丁語是由士兵和商人傳來，因此常常帶有一種黑話，與西塞羅的羅馬軍團語言相去甚遠，這種語言後來逐漸衍生成羅曼語，即最早期的法語。

高盧人很快開始學習羅馬：最富裕的人們學習拉丁語，學著住在城裡高大的石頭房子裡，這些房屋整齊的排列在筆直的街道兩側，漂亮的建築物裝飾著街道，城市由引水渠供水……

不管怎樣變成了高盧羅馬人的高盧人繼續生產他們自己的發明，久孚盛名的物品：高幫皮鞋、長褲（高盧長褲）、罩衫（羊毛短外套）、盛酒的木桶、加工的鐵製品和肥皂。在羅馬征服後的兩個多世紀裡，人們在鄉間仍說高盧語。高盧的神祇相當快的被希臘、拉丁的神祇，隨之自二世紀末起又被基督教所取代了，至少在城市中是這樣。

在提比略皇帝統治時期，由於帝國的苛捐雜稅過高，引起高盧地區居民反抗，其中以佛洛路斯和撒克羅維爾兩人的起義為最。參與的人數高達 4 萬多人，但最後還是被羅馬軍團鎮壓下來。

68 年溫代克斯以推翻「尼祿暴君」為號召，高盧地區響應的人民有 10 萬人之眾。雖然他並未成功，卻引發各省軍團公開反抗尼祿暴政，尼祿在走投無路之下，被迫自殺。

到了 70 年又有奇維里斯的起義事件，但未成功。然而 258 年羅馬駐高盧將領波斯特模叛變，自立為皇帝，統治高盧長達十年時間。繼之有維克托里努斯皇帝，一直到 273 年，高盧才重新歸附羅馬。然而高盧的動亂還是不斷，此主要是在於高盧地區經濟不振，農民不滿情緒增高，終於在 269 年爆發了所謂的巴高達運動，這場農民起義聲勢浩大，席捲了全部高盧地區，高盧皇帝泰特里克為鎮壓爆亂乃向羅馬求援，並以歸順羅馬做為交換條件。最後這場起義以血腥屠殺收場，高盧又歸羅

馬統治。

　　在暴力橫行無羈的社會中，教會是唯一的組織：它的成員謹守著普世基督徒都奉行的教規，教士應服從主教。主教應服從大主教，後者則聽命於在羅馬御守天下的教皇。

三、基督教

　　二世紀時，基督教已經傳入高盧，並建立起里昂教會，此時基督教受到羅馬當局的迫害，高盧地區的勃蘭蒂娜、愛利尼阿斯和聖丹尼的殉教，使基督教在下層階級的人民中傳播的更為迅速。隨之，中、上層階級的人也開始信仰基督教，四世紀時，高盧的教區已經達到 70 個，由此可知基督教在高盧地區的興盛狀況。

四、五世紀初：最初的大規模入侵

　　406 年 12 月 31 日，發生了一個事件，它似乎是一連串衝突的結果：離羅馬邊境最近的日耳曼人在其它日耳曼人驅趕下越過了冰封的萊茵河。而後面這一批日耳曼部族本身又被另一個聲名可怖的民族 —— 匈奴人趕往西方的。這樣，高盧人差不多就被穿透了，而且遭到了汪達爾人、西哥德人、勃艮第人和法蘭克人的搶劫。

　　在蠻族的侵入衝擊下，羅馬開始瓦解；帝國官員缺乏軍事與經濟資源而喪失權力，地方政府官員則逃匿無蹤。在這種情況下，主教常是人民所能求助的唯一對象。他們組織城鎮的防禦，並與侵略者談判，有助於保持羅馬帝國在高盧所造成的一些福澤。教士因情勢而兼攬起政治角色他們在法國漫長歷史中扮演這種角色。

　　在日耳曼人入侵時期，西哥德人曾經以圖盧茲為首都，建立了西哥德王國。繼西哥德人在高盧建立蠻族王國的是勃艮地人，五世紀時，高盧曾受到匈奴王阿提拉的侵襲。

　　451 年，一支由羅馬化的日耳曼將領阿伊喜阿斯率領，主要由日耳曼人組成的軍隊，在香檳地區特魯瓦附近「莫里亞庫斯曠野」的戰役中阻止了匈奴人入侵蠻族入侵。帶來了可怕的災難，或許有 3/4 的居民死於非命，村莊被焚毀，城市被摧毀 —— 如果它們來不及或不注意修建城

牆固守的話，鮮有藝術品或圖書館能躲過洗劫或火災。至 500 年，已延續兩個世紀的暴力行為幾乎完全扼殺了高盧——羅馬文明。

　　羅馬統治高盧的時間長達五百多年，期間高盧人民的反抗和蠻族的入侵，羅馬在重重的打擊下，終於被摧毀。486 年，法蘭克人取而代之，建立了法蘭克王國。

第二章
法蘭克王國
墨洛溫和加洛林王朝

第一節　墨洛溫王朝

一、東哥德人、汪達爾人和西哥德人

476 年開始，羅馬帝國只存在於東方，首都是君士坦丁堡，亦稱拜占庭，而羅馬的整個西部都陷入蠻族之手。屬於日耳曼人的西哥德人侵占西班牙和高盧南部，另外一支日耳曼人則在北部高盧建立起法蘭克王國。

西哥德人占領了幾乎整個西班牙以及高盧的大部分，甚至包括普羅旺斯，他們定都於土魯茲，且覬覦著北部羅亞爾河與索姆河之間的土地，這部分土地當時是由希臘羅馬將領希阿哥尤斯所占領。西哥德人最終的目標是東部勃艮地人的王國，勃艮地人是生活在索恩河與隆河谷地的一支日耳曼部落。

整個高盧似乎已成為西哥德人所獨占的地區，但是實際上，西哥德人、汪達爾人及東哥德人的統治比表面看起來要虛弱許多，這三個民族都皈依基督教，卻是阿里烏斯派的信仰者，在主教眼中，他們都是邪教徒。在「大入侵」的混亂中，主教成為最重要及最令人信服的人物，誰要是遭到主教的反對即是自取滅亡。

二、法蘭克人

高盧北部及東北部有另外一支日耳曼人所建立的法蘭克王國，他們也是異教徒，分別是里普利安法蘭克人及撒利克法蘭克人，里普利安法蘭克人居住在萊因河流域的科隆和美茵斯地區，撒利克法蘭克人占領今天比利時領土的西南地區，每一支法蘭克人都有好幾個部落，每一個部落都擁有自己的領土。460 年左右，撒利克法蘭克人的一個部落在圖爾

內（今天比利時境內）附近定居，其首領是希爾德里克，希爾德里克雖然是異教徒，卻對主教表現出極大的好感，他將這種好感傳給他的兒子克洛維，481年，克洛維繼承他的王位，而克洛維很快地明白，如果他向基督教表明支持的態度，將得到許多好處，特別是如果有了主教的支持，一定能統治整個高盧。

三、克洛維：高盧的征服者

克洛維（如圖2-1）首先在蘇瓦松取得勝利，再從希阿哥尤斯手中奪取索姆河和羅亞爾河之間的土地，隨後，他又在托爾比阿克戰役中打敗阿拉曼人，阿拉曼人是居住在萊因河兩岸、美茵斯南部的一支日耳曼民族。

圖 2-1　克洛維

496年，阿拉曼人越過萊因河侵入里普利安法蘭克人的土地，他們進攻到默茲河，與此同時，撒利克法蘭克人正從默茲河向塞納河和羅亞爾河擴張，於是里普利安法蘭克人向撒利克法蘭克人求援，隨後阿拉曼人與法蘭克人兩軍在今天德國科隆附近的托爾比阿克決戰，雙方的戰鬥非常慘烈，法蘭克人的軍隊處於下風，正在危急之秋，克洛維突然舉起左手，高聲大喊他信仰基督教的妻子克洛第爾德的名字：「克洛第爾德的神啊！我向祢求救！若祢能助我戰勝敵人，我當信奉祢，並發誓將會以神的名義受洗。」法蘭克人終於打敗了阿拉曼人，並使其成為附庸，此時居住在阿拉曼東部的巴伐利亞人也臣服了。

不久之後，克洛維在巴黎集結大軍，他不願意高盧這塊美好的土地落入西哥德人的手裡，因此向西哥德進攻，此時西哥德的軍隊駐紮在普瓦提耶附近，在義大利的東哥德人許諾援助西哥德人，但是由於法蘭克人的入侵迫在眉睫，西哥德人被迫提早應戰。507年，克洛維在勃艮地人的協助下，與西哥德國王率領的大軍在普瓦提耶附近的武耶平原交戰，西哥德軍中的高盧庸兵很多，他們憎恨西哥德人，因而消極怠戰，

最後西哥德人被擊潰，克洛維也殺死了阿拉里克國王，法蘭克人大獲全勝。他們乘機占領了庇里牛斯山以北的全部土地，除濱海地區外，高盧地區已經沒有任何西哥德人，之後克洛維更將西哥德人驅逐到西班牙，在庇里牛斯山以北只給他們留下朗格多克城。

　　同時，克洛維策畫許多陰謀與暗殺，使撒利克法蘭克人及里普利安法蘭克人皆承認他為法蘭克人的領袖。511 年克洛維去世時，除了勃艮地王國與地中海海岸地區外，他已是整個高盧的主人。

　　克洛維深知位於塞納河中心的巴黎具有重要的戰略地位，因而對巴黎進行了長達五年的戰爭，但是巴黎人不願屈服在蠻族統治之下，一位名叫珍妮佛的修女甚至奮勇號召巴黎人反抗克洛維的入侵，像以色列的先知一樣，她在巴黎危難之際從修道院裡走了出來，振奮巴黎市民的精神，並向他們預言未來，她曾多次宣稱蠻族將會入侵高盧和巴黎。她鼓勵巴黎人要奮戰到底，當時巴黎已被克洛維大軍包圍，糧食短缺，珍妮佛不畏艱難地毅然冒險乘船前往默倫取得糧食補給，解救了被圍困的巴黎，人們懷念她的功業，因此稱她為巴黎的守護者。

　　克洛維的最後勝利歸功於基督徒的支持，他帶領整個部族皈依基督教，500 年左右，聖萊米主教在蘭斯為克洛維施洗。克洛維對異教徒西哥德人的戰爭，可以被視為基督教的一次十字軍東征，克洛維將巴黎定為王國的首都，他在自己的墓地上建立一座紀念碑，後來他在奧爾良召集一次主教會議，高盧近一半的主教都參加了這次會議。

　　世俗的領主也與克洛維聯合，因為克洛維沒有將他們的土地沒收，他只沒收屬於羅馬帝國的財產，而非個人的財產，他從未將希臘羅馬人看作戰敗者，而將他們與法蘭克人一視同仁，因此，雖然克洛維被稱為「法蘭克人的國王」，但實際上他的威望被所有的高盧居民所接受。

第二節　文明的倒退

一、墨洛溫家族

　　由於克洛維的祖父墨洛溫，克洛維及其繼承者因而被稱為墨洛溫

家族，墨洛溫家族統治高盧達兩個半世紀之久（511年至751年）。墨洛溫家族中最初的幾位統治者相當活躍，往往是偉大的征服者，他們統治勃艮地王國、普羅旺斯，以及今天萊因河彼岸西德的部分土地；但是在國內，他們卻任隨高盧本土分裂，並處於無政府狀態之下，儘管墨洛溫王朝已經從異教徒皈依於基督教，然而教會並無法消除人們的風俗習慣，特別是野蠻粗暴的行徑，墨洛溫王朝的子弟往往帶頭背信棄義、行為殘暴野蠻，血腥的鬥爭使兄弟敵對、父子反目、叔侄成仇，衍生出許多罪惡和屠殺。

二、墨洛溫王朝統治下的高盧不再統一

墨洛溫家族依照日耳曼人的習俗，在國王去世時，由兒子們瓜分王國，克洛維有四個兒子，分別是提耶里、克羅多米爾、切爾德貝爾和克洛泰爾，他們繼承父親的征服事業，高盧因此就被分成四個王國。克羅多米爾去世，但他留有三個孩子，克洛維的妻子克洛第爾德就負起教養這三個孫子的責任，並要求切爾德貝爾和克洛泰爾承認這三個孩子也有分享王國領地的權利，但這兩兄弟不願意王國產業被瓜分，因此決定除掉這三個孩子。

他們聲稱要培養孩子成為君主，騙克洛第爾德把孩子送到他們的家裡，隨後給克洛第爾德一把剪刀和一把劍，問她是願意看到孩子被削去頭髮、失去君主的權力，還是要看到他們死去，克洛第爾德義憤填膺地大聲說：我寧願他們死去也不願看到他們被剃光頭髮，於是克洛泰爾便殺死了較大的孩子，第二個孩子撲倒在他叔叔切爾德貝爾的腳下苦苦哀求，切爾德貝爾心軟便請他的兄弟克洛泰爾放過這個孩子，但還是被克洛泰爾殺死，此時克羅多米爾的老僕人趕緊帶著第三個孩子逃走，後來這孩子隱姓埋名地在鄉村度過了一生。

不久之後，提耶里和切爾德貝爾相繼去世，最後只剩下克洛泰爾，於是他成為法蘭克王國唯一的國王（558年至561年），但克洛泰爾也留下四個兒子，因而王國的分裂又重新開始，567年，統治巴黎地區的長子去世無嗣，其他兄弟瓜分了他的領土，於是，逐漸形成了東部奧斯塔西亞、西部紐斯特里西亞及勃艮地三個王國。

　　法蘭克王國包括不同的地區，而每一地區都想成為獨立的王國，於是法蘭克王國的統一變得難上加難，萊因河東部如此，即使是高盧本土也不例外。阿基坦幾乎沒有法蘭克人居住，勃艮地、訥韋斯和奧斯塔西亞（或稱東法蘭克王國），幾乎找不到羅馬帝國的居民。

三、無政府狀態下的野蠻行逕

　　克洛泰爾最有名的兩個兒子就是紐斯特里亞國王切爾佩里克，其王后是弗雷德貢德，以及奧斯塔西亞國王西哥貝爾特，其王后是布呂內奧。

　　這二位國王的妻子都以權謀著稱，尤其是弗雷德貢德更是個工於心計的女人，她慫恿切爾佩里克攻打西哥貝爾特，但卻被西哥貝爾特打敗，於是弗雷德貢德叫來兩個年輕人，用烈酒把他們灌醉，隨後派他們前往西哥貝爾特的軍營中刺殺西哥貝爾特，兩位刺客到達維特里時，西法蘭克人正把西哥貝爾特抬在盾牌上歡呼他為國王，兩個人混入歡呼的人群中，靠近這個新國王，然後用帶毒的刀子刺傷了他，不久西哥貝爾特就死了。之後，弗雷德貢德又殺害切爾佩里克前妻留下的兩個兒子，並暗殺了自己的丈夫，她以兒子克洛泰爾二世的名義統治紐斯特里亞王國。

　　奧斯塔西亞王后布呂內奧也非常強勢，她企圖重新統一高盧，因此和貴族之間發生衝突，貴族捉到她以後，把她交給了弗雷德貢德，最後布呂內奧被施以酷刑，她被綁在一匹烈馬的馬尾上，而這匹馬就拖著王后在鄉間狂奔。

　　由於日耳曼人由兒子瓜分領土的習俗，使得只有一位國王統治高盧的情形在歷史上相當罕見，達戈貝爾特是其中之一，他是繼克洛維之後，墨洛溫家族中最有成就的國王。

　　墨洛溫王朝時期的法律與羅馬法一經比較，就可以明瞭野蠻如何取代了文明。

　　羅馬和所有的文明社會一樣禁止私人報復，當一個人與另一個人有仇恨時，他應該去法院解決問題；但在墨洛溫王朝中，每個人都可以自立司法，為了防止人們過分殘酷地報復對方，法律規定每一項罪惡都要

繳一筆錢，由犯罪的人繳，這筆錢被稱為「人價」，隨受害者受損的程度及其社會地位而定，「人價」亦隨罪犯的國籍而變化。以現今社會為例，在法國領土上所發生的暗殺刑事案將按法國的法律辦案，無論暗殺者是英國人還是中國人，他們都必須接受法國法律的制裁；但在墨洛溫王朝時期，由於高盧沒有統一的法典，因此外國人——如法蘭克人、勃艮地人以及羅馬人——所觸犯的法律案件，只好分別施行法蘭克法、勃艮地法和羅馬法。

墨洛溫司法還有一個特點，顯示其不及羅馬司法制度，即所謂的神意裁判，某些時候為了證明被告有罪或清白，法官並不展開調查，而是命令被告將手放進沸水中或燒紅的鐵片上並停留一段時間，法官根據傷口的情況宣布判決結果，如果司法案件涉及兩名敵對的人，法官則讓他們進行一場司法的決鬥，勝利者被宣判無罪，因為法官覺得公正的上帝不會讓有罪的人取得勝利。

四、文明的倒退和法國的形成

另外還有許多明顯的特徵，顯示出在墨洛溫王朝的統治之下，此一時期的文明正在倒退，尤其是工業（除了武器工業）和商業機能上的全面衰退。高盧不再出產任何產品，希臘和敘利亞商人不再將橄欖油和莎草紙從埃及帶到馬賽，或將珍貴的布匹從拜占庭帶到高盧境內，此外，主要的交通道路也得不到維護，貨幣（硬幣）中稀有金屬的含量愈來愈少，富人只願意在鄉下生活，除了有教堂或修院的城市之外，大部分地區的城市人口都在銳減。

各地區的學校也愈來愈少，常依靠主教或修院開辦學校，因為神職人員是唯一能讀會寫的人，但即使是最博學的神職人員，如圖爾的格列高里主教，也常用錯拉丁文，學術水準非常低落。除了金銀匠之外，藝術也全面衰落，教堂常裝飾著油畫或各種金質飾物，工人有時候尚能雕刻教堂列柱的柱頭紋飾，但他們已沒有能力做出雕像，石棺的裝飾圖案也多拙劣之筆。

墨洛溫王朝對近代法國的貢獻，如不從一項重要成就來看，必會顯得頗為貧乏甚至負面，此即融合羅馬的遺產與日耳曼的貢獻，一種因法

蘭克人信仰基督教而大爲受益的融合。起初羅馬高盧人與日耳曼蠻族各行其是。被征服的高盧人施行人格法，各個民族遵守各自的法典，法蘭克人則遵守克洛維時期成文的海濱法蘭克法。但通婚導致習俗交流而逐漸消除人種差別，統治貴族實開此風氣之先。這種同化因地區而差異頗大；日耳曼文化在法國北部較爲顯著，羅馬高盧則在南方保存比較好。

　　當我們考慮到羅馬帝國其他地區的命運時，法蘭克的高盧所成就的獨特的綜合，顯然將成爲中世紀西方社會秩序中心。

第三節　掌握大權的宮相

一、墨洛溫王朝的末日

　　墨洛溫國王可能擔心戰爭失利引起士兵反叛而產生兵變，因此，爲了預防這潛在的危險，國王將王室的小塊領土分給士兵。然而分發土地卻帶來不可預測的後果，國王只剩下很少的田地，於是喪失對臣民的權威，尤其是奧斯塔西亞地區的大領主，幾乎成爲獨立的王國（如圖2-2）。

圖2-2　懶王

二、達戈貝爾特

　　達戈貝爾特是墨洛溫王朝唯一享有令譽的國王，這是因爲他施惠教士很多，使之心生感激之故。特別是他建立聖丹尼修道院，去世後也葬身該處。他貼身的教會顧問：艾洛與烏昂兩位主教，使其政府關切秩序、司法與道德，此爲墨洛溫王朝所罕見的。

　　達戈貝爾特死後，墨洛溫王朝的氣數也到了盡頭，王權日益衰微，不只大貴族各自雄霸一方，就連僅存的一點公權力也掌握在宮相手裡。宮相起初只是法蘭克王國的王室領地總管，由國王遴選，在西哥貝

爾特死後，奧斯塔西亞的貴族篡奪了宮相的任命權，並將王權授予宮相，隨後勃艮地的貴族也起而仿效，從此國王不再過問貴族選舉宮相的事宜。

達戈貝爾特的兩個兒子未曾行使王權即夭折，他們的後代大多數像他們一樣無所事事，雖然他們仍留有一頭飄逸的長髮，以顯示他們的貴族身分，實際上他們的王權有名無實，既不能指揮軍隊、也不能裁決案件，只能在鄉間過著黯淡的日子，毫無威望和權力可言，他們不再是雄糾糾地騎馬，而是懶洋洋地坐著由僕人趕著的牛車，「懶王」的稱號就是由此而來。

法蘭克王國的政治權力就這樣落到了皇宮的宮相手裡，720 年，宮相查理甚至成為高盧的領袖。

三、查理馬特（鐵鎚查理）

719 年，占據西班牙的穆斯林越過庇里牛斯山，占領了納爾榜城，721 年，他們進攻阿基坦，圍困土魯茲，但阿基坦人和巴斯克人的領袖歐德斯解救了土魯茲，725 年開始，穆斯林再次入侵高盧，他們溯隆河北上，進攻勃艮地，伊斯蘭大軍直抵歐坦和孚日山區，並將沿途各地洗劫一空，隨後他們又攻擊普羅旺斯，不過普羅旺斯人在阿基坦人的支援下擊退了入侵者。為報復這次失利，穆斯林又開始集結大軍，由首領阿布德拉馬率領，從庇里牛斯山直接進攻阿基坦，歐德斯勢單力孤，因而轉向法蘭克人求援，他表示願意成為墨洛溫王朝宮相——查理·馬特——的封臣，以獲得他的支持。穆斯林的進攻，已開始讓歐洲備感威脅，查理決定揮師迎擊已經進入法國圖爾城的穆斯林，於是雙方在普瓦提耶展開一場生死戰，此時穆斯林被阿基坦人和巴斯克人的軍隊繞道偷襲營地，加上法蘭克的騎兵乘機發起最後衝鋒，穆斯林終於大敗於普瓦提耶，首領阿布德拉馬也被殺。

這一場戰役對歐洲後世影響很大，如果穆斯林贏了這場戰爭，那麼歐洲將成為伊斯蘭教的歐洲，世界歷史也將改寫，普瓦提耶戰役確實是決定世界命運的一次戰役。

穆斯林雖然戰敗，並沒有因此而氣餒，他們重整軍隊準備再戰，雖

然歐德斯又一次擊退了在庇里牛斯山附近的穆斯林，但穆斯林仍然非常
頑強，戰鬥力十足，他們試圖再次從隆河發動攻擊，此時普羅旺斯和埃
維納地區的貴族因為法蘭克人的搶劫而心懷怨恨，於是他們轉而投靠穆
斯林，在非洲的伊斯蘭援軍也經海路到達高盧，但是卻被查理·馬特在
西若沼澤附近全部殲滅，之後，查理·馬特又擊敗了薩克遜人並征服了
普羅旺斯，儘管如此，穆斯林的納爾榜城依然屹立不搖。此後不久，墨
洛溫王朝末代國王希爾德里克三世被關進修道院，查理·馬特之子矮子
丕平則於 751 年在蘇瓦松讓教皇立他為法蘭克人國王。他建立了一個稱
為加洛林的王朝，這個王朝一直延續到 897 年，並在一個世紀中給高盧
帶來了些許和平以及經濟和文化生活的短暫復甦。

四、矮子丕平

　　查理·馬特的兒子——矮子丕平（如
圖 2-3）即位以後，又對穆斯林展開新一輪
的攻擊，丕平的戰術是圍而不攻，把納爾
榜圍城七年，終於迫使穆斯林走出納爾榜
城向法蘭克人投降，穆斯林從此被永遠逐
出法國，而法蘭克人的勢力也乘機擴展到
西班牙。

圖 2-3　矮子丕平

　　如同從前克洛維靠基督教打敗異教
徒，查理·馬特和矮子丕平也是靠基督教
與教會的支特打敗穆斯林。

　　倫巴底人屬於日耳曼人的一支，他們先定居在現今的匈牙利境
內，後來被亞洲的蒙古部族驅趕，因此跨越阿爾卑斯山脈，定居在義大
利，這片地區至今仍被稱作「倫巴底區」。後來，他們緩慢地征服義大
利半島，八世紀中葉，他們從拜占庭帝國手中奪取拉韋納公國及亞得里
亞海沿岸地區並向羅馬進軍。

　　在抵禦倫巴底人的問題上，當時的教皇艾蒂安二世並不期望得到
拜占庭皇帝的援助，當時兩人因為宗教問題而積怨頗深，於是，艾蒂安
二世轉求助於矮子丕平，並承認他是高盧的合法國王。矮子丕平於是向

倫巴底人作戰，756年奪回拉韋納公國，但他並不將公國歸還其合法主人，即東羅馬帝國皇帝，卻交給教皇，當時教皇已經擁有羅馬公國而形成一個教會國家，即所謂的「教皇國」。

教皇艾蒂安二世向矮子丕平求救是歐洲歷史上最重要的事件之一，法蘭克王室與羅馬教皇的聯盟自此拉開序幕；而且，由於這一事件，教皇除了擁有宗教權力之外，也開始像世俗國王一樣擁有土地與臣民，教皇亦成為世俗的統治者；此外，教皇艾蒂安二世統治拜占庭帝國的一部分土地，即義大利地區，實際上算是一種篡位的行為，因此這次事件也加深了羅馬和拜占庭之間的鴻溝，成為之後羅馬教皇與君士坦丁堡主教決裂的潛在因素，兩者的決裂發生在1050年左右，被稱為「希臘教派分立」，因為這次的分裂產生了兩個敵對的教會，即西方的羅馬公教和東方的希臘正教（簡稱東正教），教派分立的情況一直持續到今天。

第四節　加洛林王朝

一、加洛林王朝建立

查理‧馬特雖然功業彪炳，卻沒有稱王的膽量，但他的兒子矮子丕平卻敢這麼做，查理‧馬特去世前將采地分封給長子卡洛曼和次子矮子丕平，二人也順勢成為墨洛溫王朝的宮相，後來卡洛曼因厭倦世事而隱居於修道院，矮子丕平遂成為最有權勢的唯一宮相，751年，他派遣使者去詢問教皇扎卡里，到底哪個人比較適合當高盧人的領袖，是那個整天無所事事的國王，還是那個整天為國事操勞的宮相？於是，自此墨洛溫王朝讓位給加洛林家族，「加洛林」一詞源於查理‧馬特的名字，「查理」在拉丁語中讀為「卡洛留斯」。法蘭克人自此進入了第二王朝時期，此即加洛林王朝。

丕平想使其建立的朝代具有基督教的特性，便模仿古代希伯來王實行宗教加冕。首先是751年由主教卜尼法斯為其祝禱，三年之後由教皇艾蒂安二世為其抹聖油。從此之後，丕平不僅是法蘭克人所承認的國

王，與墨洛溫家族不同之處，他還是上帝所承認的國王，君權神授從此在法國的領土上出現，直到 1830 年才結束。

丕平還做了許多其他事情，表明他與基督教的密切關係，他將朗格多克的穆斯林擊退、改革高盧的神職制度、支持盎格魯薩克遜的傳教士到日耳曼傳教，這種與教會友好的政策，後來在其子查理曼大帝統治時期（768 年至 814 年）又更加穩固。

矮子丕平有兩個兒子，長子卡洛曼、次子查理曼，卡洛曼去世之後，查理曼也除去兄長之子的王位繼承權，進而統一整個法蘭克王國，除了不列顛及西班牙之外，查理曼統治了中歐、西歐大片土地，此外他還結束了無政府狀態，建立了和平有秩序的王國，814 年 1 月 28 日，查理曼在法蘭克王國首都埃克斯－沙佩勒去世，享壽七十二歲。

埃克斯是查理曼最喜歡的地方，也是他的宮殿所在地，昔日法蘭克國王被稱作懶王，常常在鄉間巡遊，而查理曼一改法蘭克王室的陋習，他決定將首都定在埃克斯，並在這裡大興土木，建造豪華宏偉的宮殿，埃克斯也聚集了來自世界各地的使節。

二、查理曼思想

中世紀的君主中，查理曼（如圖 2-4）與聖・路易是我們今天所能了解最為全面的人物，而我們對查理曼的了解主要是透過查理曼的朋友艾因哈爾所編寫的查理曼傳記。

查理曼是個身體健壯的男子，他是優秀的獵人和游泳健將，他的生活樸實，不像拜占庭皇帝那樣擁有豪華的宮殿和固定的住所，相反地，他在高盧有許多大莊園，人們稱這些大莊園為別墅，他時常在一個別墅住一陣子後又搬到別的地

圖 2-4 查理曼大帝

方，他非常擅長管理莊園，而且事必躬親，現存他的一個莊園開墾規

則，可以說明他對莊園管理的情形。查理曼晚年常住在奧斯塔西亞的沙佩勒，現在此地還留有許多他的遺跡。

查理曼是很虔誠的基督徒，他也要求部屬要做個好的基督徒，他以宣傳基督教、教化異教徒爲己任，因此他稱在日耳曼和西班牙對異教徒的戰爭是聖戰，然而他極力保護教會的更主要原因是想讓教會服從他並尊重他的統治，他讓主教接受良好的教育並各司其職，他親自任命主教和修道院長，不時提醒教皇記住其宗教使命，努力將其王國變爲一個基督教王國。

三、征服者查理曼

查理曼的一生都在作戰，他統治帝國的四十五年間，進行過 60 多次遠征。他要求所有的大領主都須加入軍隊，同時帶著一定人數的農民兵士，領主愈富有須帶來的兵士就要愈多，因此，從某種意義上，兵役可以說是一種財產上的稅收。

查理曼認爲唯一能阻止其他民族侵略的方法即是占領他們的領土，因此，查理曼繼承丕平的事業，繼續與倫巴底人、穆斯林和日耳曼部族進行戰爭。

倫巴底人渴望反擊查理曼，他們封鎖拉韋納並威脅羅馬，當時教皇處於危機之中，因此查理曼接到教皇的求救後即刻南下義大利，774年，查理曼徹底打敗倫巴底人並廢黜他們的國王迪迪埃，查理曼還進一步從迪迪埃手中搶走著名的鐵皇冠，成爲倫巴底人之王。

然而查理曼在西班牙的戰績卻不如對倫巴底人的成果那麼輝煌，他本想從穆斯林手中奪取厄巴爾山谷，但未成功，不過他仍然在庇里牛斯山脈南面山坡上建立了一個邊境省分，並向西班牙進軍。778 年對西班牙的遠征中，他的後衛將領羅蘭在龍斯沃山口被巴斯克族山民所殲。

因爲這一插曲，在十一世紀時，法國文學史上誕生了第一首史詩，也是最爲大家所熟悉的英雄史詩，即《羅蘭之歌》。其內容描述羅蘭之所以會戰死沙場，是遭到一個叛徒的出賣所致，羅蘭率領的軍隊被巴斯克人包圍時，曾經命令士兵吹響號角向查理曼求救，查理曼在不遠之處的軍營中，也確實聽到了號角聲，於是他隨即出發要去救羅蘭，但

他身邊的佞臣加內隆卻說，這不是求救的號角、而是羅蘭打山豬的號角，加內隆兩次阻止查理曼回師救援羅蘭，但是羅蘭所吹的號角非常迫切，最後查理曼還是率領大軍趕到龍斯沃山口，此時巴斯克山民已經離開，羅蘭和全軍將士也已在這場戰役中全數陣亡，羅蘭在死之前用自己的配劍劈開了一塊大岩石，原來他是想藉此毀掉寶劍，不讓敵人獲得它，然而他的配劍卻沒有受到絲毫損傷，現在我們經過庇里牛斯山時，還可以看到一個巨大的豁口，人們把它稱為「羅蘭的裂口」，查理曼對羅蘭之死傷心欲絕，他決心替蘭報仇，因而攻打了西班牙的穆斯林，並且把叛徒加內隆五馬分屍。

與查理曼交戰次數最多、戰役最激烈的是薩克遜人，薩克遜人並非居住在現在薩克斯的部族，而是居住於德國西北部、內萊因河與厄巴爾之間的日耳曼人。薩克遜人是頑固的異教徒，沒有一個傳教士能使他們皈依基督教，他們也是兇殘的掠奪者，由於他們的進犯使奧斯塔西亞恐懼萬分，查理曼亦多次想阻止薩克遜人的侵略然未能奏效，於是他下定決心占領他們的國家，不過查理曼也遇到頑強的抵抗。薩克遜人的首領維都根德拼死抵抗查理曼的兼併，在森林沼澤地區，薩克遜人往往隱藏在看不見的地方，法蘭克軍隊經歷多次的失敗，屢攻不下，戰爭隨後變成兇殘的殺戮，然而查理曼並未在這些殺戮前退縮，法蘭克軍隊進行了至少 20 次的遠征，終於在 800 年左右征服薩克遜人，並將其教化為基督教徒。

此外，多瑙河南部的巴菲爾早已是法蘭克王國的被保護國，這時也被法蘭克人所占領，自此，查理曼占領了全部日耳曼地區。

薩克遜及巴菲爾東面的居民已不全是日耳曼人，其中部分是斯拉夫人。今日奧地利境內的阿瓦爾人屬於黃種人，與匈奴人相近。為了徹底消滅巴菲爾及義大利境內各民族的抵抗，查理曼又進行幾次遠征，將這些地區全部教化皈依於基督教。

這些地區在查理曼的征服之前一直是未開化的民族，信仰異教，查理曼的征服不僅使其帝國的疆界得以伸展，而且也擴展了基督教文化傳播的範圍，查理曼採取有效的行政措施，並且修路、築城牆、建教堂等，歐洲現在的城市興起，和這些建設有相當大的關係。

四、秩序的重建者查理曼

查理曼權威過人且頭腦清晰，他希望由自己統治帝國，他身邊有幾個顧問，既是侍從又是官員，王室的車馬侍從可以同時擔任內廷總管、司酒官或王室總管。教士負責管理教堂、伯爵負責司法、掌璽大臣負責撰寫和發布官方文告（法律條文、法規、判決書）。王國由伯爵領地組成，每個伯爵領地的首領是伯爵本人，伯爵同時也是行政管理者、法官、軍事領袖和財政稅收官，伯爵統治時由主教協助他，主教通常由查理曼選任。巡查官是被人們稱為「欽差大臣」的監查者，他們常在伯爵領地各處巡視，監督法律的執行情況並當場採取必要的措施以解決事情。法蘭克王國在查理曼的重建秩序下，商業又開始重新復甦。

但是實際上查理曼的權力比表面上要虛弱得多，如果沒有貴族領主的同意，他不能決定任何事情，查理曼在所有重大問題上都要諮詢貴族領主，才能發布敕令，以法律條文的形式宣布他與貴族領主協議而做出的決定。

查理曼要求所有轄下的領地推行一種做法，即「推薦制度」，這種制度在墨洛溫王朝統治時期早已存在，然而從未得到官方的認可。

墨洛溫王朝統治時期，局勢動盪不安，四處充滿暴力，於是弱者紛紛棲身於強者屋簷下以尋求保護，稱做「自我推薦」。強者是「領主」，被保護的弱者即「附庸」，附庸須承擔各種義務作為受保護的代價，例如，在領主的田地耕作或隨領主軍隊作戰。查理曼要求社會的貧困小民必須在鄰近的大莊園主中選一位作為其「領主」，而查理曼自己也是某些人的「領主」，他從這種制度中找到可以將自己的命令迅速傳給臣民的辦法，即以領主作為他和人民之間的中介。

但是這種推薦制度並非沒有隱藏的危險，實際上，附庸只遵從其領主的意見，而不是接受最高統治者的命令，最高統治者於是失去其最高權威，這種情況在查理曼去世後愈發明顯。

五、文學的重建者查理曼

查理曼統治的另一個特點是重視發展教育。「懶王」時期的一大特

徵，就是人們對拉丁語愈來愈陌生無知；查理曼則想塑造一批有教養的神職人員，既要能讀懂聖經、還必須是神學家，查理曼亦要求其官員必須接受良好的教育，官方文告在當時仍是用拉丁文撰寫，查理曼自己也為大家豎立良好的榜樣，他晚年時學習書寫拉丁文，並在皇宮內建立一所模範學校。

但要進行此種教育，必須先找到教師才行，因此查理曼從西歐地區召來一批拉丁語教師。西歐地區還有許多具有文學修養的學者，如北部義大利和英格蘭的修士，尤其是英格蘭修士，他們在愛爾蘭修士的影響下，變成古典文化的愛好者，查理曼就是在英格蘭修士中，找到了他的公眾教育專家阿爾昆。

此時一些學校開始在教堂與修道院附近建立；人們皆以風雅得體的舉止為榮；修士熱衷於抄寫以拉丁文寫作的文稿；文人在文稿的羊皮紙上繪滿細密的小插畫；高盧地區再度出現優秀的作家；此時期的藝術在拜占庭藝術的影響下恢復生機，教堂建設規模宏大，以便於鑲嵌細工和壁畫的裝飾。這次「加洛林王朝統治下的文藝復興」，在九世紀和十世紀時蔚然成風。

六、帝國的重建者查理曼

在當代人眼中，驍勇善戰的查理曼完全可以稱得上是基督教尊貴皇帝的繼承者，如同君士坦丁和狄奧多西皇帝。查理曼將其權威從巴塞隆納擴展到易北河地區，又從北海擴展到羅馬南部，這個賢明的君主在各地重建秩序、保護基督教、復興文學，許多主教都贊成賦予他皇帝的稱號，主教的夢想是將歐洲變為一個基督教帝國，由皇帝和教皇共同執政，歐洲在當時也幾乎已全部處於查理曼的統治之下。

800年，查理曼前往羅馬解決教皇里奧三世與其政敵的紛爭，他給予教皇熱忱的支持，聖誕節那天，利奧三世在查理曼面前行禮後，為查理曼戴上一頂皇冠，參加儀式的人們高喊著：「上帝莊嚴為查理曼加冕，查理曼，我們羅馬人偉大和平的皇帝啊！你將長生不老，你將常勝不敗！」皇帝這一稱號自476年以來，在西方即不曾有人享有，卻在查理曼身上重現。

當時查理曼聲名遠播，小君主們請他做糾紛的裁決人；耶路撒冷的貴族們將他看作基督教的領袖，送給他耶穌墓穴的鑰匙；巴格達的哈里發哈斯里德送他高貴的禮品。即使在814年查理曼去世之後，他依舊活在不少人的想像之中，詩人們傳頌著「美鬍子皇帝」的功業，這位皇帝使法蘭克王國威震四海、使基督教征服歐洲。

第五節　帝國的瓦解

一、虔誠者路易

查理曼去世三十年之後，帝國解體。由於幅員過於遼闊，人口過於混雜，以至於很難長期保持統一；此外查理曼之子虔誠者路易（814年至840年）亦不能勝任皇帝職務，由於他過於虔誠的宗教信仰，常常任其身邊的高級神職人員所指使，另一方面，他也不得不與覬覦其王位的兒子周旋。

從817年開始，虔誠者路易就已經允許長子羅泰爾跟他一起治理國家，換言之，羅泰爾將是繼承人。此時他的姪子貝爾納在義大利封王，深怕伯父虔誠者路易要除掉他，因而發動叛亂，虔誠者路易率領大軍前往義大利討伐，貝爾納因為軍力不足以對抗法蘭克人的大軍，只好親赴高盧請降，並請求虔誠者路易寬恕，在審判中，貝爾納被判處死刑，虔誠者路易不忍心處死他，但活罪難逃，於是派人挖去了他的眼睛，貝爾納在受此酷刑之後不久即去世，822年，虔誠者路易坦承自己犯了大錯，並當眾對這件事情懺悔。

二、諸子反叛

虔誠者路易再婚並且生下第四子查理，破壞了這個平衡。查理的生母——野心勃勃的朱迪斯，迫使路易重劃版圖，以使其幼子擁有與其諸兄相當的王國，虔誠路易的前三子乃聯合反叛他們的父親，強大的教會也不願國家的統一被妥協而遺棄虔誠者路易。832年，虔誠路易被解除大權，其妻與子也被送到修道院而與他分離。最後，832年，虔誠者路易被迫在教堂裡跪在貴族與主教前懺悔。

這種過度的羞辱，使輿論轉而支持他。日耳曼的路易與阿基坦丹的丕平，不滿其兄羅泰爾的僭越，乃與其父和解。他們將羅泰爾逐出義大利，並於835年奉還路易的大權。新的版圖分封，使年幼的查理獲得介於繆司河與羅雅爾河之間的一個王國。阿基坦也在丕平去世後不久交給他。

虔誠者路易去世時，他的三個兒子羅泰爾、查理（禿頭查理）和路易（日耳曼路易）彼此發生爭戰。843年，禿頭查理和日耳曼路易在史特拉斯堡會合，誓言聯合反對羅泰爾，現在我們仍存有史特拉斯堡的這兩篇誓詞，它是至今最古老的羅曼語和日耳曼語文獻，為了讓日耳曼路易的部下能聽懂，禿頭查理在當時起誓時用的是條頓語，也就是古德語，另一方面日耳曼路易則用羅曼語起誓，也就是法語，以便禿頭查理手下的高盧士兵能聽得懂。五世紀時，歐洲大部分的城市都說拉丁語，在法國鄉間仍有人講克爾特語，不過，整體來說，克爾特語已漸被淘汰，拉丁語也開始分化形成新的語言，這種新的語言其大部分詞彙來自拉丁語，但詞形既不是克爾特語、也不是拉丁語，人們把這種新語言稱為羅曼語，這種語言後來就轉變為今天的法語。

三、凡爾登條約

三兄弟瓜分帝國，843年簽定《凡爾登條約》。禿頭查理得到西邊這一部分土地，疆界大約是埃斯科河、繆司河、索恩河和羅雅爾河；日耳曼路易得到東邊的土地，位於萊因河以東、阿爾卑斯山脈以北；羅泰爾繼承皇帝稱號，得到另外兩兄弟領地之間的長條地帶，從北海一直延伸至義大利南部。

843年的《凡爾登條約》在歐洲歷史上有極其重要的地位，中古歐洲由此產生所謂東法蘭克地區和西法蘭克地區，以後這兩部分逐漸變為德國和法國，當時這兩部分尚不對立，只是分屬於不同的民族，但自此以後，這兩部分逐漸各自為政，且為了他們當中那片原屬於羅泰爾的領土爭鬥至今。

第三章
王權的衰微

第一節　諾曼人的入侵

一、新的入侵者——諾曼人

　　不久之後，分裂的歐洲成為新的侵略目標，歐洲南部有薩拉遜人或稱摩爾人，他們是來自北非和西班牙的穆斯林，這些人侵襲義大利海岸、普羅旺斯、多芬尼和薩伏瓦省。東部有匈牙利人，他們屬於黃種人，而且是善戰的騎兵，這些侵略者掠奪日耳曼、義大利，甚至法蘭克地區，直到 950 年，才由日耳曼國王奧圖大帝抵擋住，不久之後，他們安居在現在的匈牙利，並皈依基督教。

　　與薩拉遜人和匈牙利人相比，諾曼人的侵略更為猛烈，諾曼人（如圖 3-1）來自斯堪的那維亞——包括挪威、丹麥和瑞典，這些「北方民族」是勇敢的冒險家、航海家和海盜。一些諾曼人深入俄羅斯南部；另一些則占領一部分愛爾蘭、蘇格蘭和英格蘭的土地之後，一直推進到冰島，甚至加拿大地區；還有一批諾曼人在北海的加倫河地區作戰，他們駕著輕舟，沿著萊因河、埃斯科河、塞納河和羅亞爾河行進，上岸後掠奪各個城市，並將大批戰利品帶回船上。

圖 3-1　諾曼人

　　在不到半個世紀（845 年至 885 年）的時間裡，諾曼人就 4 次進攻巴黎。885 年，巴黎的歐德伯爵領導了一場具有歷史意義的抵抗運動，巴黎城的居民奮起抵抗諾曼人，但是為了讓諾曼人離開，他們也付出了很大的代價。

　　當時巴黎城幾乎全座落在西堤島上，有兩座塔樓拱衛著巴黎城，一座是塞納河右岸的北樓，另一座是左岸的橋樓，西堤島在河的兩岸都有橋樑連接，就是今天的交易橋和小橋。

　　九世紀中葉，諾曼人首次出現在巴黎城下，禿頭查理支付贖金後他們才撤退。856 年至 857 年間，諾曼人曾經放火燒城。885 年，諾曼人發動新的攻勢，使用人海戰術，3 萬多人浩浩蕩蕩乘 700 艘船溯塞納河而上，他們要求穿過巴黎，但是被巴黎人拒絕，於是諾曼人包圍巴黎，圍攻北樓，巴黎歐德伯爵以及羅貝爾主教率領巴黎市民奮勇抵抗，諾曼人只好暫時撤退至巴黎郊區，並在附近肆意破壞和搶劫，886 年 2 月 6 日塞納河突然漲潮，沖毀了連接巴黎和塞納河左岸的小橋，於是小橋的塔樓被隔離了，糟糕的是塔的四周沒有防禦工事，因此讓諾曼人有機可乘，他們迅速攻打過來，此時塔樓中有 12 名看守士兵，他們英勇抵抗諾曼人的入侵，諾曼人未能得逞，於是改用火攻，12 名士兵退到了被沖毀的橋樑上繼續戰鬥，雙方僵持不下，諾曼人後改以勸降的陰謀，保證他們投降後，生命安全無虞，結果這 12 名士兵竟信以為真放下武器，最後有 11 名士兵遭到殺害，諾曼人留下了一個軍官作為人質以敲詐贖金，但這名軍官寧願與戰友一起就義，並對敵人喊道「你們永遠也不能拿我的頭顱來要脅贖金」，禿頭查理最後以鉅額的款項換取諾曼人的撤離。

　　911 年，法國國王天真查理正式賦予一位諾曼人首領羅洛在法國一塊領土上居留的權利，之後這地區就以諾曼地為名。後來諾曼人也皈依基督教成為農耕者，但他們仍保留旅行冒險的愛好，以後的幾個世紀裡，他們征服英格蘭、西西里島和南部義大利，並在十一世紀的十字軍東征中扮演極重要的角色。

　　920 年，在蘇瓦松平原上的一次大會中，法國貴族一致決定折斷麥稈並扔到地上，宣告與天真查理斷絕封臣關係，不再承認他是國王，天

真查理被廢黜，退引到洛林成為洛林公爵，不久之後，法蘭克公爵羅伯特被宣布為國王。天真查理的屬下對於國王被廢黜感到非常氣憤，因而鼓勵國王重整旗鼓奪回江山，天真查理率領洛林軍隊進攻，一直打到蘇瓦松，此時羅伯特的軍隊開始潰散，他見到軍隊無心再戰，於是手拿軍旗以重新集結軍隊，並衝到天真查理的掌旗官面前，企圖奪取對方軍旗，天真查理的掌旗官見狀便揮動手上利劍，一刀劈死了羅伯特國王，正在危急存亡之秋，羅伯特的兒子于格及時振作軍隊士氣，鼓動軍隊為死去的國王報仇，天真查理所率領的洛林軍隊因此被打得潰不成軍，最後只好退回洛林。

羅伯特的兒子于格認為擴充自己的領地比當一個沒有領地的國王更重要。923 年，于格的兄弟勃艮地公爵拉馬爾被選為國王，天真查理後來被他的親戚威曼多爾伯爵出賣，成為于格的階下囚，929 年死於牢中。

其他民族的多次入侵，使得加洛林王朝的王權全面衰退，也促成歐洲封建制度的建立，封建社會的特點是人民和土地均形成一種階級制度，一個人依靠較為強大的領主，一塊土地依附於另一塊更重要的統治者，國王幾乎失去所有的權力，因為土地所有權不再單歸國王一人，領主成為新的所有權人。

二、封建制度的建立

國王面對諾曼人、薩拉遜人和匈牙利人的入侵，開始愈來愈無力保護他的臣民，所有的自由人都自我推薦到一個相當強大的領主門下，同時，領主因為許多附庸者的歸附，卻逐漸能夠有力地抵抗侵略者或另一個領主的進擊。此外，領主還將其土地分給附庸，分封的土地被稱為封地或采邑（拉丁文為「feodum」，「封建制」、「封建的」等詞便源於此），封地為終身享有，附庸在其有生之年即擁有這片土地，而死後也有權將封地留給後代子孫，如此一來，封地變為世襲財產，推薦制度與封地制度自此聯繫了起來。

另外，領主亦可自我推薦到另一位比他更強大的領主門下，後者再投靠另一位更強大的領主，最後一位被投靠者則向國王稱臣，領主和附

庸的階級關係因而形成，我們可以將封建制度以梯形表示，最頂端是國王也是最高的領主，最底部是附庸及一般平民，兩者之間的每一階梯都象徵中間的領主，每一位領主是其下一位的領主、其上一位的附庸，他只與上下兩位發生直接的主從關係。

三、王權的削弱

封建制度的另一特徵是王權削弱，這種封建等級制度形成的同時，國王幾乎喪失所有的權力，這種情況在法國和義大利尤其明顯。一方面公爵和伯爵以國王的名義統治他們的領地，從此視此土地為世襲財產；另一方面，他們在封地上為維護自己的權益而行使司法權，這種權力在此之前一直只能由國王執行，除了司法權之外，還有同性質的稅收、造幣、開戰等權力。從此，領主在其領地擁有本屬於國王的權力，為了顯示這種權力，領主紛紛建起高大的城牆和堅固的城堡。

從此之後，國王就像一個普通的領主，擁有自己的領地，人們稱為「王室產業」，只有在「王室產業」範圍內，他才能執行從前在整個王國內的權力。當然，在名義上，他不僅是領主，他還是國王，是整個封建階級的頂端人物，然而，在十世紀時，這種高貴的尊嚴已經微不足道。

第二節　加洛林王朝的結束

一、西法蘭克加洛林王朝的衰弱與結束

禿頭查理是一位極具智慧的統治者，他曾認真努力地在王國內建立自己的權威，因此成功地成為加洛林王朝的國王和義大利國王，甚至被加冕為皇帝，此時查理曼時期的帝國似乎又恢復了。禿頭查理在位期間，各大領主的獨立性已漸趨增加，禿頭查理在 877 年去世，更昭示著西法蘭克王國的全面衰微。

《默森敕令》和《凱爾西敕令》為封建制度奠定了基礎，「封建」一詞源自「采邑」，「采邑」是個古老的德語詞，意指分給戰士以作為其服役酬勞的財產。封建社會的基礎是采邑等級制，人們透過采邑而發

展出依附關係，在長期的混亂之後，封建社會逐漸取代了古代羅馬社會。

　　法國只留下了加洛林時代某些漂亮的手稿，一種文字，一些藝術品，以及熱爾尼德普雷教堂。薩拉遜人、匈牙利人，尤其是諾曼人的入侵在九世紀和十世紀造成巨大破壞。國王無力保護其百姓。無政府狀態肆虐，公爵、伯爵們不再服從國王的權威。

　　幾年之後，西法蘭克王國又恢復獨立地位，但它此次選擇的國王不再屬於加洛林家族，而是歐德伯爵家族，歐德伯爵曾在 885 年為保衛巴黎而勇敢地抵抗過諾曼人。

二、法蘭西王國誕生

　　在一個世紀的時間裡（888 年至 987 年），歐德的繼承人及禿頭查理的後代在法國的王位上相繼交替出現，最強大的領主利用這一混亂局勢取得幾乎獨立的地位，一些加洛林王朝的國王如同墨洛溫王朝的慵懶國王般無能。十世紀中葉，歐德的一位後代，偉大的于格公開抵制王令，他當時是幾個伯爵領地的首領。987 年，西法蘭克王國的王冠落到偉大的于格之子于格·卡佩的手中，從此，再也沒有加洛林王朝的子孫登上王位，卡佩的後代持續統治法國近八百年。因此，人們將 987 年定為加洛林王朝的結束和卡佩王朝的開始。1987 年，密特朗總統在巴黎當著巴黎伯爵（于格卡佩是其祖先）面贊頌了卡佩家族千禧周年。

　　987 年，法蘭克的疆界依舊是 843 年《凡爾登條約》所規定的邊界，當時的法蘭克只包括現今法國的六十個省分左右，東部邊界由埃斯科河、繆司河、索恩河和塞文山脈為界，另外比利時北部的一小部分及西班牙南部也屬於法國。

第三節　封建制度的確立

一、領主與附庸及其義務

　　西羅馬帝國滅亡後，封建制度這一新的社會組織形態在法國，正如在歐洲絕大部分地區一樣，逐漸建立了起來，它適與延續千年之久，被

稱爲中世紀的漫長時期相吻合。

封建制度建立於不平等的基礎之上，在封建社會可以看到三種人：作戰的貴族、耕地的農民、祈禱的神職人員。

十一世紀的貴族通常拿著武器、騎著馬，人們稱之爲騎士，騎士服務於一位領主並成爲其附庸，附庸須向領主表示順從，即承認領主的身分並向他宣誓效忠，領主（亦稱爲封建君主）向附庸發放一塊封地並允諾爲其主持公道。從此，領主與附庸兩者以個人契約的形式聯繫，中止向另一方盡義務的人被稱爲「不忠」，意即「背叛之人」。

附庸須扶助領主，並受領主的監護，這些相互關係起初很模糊，後來逐漸明確。附庸由領主監護，意即領主須參與附庸各種重大場合的活動，在附庸打官司的時候亦成爲他的法官；而附庸是領主的士兵，須追隨領主參加所有戰爭；在司法上，附庸是領主的證人；在有些日子裡，附庸是領主城堡的護衛者；附庸在一些特定的時期須繳交封建租稅，主要是「繼承領地稅」和「四種扶助稅」。封地雖然是世襲的，但繼承人需要在其長者去世時向領主繳納一定數目的租稅，這種租稅被稱爲「繼承領地稅」；此外，附庸在四種場合下需要在金錢上扶助其領主，因爲這四種情況都需要大筆開支，例如，領主的長子成爲騎士、領主的長女出嫁、領主被俘時支付贖金、領主參加十字軍東征等。

領主與附庸的關係表面上很簡單，但有時卻變得很複雜。一個附庸常常同時擁有好幾位領主，一旦領主之間發生戰爭，他將支持哪一方是個難題，因此，附庸往往會在其領主中挑選一位作爲其「忠君」，附庸與「忠君」之間的聯繫遠比與其他幾位領主緊密得多，也因爲如此，常發生因一片土地而使某位領主成爲其附庸的附庸的情況。

二、封建的階級制度

中古時期，貴族之間逐漸形成一種封建的階級制度，底層是騎士，向上一層是擁有堅固城堡的堡主，堡主由下而上依次爲男爵、子爵、伯爵和公爵，他們的封地眾多而廣闊，位於階級頂端的是國王，他是封建階級的最高首領。

伯爵和公爵從國王那裡得到封地，他們是直接隸屬於國王的附

庸，伯爵和公爵向國王宣誓效忠，國王因此成爲他們的領主。但實際上，十一世紀的伯爵和公爵常常比國王強大，他們才是法蘭克王國眞正的主人，諾曼地公爵、法蘭德斯伯爵是他們封地上眞正的封建君主。

如果說封建制度對人們意味著恐懼的話，那麼騎士風度則相反，在中世紀的人們看來，封建制度與暴政畫上等號，騎士則意味著慷慨大度，強者對弱者的保護，尤其是男子對婦女的保護。

在高盧和日耳曼人中流傳著一種習俗，每當男孩年滿二十歲時，就會在當地的騎士大會上舉行盛大的接納儀式，這時人們就把他稱爲武裝會員，十一世紀時期所有的自由男子都需要參加戰鬥，法蘭克王國的貴族中仍保有這種習俗，後來這種習俗在法國的貴族中傳開來，「騎士」一詞於是就出現了，人們會交給年輕的騎士一匹戰馬、一支矛和一張盾牌。

十一世紀時，新騎士在宣誓後便成爲攜帶武器的戰士，十二世紀開始，騎士還要在一位貴婦的協助下披上鎖子甲，另外一位貴婦爲他掛上佩劍，還有一位貴婦爲他配上腰帶，主持比武賽會的人亦是貴族婦女，爲比武優勝者頒發獎金的婦女稱爲比武皇后。

騎士制度確實稍微減低了中世紀封建制度的殘酷性和野蠻性，它發揚了人類情感中善的一面，而法國人的情感、風俗和文學優雅高尙的情操，很大一部分即來自於這種騎士精神。

三、十一世紀時一位領主生活

貴族必須是一名騎士，從孩提時代起，他就要學習騎馬和打獵，做一位領主的侍從，二十歲左右他已夠資格成爲一名騎士，在授予騎士稱號的儀式上（如圖3-2），一位領主（即其「教父」）授予他兵器，包括一副鎖子甲、一頂頭盔、一張盾、一把劍和一支投槍，然後在騎士的

圖3-2 騎士受封

脖子上用力打一拳。新的騎士很快
就成為領主的附庸，而騎士最常做
的事情包括馬上比武競賽、作戰和
打獵。

　　在十一世紀，馬上比武競賽是
真正的戰鬥（如圖 3-3），因此常
常出現受傷甚至死亡的情況，比武
的優勝者不僅享有極大的光榮，而
且享有一切的物質利益，因為戰勝
者將得到戰敗者的馬匹、武器和贖
金。至於戰爭則是兩個陣營騎士的
野蠻衝突，在戰爭中，他們常有搶

圖 3-3　騎士的馬上比武競賽

掠豐收的米糧或是焚毀莊園、教堂以及修道院等惡劣行徑。領主回到城
堡後喜歡大吃大喝，中世紀的人們尤其特別喜愛肉食，但肉店裡賣的肉
往往很少且不夠鮮美，因此，打獵對於領主來說就是件快樂的事，不但
可以體驗戰爭的情緒還可以得到新鮮的食物。

四、領土生活的改變與政治上的失勢

　　十二、十三世紀，貴族生活發生劇烈的變化，長久以來，教會一直
致力於減少領主生活中粗暴野蠻的一面，因此建立「上帝和平」這一制
度，禁止參戰者攻擊農民、教士和商人，此外，教會的「上帝停戰」制
度，禁止在星期天作戰，後來為紀念耶穌受難日和復活日，從星期三晚
上至星期一早上也禁止開戰。

　　從十二世紀開始，授予騎士稱號及兵器成為一種宗教儀式，在這樣
的宗教儀式中，年輕人將整夜祈禱、懺悔和進行領聖體儀式，他的武器
被置於神壇上受福，有時是神父將兵器交給年輕騎士，請求他保衛教會
和孤兒寡母。由此，貴族中產生一種新情感，即寬容宏大、慷慨大方和
禮貌周到，人們稱之為謙恭或殷勤，這樣的紳士風度直到今天依然被談
論，但也有些地區並未減少粗暴和野蠻的行徑。

　　與此同時，城堡也開始變化。十一世紀的城堡只是一座簡單的木

材建築，以壕溝和柵欄與外界分開，並無舒適感可言。十二世紀開始，石頭建築成為令人嘆為觀止的堅固堡壘，城堡內部追求著舒適甚至豪華奢靡，窗戶眾多，且以彩繪玻璃裝飾，房間裡陳列著油畫或製有凹凸花紋的皮革，家具通常帶著雕琢的手藝，城堡主人服裝華麗，娛樂活動豐富，在城堡中舉行的大型節日盛宴上有豐富的「點心」，以供給那些巡迴演出的雜技表演者，以及唱著《羅蘭之歌》讚頌查理曼大帝光輝功績的遊吟詩人品嘗。

　　起初貴族接納所有擁有馬匹和武器的人成為騎士，但不久之後便決定只有他們自身及其子孫才能成為騎士，因此，貴族成為一個封閉的社會階層，只有貴族的子孫或由國王授予貴族稱號的人才能進入這一階層。從此形成了兩大階層的對立：一方是貴族，另一方是非貴族的平民（「平民」來自「耕地者」一詞）。但同時，貴族的政治威信也開始走下坡，國王千方百計地限制甚至禁止貴族彼此交戰的權力，並允許領主法庭向王室法庭上訴，國王下令王室的貨幣與領主貨幣一樣可在封建領主莊園裡流通，有些地區的國王甚至決定向貴族收稅。

五、走向新的秩序

　　此等暴力行為不合農民、工匠和商人等所有勞動者之意。若無起碼的秩序，如何生產、收割和交易呢？因此，他們寄希望於國王。

　　作為所有領主的領主，國王位居所有人之上，也是唯一由加冕而獲得源於上帝的特殊權利的人。不服從國王的決定就如同對抗上帝所意願的秩序；企圖弒君顯然犯了「謀害君主罪」，該當最可怕的酷刑。

　　查理曼建立的行政機構在他死後並未遺留下來；但另一種機構自十一世紀起得到確立，人們將其成員稱為國王的官吏。這些官吏通常出身低微，他們勤奮刻苦地學習書寫、閱讀、計算，並熟悉業已通行的法律。職務提高了他們的社會地位，因此，他們非常忠於國王。此輩勝任工作而又充滿活力，其影響漸漸擴大，而領主們的影響則降低了。

六、國王的兩大支柱：教士與自由民

　　直至君主制消亡，法國歷代國王的稱謂都是「虔誠的基督教國王陛

下」。歷代國王都依靠天主教會，教會則支持國王。各自都從中受益。國王的許多大臣是教士，教會從國王那裡得到許多禮物和接濟。

　　自十二世紀起，這一切進展得很快。城市裡最富裕最活躍的是自由民。他們希望能治理自己的城市而不從屬於城市所在領地上的領主。當城市感到力量足夠時，它們便要求鄰近的領主給它們特許証，以便讓由此組建的公社實行自治。這便是法國至今尚存的眾多「自由市」或「新城市」。這一稱謂的起源。總的來說，國王巧妙地利用了公社運動，因爲後者削弱了領主權力。

第四章
十一至十三世紀時期的農民、城市復興、十字軍東征

第一節　農業

一、平民和農奴

　　領主通常將其產業分爲兩部分：一部分留作私用，另一部分給農民。農民中有一部分是自由人，稱爲平民（「vilains」，此詞源自別墅「villa」，意即大產業）；另一部分不是自由人，稱爲農奴（「serfs」，源於拉丁語奴隸「servus」一詞）。

　　農奴的眾多負擔主要有以下幾項：每年需繳納爲數不多的一筆錢證明其農奴身分；如果娶另一位領主的女農奴爲妻，則要繳納結婚稅；此外，他只能將財產交給子女，如果身邊沒有子女一起生活，那麼他所擁有的一切將全部歸其領主；農奴起初無權離開自己的田地，他被束縛在封地上，如果農奴逃跑，領主可以用武力將其抓回，後來農奴可以自由選擇地點安家，但在新的居處，仍然是原領主的農奴，並對領主負有同樣的義務。

二、領主稅

　　不論是農奴或平民，農民都必須向他們的領主（可能是非教徒或教徒）繳納各種租稅，即所謂「領主稅」：首先是繳納收成的一小部分；後來是一筆錢，這筆錢的數目有時是固定的，如年貢，有時是變化的，如人頭稅；農民還要服徭役，除了必須在領主留爲己用的土地上耕作，還得挖掘城堡四周的壕溝和維修城牆；每次他們使用領主的爐子、榨油機或磨坊時也都需繳納租金。

　　這些領主稅的項目和金額各地不同，十世紀和十一世紀時由領主隨意決定，當時農民被收取人頭稅、被迫做苦役，直到領主對他們產生憐

憫爲止，農民也無處傾訴他們的苦衷，因爲他們的法官就是領主本人。

三、農業的微薄收成

　　如果農作收成好，農民還能勉強盡他們該盡的義務，但目前歐洲的一些肥沃土地，在當時可能只是沼澤和森林，況且即使是土地狀況良好的地區，農作收成也很微薄，由於缺少肥料，人們不得不休耕，通常每兩年就得休耕一年，農具也十分簡陋，雖然當時人們已懂得使用帶導輪的鐵犁鏵，但還不十分普遍，十一世紀時的大多數農民仍只用擺桿步犁，也就是無導輪的木製犁鏵，他們甚至還常使用鋤頭勞作，農業收入微薄，加上戰爭和領主的打獵活動致使土地荒蕪，因此農民不但沒有能力繳納各種領主稅，甚至還經常發生饑荒。

四、公有財產與畜牧業

　　在法國某些地區，收穫後的麥田會成爲所有居民的財產（如圖4-1），每個人都可以在這塊麥田上割茅草，墊到自家牲畜欄裡或蓋在房頂上，也可以將牲畜趕到田裡放牧，這就是所謂的「共同放牧權利」，這些地區的田野不設分隔籬牆。通常私人田產旁邊就是公有財產，屬於村中所有居民共有的土地，每個人都可以從這些田地的泥炭層提煉泥燻做自家的燃料，也可

圖4-1　中世紀的農民

以驅趕自己的牲畜到公共田地上放牧。此外，農民也可以從森林中任意取得所需的木材，森林在當時具有很重要的作用，它提供建築和取暖所需的木材，今天所見的許多金屬製品當時都以木頭做成，樹葉和蕨類植物則爲牲畜提供草料，伐木工人從森林中取材做成木炭，灰料則用來製作香皂和玻璃。在當時，即使是冬天，牲畜也不關在畜牧圈裡，牠們總是在外面遊蕩，並且瘦骨嶙峋，人們不知道如何將牲畜養肥，而實際上

人們也不吃屠宰店的肉，當時豬隻的數量很多，牠們多在森林中吃橡樹果實為生，乳牛只產少量的奶，人們在夏天生產黃油，但是不知道如何貯存，四處都有人養蜂，蜂蜜可以用來做糖料，拌上蠟可做成蠟燭。

五、農業上的進步

　　從十二世紀起，農民的境況好轉，城市的發展使鄉村生活發生深刻變化。原本莊園裡生產的物品並不出售，附近也沒有人在購買麥子或葡萄酒，但是，當莊園主在城市中找到市場後，開始加強農業生產，開墾以前不耕種的土地，此外，十一世紀人口顯著增加，也使得開墾新地變得十分必要。

　　荒地的開墾，使得歐洲部分地區的面貌發生變化，人們從海上、森林和沼澤地上獲得大片土地，十二至十三世紀時，日耳曼人將居住在易北河和尼也門之間的斯拉夫異教徒驅離，開發大片以前不曾耕種的土地。此時，一些新作物也開始出現，燕麥不再只作為馬的飼料，人們也把它當作食物、熬成粥吃。無導輪的犁鏵被有導輪的犁鏵所取代，釘齒耙和乾草叉的齒從此以生鐵打成，水磨代替人工拉騾磨小麥，刨子和鋸子取代過去人們用水力進行木頭的垂直加工方法，以馬駕車及將牛安上牛軛的技藝大為提高，使人們能更好地利用這些動物的牽引力。許多地區的人們將田地的休耕時間改為三年一次，通常一個村莊的田地分為三部分，稱為輪作田，一部分田地種小麥，另一部分田地種植大麥、燕麥或蠶豆，第三部分田地休耕，第二年，休耕的田地被開墾，另外兩部分其中之一的田地將休耕，每一位農民在每一塊輪作田裡都分有一小塊土地，農民無法隨意耕種自己的田地。

六、農民命運改變

　　開墾荒地這一類的粗重工作通常由外地來的農民負責，外地農民由於家鄉的田地過於密集，於是到異鄉做幫手，人們稱之為「客戶」，為了吸引客戶並留住他們，當地人給他們很多好處，例如，降低租稅、減輕勞役負擔，並為他們造村落，稱為「新城」、「自由城」或「設防城」。許多農民為了享受以上特權而設法離開莊園主人去外地作

「客」，另一些則以藝匠身分到鄰近的村莊安頓。因此，為了留住農民開墾自家田地，領主不得不做出一些讓步，首先是允許農奴成為自由人，農奴可以出錢買回他們的自由權，其次是降低領主稅，並明確規定繳稅的金額，從此農民不再受領主的任意壓榨。

第二節　商業

一、商業的衰落及城市的倒退

促成農民命運改善的原因有很多，十一和十二世紀的城市復興，在很大程度上是其中的關鍵。

高盧城市曾在羅馬帝國統治下繁榮富裕，但自從大入侵後便漸趨衰敗，因為地中海地區在穆斯林的占領下，商業迅速衰落，而高盧也已不再有能力生產出口的商品，因此，在沒有商業和工業活動的情形下，城市人口急劇減少，國王和貴族紛紛離開城市到鄉下的別墅棲身。在查理曼時期，每棟別墅都配有一批工人，工人可以生產所有日常生活必需的民生用品。且當時城市依舊存在，因為城市尚可作為逃避諾曼人或匈牙利人侵略的避難所，城市裡還有修道院和主教的住所。但是當時城市裡只能找到以下幾種專業工匠，建築師和金銀匠工人負責裝飾教堂，鐵匠製造兵器，為數極少的商人從東方經威尼斯帶來香料、絲綢和香水。

二、商業的復興

後來，威尼斯因為商業貿易而繁榮，從十一世紀末開始，威尼斯即獲得在拜占庭帝國內免繳關稅而自由經商的權力，不久，義大利的熱那亞和比薩也相繼興起，與威尼斯競爭地中海貿易的重要地位，第一次十字軍東征使東方和西歐的貿易往來快速發展，十二世紀中葉，義大利及來自馬賽和巴塞隆納的船隊在地中海上四處航行。同時，商業活動也上行至北方，尤其是法國的法蘭德斯地區，這一地區的里耳、伊普爾、布魯日城相繼發展呢絨業，法國的地理位置優越，它正好處在連接義大利與北海的對角線上。

三、城市的復興

　　商業興起帶來城市復興，商人把原材料帶進城市，手工藝匠對原材料進行加工，商人再把產品運走，就像今天的工廠。當時的城市將附近的農民吸引過來，使他們在城市裡定居成為工人。另外，也由於城市裡來自農村的人口大幅增長，因此新來的人只好在舊城之外定居，原來的市鎮則主要作為避難所，而在市鎮外又擴展出一片「郊區」，即外城，外城的居民被稱為市民。

　　手工藝匠、商人與農民一樣附屬於領主，有時一個城市由幾位領主同時擁有，人們必須同時向他們繳納租稅、人頭稅、服勞役等。但城市裡的人以商業和工業為生，與農民並不相同，他們喜歡新奇事物且積極進取，因此不久之後，市民團結起來向領主爭取一些自由權利，這些自由權利以官方正式文告的形式書寫，即所謂的憲章，領主須在憲章蓋上自己的圖章，表示確實遵守憲章上的法律條文。

　　自十二世紀起，城市迅速發展，城市裡最活躍富裕的自由民希望能治理自己的城市而不再從屬於領主，當城市力量足夠時，便希望領主讓他們實行自治。

　　1072 年，諾曼地的曼斯城是第一個要求自治的城市，但是他們無力對抗征服者威廉，被迫撤銷城市自治；到了 1076 年，康布雷市民宣布城市自治；隨後南方城市也紛紛宣布自治，南方城市的自治運動由博韋城開始；而聖康坦城進行了一場和平改革，菲爾曼的女伯爵賜予該城特許狀，因而防止了市民起義；此外，努瓦永城也請求路易六世批准成立公共城鎮公社，也就是城市自治，此舉獲得路易六世的首肯，實際上國王只是巧妙地利用公社運動以削弱領主的權力。

　　然而，加洛林王朝末代的首府萊昂就沒有那麼幸運。1109 年，萊昂主教戈德里胡作非為不得人心，市民趁他不在的時候向當地教會人士和貴族支付贖金，這些人因而同意市民建立公社，戈德里回來後暴跳如雷，市民只好又向他支付大量贖金，之後還另外贖回國王路易六世對萊昂特許狀的保留權。1112 年，路易六世急需用錢，他便允許主教廢除公社，市民得到消息後，即高呼「公社！公社！」誓死要處死主教和貴

族，群眾包圍了主教和貴族的住所並處死了他們，戈德里被群眾從地窖裡拖出來，用斧頭砍下他的頭，這一事件之後，萊昂居民開始冷靜下來，但城市還是遭到當局的鎮壓，肇事者也被處以死刑。到了 1128年，繼任的萊昂主教終於同意市民建立公社，路易六世最後也批准了。

此外，在亞眠地區，民眾因為要求城市自治並組成公社，結果與亞眠城的領主發生了慘烈的殺戮。亞眠城歸四個領主所有，其中主教和主教代理都同意市民建立公社，然而伯爵與城堡主則反對，雙方也因此發生一場激烈衝突，亞眠主教戈弗凡因沒能阻止雙方殺戮而深感愧疚，於是辭去了主教的職位，此時國王路易六世因為支持亞眠市民的自治要求，他召回了主教，並派他回主教區，國王的騎士與市民聯合進攻亞眠卡斯蒂永城堡，但是由於城堡防禦工事做得很好，此次進攻仍遭失敗，市民轉而封鎖城堡，讓它的補給支援完全被切斷，兩年後這座飢餓的城堡終於投降，亞眠市也終於完成了自治，市政官員有 28 位，他們被授予管理城市的全權。

這一時期廣大的農村地區仍然被領主和主教所掌管，雖然農民想選舉自己的官員，但實力不夠，成功的機會少之又少。1174 年，萊昂地區的十六個城鎮和村落趁萊昂主教空缺的時候向路易七世購買公社特許狀，獲得了自治權，但是新到任的主教則試圖廢除公社，並向貴族求援，於是貴族與農民爆發一場戰鬥，農民最後因不敵貴族騎士的攻擊而失敗了，儘管這次戰鬥中農民有路易七世的支持。由此可見，領主的權力不可小覷。

一般而言，農民沒有像市民一樣享有自由，而每一個城市的自由程度也存有很大的差別，此時封建法律不再是唯一統治的法則，因為基於平等原則的新民法體系已經在各地區形成，例如，長子與幼子、兒子與女兒平分家產已成為法國平民階層通行適用的法律。

四、城市自由的幾個例子

市民使用的抗爭手段及其所得到的效果，在不同的地區結果不同，有的成功、有的失敗，有的地區以持續抗爭取得自治，例如，萊昂，有的地區則在平靜中爭取自己的權利。各地區的市民大致上都獲得

了憲章的保障，然而各領主所做出的讓步卻有很大的區別。

十二世紀時，法蘭克國王賦予布爾日居民的權益包括取消奴隸制、人身自由、由市民組成法庭進行審判、取消兵役（保衛城市的情況除外）、取消幾種租稅等。同一時期的盧昂居民卻得到更多的權利，尤其他們還取得了自主管理的權利，居民的領導者是一位市長和一些市政長官，市長由國王在市民提交的 3 人名單中選定，市政長官由市民在最富有者中選出。許多商業城市，例如，法國北部地區的布魯日、根特、里耳、博維、亞眠、貝洛那等，以及法國南方城市的馬賽、土魯茲、蒙貝利埃等，它們都取得與一個大莊園相當的自主權，人們稱之為「公共城鎮社區」。

城市在封建階級中也占有一席位置，土魯茲市民向他們的封建領主——土魯茲伯爵——宣誓效忠，並像其他所有的附庸一樣，土魯茲也有自己的附庸，有自衛軍、有旗幟、有兵器庫，它可以發動戰爭，有自己的城堡、市政廳，城堡和市政廳上有主塔樓——即鐘塔，守衛者在鐘塔監視著地平線，稍有動靜就敲響警鐘。

即使是同一座城市中的居民也並不擁有完全相同的權利，在許多城鎮裡，市民自身不能做市政長官或市長，權利通常只屬於最富有的市民，而這些富人對普通小民經常很冷酷。

五、十三世紀的城市

儘管城市已取得很大的發展，但它們的規模依然不大，安全得不到永久保障。城市四周由城牆圍繞，街道窄小而陰暗，因為上層的房屋建築通常較突出，有時這些突出部分幾乎要使街道兩邊銜接起來，晚上沒有照明設備，街上沒有人行道、也沒有地下道，道路交通並不發達。傳染病時常流行，尤其是鼠疫和痲瘋病。另一個危險就是火災，因為房子都是木造的，從 1200 年到 1225 年二十多年的時間裡，盧昂城就發生過六次火災，因此在聽到宵禁訊號時，人們必須吹滅燈火，並將火炭蓋上灰料熄滅，寂靜的街道上只有守夜的人重複著古代流傳下來的歌謠：「醒來吧，睡著的人們，醒來為亡靈祈禱吧！」

然而中古城市的面貌還是頗吸引人：到處飄揚的旗子顯現著各種

標誌，用以辨別房屋的所屬，這些標誌通常都很滑稽可笑，在好幾個世紀裡，房屋通常都沒有編號；由於房間的窄小和不舒適，使中世紀的城市人喜歡走在街上，這一點與今天不同；小販們叫賣商品、旅行家講述迷人的冒險故事、流浪的歌手和流動商販吸引著過往的行人；在一片空地上，人們在玩球和老式網球；在教堂的鐘聲裡，有遊行隊伍通過，有時則是一大群牲畜擠滿道路；私人房舍旁邊是教堂、修道院等公共建築物，而且為數眾多；城牆內有不少田野、葡萄園、果園，城市和鄉村並未截然畫分。

第三節　十字軍東征

一、十字軍的定義和原因

耶穌基督曾在巴勒斯坦傳教，並死在耶路撒冷，而人們所謂的「十字軍東征」，就是指由教皇號召組織的軍隊，為了從穆斯林手中奪回「耶路撒冷」聖地而進行的遠征。參加這些戰爭的人會在其衣服上縫著紅色十字布條，十字軍（如圖4-2）之名即源於此，「croisade」一詞亦然。

圖4-2　十字軍

十到十一世紀期間，到聖地朝聖的人愈來愈多，1076年，塞爾柱土耳其人已經占領了耶路撒冷，因此基督教朝聖者常常受到虐待，而教皇格列高里七世又因為神聖羅馬帝國的問題未能支援朝聖的基督徒，此時正好有一位法國亞眠修士名叫皮埃爾（如圖4-3），他歷盡千辛萬苦終於到達耶路撒冷後，親

圖4-3　皮埃爾修士

睹了基督徒的慘狀。皮埃爾修士在教皇烏爾班二世身邊任職，教皇是法國人，當時正在克萊蒙傳教，1095 年 11 月 13 日教皇在奧弗涅的克萊蒙召集了一次主教大會，並號召了第 1 次十字軍東征。教皇請皮埃爾講述他在東方的見聞，皮埃爾藉此到處發表演說，他雄辯滔滔的言詞打動了不少人，隨後他號召法國人前往耶路撒冷聖墓朝聖，並請所有朝聖者在額頭或肩膀畫上十字符號，以顯示他們捍衛聖地的決心，此後皮埃爾又在法國各地奔走，每到一處都有貴族走出城堡、市民離開城市、農奴離開主人，請他賜予十字架，領主抵押或變賣自己的采邑以參加十字軍，除了國王外，大部分的王公貴族都出發前往耶路撒冷。

十字軍決定永久占領從土耳其人手中奪得的敘利亞和巴勒斯坦兩塊土地，除了愛德沙、安條什、的黎波里三個小國之外，他們還建立耶路撒冷王國，由十字軍首領中最虔誠的戈得弗雷‧布衣昂統治。

二、第二次和第三次十字軍東征

剛建立的四個東方拉丁王國立刻出現危機。愛德沙和的黎波里公國首先遭到土耳其人的進攻，經西多修道院長聖貝納爾（1091 年至 1153 年）的呼籲，法王路易七世和德王康拉德三世又進行一次東征（1147 年至 1148 年），但卻遭到慘敗。不久之後，耶路撒冷王國也告急，1187 年，埃及蘇丹薩拉丁奪取耶路撒冷，教皇得知這一消息後，立即發動第三次十字軍東征。

1190 年西歐最強大的 3 位君主，神聖羅馬帝國皇帝腓特烈、法王菲利‧奧古斯都、英格蘭的獅心理查聯合進行十字軍東征。腓特烈皇帝從陸路進攻，在小亞細亞打敗土耳其人，但不久他在飯後洗澡時意外死亡。理查和菲利‧奧古斯都則從海路到達東方，幫助敘利亞的基督徒奪得達克爾城。1191 年之後，菲利回到法國，理查則留在東方，他的勇氣使基督徒與穆斯林大為震驚，然而最後他仍未能奪回耶路撒冷。

三、十字軍東征的先期後果

幾次的十字軍東征，不但在東方建立了基督教王國，也意外提高了法國在這片土地上的聲譽，因為到達聖地的大部分十字軍士兵都是法國

人。十字軍東征也對經濟產生重要的影響，棉花和甘蔗的種植、棉布和絲布的製造、玻璃加工業促進了東方拉丁國家的高度繁榮和興盛，敘利亞海港的商業活動在此之前一直由穆斯林掌控，十字軍東征後，則完全落入威尼斯、熱那亞和馬賽商人手中，十字軍東征爲西歐擴大東方貿易市場做出貢獻，這種大範圍的貿易在羅馬帝國崩潰後幾乎消失，貿易活動與工業復興促使義大利及法國北部城市重現繁榮。十字軍東征也爲西歐農民和市民帶來了自由，有的領主正要前往東方或正從那裡回來而急需金錢，因此很願意讓農民和市民用錢買回自由。

第五章
現代法國的誕生

第一節　初期的卡佩王朝

一、一千年左右的法蘭西

于格・卡佩於 987 年登基時，法國國界情況大體與《凡爾登條約》所規定的差不多。當時的法國雖然還包括西班牙的加泰隆尼亞地區和一部分比利時領土，但它遠遠不及古代的高盧，甚至沒有今天的法國疆域大。

當時的法國並不統一。整個不列塔尼及加斯科尼的西部基本上不屬於法國；羅亞爾河北部和南部居民的工作和穿著方式都不一樣，連語言也不相通，北部的人講奧依語，南部的人講奧克語；國內更分成許多封地，其中十幾處封地由公爵或伯爵掌管著，他們是封地上真正的最高封建領主。

二、初期卡佩王朝的軟弱

與公爵領地和伯爵領地的廣闊相比，國王自己的封地──即所謂的「王室產業」──則顯得微不足道，王室產業只是貢比涅與奧爾良之間的狹長地帶，而且，國王還不是封地上真正的主人，一些小城堡主──如蒙代里、皮賽特的城堡主──蔑視王權，阻礙國王的通行路途。國王在其產業範圍之外沒有任何職權，如果他想在全國範圍內採取什麼措施，就得召集大公爵及主教開會，須取得他們的同意後才能做出決定，這種會議即「御前會議」，但在十一世紀時，許多公爵與主教已經拒絕開會。

三、王權發展

儘管產業範圍狹小，沒有權威，國王畢竟不是一個普通的小領主，他是所有大附庸的最高封建君主，而大附庸亦曾向他宣誓效忠。當

蘭斯大主教爲他敷聖油之後，卡佩國王就是上帝所選擇的人，他是全法國唯一帶有宗教色彩的非宗教人士，所以，他可以得到教會的支持。神職人員是秩序與和平的護衛者，他們想要有一個強大的王權保護他們，來抵制領主的粗暴野蠻行徑。另外，雖然國王應該要由選舉產生，但卡佩家族企圖將王位世襲，爲了使王位繼承成爲事實上的世襲，于格·卡佩及其繼承者在兩百年內，皆在自己還活著時，就將其兒子選爲國王。國王是最高的封建君主、是公認的統治者，爲教會所支持，這些都爲王權擴張增加了可能性。

四、路易六世和路易七世的統治

十一世紀，在于格·卡佩、虔誠者羅伯特、亨利一世、菲利一世統治時期，王權的發展幾乎處於停滯狀態，直到路易六世（如圖 5-1）執政時，王權的擴張才眞正開始。

路易六世（1108 年至 1137 年）被稱爲「不睡覺的人」和「愛打架的人」，這兩個外號對他而言眞是名副其實，此外他也是一個粗魯的軍人，隨時準備向侵略其產業的強盜領主開戰，當他的統治結束時，他已經是其產業上眞正的主人，這些功績使他在神職人員及人民中贏得極佳的名聲。

圖 5-1　路易六世

1125 年，由於諾曼地很多地方都發生了叛亂，於是法國派軍干預，此時英格蘭國王亨利一世則要求他的女婿——神聖羅馬帝國皇帝亨利五世——派兵援助諾曼地公國，因爲在 1105 年時，亨利一世就已經征服了諾曼地而擁有此一屬地。雙方之間劍拔弩張，亨利五世在洛林集結大軍準備進軍蘭斯，法國國王路易六世（胖子路易）則請求聖德尼保佑，聖德尼教堂主教絮熱是他的好朋友，在主教絮熱的建議之下，路易六世把被征服的威克森伯爵領地之火燄旗幟放到聖檀上，誓師征伐亨利

五世，這面紅色綢緞襯托金黃色的旗幟，在太陽的照耀下就像一團火焰，後來成為法國王室的軍旗。路易六世的大軍壓境，聲勢浩大，亨利五世自知不敵，於是退回萊因河，路易六世不戰而勝，隨後即與英格蘭簽訂和約。

　　路易六世的兒子路易七世（1137 年至 1180 年）比其父略遜一籌，所幸絮熱長期擔任其顧問，被當時的人們稱為「祖國之父」，但絮熱死後，路易七世因離婚的影響，使卡佩王朝受到嚴重威脅。不過王權在路易七世統治時期有所擴展，對於深受領主敲詐勒索的人（農民、市民、神職人員）來說，路易七世是捍衛正義者和主持公道的人，他曾領導第二次十字軍東征，名聲遠揚不僅限於王室產業範圍之內，而是傳播到全法國的各個角落。

五、諾曼地公爵對英格蘭的佔領

　　1066 年，法國的諾曼地公爵成為英格蘭的國王使卡佩王朝面臨嚴重威脅。征服者威廉身為諾曼地公爵，他依舊是法國國王的附庸，但他的實力已經足以與國王並駕齊驅，他與菲利一世、路易六世及其繼承者先後發生多次衝突，並且最後都取得勝利。

　　當時英格蘭國王愛德華是諾曼地領主千金的兒子，事實上也是征服者威廉的表哥，愛德華的思想和習慣比較傾向諾曼地人，因此他將主要的軍事和教會職務都授予諾曼地人，1051 年，威廉訪問英格蘭時受到隆重的接待，愛德華甚至私下允諾將英格蘭的繼承權給他，但遭到了薩克遜人的反對並迫使愛德華把所有諾曼地人都遣送回去，愛德華臨死之際指定了薩克遜貴族領袖哈洛德治理國家，並宣布他為英格蘭國王。1066 年，征服者威廉策畫占領英格蘭的行動，1066 年 9 月 28 日，諾曼地艦隊登陸英格蘭哈斯丁附近，雙方爆發了第一場激戰，哈洛德被打敗，退到了高地，10 月 13 日威廉再次進攻哈洛德陣營，結果卻被擊退了，於是威廉佯裝敗退，讓薩克遜人急起直追諾曼地人，此時諾曼地人突然轉身回擊他們，措手不及的薩克遜人兵敗如山倒，最後營區被攻陷，哈洛德被殺死，薩克遜人轉而保衛倫敦，並準備迎戰，但他們在選舉新國王時內部卻開始分裂，於是倫敦只有投降，不久之後威廉即在威

斯敏大教堂舉行國王加冕，成為英格蘭的國王。

　　在英格蘭，威廉的王權比歐洲大陸國王的王權強大，跟隨威廉的貴族與領主所面對的是一個被征服的國家，為了防止叛變情事發生，這些諸侯當然都要團結在國王的身邊，然而在法國的諾曼地領地，威廉卻漸有控制不住的情況發生，當時新的不列塔尼公爵就任，按照封建制度他應該對威廉行效忠禮，因為威廉還是諾曼地的領主，且不列塔尼公爵費爾讓也曾跟隨威廉出征英格蘭，然而費爾讓卻拒絕行使效忠禮，並在圖爾城打敗威廉，迫使威廉簽訂一個對不列塔尼極為有利的和約。

　　在此之後，威廉轉而要求法國國王菲利一世交還威克森伯爵的領地，因為這塊領土曾經讓予給諾曼地公國，但後來被菲利一世的父親亨利一世所占領，菲利對他的要求嗤之以鼻。此時威廉正在盧昂養病，他的要求被菲利拒絕之後，於是帶兵前往威爾森將當地洗劫一空，並放火焚毀芒特城，在他回到盧昂之後，他對於芒特城的被焚毀感到後悔，因此派人送錢到芒特以重建被焚毀的教堂，且下令釋放因叛亂被關的囚犯，並指定次子繼承英格蘭王位。1087 年他因傷重而死在盧昂，此時他身邊的貴族和軍隊未隆重安葬他即行離去，這位偉大的征服者就孤伶伶地被遺棄在屋子的地板上。

六、路易七世離婚與亨利家族的光榮

　　法國國王路易七世曾經娶阿基坦女公爵艾蓮娜為妻，她的嫁妝包括阿基坦公爵領地，即法國中部和西南部，1150 年路易七世將艾蓮娜休掉，之後艾蓮娜再嫁給一位法國領主亨利·普朗達治奈，亨利婚前已擁有圖爾內、安茹、諾曼地，此時又加上艾蓮娜的財產，因而統治了法蘭西王國的一半領土，包括最富有的城市盧昂、昂格爾、圖爾、波爾多。1154 年，亨利成為英格蘭國王，稱為亨利二世，同時他也是法國的安茹伯爵，他繼位時，從父親若弗魯凡·普朗達治奈那裡繼承了安茹和圖爾內的領地，從母親那裡繼承了諾曼地和曼恩，又從妻子那裡得到圭耶納、普瓦圖、聖東日、佩里戈爾、安古末瓦、利慕讚和奧弗涅，因而安茹伯爵所占有的疆域遠遠超過法國王室，這也是造成英法間持續爭戰三百多年的原因。

七、亨利二世的威力

亨利二世有無比的野心，對於法國的不列塔尼地區，老早就有併吞的想法，因為如果把不列塔尼納入安茹公國，那麼亨利就可以完全控制法國西部的海岸，於是在 1169 年，亨利讓兒子娶不列塔尼公爵的女繼承人，利用聯姻的方式完成他的夢想。不久之後，他又繼續擴張領土，購買馬爾什伯爵在貝里的領地，於是他在法國的基礎乃趨於穩定。亨利一生費盡心力擴大王國的勢力以及重建普朗達治奈的聲威，然而卻生活在兒子們的叛變陰影中。

亨利二世除了英格蘭之外還擁有法國最富裕的一片領土，面對如此強大的統治者，路易七世又能如何作為呢？此時的路易七世整日忙於宗教事務，且已經沒有絮熱主教擔任顧問，最後路易七世將抑制亨利家族氣焰的任務，留給他的兒子菲利‧奧古斯都。

第二節　征伐阿爾比異端

一、征伐阿爾比人

西歐和中歐這時幾乎是基督教的天下，但從十二世紀以來，又有許多邪教發展，所謂邪教是指教會所認為的錯誤教義，對教會來說，當時最須盡速剷除的是阿爾比人所信仰的邪教，即祆教。

阿爾比人的名字來自阿爾比城，他們的教義源自東方，幾乎沒有基督教的內涵。他們認為宇宙間存在兩個神祇：一個上帝叫「善神」，塑造了靈魂；另一個上帝叫「惡神」，將靈魂關在軀體內。基督在他們眼裡，是「善神」派遣來人間把受困的靈魂解救出來的天使，一些靈魂在死後得以立即升天堂，而另一些則須在動物的軀殼裡繼續生活，這是一種懲罰方式。此外神父必須獨身，並過著貧困的生活。

十二世紀，基督教神職人員在朗格多克喪失了基督教信仰的威信，這一事實說明了邪教的發展迅速。當時土魯茲伯爵支持邪教，伯爵的幾個附庸是公開的邪教徒。教廷內所有嘗試使阿爾比人皈依基督教的溫和手段都失敗，而這正是日後英諾森三世決定使用武力的原因，

1208 年他鼓動十字軍東征討伐阿爾比人。

　　據說，儘管土魯茲伯爵自己過著潦倒生活，可是卻保護並支持阿爾比異端，教皇英諾森三世派特使到當地，希望貴族們能協助他反對異端，否則便將他們逐出教會，土魯茲伯爵雷蒙六世雖然沒有公開抵制，但私下仍我行我素，最終被逐出教會。之後他與教會達成和解，但也始終不忍心判處信仰阿爾比教的下屬以焚刑，此舉導致特使卡斯泰諾修士的不滿，在一次衝突中，土魯茲伯爵手下的一位貴族殺害了卡斯泰諾修士。英諾森三世得知消息後，下令十字軍討伐他們，土魯茲伯爵爲自己辯解，聲稱與這起事件無關，並託人向教皇說情，教皇再次同意與他和解，伯爵赤裸上身被帶到聖吉勒大教堂前，在 20 多位教士面前，發誓遵守教規、服從羅馬教廷，之後，由特使鞭打伯爵並把他領進教堂內，爲了保住自己的領地，土魯茲伯爵主動要求親自率軍討伐異端。

二、西蒙・孟佛爾

　　十字軍這一次由巴黎郊區的一位領主西蒙・孟佛爾率領，他迅速攻占朗格多克的大部分領土，使整個地區陷於水深火熱之中。孟佛爾所率領的十字軍聚集在里昂附近，他們沿著隆河一路南下，經過亞維農討伐貝濟耶的異端，此時，土魯茲伯爵倒戈，站在阿爾比異端這一方，十字軍遂全力攻打貝濟耶，並要求市民交出阿爾比異端分子，但是市民拒絕了，貝濟耶居民誓死抵抗十字軍的侵略，並試圖衝出重圍，在混戰中，城中的男女老少都被屠殺，沒有留下任何活口。有人問孟佛爾，如何區分辨別異端和虔誠的教徒？他回答：「都殺了」，「上帝會區別誰是自己人」，孟佛爾在給教皇的信中承認屠殺了 2 萬多人，但根據當地的史料記載則是 6 萬多人。

　　孟佛爾因爲征伐阿爾比異端戰績顯赫，而被授予子爵領地。1211年，他又進攻那些頑抗的城堡，並攻打土魯茲伯爵領地，但失敗了；於是隔年他又率領一批十字軍再次入侵土魯茲，並在米雷打敗了土魯茲伯爵雷蒙六世；1215 年，孟佛爾成爲新的土魯茲伯爵，但是土魯茲人民反抗孟佛爾的統治，於是他圍困這座城市，並想盡辦法切斷城市的糧食供應，但沒有成功，此時土魯茲又得到加斯科尼、西班牙及普羅旺斯的

支援，戰鬥力隨之增強許多，孟佛爾率兵直攻土魯茲城，在城下被城牆內投石機的石頭砸到頸部，最後傷重身亡。

　　1218 年孟佛爾在土魯茲城前被殺後，十字軍的領袖換成法國國王路易八世。此時法國南方的異端軍隊屈居劣勢，不事抵抗即投降（1225年至 1226 年），路易八世率領 50,000 騎士和步兵出征，一路沒有遇到任何抵抗，就順利到達亞維農城門前。雙方談判，路易八世要求所有軍士都從亞維農橋上通過，但亞維農人僅答應放行國王、主教、騎士等 100 名人員通過，於是法國大軍直攻亞維農城，損失慘重，死傷高達20,000 餘人。路易八世又持續圍攻亞維農三個多月，亞維農彈盡援絕，只好宣告投降。

　　此次的東征促使了《巴黎條約》的簽定，路易八世得到尼姆、博蓋爾、貝濟耶和喀卡頌地區的土地，朗格多克剩餘的一部分留給土魯茲伯爵，但之後一場巧妙的婚姻使這僅餘的一部分土地不久即成為法國王室的財產。當菲利奧古斯都兒子路易八世正準備重新北上，計畫來年春天再來完成他的大業時，卻因勞累、南方的酷暑而高燒不退，他不得不在亞維農地區的蒙龐西耶停留，但他從此再也沒能回到巴黎，他於 1226年 11 月 8 日去世。

三、宗教裁判所

　　此次的東征並未讓邪教完全消失，於是，教皇先是命令主教繼續追擊和審判阿爾比人，後來在 1230 年左右，他將此任務交給新成立的多明尼克修會處理，負責調查的法官被稱為「宗教裁判所的法官」，即「調查者」。宗教裁判所的出現，主要是為了對付阿爾比異端。1215年 11 月 11 日，拉特朗的主教會議宣布，要把那些不能把異教徒清除出自己領地的領主，連同窩藏異教徒的人都逐出教會，此外，在每個教區選出 3 位知名人士，負責舉發異端分子，這就是所謂神聖宗教裁判所的起源。裁判所很迅速地在各地設立起來，同時還制定了一種祕密的程序。宗教裁判所有權逮捕任何可疑的人，但被告卻不知道誰起訴他，也沒有自己的律師，如果被告不承認自己是異教徒，法庭會使用刑具以肉體折磨逼供，但當時肉刑逼供的方法被基督教會拒絕使用。被告若放棄

邪教信仰，將被判處或輕或重的刑罰，如果他拒絕放棄原本信仰，或是放棄後又重拾信仰，將由教會交給在俗世的非宗教權力負責審判，即交付非宗教法官審理，被告可能會被活活燒死。由於虔誠者聖路易對基督教的全力支持，因此宗教裁判所在法國發展極爲迅速。在土魯茲，40多名的多明尼克修士不讓受刑人有任何休息的機會，當他們找不到活口來燒時，就把死人從墳墓裡挖出來，把屍體放在火堆裡燒掉。這一可怕制度把法國南方逼向了絕境，因而也引發了一次又一次的反抗。

第三節　菲利·奧古斯都統治時期

一、菲利·奧古斯都的形勢

　　菲利·奧古斯都（1180 年至 1223 年）（如圖 5-2）是路易七世的兒子，登上王位時才十五歲，名爲菲利二世。他野心勃勃，毫無顧忌，勇敢卻不擁有任何騎士的特點，他從來不玩劍、也不喜歡戰爭，他喜歡運用外交手段、利用有利的形勢。

圖 5-2　菲利·奧古斯都

　　他首先以政治手腕迫使叔父法蘭德斯伯爵割讓阿米耶努瓦、維爾芒杜瓦、華洛瓦和阿圖瓦，進而使各封建領主歸順國王。此後，他開始了與英格蘭之間的鬥爭，他先從「無土地約翰王」手中奪取諾曼地、曼恩、安茹、圖爾內、土瓦圖，並在 1214 年的布汶戰役中打敗了英格蘭的軍隊。此外，他還增加了王國的經濟力量和道德力量，成爲王室復興的締造者，在加洛林王朝初期，各地領主崛起、王權旁落，菲利二世宣稱國王無需效忠任何人，使王權高於貴族之上。

　　在與普朗達治奈家族的鬥爭中，菲利·奧古斯都確實善用了當時

的形勢。對手的武力並不像表面那麼強大，其權威在英格蘭和諾曼地並不怎麼受尊敬；此外，貴族階層也很不老實，隨時準備背叛普朗達治奈家族，轉而支持法國國王。菲利・奧古斯都非常高明，他懂得如何利用「最高統治者」稱號所給他帶來的好處。他還利用了普朗達治奈家族內部的仇恨，他先支持亨利二世的兩個兒子——獅心理查與無土地約翰王——反抗亨利二世，後來支持約翰王反抗理查，之後又支持約翰王的姪子不列塔尼的亞瑟對抗約翰王。

理查本來可以成為菲利一個危險的對手，1190 年他與菲利・奧古斯都一同出發進行第 3 次十字軍東征，但菲利藉口生病回法國，相反地，理查卻在聖地耶路撒冷停留好幾年，並且得到所有人的敬佩，因為他是非常有勇氣的人，他的外號「獅心」即源於此。當理查回到國內後卻即被奧地利公爵關進監獄，這是菲利・奧古斯都與無土地約翰王的陰謀，所以當他被釋放之後，決定不輕饒法國國王。但一次偶然事件卻成全菲利・奧古斯都，因為理查在一次城堡的圍攻戰中喪生，1199 年，約翰王繼承王位。

二、無土地約翰王倒臺

無土地約翰王（1199 年至 1216 年）外表很吸引人，但實際上是一位虛偽、貪婪、殘暴、隨時都可能背叛他人的人，他時而傲慢粗野、時而懦弱膽小，有時可以算作半個瘋子，他的臣子都厭惡他，也使其敵人有機可乘。

理查一死，約翰王便宣布自己為英格蘭國王和諾曼地公爵，他無視於他的姪子不列塔尼公爵亞瑟的權利，他發動了和菲利・奧古斯都的戰爭，菲利奪取了在他保護之下年輕的阿爾蒂爾，然而約翰隨即又成功地將姪子奪回來，並卑鄙地將其殺害。

當時發生一件小事，英王侮辱一位普瓦提耶領主的附庸，菲利・奧古斯都則巧妙地利用這件事。當時普瓦提耶的附庸在法王面前起訴英王，因此約翰接到法國國王的催令為自己辯護，約翰王拒絕出庭，因此他被判為不忠誠的人，並失去法國境內所有的封地。

三、英德聯盟的失敗：布汶戰役（如圖5-3）

於是菲利・奧古斯都很快地占領了安茹省，並旋即發起戰事，奪取諾曼地大片土地，攻擊萊桑德利，但是萊桑德利防禦堅固，獅心理查曾經把它作為諾曼地公國的大本營，萊桑德利由 3 座堡壘組成，其中兩座位於塞納河右岸，第 3 座在小島上。戰爭持續了六個月，約

圖 5-3　布汶戰役

翰王布置重兵把守城堡，但法國士兵切斷了城堡內的軍需補給，約翰王的救援部隊無法進入城堡，因而導致城堡被攻陷，隨即諾曼地也就不戰而降了。

約翰王與教皇英諾森三世爭鬥時，曾被逐出教會並被判喪失其王國，但約翰王與教皇及時妥協和好，所以菲利想要占領英格蘭本土的夢想也成為泡影。

約翰王為了一雪法國領地被占領的恥辱，組成一個強大的聯合陣線來對抗其對手，他向神聖羅馬帝國皇帝、法蘭德斯伯爵、布洛涅伯爵及荷蘭和洛林的領主求援，法國面臨很大的威脅。

1214 年，當法國軍隊開始湧上布汶橋時，大批敵人從後面發動攻擊，此時菲利立即命令已轉戰其他地方的主力部隊回防，他們大部分是各城鎮百姓，負責對抗弗拉芒人，此外還有 150 名蘇瓦松軍隊的輕裝騎兵，他們英勇地攻擊法蘭德斯騎士，並在勃艮地、香檳等地區騎兵的幫助下，經過 3 小時的戰鬥，終於擊潰了敵軍。在過程中，法國國王和日耳曼皇帝正面遭遇，亞眠、科爾比、阿拉斯、博維和孔皮埃涅的民兵在法國部隊的前面，日耳曼騎兵攻勢猛烈，他們穿過民兵的隊伍，直接衝向法國國王，菲利被敵軍襲擊，倒臥在地，險些遇難，但他的士兵替他解了圍，並重新投入了混戰，此時日耳曼皇帝也差點被殺，最後，日耳曼軍隊和弗拉芒人一樣被擊潰了，約翰王則逃至昂格爾附近。布汶戰役

的勝利，在法國被當作全民族的勝利而大肆慶祝，它不僅把法國從被侵略的危險中解救出來，並導致神聖羅馬帝國皇帝下臺，由腓特烈二世接替王位；在英格蘭，布汶戰役引發了一場反對約翰王的起義事件。

自此菲利・奧古斯都不僅擁有從普朗達治奈家族奪來的領土，還占據阿圖瓦、皮卡爾地、奧弗涅地區，1223 年他去世時所遺留的王室產業是以前的 5 倍。

四、王權的進步

菲利也留下了強勢的王權制度，在王室產業範圍裡，他創建一種新的官職，即代表國王執法的大法官。在此之前，王室產業由宮廷大法官管理，這些大法官的職位是買來的，所以不能被撤換，而且他們常常不夠順從；從菲利・奧古斯都開始，他按自己的意志任命執法大法官並派他們監督宮廷大法官。執法大法官最初只是巡查官員，但不久就成為常駐官員，一個執法大法官可以管理數個宮廷大法官。在法國西部和南部，人們稱執法大法官為宮廷總管大臣。

菲利・奧古斯都想擁有一支隨時可以支配且素質優良的軍隊，所以組織了為數不多的職業軍人，為了支付軍餉，他向豁免兵役的平民徵收特別稅。

菲利・奧古斯都作為法國領地上的主人，努力削弱公爵的權勢，他堅持最高領主所擁有的權力，並且逼迫附庸嚴格履行封建義務。他極力限制私人戰爭的權力，規定幾種訴訟只能由國王審判，保護小領主不受大領主欺壓，並在小領主的領地上分享他們對封地的管理權，所以如果有誰膽敢進攻小領主的產業，等於侵犯王室財產。菲利甚至干預其附庸的領地事務，將其附庸的部下直接納入自己的保護範圍。一座城市、一個商會、一個人都可以成為國王保護的對象，從此大家只受國王管轄。

菲利・奧古斯都常扶助弱者對抗強者，他在選擇顧問上充分顯示這一特點，當決定重大事情時，他召集附庸開會，這種臨時性的會議即所謂的御前會議，但在平常的日子裡，他直接的幫手與合作者都是來自巴黎地區的普通神職人員和小領主，這些人在日常事務中幫助菲利統治及處理事件。

五、王權與市民階級的聯合

在封建制度裡所喪失的東西，這一時期的城市市民都得到了，菲利·奧古斯都是城市市民的保護者，他不斷確認並增加市民的特權，在他新占領的城市裡，這是拉攏新臣民的好方法。另外，城市也為他帶來大筆錢財及素質優良的軍隊。

國王還想讓市民在政府中占有一定比例與官方相等的正式地位。在御前會議中，人們可以看到城市裡的知名人士與侯爵及高級教士坐在一起；城裡若有一位宮廷大法官，則必須要有 4 位市民幫助他管理事務；1190 年菲利參加十字軍東征時，他將王室的財政權和掌璽權交給 6 位巴黎市民，代表將對王國的高層監護權交到市民手中。

六、巴黎成為法國的首都

最初的卡佩王朝，國王沒有固定的住所，直到十七世紀，法王還常常「四處流浪」，但菲利·奧古斯都卻經常住在巴黎，並使巴黎成為王國的首都。菲利統治時期，以前人口稀少的塞納河右岸，發展成為工業和商業發達的地區，菲利在那裡建起大廳堂，擴大市場，在城牆外不遠處建堡壘──羅浮宮，菲利·奧古斯都還命人修鋪街道，並在巴黎四周修建堅固的城牆。巴黎的發展是王權取得進步的象徵。

經過兩個世紀的摸索，卡佩王朝的王權終於取得進展。

第六章

王權的發展和國家的統一

第一節　聖路易統治時期

一、路易八世與卡斯布蘭琪

　　菲利·奧古斯都的兒子路易八世只統治三年（1223 年至 1226
年），當路易八世去世時，他的兒子路易還只是個十二歲的孩子，於是
母后卡斯提爾的布蘭琪攝政，路易成為國王以後，布蘭琪依舊參與大部
分的政治事務。

　　布蘭琪於 1200 年嫁給菲利·奧古斯都的兒子，也就是後來的路易
八世。布蘭琪舉止優雅，極具女性魅力，而且擁有堅強的個性及卓越的
政治家才能，她的統治樹立了不少敵人，但她的魅力也為她帶來了一批
忠於她的朋友。她受到兒子的愛戴與絕對的服從，她對兒子的管教非常
嚴厲，並懂得如何得到兒子的恭敬，她教導路易要對民眾保持和善，但
同時又教育他決不在任何世俗事務上依附於教皇和教士，並教導路易如
何對抗教皇和主教以保護自己的王權。

　　在路易未成年之時（1226 年至 1236 年），布蘭琪攝政並以強硬手
段統治法國。在此期間，她不斷對抗英格蘭國王所支持的貴族勢力，貴
族想利用攝政時期削弱王權，因此發動一場政變，但布蘭琪意志堅強能
幹，使政變失敗。當布蘭琪得知貴族準備叛變時，她先請求教士們支
持，隨後又與一部分王公貴族協商，急忙讓路易在蘭斯加晃，貴族得知
後，即計畫祕密劫持在奧爾良暫住的路易，此時布蘭琪已經獲得香檳伯
爵蒂博的情報，得知一支貴族叛軍已經出發到了巴黎附近，於是她與路
易設法趕回巴黎，無奈貴族已經在克貝伊設下重兵，擋住了她們母子的
去路，機警的王后趕緊向巴黎市民求救，人們聽到警鐘，大批湧出城
外，向奧爾良方向趕去，貴族見到這樣的人潮，不敢輕舉妄動，只得撤
退，布蘭琪成功地把國王帶回羅浮宮。英格蘭國王最後也被迫將普瓦圖
讓予法國。

　　路易八世及其遺孀布蘭琪懂得繼續菲利・奧古斯都的事業，他們遠征阿爾比人，1229 年，布蘭琪又巧妙地簽訂《巴黎條約》，使土魯茲伯爵的大部分領土落入卡佩家族手中。當路易九世率領十字軍東征時，把王國的攝政權託付給母親，此時她消除了由「牧人」起義帶來的社會動盪。

　　此外，布蘭琪更十足地表現她對主教的強硬態度。1252 年，巴黎聖母院的主教抓了沙特奈鎮上的所有男子，因為他們無力支付教會的租稅，這些人被關在教會的監獄裡，布蘭琪得知後，向主教表明願意幫他們支付這筆債務，主教回應道：「這些人都是我們領地的人，都歸我們所有，我愛關他們就關他們，王后有什麼權力干涉我們的事情？」隨後主教又將沙特奈的婦女和孩子也全抓起來，憤怒的王后親自趕來，她不顧主教將她逐出教會的威脅，強行進入監獄把居民全部救出來，並強迫主教減免稅收，村民每年只需上繳一次的年稅。布蘭琪因此受百姓的愛戴不言可喻。她於 1252 年 12 月 1 日去世，享壽六十五歲。

二、聖路易的虔誠

　　1235 年，布蘭琪的兒子路易二十一歲，成為法國國王，被稱為路易九世。他去世後不久，即被教會列於聖位之上，人們通常稱他為聖路易（如圖6-1）。

　　路易的性格表現就是他對基督教信仰的虔誠，他的母親有一天對他說：「她寧願看路易死去也不願看到他犯什麼滔天的罪孽」，路易一生都忠於這一條訓誡。他是一個虔誠的基督徒，非常用心地做日課，每天按時起床，隨身帶著聖杯，每個星期五耶穌受難的祭日，他都要接受鞭打，用一條小鐵鏈懲誡自身，

圖 6-1　聖路易

他一生最大的幸運之一就是能從君士坦丁堡拜占庭皇帝那裡買到耶穌受難的聖物，為了保存這些聖物，他讓人在宮中修建一座小教堂聖沙

貝爾，他的虔誠使他對邪教徒毫不留情，他非常支持在法國建立宗教裁判所。聖路易熱情地落實基督所頌揚的美德：他從事慈善事業，對窮人非常同情，為他們建立許多慈善機構，他常將窮人請到自家飯桌上，並親自照顧他們；聖路易不僅在私人生活中發揚基督教美德，在政治生活中亦然，在法國主持公道、與周邊國家友好相處、參加十字軍東征，是他人生的三大理想。

三、聖路易：公正的國王

聖路易認為一個君主的首要責任是要為每個人主持正義，在民眾的心目中，他正是這樣一位主持公道的國王，他非常尊重他人的權利，也懂得如何讓人尊重他的權利，為了落實王國內的正義，他採取了幾項重要措施。

他發布一項法令，詳細說明官員的責任，並且要求調查官監督官員的行動，調查官幾乎都是信教的人，他們須為居民的合理抱怨主持公道、須制止宮廷大法官和宮廷總管大臣的敲詐勒索，聖路易想讓所有的人都得到同樣的公道，於是他也讓人監督其附庸，他對搶匪和犯罪的侯爵判處嚴酷刑罰時絕不心軟。他下令王國內所有法院的判決，包括最強大領主的法院判決，都可以上訴到國王那裡，大家可以把國王看作是最公正無私的法官。「上訴權」在聖路易統治時期有很大的發展，透過上訴權，國王與其臣民建立起聯繫，從聖路易時代起，王室法庭開始受理許多案件，並被稱為「議會」。

此外，聖路易也在全法國建立一種成色好而且穩定的貨幣，大附庸仍保留著造幣的權力，但國王不允許他們鑄造質量惡劣的貨幣，他甚至強迫領主要在自己的領地上通行國王的貨幣，並讓國王的貨幣與領主的貨幣競爭。

四、和平者聖路易

基督教君主間的戰爭在聖路易看來罪大惡極，因為戰爭使基督徒犯下深重的罪孽，從他對附庸及外國君主發布的文書中，可以看出他對和平的熱愛。

在法國，他要人們利用司法途徑解決所有的爭端，不再訴諸武力，他未能取消軍事比武，但他至少敢禁止私人戰爭，即使在其附庸的土地上也不得從事戰爭，這一條規定比其他任何命令都更能顯示出他的權威，因為在封建社會裡進行私人戰爭是領主的一種權力。

在與其他國王的來往當中，聖路易也非常重視司法與和平原則，他統治初期曾與英王亨利三世打過仗，但他一直極力想結束這場使普朗達治奈家族與卡佩家族敵對的紛爭。1259 年，他與英格蘭簽署《巴黎條約》，自動放棄在利慕讚和在佩里戈爾地區的權利，亨利三世則正式承認聖路易對諾曼地的占有權，以及對安茹、圖爾內和普瓦圖的占有，另外英王還宣布以圭耶訥公爵的身分作為法王的大附庸。

在其他場合下，聖路易是調解爭端的公正法官。儘管此時亨利三世與英國臣民都反對他，但他還是努力讓教皇與腓特烈二世和好，聖路易的誠實與公正使他享有無人能比的榮譽，從來沒有一個國王或教皇有過這樣的名聲，他以自己高尚的美德影響力，使他在歐洲享有精神道德上的最高權力。

五、十字軍將士與聖路易

十字軍東征在聖路易眼中是一場合法甚至是卓絕的戰爭，因為戰爭討伐的對象是「異教徒」，即穆斯林。聖路易的一生都被十字軍東征所縈繞，他曾先後參加過 2 次十字軍東征。聖路易長期以來都渴望進行東征，他討厭基督徒之間的戰爭，卻熱衷於攻打異教徒，但是因身分狀況和國內的動盪延誤了他出征聖地耶路撒冷的計畫，為了東征，他積極地做準備，並修築新港口——莫爾特港。

1248 年 6 月 12 日，他在巴黎聖德尼大教堂高舉王旗，從莫特爾港出發，隨後與其餘部隊在塞普路斯會合，然而一場瘟疫讓他損失了不少軍士，隔年 5 月 13 日，他再度出發，6 月 3 日他終於到達「米耶特城」附近，埃及就近在咫尺，埃及的伊斯蘭軍隊以逸待勞，在海邊備戰，基督徒們爭先恐後、奮勇殺敵，結果奇蹟似般，這批十字軍竟然打敗了馬穆魯克的騎兵，穆斯林棄城而去，1249 年 6 月 6 日，十字軍不戰而勝。1248 年，他派艦隊征討埃及，雖然取得幾次勝利，但十字軍最後卻被

尼羅河的大水所阻，以致士兵染上傳染病而被穆斯林圍困，十字軍不得已投降，並且付了大筆的贖金才得到自由。

這次戰役先勝後敗的原因，乃是聖路易在米耶特城停留了一段時間，沒有積極地追趕敵人，因而耽誤了先機，此外尼羅河的洪水也確實擋住了去路，再加上軍隊因為在曼蘇臘打了一場敗仗而士氣低落，這些失誤使他不敗也難。之後他出發前往敘利亞，在那裡停留四年，並重建十字軍的堡壘。

1270 年，正在患病的聖路易向突尼斯進攻，他希望能使此城的蘇丹皈依基督教，幫助他重新進攻埃及，但他剛到突尼斯城下就染上鼠疫，臨死之際嘴裡還不停地念著耶路撒冷。1270 年 8 月 25 日，當聖路易快要離開人世的時候，他趕緊制定遺囑選定繼承人，他把菲利叫到跟前，要求他要愛護人民，不要徵重稅，保障人民的權利和公正，保證賦予自由和獨立，促進城市經濟發展。他告訴兒子：「只有城市富裕強大，其他君主和貴族才不敢攻擊你、反對你。」他還給菲利很多其他方面的寶貴意見，最後，他讓人把他抬到一張鋪滿香灰的床上，兩手擱在胸前，享年五十六歲。

聖路易的繼承人菲利三世，此時也在病中，直到 1271 年 5 月 21日才得以返回巴黎，隨行他帶回了父母親、兄弟以及孫子的棺木，並葬在聖德尼大教堂。這座大教堂被聖路易選為王室家族的墓園，聖路易生前把法國歷代國王的屍骨從各處遷葬到此處。查理曼國王和王后葬在教堂右側，墳墓上面躺著他們的雕像；而于格‧卡佩國王和王后則被安置在左側。

六、聖路易統治的重要性

聖路易的統治是法國歷史上一段偉大的太平盛世，王國和平無亂、政治清明公正，全歐洲的人都仰望著聖路易，不僅因為他是個偉大的征服者，更因為他也是一位聖人，此時期的法國文學及教堂建築受到推崇，巴黎大學成為歐洲大學生的聚集地。聖路易以他的美德和公正留在所有法國人的心中，即使是最卑下的人也對他擁有一種深刻的情感，就是對王權的愛與尊敬，他的前任國王與繼承者都望塵莫及，當人們獲

悉他在埃及身陷重圍時，一群貧苦民眾決定去解救他，二十天後，從突尼斯傳來聖路易的死訊，一位佚名詩人用感人的詩句表達了曾受聖路易保護的大眾的悲痛心聲：

公正被埋葬，王權已死去⋯

英明的國王離去了，從今往後窮人們再到哪裡尋找那個如此懂得愛他們的人？

聖路易的繼承人菲利三世，人稱「大膽菲利」，在其統治期間大體是國泰民安，唯一的缺憾是王宮內部騷亂不斷，騷亂主要來自於兩派之間的激烈鬥爭，一派以菲利三世的第二任王后瑪莉・布拉邦為首，另一派是國王的寵臣布拉羅斯。

布拉羅斯是兩朝元老，擔任國王的外科醫生、理髮師和侍從等重要職務。在菲利三世時，他已升任國務大臣，他以國王的名義掌管一切事務，凌駕於其他朝臣權貴之上，且濫用職權，從而引起王后的不滿。

1276 年，菲利第一任妻子所生長子去世，拉布羅斯開始放出謠言，說王后設計毒害了王子，並且還繼續謀害前妻的孩子，以便讓自己兒子登上王位。此時貴族們紛紛站在王后這一邊，他們極力勸說國王放棄這位寵臣，後來，拉布羅斯的一些祕密信被揭露，他的陰謀曝光，菲利被迫派人把他抓起來，並交給貴族審判。最後拉布羅斯被判處死刑，吊死在蒙福孔的絞架上。

第二節　英俊菲利統治時期

一、法學家們的影響

英俊菲利（如圖 6-2）是聖路易的孫子、菲利三世的兒子，他在 1285 年登上王位。他重新發動對英格蘭的戰爭，並從中攫取了阿基坦的一部分，接著他討伐法蘭德斯伯爵，把法蘭德斯伯爵領地收歸己有，此時的王室財產已經擴充到香檳地區，而里昂和一小部分法蘭德斯——

包括里爾城等香檳公國，則是王后所帶來的嫁妝。我們對於此人的性格不太了解，但是他的統治對於法國卻是很重要的一段時期。

英俊菲利對於英格蘭繼續統有圭耶納和加斯科尼非常不滿，於是藉機占領這兩個地方，英王愛德華一世對於英俊菲利的強勢作為有所疑慮，乃聯合法蘭德斯對付英俊菲利。1300年，英俊菲利率領一批精銳士兵攻打法蘭德斯的弗拉芒人，並把法蘭德斯收歸王室所有，此時布呂熱人民起而反抗，他們聯合了西法蘭德斯人民之力，將庫爾特雷地區收復。於是英俊菲利再派 7 萬名精銳騎士、1 萬名弓箭手、3 萬名步兵與之對決，此時弗拉芒人僅有 2 萬人的兵力，勢單力孤，因此必須步步為營，他們以一條狹窄水道作為最後的防衛關卡，並善用戰術，於是法國大軍就這樣被弗拉芒人給殲滅

圖 6-2　英俊菲利

了。兩年後，英俊菲利捲土重來，他率領 7 萬大軍在皮埃爾大敗弗拉芒人，報了庫爾特雷慘敗之仇。

英俊菲利在位期間最重大事件之一就是和羅馬教廷的爭鬥，教皇企圖讓世俗的權力服從於神權，但英俊菲利堅決反對這個意在打擊王權的要求。英俊菲利擴大王國的疆域，限制領主的權利，從而推動法國的統一，但同時也建立了王權專制制度。法國歷史上的第一次三級會議是由英俊菲利所召開，他促成了王室和城市富有階級的合作關係。為了建立中央集權，他組成議會以維持司法，同時還建立財政部門以核查財政支出。

這一時期與其他國王的統治所不同的是（尤其是區別於聖路易的統治），法學家在國家治理中所具有的作用，人們將鑽研法學的研究者——尤其是羅馬法的研究者——稱為法學家，羅馬法宣稱君主是臣民的唯一統治者，而封建制度則與羅馬法不同，國王只對其直接的附庸享有權威，而且這種權威也被大打折扣，法學家希望國王擁有與以前羅馬皇

帝一樣的權力，在王國範圍內有絕對的統治權。

　　法學家大都出身貧寒、性格頑固，但他們始終獲得國王的支持，法學家中以威廉・諾加萊最著名，他是一名法官，他與菲利統治期間的兩件大事具有密切的關係，其一是與卜尼法斯八世教皇的衝突，另外是審判聖殿騎士事件。

二、與教皇卜尼法斯八世的紛爭

　　教皇卜尼法斯八世（1294 年至 1303 年）是個傲慢且難以對付的老者，菲利因為沒有得到教廷的同意就決定對神職人員徵稅，以及曾以叛國的罪名逮捕一位教皇特使，而與教皇卜尼法斯八世發生衝突，1301年，教皇在羅馬召集法國高級教士開會，商討在法國進行的一些改革措施。

　　為了不使教皇的貪心得逞，菲利召開御前會議，此外，他想利用全國的人民與教皇鬥爭，因此發起一場猛烈的宣傳戰，在全國民眾心中掀起對教皇的憤怒之情。他於 1302 年在巴黎召開一次會議，除了貴族和高級教士之外，更有一大批城市代表參加。他讓一位法學家在會議上講述其對羅馬的怨懟，並且訴說教皇想要從法王手中奪走權力並親自統治法國，菲利在集會上要求到會者給予他支持，而所有參加集會的人也都答應幫助他。教皇知道此事之後極為憤怒，並在所發布的《神聖決議》文告中再次重申教廷位在國王之上，以及教皇擁有廢黜國王的權力，他的文告內容並不比教皇英諾森三世當年發布的內容多，但語氣卻更加強烈，當時在法國也有許多人對教皇的無理要求感到極度不滿。

三、阿拉尼事件

　　教皇卜尼法斯八世在義大利有不少敵對者，這些敵對者控告教皇宣講邪教教義，甚至指控他暗殺前任教皇。菲利不相信這些指控，但卻接受諾加萊的建議，於 1303 年召開一次宗教會議審判教皇，由於法國人民的支持，他更派遣官員去各地唆使教士、修道院院長和市民同意審判教皇，此時也沒有人敢拒絕這種提議。

　　與此同時，諾加萊動身前往義大利，他到達羅馬附近的阿拉尼，當

時教皇就居住在那裡，諾加萊即刻傳訊教皇，要他出庭受審。1303 年 9 月，教皇多年的仇家義大利高龍納家族的成員藉機捉住卜尼法斯八世，雖然卜尼法斯八世不久即被阿拉尼的民眾營救出來，但他於幾週後就去世了。

四、阿拉尼陰謀事件的後果

卜尼法斯八世的死亡讓菲利得以任命一個法國人——波爾多主教——為教皇，即克萊蒙五世，克萊蒙五世取消把法王逐出教會的命令，他說法王在整個事件中完全是「憑著一股正義和虔誠的熱情」在行動，克萊蒙五世並不在羅馬常駐，而是來到亞維農，亞維農城當時屬於那不勒斯王國所有，在近七十年的時間裡，克萊蒙五世的繼承者都是法國人，也都住在亞維農，並對法王非常順從，不滿的義大利人稱這一時期為「亞維農被俘時期」。

卜尼法斯八世的死亡，使得教皇凌駕國王之上的野心受到沉重打擊，從此，封建君主國家在政治上完全獨立，過去腓特烈・巴伯洛薩及腓特烈二世未能從教皇那裡爭取到的政治獨立權，此時英俊菲利和他的法學家卻取得卓絕的勝利。

五、對金錢的需求，聖殿騎士事件

十三世紀初，王權已經非常強大，但財政上還是經常窘困，王室產業自十三世紀初以來大為增加，官員人數甚眾、戰爭費用高，國王不再滿足於產業上的收入和封建領主的資助，菲利曾向未被動員參加軍隊的人徵收「軍隊支援費」，但是封建領主對於國王向他們的附庸和農民收稅非常不滿，國王於是轉用不正當的方法弄錢，他向神職人員要錢、強行加稅、調動貨幣利率、趕走猶太人並沒收他們的財產，後來，國王本身更因為錢的問題而被捲入聖殿騎士事件。

聖殿騎士團是防衛聖地時所創立的，丟失巴勒斯坦以後他們就回到歐洲定居，他們非常富有，大多是教皇或是封建君主的銀行家。聖殿騎士團的創立可以追溯到 1118 年，他們第一批成員是 9 名十字軍騎士，他們宣誓保護聖地和所有朝聖者，騎士團擴張得很快，他們在歐洲和東

方基督教國家聚集了大批財富，在占領達克爾後，他們在塞普路斯島設立了根據地。聖殿騎士團在歐洲共有成員 15,000 人，擁有城堡及其他產業 10,000 多處，具有很大的影響力。諾加萊建議英俊菲利逮捕他們，並訴諸宗教議事會，取消他們騎士的榮譽勳位。1307 年，大批騎士在同一天被逮捕、施以酷刑，這些不幸的人什麼都承認。同時，國王呼籲公眾在圖爾舉行集會，在集會的人群面前，國王歷數被告的罪行，大約有 60 多名騎士被活活燒死。騎士團領袖雅克‧莫萊和其他 3 位聖殿騎士被關在國王的監獄裡長達六年之久，六年來，他們始終喊著，他們認罪只是為了免遭刑求，他們和騎士團成員都是無辜的，1314 年 3 月 11 日，英俊菲利命人把雅克‧莫萊和他的同伴帶到塞納河的一個小島上燒死。後來，菲利使用威脅的手段迫使教皇克萊蒙五世取消聖殿騎士這一榮譽勳位。

第三節　卡佩王朝的結束

一、卡佩王朝的結束

英俊菲利身後留下三個兒子，他們先後當上國王（1314 年至 1328 年），長子路易十世執政時，把政務都交給他的叔叔查理‧華洛瓦管理，查理把前朝的所有舊屬全部殺害了，其中一名叫馬里尼的前國王侍從和財務官，因為曾得罪過查理，因而成為最悲慘的人，查理派人把他抓起來，但因為國王無權以掠奪的罪名把他處死，查理便指控他行使巫術，經過貴族的審判，馬里尼最後被絞死在用來處決小偷的蒙福孔絞架上。

蒙福孔絞架是一座有 13 根柱子的石臺，由一座石砌的樓梯與地面相通，樓梯很寬，入口處只有一扇堅固的大門，柱子是很粗的方形柱，每 1 根高 33 呎，為了把這些柱子連接起來，他們把犯人的身體吊上去，並在他們的頭罩裡嵌上兩根交叉並纏有鐵絲的木條，絞架中央有一個地窖，用來存放犯人殘缺的屍體。

1316 年 6 月 5 日路易十世去世，因為他只有女兒，根據《薩利克法典》，女兒不能繼承法國王位，所以王位由英俊菲利的次子繼承，稱

爲菲利五世。菲利五世的上臺得到巴黎大學學者以及富裕民眾的支持，1317 年 1 月 9 日，他在蘭斯教堂加冕。他在位期間，規定貴族不得轉讓王國的領地、改革司法和議會、組織財政內閣、釋放農奴、保護商人手工業者的利益、試圖統一度量衡。

　　然而在他統治法國期間，卻也發生迫害麻瘋病人的事。當時亞維農的教皇約翰二十二世，生性多疑又陰沉，他始終覺得自己的四周充滿了巫術，於是許多人被指控施行巫術、處以焚刑，這些不幸的人主要是有幻覺的人、精神病患、狂人，他們想像自己和邪惡力量有關，並參與人們指控他們所犯下的罪行，其實他們以今日的眼光來看，他們也只是一些病患罷了。隨著十字軍東征，麻瘋病傳播得特別迅速，麻瘋病患者人數眾多並成爲一個小團體，居住在政府限制的地方一代一代地生活下去，由於巫術盛行，因此許多麻瘋病人竟然幻想透過巫術，讓所有人都變得和他們一樣，以結束這永世的痛苦和恐懼。於是國王、領主、法官都下令追捕麻瘋病人，並把他們全部活活燒死，而後，菲利五世又覺得不妥，因此決定放他們一條生路，他下令不得殺害那些無辜的病人，只需把他們送到麻瘋病院。很多的謠言指出麻瘋病是猶太人帶來的疾病，因而這時期的猶太人也遭到了迫害，有些猶太人被判以焚刑，有些人則被流放，但菲利五世認爲這是無稽之談，他強迫那些散播謠言的人把欠猶太人的債務全部歸還。

二、百年戰爭的原因：菲利六世與愛德華三世衝突

　　菲利五世在 1322 年去世，身後亦只有留下女兒，最後由英俊菲利的第三個兒子接替王位，1328 年，三子也去世了，其身後還是只有女兒，於是由菲利的一個姪子菲利·華洛瓦登基，稱爲菲利六世（如圖 6-3），直系的卡佩王朝結束，新的華洛瓦王

圖 6-3　菲利六世

朝就此建立。直系卡佩王朝完成了許多偉大的事業，他們一方面擴充王室產業，取回許多封地，另一方面建立強大而集權的管理制度。1328年，法國王權是最強大和最受尊崇的歐洲王權。

菲利六世一登上王位就和弗拉芒人作戰，因爲法蘭德斯伯爵路易被叛黨弗拉芒人驅逐，於是路易向自己的領主法國國王請求援助。雙方對峙於卡塞爾山，弗拉芒人有 16,000 名士兵駐紮在卡塞爾山上，居高臨下，俯視整個西法蘭德斯地區和阿圖瓦城；菲利六世把弗拉芒人的家鄉全部燒毀，而沒有上山攻打他們。於是弗拉芒人的領袖扎納坎化裝成魚販混進國王的營帳探聽軍情，第二天即率領大軍，乘隙直攻至菲利六世面前，國王機警地逃過一劫，隨之騎兵趕到，兩軍廝殺，弗拉芒人死了 13,000 人。不久之後，靠海的法蘭德斯地區全部歸順，弗拉芒人的叛軍領袖則或被迫害致死、或被沒收財產和流放，此外城鎮的行會被燒毀、城牆也被破壞。

第七章
中世紀的社會變遷

第一節　工業

一、工業的復興

　　中世紀剛開始時，因為貿易與城市的衰落，導致工業不振。從十一世紀起，貿易進步、城市富裕和豪奢風氣帶來一次真正的工業復興，人們重新為商業貿易而生產，同時，西方的工匠藝人到東方的學校深造，從東方人那裡學到以前不知道的技藝，不久就成為東方人的競爭對手。

二、工業條件

　　中世紀的工業勞作條件完全不能與今天相比，當時沒有任何蒸氣或電動的機械，所有的工作都是手工的，因此人們只能生產少量的東西，當時沒有大規模的工廠，每個廠主都與幾名工人在一間小小的工作坊裡勞作，路上的行人可以看到他們的工作情形（如圖 7-1）。

　　由於當時交通不便又危險、費用也昂貴，所以每座城市都只生產能夠滿足其居民及其周圍地區農民所需的產品。十三世紀，西歐只有兩個地區有產品出口：法國的法蘭德斯與義大利的托斯卡納地區，它們都是呢絨業發達的地區。法蘭德斯即現在比利時的部分地區及法國北部和加萊海峽省的一部分土地；托斯卡納地區的主要城市是佛羅倫斯。

圖 7-1　中世紀的糖漿製造商

三、工作條列

　　此外，當時的工業處在城市當權者嚴格的控制之下。中世紀時，廠主不能任意

生產商品，從生產製造方式到工作條件，一切都有規章制度。一般來說，夜間禁止工作是顧忌有發生火災的危險，另一方面夜間製造的物品質量常得不到保證。生產方法則由行業章程規定，行業章程的目的是保護消費者的利益，防止做假：行業章程禁止在大麻繩中摻入亞麻；若要證明布中有絲，則絲線必須十分明顯易見才行；在幾個特定的行業中，商品必須經過確認質量合格並貼上行業標籤才能上市；當權者有權查出不符規定的產品，判處商人有罪並處以嚴重罰款，並可以禁止他再操此業。有時，市政府硬性規定某些商品的價格以避免生活費用過高。這些謹慎做法並未能阻止相近行業的敵對情況，裁縫禁止舊貨商賣新衣服、廚師禁止烤肉商賣蘸醬的肉、烤肉商企圖獨占烤肉業、呢絨業與染色業的官司已持續好幾個世紀。

四、工人的條件

很難了解當時工人的工作條件，十四世紀以來這方面的資料極少。工作時間基本上從日出到日落，節日數目繁多，星期六會較早收工，競爭並不激烈，商品賣價較高，因此老闆可以發給工人足夠的工資。那個時代，老闆與工人間的差異不像今天那麼大，他們一同在工作坊工作，生活水準也差不多，學徒在老闆家裡吃、住。學徒期滿可成為伙計，即技匠，伙計中有日工、週工或年工。某些城市裡沒有職業介紹所，技匠便去人們約定的地點找工作，他們大部分的人在家裡靠自己賺錢生活，但無權在老闆工作坊之外的地點工作，有了一些儲蓄之後，技匠自己也可以作老闆。毫無疑問，中世紀也有不滿現狀的人要求提高工資，中世紀並非沒有經歷過罷工，但這種矛盾只在法蘭德斯和托斯卡納一些大工業區才能顯示出一定的重要性，通常這些地方的工作條件也更艱苦。

五、慈善會

同一行業的人們聚集在一個純宗教性質的社團裡，這種社團被稱為慈善會，參加慈善會並不是必須的，所有的人在那裡享有同等的權利，慈善會中，學徒與老闆相互平等。慈善會有自己的保護者，保護者是從

天上的眾神中挑選出來的，這些神祇都是傳統中從事同一行業的神，如聖克利班是鞋業工人的保護神、聖約瑟夫是木匠的保護神、聖彼得是麵包師傅的保護神、聖菲亞克爾是園藝師的保護神等，慈善會為自己的神設祭臺並舉行聖事。每個慈善會的會員都需繳納一定數額的會費以充實團體的財政。慈善會實際上是一種互助的協會，它援助孤兒寡母和年老的工人，有時慈善會也會出錢為其成員舉行葬禮，在收容所和監獄裡發放食物和衣服，或救助同一行業以外的人，如巴黎的金銀匠業者以星期天開鋪的所得為「天主醫院」的窮人每年提供一頓伙食。

六、行會

在一些城市裡，某些職業的工作者組成獨特的組織，人稱「同業會」或「同行管事會」，後來簡稱為「行會」。行會壟斷其專門的職業，要是不加入行會就不能在本城裡從事同一行業。行會領袖被稱為行會管事員，管事員規定老闆應該擁有的工人數，以及必須具備什麼樣的條件才能成為老闆等，管事員通常會詳細調查以了解工人的名聲，以及是否有足夠的財力自立門戶，為了判斷工人的能力，管事員會讓他嘗試製造行業中的幾個零件（工人在成為老闆前必須完成的作品）。十三世紀時，許多城市都還沒有行會，即使在有行會的城市裡，也並非所有的職業都設有行會，巴黎只有 1/3 的行業有行會，十七世紀行會才開始在整個歐洲普及。

第二節　商業貿易

一、貿易的特點

中世紀的貿易與今天的貿易差別很大。小型商業基本上不存在，人們直接向生產者購買商品，生產者自己就是老闆，他們在工作坊裡製造產品賣給消費者；當時只有大型貿易的發展，也就是商人去遠方尋找稀有珍貴物品，或在國際市集上進行買賣的活動。

一般而言，商人的職業屬於冒險性質，由於道路狀況不佳，交通得不到保障，他們常常遭到強盜和貪婪領主的搶掠，所以商人常成群結

隊帶著武器旅行。此外貿易也受到領主稅的阻礙，商人在進出領主封地時要繳款、過城要繳稅，甚至過座橋也得繳稅。此外，各地區的貨幣不同，也為貿易的發展設置了障礙。

二、商業貿易的復興

然而從十二世紀起，貿易條件逐漸得到改善。人們修新路、架新橋——如亞維農橋（1177 年至 1189 年）、建旅館、在山區和經常走動的山口處修避難的小棚子。同時，裝車駕馬技術的進步使較沉重的貨物也能運輸。海上的航行也比以前安全多了，因為人們建立燈塔、畫航海地圖、使用舵和指南針，指南針使得人們無論在什麼天氣下都能正確辨認方向。此外，銀行的業務也有利於商業貿易的發展，富人為商人提供資本，並在商業利潤中也分得一杯羹。

三、漢薩同盟

為了維護自己的利益，商人像手工藝工人一樣組織協會，商人協會被稱為「漢薩同盟」。巴黎有船運商人的漢薩同盟，同盟的船運商人壟斷塞納河上巴黎和芒特之間的運輸。同盟的首領是商人，後來變為巴黎市長，今天巴黎的城徽（一艘船的形象）就是當年船運商人漢薩同盟的徽章。漢薩同盟中的商人來自不同城市，卻在同一地區經商，加入漢薩同盟的人通常被稱為「漢斯」，十四和十五世紀時，漢斯經商地區包括日耳曼，從北海至波羅的海一線的大部分城市。

四、地中海地區的貿易

當時地中海仍是海上貿易最活躍的地區，十字軍東征、在東方建立公國等事件使地中海貿易迅速發展。十一世紀末以來，東方人為歐洲的居民提供所需食物，義大利、朗格多克和西班牙的商人去東方尋找食物並帶回歐洲，這些商人在埃及的亞歷山大城、塞浦路斯島、敘利亞、貝魯特和的里波里等拜占庭帝國的海港都擁有商行。商人在這些地方購買香料，中世紀的人在烹飪和配藥時需要大量的香料；商人還購買乳香和麝香，以及染布匹和裝飾手稿需要的染色植物；商人另外也購買絲綢和

細薄柔軟的織物、掛毯、珍珠、玻璃器皿等貨物。小麥、魚、毛皮等商品則是從克里米亞運來，它們主要是作為一種交換物品，西方商人為東方帶去鉛、錫、葡萄酒、武器、亞麻和大麻布，尤其是法蘭德斯和托斯卡納的呢絨特別受東方人的歡迎。地中海貿易使不少城市富裕，馬賽和巴塞隆納與北非和敘利亞皆有貿易往來，但仍然不如熱那亞和威尼斯的商業活躍。

五、大西洋的商業貿易

　　大西洋的貿易一開始並不十分活躍，從十二世紀以後才開始發展。當時普朗達治奈家族占領法國的大西洋海岸，英格蘭和法國阿基坦地區的海港間也建立起緊密的聯繫，尤其是波爾多城在 1299 年 1 年的時間裡，就向倫敦運了 173 艘船的葡萄酒。同時，長期為丹麥人所壟斷的北海和波羅的海貿易轉到德國人手裡。易北河東部斯拉夫地區已皈依基督教，並由來自荷蘭和萊因河流域的農民開墾。

　　盧比克城的商人得到來自日耳曼北部及俄羅斯西部的商品，他們將這些商品運到布魯日，又從布魯日帶回整船的羊毛、呢絨、鹽、葡萄酒和香料。布魯日位於法蘭德斯的海岸上，在十三世紀末是大西洋沿岸最大的海港，從英格蘭送來的羊毛，從西班牙運來的鐵，從法國運來的葡萄酒和鹽，從斯堪的那維亞和俄羅斯運來的毛皮、木料、柏油、皮革、小麥、蠟，以及從繆司河、萊因河流域和埃斯科河流域運來產於義大利和東方的商品，都匯集於布魯日城。布魯日有兩個外港、有大堤防、有燈塔，據一位當時的人說：「海岸上堆滿來自三十個不同地區運來的商品。」此時期布魯日可以說是北方的威尼斯。

六、陸地上的道路、香檳市集

　　十三世紀陸路貿易中主要的一條，是從東方經義大利到法蘭德斯和英格蘭，法國位於法蘭德斯和義大利之間，可以說占據有利位置。法蘭德斯和義大利是當時最富有、工商業最發達的兩個地區，當時最大的市集就在法國的香檳省，義大利商人可以沿隆河和索恩河溯源而上到達香檳省的大市集，也可以跨越阿爾卑斯山經索尼斯和格朗－聖貝爾納山

口到達香檳省。香檳省的市集每年舉行 6 次，主要的兩次分別是在五月於普羅旺斯和六月在特魯瓦舉行，每次市集大約持續五十天，這已經是國際性的大市集，前述的各種商品都在這裡進行交換，市集上可以看到法國人、佛拉芒人、義大利人、西班牙人、普羅旺斯人，甚至還有穆斯林。

七、金錢的重要性

市集的最後幾天，買賣結束，商人讓位給金融業者，這是香檳省市集上出現的新事物。十二世紀起鑄幣活動再度出現，當時進行貿易的國家製造成色好的硬幣，例如，英格蘭的銀幣——英鎊，人們甚至鑄造金幣，法國的埃居、威尼斯的杜卡托、佛羅倫薩的弗羅林等都是金幣。從羅馬帝國末期就幾乎停止的銀行業務此時又重新開始，十三世紀的金融業者（當時人們稱之為貨幣兌換商，如圖 7-2）大多是義大利的西恩那人和佛羅倫斯人，當時這些人擁有不少資本，進行著各式各樣的業務活動，這些活動直到今天仍由他們的後裔繼續經營。

圖 7-2　中世紀的貨幣兌換商

十二世紀末開始，金錢顯示出其重要性，這是一場真正的經濟革命。從前，西歐唯一的財富是土地，唯一的資源是農業，這次革命損害了靠土地為生的貴族利益，卻強化了與金錢關係甚密的市民階級的力量。

第三節　日常生活

一、居住狀況

因為沒有足夠的空地，城市裡的住房通常很狹小，城市被城牆所困，所以雖然人口持續增長，城市的擴大並不容易。

在領主或富人的住所中，最主要的房間是廚房，帶有大壁爐。古代人不曉得如何裝壁爐，因此他們使用可移動的火盆，即一種金屬盆，人們在其中燃燒木炭。最初的壁爐是較大的固定圓形火盆，被置於房屋中央，煙火因此四處亂竄。十二世紀起，人們將火盆靠著牆壁，煙從屋頂上冒出，柴架上燒著劈柴，掛鍋鐵鉤上可置鍋子。在廚房裡，伸手可及的地方有漏勺、鍋勺、烤肉鐵扦、火鉗、火鉤和風箱，沿著牆壁，有一個箱櫥，人們在那裡做麵包，麵包烤好後也是儲存在箱櫥中。人們在一長桌子旁吃飯，但只坐在桌子的一邊，另一邊留給服務者上菜之用，人們坐在一張長條椅或板凳上。

臥室裡，床都是木製的，放在房間中央，只有床頭靠著牆壁，床邊圍著帘子或幔子、床上的草墊裡裝滿乾草或柴火、上面是一層羊毛或棉花質地的床單。人們將衣服放在一根水平的桿子上，襯衣放在枕頭下面，存放著的衣物不像今天掛在衣櫃裡，當時人們將它們放在一個大箱子裡，如古代希臘人和羅馬人的習慣。

窗戶沒有安裝玻璃，而是羊皮紙。晚上，人們用油脂的蠟燭照明，煙塵很多。

十三世紀，富人家裡開始豪華，牆上貼著印色的布匹或是科爾都的皮革，軋有金黃色的凸凹花紋，室內牆上糊有裝飾物，人們有了椅子，與大扶手椅類似，通常都有雕刻裝飾，日常用的餐具排在飯櫥內，但為了讓人們看見那些珍貴的餐具，餐具更經常被放在餐具架子上。

二、服裝

十二世紀時，人們的穿著與查理曼時代的法蘭克人區別不大，人們光著身子睡覺，並不穿睡衣，睡衣在當時還沒出現。男人穿著一種麻布做的長襯衣，外面罩襯衫，襯衫通常印著凹凸花紋，襯衫在當時仍是高級衣裳，只在特殊節日才穿著；襯衫外面，人們穿一種長袍，長及膝蓋，上裝是緊身衣，小腿和腳上穿著長襪子，在右肩上鉤著無袖長袍以及帶風帽的朝聖服。後來，衣服逐漸變長，直到腳踝，至少市民和領主的穿著是這樣的；長袍逐漸被一種上衣所代替，這種上衣與長袍的形式基本一樣，外面再罩一件無袖或半袖的衣服；大衣通常飾著毛

皮，可能是白鼬、松鼠或海狸皮等，這些毛皮從肩上扔到身後，前面用一種腰繩固定。婦女的上衣和長袍一直落到腳面，人們先穿上長袍再以別針或針線固定袖子，長袍有時拖有後裙，行走時須以手將後裙提到前面；優雅高貴的婦人追求東方和義大利的布料，例如，金呢絨、繡花與柔軟軋光的絲綢、錦緞或軋光的金絨布等；婦人戴戒指，但是不戴項鍊、手鐲與耳環。帽子的形狀多樣，從軟帽到氈帽，從羽毛帽到花帽，花帽是一種花冠樣式的帽子，婦女參加重大場合時所戴。富人戴著皮革或毛皮手套，大多產自巴黎和倫敦。他們的鞋子由專門的鞋匠（「cordouaniers」，源自「cordonnier」，意謂像科爾都城的皮革工人那般加工皮革的人）訂製。

三、髮式和鞋子、飲食

　　男人從查理曼時代起就留短髮，十二世紀末流行長髮，人們喜歡弄成波浪形。女人起初紮兩條大辮子，偶爾用假髮，後來將頭髮梳在頭頂上，用一束布紮住，再以一根帶子固定於頷下。

　　豪華的風氣不僅表現在家具擺設和服裝，也體現在飲食上。午餐（上午十點左右）和晚餐（晚上六點左右）時，僕人為了使飯菜不易冷卻擺上蓋著的盤子（「mettre le couvert」即源自於此，法文「擺餐具」之意）。人們還不會使用叉子，以金屬或木製的大口杯喝飲料，玻璃已經出現但仍很稀有。窮人多吃蔬菜（蠶豆和豌豆一如今日的土豆般普遍且重要）、肥肉與奶酪，很少吃肉類。教會要求齋戒的日子裡，可以用魚代替肉，其中以鹹魚最常見，因為比鮮魚便宜。富人吃野味的鹿肉、豬肉等，也喜歡孔雀、天鵝、鷺和鸛等鳥類。人們大量使用薄荷、蒜、辛香料，例如，胡椒、丁香花蕾、肉桂皮、茴香、八角、薑、枯茗子、番紅花。飲料包括葡萄酒、啤酒和肉桂滋補酒，肉桂滋補酒是由肉桂、杏仁等釀出的葡萄酒。

四、娛樂和節日

　　與前幾個世紀相比，此時的生活顯得較舒適，財富的增加使人們不必再為了生活汲汲營營，有了餘裕之後，自然渴望各式各樣的娛樂活

動，節日也因此增多。

　　貴族繼續熱愛激烈刺激的活動，如打獵、比武和馬上競技等，比武是一種重大的節日活動，吸引成群的觀眾，城堡中最受歡迎的娛樂是下棋，此外人們還喜歡跳舞、玩球和槌球遊戲，還玩一種類似於今日足球的遊戲──「蘇勒」。

　　城市裡不時舉行相關的節日活動，氣氛十分活潑。聖誕節在教堂中擺放馬槽，一位婦人和一個小男孩扮演聖母與耶穌，人們穿著牧羊人的衣服前來探望剛出生的耶穌，並發出讚美之詞，神父有時會講述猶太先知如何預言上帝的天使到來，他每叫一位信徒的名字，那人便上前背誦聖經中先知的預言。一年中的其他日子，人們把聖經中的故事搬上舞臺，如亞當和夏娃、亞伯被該隱所害或是聖人的生平等。遇到慈善會的節日時，成員會演出一種短劇，被稱為「奇蹟劇」，內容是慈善會的主事者如何讓奇蹟發生。某些宗教節日令人們興奮異常，每年 12 月 28 日紀念無辜者被屠殺，人們會選出一位「無辜者」主教主持彌撒與祝福，某些女修院可以接待來訪的客人，共進午餐並跳舞。另一個是「驢節」，為了紀念將聖母與耶穌馱至埃及的那頭驢，人們將一頭以宗教方式裝飾過的驢子牽進教堂，並向牠致詞，在一片嘈雜聲中開始學驢叫。蘭斯的人們每年舉行腓魚遊行，所有的宗教司鐸都得參加，每個人在身後用線繩牽著一條腓魚，一方面努力踩前一人的魚，另一方面要防止自己的魚被踩。

五、風俗

　　十二、十三世紀的社會非常有活力，相對地也有黑暗面，娛樂之後是恐怖的時刻，天真的玩笑之後緊跟著令人怵目驚心的屠殺。暴力依舊隨處可見，不論在大眾階層或領主之中同樣存在，因家族仇恨而報復彼此的私人戰爭是當時的正當權力，無論鄉村或城市，拒絕行使報復權力就是懦夫的行為，因此騷亂、打架、械鬥屢見不鮮，而且不分階級與身分。神職人員與卡佩王朝諸王都曾試圖抑制暴力、維持秩序與和平。菲利·奧古斯都限制了私人戰爭的權力；聖路易則廢除了此一權力。就某方面而言，十三世紀是進步的時代，然而戰爭與私下報復並未因此減

少，野蠻行為衍生出的一種決鬥風俗被保留下來。

第四節　大學興起和文學藝術

一、基督徒精神

　　最基礎的教育是在附屬於修道院或教堂的小學裡進行，中等和高等教育則在大修道院或主教在城裡所建立的學校裡進行，教師必須得到主教的「許可」後才可以進行教學，中世紀的教育是從教會開始的。法國最早的大學可以源自巴黎聖母院，聖母院的教師主要講授哲學課程，這些學者將大量的精力花在學派爭論上，他們爭論的大多是高深晦澀的哲學問題。當時最有名的大學是夏爾特和巴黎大學，尤其是巴黎大學。

　　十三世紀左右，一位不列塔尼騎士的兒子亞培拉離開了家鄉四處遊學，在各地的學校裡汲汲學習並成為一位有識之士，他後來成為一位教師，並在巴黎聖母院擔任教學工作，由於他認真於哲學的研究，在學識上頗有進展，其思慮精悍辯才無礙，在哲學論戰中超越了當時最著名的學者威廉，威廉利用權勢禁止亞培拉在聖母院上課，不久之後，亞培拉被迫離開聖母院，乃轉往郊區的聖珍妮弗山隱居，許多好學的年輕人也跟隨他上山繼續學習哲學。亞培拉的哲學思維具有理性的色彩，主要以神的自由與人的自由為基礎，其哲學範疇與天主教神學思想有不同的見解，但仍吸引了從歐洲各地前來的學生。由於他在學術與辯才上的優越，他再度返回聖母院擔任教學工作，1211 年，蘇瓦松的省宗教評議會譴責亞培拉，罪名是他向大眾傳播一本未經教皇和教會授權的神學著作，於是他再度逃到塞納河邊的諾讓村莊，他的學生發現他之後，又成群結隊地趕來，在他隱居之地搭起了草棚，這裡因此成了一個哲學家城。1235 年，隨著風暴的平息，他再度回到巴黎聖母院任教，他的課程大受歡迎，但教會再次譴責他的著作，最後他被監禁在克呂尼一所修道院中度過餘生。

二、教育

　　當時沒有學校機構，教師自己出錢租一間房子教課，並從每個學生那裡得到一筆報酬。巴黎教師在塞納河左岸的聖珍納維埃芙教堂進行教學，這一地區當時叫拉丁區，今天依舊是這個名字，因為當時所有的課程都是用拉丁文講授，拉丁文在當時是歐洲的通用語言，所有受過教育的人都以拉丁文進行說、讀、寫。書籍依舊是靠手抄撰寫來傳播，因為印刷術尚未發明，但書籍的數量比人們想像得多。

　　許多大學生都很窮，他們的家庭無法支付寄宿費用，於是一些慈善人士為了幫助部分窮學生而創建了一些機構，使學生能夠享受免費食宿。巴黎就有一個這樣的機構——索邦，索邦是聖路易時期的神父羅伯爾·索邦所創辦，當時「索邦」是用來接待學習神學的大學生。十三世紀起，教師開始到這些接待學生的機構教學，這些機構也就逐漸成為教育機構。

三、大學

　　十二世紀起，各修道院停止進行教學，只有那些有主教的城市裡還有學校，不久後，學生和教師也不願再依靠主教，他們學習市民行會的組織，也組成行會，行會名稱叫「大學」。波隆那最先出現行會，1200 年左右，巴黎也出現了行會，巴黎索邦大學是一個獨立自主的大學，進行自我管理，並僅屬於教皇的管轄範圍。巴黎索邦大學裡，「中等教育」在「自由藝術學院」裡進行，必須先在自由藝術學院修過課程後，才能在另外三個學院中選擇一個專業繼續進修，三個學院分別是神學、醫學與法律，相當於現在的高等教育，每個學院各有一位院長，自由藝術學院的院長就是大學校長。十三世紀，以巴黎索邦大學為歐洲地區的模範，其他地區也陸續建立許多大學，法國有土魯茲大學、奧爾良大學、蒙伯利埃大學，英國有牛津大學和劍橋大學。在這些大學中，巴黎索邦大學的名聲最大，巴黎索邦大學的神學院在歐洲更是首屈一指，聖路易時代的聖托馬斯曾經在那裡任教。

四、法國文學的出現

教會和學者所使用的語言是拉丁文，許多中世紀的作品都是用拉丁文寫成，如神學條例、誓詞、科學或歷史著作等，因此中世紀的拉丁文學非常重要。

十一世紀末出現用「粗俗語言」寫成的文學作品，所謂的「粗俗語言」指的是居民日常生活中所使用的方言，例如，法國羅亞爾河南部地區的人們用奧克語寫成的作品，這些作品大都是吟遊詩人編寫的小詩，人們以音樂伴奏朗誦。在法國的方言中，以奧克語——或稱法語——占上風，最常被用來創作，「武功歌」就是用這種語言寫成。武功歌是敘述戰爭英雄的長詩，例如，為查理曼、羅蘭和拉烏爾‧岡布萊所作的頌歌，最著名的武功歌是《羅蘭之歌》，可上溯至 1080 年左右。不久以後又出現「傳奇文學」，也是用詩歌形式寫成，人們講述一位想像中騎士的功業，這位騎士通常對其選中的女人殷勤至極，且懷著可敬的情感，例如，特里斯坦對伊索的感情，傳奇文學中最著名的法語作家是1200 年左右去世的特里蒂安‧特羅亞。十三世紀的傳奇文學中最受歡迎的作品之一是《玫瑰小說》，這部長篇詩歌的第一部分由威廉‧勞里斯寫成，是對騎士愛情的讚辭；第二部分由約翰‧蒙寫成，他對國王、貴族、修士的「殷勤禮貌」大加譏諷，對科學大加讚揚，這部分可看作中世紀人們所有學識的總結。

對武功歌和傳奇文學不感興趣的人，或許可以選擇寓言及戲劇之類的作品。有時作家將動物搬上舞臺，賦予牠們人的感情，如羅納爾小說即是如此。

散文方面，最初以歷史作品占重要地位。維爾阿爾杜丹編寫的《征服君士坦丁堡》，是他在第 4 次十字軍東征回來後寫成的作品。一百年後，又有喬安維爾撰寫的《聖路易的歷史》。

法國文學當時在整個歐洲掀起狂潮，法國的文學藝術受到各方的模仿和推崇，但在德國也有偉大的作家，如史詩作者尼伯龍及傳記文學的作家。中世紀最偉大的詩人是佛羅倫斯人但丁，他用義大利文寫成《神曲》。

中世紀的藝術是屬於宗教的藝術，建築家、畫家和雕塑家都遵從神職人員的指示而創作。

五、十一至十三世紀的藝術

十一世紀初開始，西歐人發展出創造大型建築的技術，於是大教堂陸續出現。大教堂可容納許多人，主要用石頭建成，頂部是拱頂，不再是木製的天花板，中世紀的拱頂形狀及裝飾細節多變多元，可分為仿羅馬藝術與哥德式藝術或稱奧支瓦藝術。仿羅馬藝術從 1025 年開始，哥德式藝術則誕生於一個世紀後的法蘭西島，即 1125 年左右。但法國建築的力作不僅僅是大教堂，如巴黎聖母院、夏爾特大教堂、蘭斯、亞眠、布爾日的大教堂等，也包括修道院，如聖米歇爾山修道院，還有市政廳，如布魯日的市政廳，另外還有大商場，如伊普爾的大商場，以及宮殿，如聖路易和英俊菲利的巴黎宮殿。

其中亞眠大教堂的內部建築是同類建築中最完美的典型。亞眠大教堂興建於 1220 年，最初由呂查爾什負責建造，之後由科爾蒙接手。這座教堂在 1288 年時勉強完成所有主體建築，到了十四世紀末在拉爾讓的努力之下，終於完成大教堂兩側的塔樓，但由於物質缺乏，不得不改變原有設計，以至於塔樓不似這一時期大教堂的塔樓成四方形，而是深度比廣度要短些。

十二世紀中葉，尖頂建築樣式——尖形拱頂的哥德建築，逐漸取代原有的圓形拱廊的仿羅馬式建築式樣。尖頂建築是源自法國的建築，其中最古老的建築是努瓦永大教堂、拉翁大教堂、桑利斯大教堂以及巴黎聖母院。

巴黎聖母院的建造開始於 800 年左右，到了 1160 年，巴黎大主教絮利決定重修聖母院。1163 年，這座哥德式大教堂終於開始動工，工程持續進行到 1235 年，除了兩座塔樓尖頂外，大部分工程皆已完工，1245 年，主教又在原設計圖中於主體教堂的兩側加上小教堂，這項工程一直進行到 1296 年才結束，因此重建巴黎聖母院花了 133 年的時間。教堂正面由 3 扇大門組成，上方的各柱子之間陳列著 28 尊猶太歷代國王的雕像，柱子上方是聖母臺和大型的玫瑰窗，上面還有一層廊

臺，連著兩座塔樓，聖母院的頂層則有欄杆，而十字架上方的尖頂是用橡木外包一層鉛所製成的，聖母院頂端離地面有 96 公尺。（編案：2019 年 4 月 15 日 18 時 50 分左右，巴黎聖母院發生大火，預計要花二十年修復。）

隨著哥德式建築的發展，負責宗教建築的工匠也發生了一些變化。他們開始組織工會，自行設計建造大教堂，因此也擺脫過去那種由主教監督設計的束縛，十三世紀，教堂建築達到顛峰。1145 年，夏特的居民著手建造他們的大教堂，但由於缺乏資金，他們便請求周邊各省給予支援，諾曼地的工匠成群結隊趕來幫忙，夏特的居民更日夜趕工，不辭勞苦、不計報酬地參與其事，比較特殊的是，這些工匠在夏特大教堂內的門廊石塊上書寫了「自由」的字樣，可見「城市自治權」是市民多麼期望的一件事。

在建築發展的同時，雕塑藝術亦占了重要地位，雕塑藝術自羅馬帝國以來一直只具有次要的作用。在仿羅馬藝術時期，雕塑的線條雖然充滿動感，卻依然僵硬，後來出現一些可與希臘雕像媲美的雕塑，金屬和象牙的雕塑也日益完美，與石雕形成強有力的競爭。

此時的繪畫形式繁多，十四世紀中葉，人們還不會像今天這樣在畫布上繪圖。拜占庭人曾經是鑲嵌細工方面的大師，鑲嵌細工實際上是一種在石頭上進行的繪畫創作；法國藝術家在對文稿進行微畫裝飾方面有很高的水準；彩畫玻璃是在玻璃上的繪畫；琺瑯的製造業是在金屬上進行的繪畫；掛毯業中也有包含繪畫，他們用針和羊毛在布上進行創作；羅馬式藝術時期，在壁畫方面也體現了繪畫藝術，壁畫是在牆壁上所進行的繪畫創作，十三世紀末，最偉大的壁畫大師是一位義大利人，即佛羅倫斯藝術家喬托。

1000 年左右的西歐和中歐文明，與拜占庭文明相比是較落後的，然而僅僅在三個世紀時間內，歐洲文明進步迅速，中世紀後期的歐洲文明散發著奪目的光彩，其中一部分就是受到法國的影響。

第八章
英法百年戰爭

第一節　英王愛德華三世

一、百年戰爭原因

　　1328 年，最後一位卡佩家族的直系繼承人去世，於是有兩位候選人都自稱對法國王位有繼承權，一位是華洛瓦的菲利，他是英俊菲利一位兄弟的兒子，另一位是英格蘭國王愛德華三世，他是英俊菲利一個女兒的兒子。法國的高級貴族選擇華洛瓦的菲利，即菲利六世，王朝從而拉開序幕。英格蘭國王愛德華三世則必須向法王宣誓效忠，因為他的封地圭耶訥在法國。

　　後來兩位國王因為這塊封地而反目，當法國議會審理圭耶訥地區的上訴案件時，必然會破壞英格蘭法院的判決，導致兩國關係愈來愈緊張，菲利六世甚至在 1337 年下令沒收圭耶訥公爵的財產，愛德華三世於是立法要求得法國的王冠，因而爆發一場為時一個多世紀的戰爭，史稱「百年戰爭」。

　　愛德華三世急著四處尋求盟友，弗拉芒人雖受法王統治卻不喜歡法王，他們對英俊菲利和菲利六世都沒有好感，菲利六世更曾令他們慘敗；此時英王為了反制法王不友善的舉動而禁止出口羊毛至法蘭德斯，依賴英格蘭羊毛紡織的法蘭德斯為了挽救羊毛工業，決定支持英格蘭國王。於是愛德華三世在 1340 年宣布自己為法國國王，英格蘭與法蘭德斯的聯合艦隊在距布魯日不遠處擊敗法國艦隊，愛德華三世儼然已成海上霸主，絕對有入侵法國的能力，但他躊躇了六年才動手，主要是因為當時的法國土地面積和人口數都是英格蘭的數倍（法國有 1,600 萬人，英國有 500 萬人）。

二、克勒西與普瓦提埃的戰爭

　　1346 年，愛德華三世終於決定進攻法國，在高登丹登陸，劫掠諾

曼地，再揮軍巴黎。但菲利六世的強大抵抗令他不得不率軍北上，取道索姆河，然此時索姆河上的橋樑被截斷且防守嚴密，鑑於菲利六世帶著大批軍隊趕來，愛德華必須尋求出口，後來當地人告訴他在布朗克－塔克一帶，當河水退潮的時候，可以涉水而過。於是愛德華的軍隊就轉往布朗克－塔克嘗試過索姆河，不料法國的大軍已經在河的對岸，兩軍就在河床上展開一場慘烈的廝殺，英軍損失慘重，此時菲利六世的先遣部隊趕到河的對岸，恰逢河水漲潮，菲利來不及渡河，於是轉往亞維農渡過索姆河到達克勒西。菲利抵達克勒西建築工事後，進逼克勒西、攻擊英軍，但由於戰略錯誤，加上紀律又差，法軍被徹底打敗。

　　在克勒西一役英軍大勝後，愛德華三世開始進攻加萊城，主要是為了取得港口，好讓英軍可以自由地登陸和撤退，加萊城的市民對法國效忠，且市民意志堅定、訓練有素、誓死保衛加萊，由於愛德華在占領加萊之前，即在該城前方建了一座防守嚴密的木頭城，菲利因而不敢輕舉妄動，1347年，當地居民儘管頑強抵抗，但是在彈盡援絕之下不敵英軍，只好宣告投降。接下來的兩個世紀，加萊城都是英格蘭的屬地。

三、加萊義民

　　在這場戰役中，愛德華損失慘重，因而痛恨加萊市民，決定羞辱他們，他要求加萊最富裕的6個人頭上不准戴帽子，腳上也不准穿鞋，並且要在脖子上綁一條掛著鑰匙的繩子來見他，任由他處置，否則將殺害加萊市民。當加萊市民聽到市長宣布的消息後，不禁痛哭失聲，此時一個名叫皮埃爾的市民，願意犧牲自己以拯救加萊百姓，他的好友約翰見狀也願意一同前往，後來又有4個富人願意加入，6個人在全城市民的痛哭聲中出發了。當他們來到愛德華的面前時，國王惱怒地下令把這些人全部處死，此時國王的騎士為他們請求，但國王不為所動，直到王后跪下來請求國王赦免他們的罪，國王才讓步，但仍然要放逐他們。英格蘭王后為這6位加萊人送行，除了為他們準備乾糧之外，每人還加發了3個金幣作為盤纏。愛德華占據加萊後把原有的居民趕走，並遷來許多英格蘭人，給予新的加萊許多特權。

四、法國國王善良約翰

之後的停戰給了雙方暫時的喘息機會，菲利六世不久後去世，將王位留給兒子善良約翰，約翰雖然沒有偉大的戰功，但至少守住了多芬尼，從此法國的王位繼承人就被稱為「多範」，而英格蘭的王位繼承人則被稱作「高盧王子」。

善良約翰個性粗暴、任性、好揮霍，又目中無人、貪圖享樂，僅僅因為勇氣可嘉才得到這麼一個綽號，他把國庫的錢花費殆盡，還用不光彩的手段篡改貨幣幣值。1355 年，為了增加國庫收入，他硬著頭皮召開三級會議，參與三級會議的人數高達 3,000 多人，各階層代表雖然答應增加稅收，但是徵收人員需由他們來選定，且王國的臣民，不分平民貴族都得繳稅。此外，各階層代表自此取得原屬於國王所有的召開三級會議之權力，此即今日「議會」的開始，議會做了很多事情，他們提供了 30,000 人的軍隊一年所需之軍餉，但條件是三級會議有權監督國王，還有管理和使用所有賦稅的權力。這是一個歷史性的事件，國王無力管理自己的王國，而是由人民透過組織來管理國家。但議會恢復了鹽稅和糧食買賣稅，引起人民的反抗，1356 年，三級會議再次召開，決定以所得稅代替鹽稅和買賣稅，才平息了這場風波。

1356 年，英軍入侵普瓦提耶，約翰在附近迎擊敵軍，這一次法軍遭到比克勒西之役更嚴重的失敗，法王自己甚至成了英軍的俘虜。在這場戰役中，英格蘭是由愛德華的繼承人——人稱黑王子的威爾斯王子——領軍，他有一副英格蘭和加斯科尼男子般的體魄。他率領的英軍占據一座種滿葡萄的山丘，以灌木叢作為掩護，向法軍發射長弓，很快地便擊潰了法軍，此時黑王子再率領騎兵衝出陣來，法國諾曼地公爵和奧爾良公爵不戰而逃，於是約翰下令以逸待勞，等著英軍的進攻，結果法軍也未能擋住英軍的攻勢，20 處陣線都被擊破，儘管如此，約翰仍沒有退縮，他的頭盔被擊落，臉也受傷，幾乎獨自一人奮戰到最後，此時陪伴在身邊的是十三歲的幼子菲利，當敵人靠近時，他就叫道：「父親！注意左邊！左邊！」直到周圍的騎兵都死了，約翰才投降。

1360 年，雙方在夏爾特附近的不列塔尼簽訂和平條約，英王愛德華三世不再索求法國王位，但他從此擁有法國 1/4 的領土，包括皮卡爾

地海岸的一部分、加萊及整個法國西南部，也就是普瓦提耶、利慕讚、佩里戈爾和圭耶訥，而分裂的法國領土也種下了英法兩國持續的土地糾紛。

第二節　國勢衰弱

一、艾田・馬賽爾的改革

法國的遭受侵略及法軍的連連失利令市民階級大為不滿，他們認為貴族及國王顧問應該對這些災難負責，並決定攬下國王的統治權，普瓦提耶戰後的形勢對法國有利，法王在英格蘭當人質，王儲是剛滿十八歲的查理五世（如圖 8-1），查理五世在巴黎召開一次三級會議，想令與會代表通過一項特別稅的徵收。

三級會議由貴族、高級教士與市民代表組成，他們建議並輔佐國王，英俊菲利曾在巴黎以及圖爾各

圖 8-1　查理五世

召開過一次三級會議，當時主要是為了解決與教皇卜尼法斯八世之間的角力，以及打擊聖殿騎士團。

這一次的三級會議中，市民代表扮演關鍵角色，他們跟隨巴黎商人行會總管艾田・馬賽爾的意志採取一致行動，艾田・馬賽爾來自巴黎最重要的呢絨業行會，在助理法官協助下，他展現強硬作風。由於法國當時遭到外患的欺凌，再加上強盜集團和自然災害的肆虐，巴黎已經搖搖欲墜，於是馬賽爾把巴黎市民結合起來，將市民組織成 40 人隊、50 人隊和 10 人隊以加強軍事防禦能力，一連串的防禦工事也隨之展開，人們建築城牆、挖壕溝、擴充塞納河北邊的城牆，此外，馬賽爾下令在城牆四周建造 750 個崗哨。艾田・馬賽爾此時已經是法國實際的領袖了。

在稅收表決之前，艾田・馬賽爾向國王遞交了一份請願書，要求國王遣散身邊的顧問，全面改革行政與司法，禁止私人戰爭，新稅不再由王室官員徵收而改由三級會議的特派員負責，特派員也同時負責市民就業的相關業務，還要求各級代表每年召開會議，尤其是在王儲未能出面的情況下，依然能集會討論重要事項。馬賽爾的這次嘗試令人想起英格蘭的西蒙・孟佛爾，結果他也與西蒙面對同樣的命運。

馬賽爾的行事激烈，他甚至在王儲面前殺死兩名王室顧問。查理王儲的大臣香檳騎士和諾曼地騎士認為三級會議不合理，因而鼓動貴族反對三級會議，還發動窮人一起反對富裕的上層市民階級，於是馬賽爾要求王儲懲罰這些搗亂分子，但王儲不為所動，馬賽爾乃率領群眾衝進西堤島的城堡裡，進入王儲的房間內，此時王儲身邊站著孔夫蘭和克萊蒙兩位領主，囂張的馬賽爾毫不客氣地指責王儲，緊接著，群眾一湧而上殺了王儲身邊的兩位騎士，血濺到王儲的衣服上，王儲恐懼萬分，哀求馬賽爾不要殺他，馬賽爾用披風罩住王儲的頭，保住王儲一命。

市民階級震驚於馬賽爾的暴力行為而紛紛背棄他，於是馬賽爾只好尋求一位起義的附庸——伊馬勒伯爵兼納瓦爾國王的惡人查理——的支持，這種背信棄義的行徑激怒了巴黎市民，馬賽爾希望能和納瓦爾國王聯合起來分裂貴族勢力，但遭到納瓦爾貴族的反對，於是他為了報復納瓦爾貴族而僱用一大批強盜作為士兵，此舉更引起巴黎市民的憤怒。

1358 年 7 月 21 日，巴黎市民起義，反抗馬賽爾所僱用的強盜軍人，雙方皆有損傷，之後馬賽爾出面趕走了所有的僱傭兵，此時巴黎市民要求納瓦爾國王和馬賽爾趕走在聖德尼的最後一批僱傭兵，浩浩蕩蕩的市民來到聖克魯時，卻遭到僱傭兵的全力反擊，結果市民慘敗。市民指責納瓦爾國王出賣了他們，同時也高聲譴責馬賽爾，認為是他製造了所有的事端。

馬賽爾一方面要對付王儲，另一方面又要應付市民，於是他只好迎接納瓦爾國王進城，並宣布他為法國國王，當納瓦爾國王進城時，在聖德尼城門即遭到了阻攔。在此期間，馬賽爾趕往聖德尼城門，要求守城士兵交出鑰匙但遭到拒絕，於是雙方人馬展開廝殺，馬賽爾僅帶 50 多個騎士，很快地就支持不住，最後馬賽爾和手下全部被殺，改革沒有留

下任何成果，王權依然存在。

二、騷亂與動盪

　　十年過去，馬賽爾的改革也宣告失敗，此時一場由農民發動反抗貴族的運動卻正在皮卡爾地與香檳區登場，法國人往往用嘲諷的語氣稱那些農民爲「好人賈克」，因而稱這次運動爲「賈克雷運動」。戰爭中的掠奪使農民生活悲慘，他們革命的對象是貴族，因爲貴族不但沒有保護他們，還與強盜勾結，一同壓榨他們，許多城堡被燒毀，但是這次運動在 1358 年起義不久後就宣告失敗，各地的參與者都被捕。

　　其實這是典型的「綿羊被迫變成狼」的故事。1358 年 5 月 21 日，博維地區幾個村落的農民搗毀了附近一座城堡，並且殺死了領主及其妻兒，聞知消息的周邊農民也開始串連以反抗貴族的壓榨，進而洗劫他們的城堡，不久之後，索姆河和隆河之間地區的農民開始作亂，他們燒殺迫害貴族及富裕的市民。馬賽爾雖然表面上不贊成農民的動亂事件，但骨子裡卻認爲農民與城市市民的起義性質是一樣的，因此決定站在農民這一邊，但是貴族還是堅決地站在王室這一邊，納瓦爾國王因爲自身貴族的身分也站在王室這一方，因而決定鎮壓農民起義。這次農民的暴亂事件僅維持了三個星期就被鎮壓下來。

　　可怕的黑死病（如圖 8-2）在西歐流行了兩年多（1347 年至 1349 年），英法損失了近 1/3 的人口，耕種的勞動力嚴重不足，收成大受影響，缺糧問題嚴重，物價隨之高漲，政府被迫凍結數種物品的價格以禁止漲價，許多地主淪爲貧戶，稅收幾乎爲零。致死率 100% 的黑死病令人

圖 8-2　黑死病

們陷入極度恐慌，朗格多克的居民指控猶太人在飲用水中下毒，於是大肆捕殺成千上萬的猶太人，最後教皇克雷蒙六世出面干涉，才使猶太人在亞維農和威奈桑獲得庇護；另一方面，有一些人近乎赤裸地在街上遊

行，同時鞭笞自己，期望能平息上帝的怒氣，可是後來卻走火入魔，讓教皇不得不出面制止。等到黑死病大流行過去之後，人們欣喜若狂地通宵達旦舉行宴會慶祝。

普瓦提耶戰役之後，雙方許多傭兵都失業了，為了獲得生計便組織強盜集團，成群結隊地劫掠，不分城市或鄉村，人們付出大筆贖金避免被搶並得到活命的機會。強盜集團使得巴黎和其他各城都飽受苦難，農村也因為強盜肆虐而更為破敗，到處都只能看到蕁麻和薊草，以及大火焚毀過的景象，農民們為了躲避強盜的劫掠，紛紛逃到河流中間的小島上，但有時在絕望之餘，他們仍會鼓起勇氣，守在幾座還算堅固的房子裡抵抗強盜。

孔皮埃涅附近幾個村莊的農民全都躲在隆格伊城堡內，由堡主紐克姆負責指揮，但紐克姆在戰鬥中被強盜殺害了，此時他的手下中有一個綽號「鐵漢子」的農民非常神勇，他以一擋百，總共殺了 45 名強盜，剩下的強盜見此情況只好逃離現場。隨後，強盜集團又再次率眾滋擾農民，仍被農民打敗，鐵漢子在疲憊口渴之餘喝了很多涼水，結果卻患病高燒不退，只好回家休息。強盜集團得知消息後，即派了 12 個人前去刺殺他，鐵漢子在其妻子鼓勵之下，寧死不屈，拿起斧頭與強盜拼命，最後殺死了 5 個人，其餘的強盜也狼狽地逃走了。但是這次的戰鬥耗盡了他的體力，加上高燒不退，鐵漢子後來病死家中，農民對於鐵漢子的死都傷心不已。

三、查理五世統治

1364 年，查理五世就在這樣險惡的環境中登基為法王。查理五世與其父親和祖父大不相同，他的父親和祖父是英勇的騎士，隨時準備拔劍開戰，查理則是個學者，外號「聰明的人」。他時常待在圖書館裡，翻閱上百種蒐集到的手稿，他喜歡布匹、地毯、雕花家具、珠寶。他擴建菲利·奧古斯都興建的羅浮宮，使之更為美觀；他在巴黎東部修建聖保羅宮和文森城堡；在塞納河右岸建立一道新的圍牆，並下令修建一座重要的堡壘，即巴士底堡壘。

巴士底獄，全名為聖安東尼巴士底獄，它是馬賽爾當初為了防止

武裝叛變，匆忙建造用來保衛巴黎城牆的一系列防禦工事的一部分。從 1369 年開始修築，到了查理五世統治末期才修建完成，以後的幾位國王又不斷命人加強。巴士底獄由 8 座寬厚的圓形塔樓組成，中間有高聳的城牆連接。1634 年，又在巴士底獄的四周挖了壕溝、興建幾條馬路。它數次成為重大歷史事件的舞臺，時常被當作國家監獄。1789 年 7 月 14 日，巴黎人攻占了這座被認為集權專制象徵的堡壘，同年，這座巴士底獄的建築就被徹底摧毀了。

查理五世最注重的是財政狀況，他建立一種安全的貨幣，向食鹽銷售商徵收鹽稅，豐厚的稅收使他有能力向英格蘭重新開戰。但查理五世本人並非傑出的軍事將領，為了實現軍事偉業，他幸運地找到優秀的合作者，即貝爾特朗·迪蓋斯克蘭將軍。

四、領土收復者迪蓋斯克蘭

迪蓋斯克蘭是不列塔尼的貴族，但是家境貧窮，從小就好勇鬥狠，且相貌醜陋，個性懶惰、喜歡爭吵，給父母帶來很多麻煩。由於個性的外向，他很早就出外闖盪，作為不列塔尼人，他熱愛自己的家鄉勝過一切，一開始就在不列塔尼跟隨查理布魯瓦打仗，迪蓋斯克蘭初顯身手，即以他的英勇、強悍和卓越的軍事才能而嶄露頭角，他勇敢而有計謀，在戰場上，他喜歡用伏兵襲擊敵人，而不是進行兩軍直接對壘。在迪蓋斯克蘭掌權的最初幾年，他逼迫馬賽爾過去的同謀——惡人查理與查理五世和好。當時西班牙有兩位兄弟正在爭奪卡斯提爾的王位，此時迪蓋斯克蘭帶走「強盜社團」中的大部分成員，使法國擺脫強盜社團的騷擾，並率領他們參與王位的爭奪，協助後來的卡斯提爾王獲勝，但他隨即就在西班牙被逮捕，查理五世因此為他付出一大筆贖金，隨即任命他為王室總管，也就是當國王不在的時候，由他掌管軍隊。

1368 年，查理五世與英格蘭的關係再度決裂，英國人幾次侵擾法國的西部，查理五世採取不同於菲利六世及善良約翰的作戰手法，而是採用突擊戰術，在作戰中擾亂敵人視線，並且在敵人到來之前堅壁清野，使之得不到軍需供應，同時下令王室軍隊圍攻英國人在法國所占據的城堡並各個擊破。兩軍對戰中，迪蓋斯克蘭曾經兩度被英軍俘虜，威

爾斯王子（黑王子）起初不讓法國贖回迪蓋斯克蘭，當時盛傳一種流言，黑王子因為害怕迪蓋斯克蘭的實力才不敢放了他，黑王子聽到之後非常生氣，於是叫迪蓋斯克蘭自己決定贖金的金額，多少都可以。迪蓋斯克蘭高傲地宣布要 10 萬埃居，這一大筆金額讓黑王子嚇了一跳，而好奇誰有能力支付這麼一大筆贖金，迪蓋斯克蘭回答說：「卡斯提亞國王和法國國王各出一半，除了他們兩人之外，法國沒有人可以把我救出去了。」

五、查理六世

　　1380 年，查理五世和迪蓋斯克蘭去世時，英王在法國只占有加萊、瑟堡、不列斯特、波爾多和巴榮等部分的領土。但不幸的是，法國已氣若游絲、國勢趨於衰弱。而此時法國的新王查理六世（1380 年至 1422 年）還只是個孩子，於是權力落到他的叔父手中。叔父政績極差，四處收取重稅，以致法國很快陷於貧窮，不滿的情緒也迅速高漲，許多城市發生暴動，但卻很快地被殘酷鎮壓。

　　1379 年，崗圖瓦人和法蘭德斯伯爵之間，因為賦稅的問題發生了激烈的爭吵，法蘭德斯中弗拉芒語區的人都站在崗圖瓦人這一邊，雙方第一次交鋒，法蘭德斯伯爵就被崗圖瓦人和弗拉芒人所打敗，於是向查理六世求援。王室部隊在克里翁的率領下以卓越的戰術打敗了弗拉芒人和崗圖瓦人，查理六世在降服了法蘭德斯地區的弗拉芒人之後，還想繼續攻打崗圖瓦城，但因為氣候惡劣而改變作戰計畫，於是只留下部分軍隊駐守法蘭德斯，國王和王子們則帶領王室軍隊返回巴黎，並決定報復在此之前發生的種種暴動。巴黎和其他城市擁有強大的軍事實力，本來足以自衛並反抗王室軍隊，但法蘭德斯地區反抗的失敗打擊了他們的信心。王室軍隊回到巴黎，他們砸毀聖德尼城門上的絞鍊，推倒了沿途的兩扇城門，查理六世和部隊腳踩城門而入，「就好比踐踏著市民的尊嚴」，為首的搗亂分子被斬首、絞死或溺死，查理六世下令取消巴黎自治權利並開始重新徵收賦稅，此外對富裕市民處以高額罰金或沒收財產，很多上層市民也因而破產。外省各主要城市的情況和巴黎一樣，所有的暴動事件都被鎮壓下來，十四世紀市民階級反抗王權的鬥爭至此告

一段落，沒有上層市民的領導，人民不得不放棄鬥爭，上層市民則由於本身的軟弱而放棄了人民權益，同時也放棄反抗不義的王室貴族階級。

查理六世成年以後，撤銷叔父的權力，並找到幾位優秀的顧問進行改革，但是這些改革很快就停止，因為國王在 1392 年患了精神病，具有王室血統的諸王子此時掌握政權，而各種節慶活動和大肆浪費的現象愈演愈烈。

六、阿曼雅克派和勃艮第派的對立

比奢侈浪費更嚴重的是兩位具有王室血統的王子之間的敵對，一位是國王的表兄弟勃艮地公爵無懼約翰，另一位是國王的兄弟奧爾良公爵路易。約翰為了擺脫對手，派人刺殺路易，導致法國爆發一場內戰，期間雖經叔父貝里公爵調停，雙方握手言和，然而不幸的事還是發生了。1407 年 11 月 24 日，奧爾良公爵正在王后下榻的聖波宮內，後來侍衛報告，國王緊急召見他，當他出門時，就被人暗殺了，調查的結果發現，勃艮地公爵的嫌疑最大，於是無懼約翰只好承認了自己的罪行。

全法國分成奧爾良和勃艮地兩大派，當時奧爾良一派的首領是阿曼雅克伯爵，因而又被稱為阿曼雅克派，由於兩派的對立，導致巴黎發生多次大屠殺。

1411 年 7 月，正當勃艮地和阿曼雅克之間爆發新一波衝突時，巴黎市長聖波爾伯爵發動市民支持勃艮地公爵，當時巴黎市長主要依賴屠夫行會及作姦犯科者的支持，這群人大肆屠殺搶劫嫌疑犯，他們的暴行使恐懼不斷地蔓延。1413 年，圭耶納公爵和勃艮地公爵又發生了衝突，於是圭耶納公爵與奧爾良公爵結為同盟，圭耶納公爵在巴士底獄窩藏奧爾良士兵，屠夫行會獲知這個消息後，率領兩萬市民攻破巴士底獄，同時把圭耶納公爵部下等 1,000 人全部關進監獄。屠夫行會的恐怖行為讓巴黎人感到厭倦，巴黎人乃求助於奧爾良人，於是奧爾良的阿曼雅克派乃發動對勃艮地人的全面攻擊，但是阿曼雅克派士兵並沒有為巴黎人帶來和平，他們暴虐蠻橫，巴黎人不久就有了報復的念頭，一個名叫勒克萊科的年輕人，由於受到阿曼雅克派士兵的侮辱，因而決定去偷城門的鑰匙並打開城門，於是勃艮地人進城大肆屠殺奧爾良人，並攻占

監獄，屠殺了所有犯人。

在這種恐怖氣氛中，人們獲悉英格蘭國王亨利五世在諾曼地登陸，內戰與外患交加，查理六世的壓力極大，這時他的顧問克利松又被他的叔父們派人暗殺，暗殺者為克拉翁，克拉翁後來躲到不列塔尼公爵身邊，公爵拒絕把他交給國王，於是查理六世在勒芒召集部下準備攻打不列塔尼公爵，他在勒芒停留了一段時間，期間國王突然發高燒，神志不清。1392 年 8 月 5 日，查理六世不理會醫生的勸阻，下令向不列塔尼進攻，當部隊穿越勒芒森林的時候，一名衣衫襤褸的男子從樹林間衝出來，抓住國王的韁繩喊道：「國王，快回去，你被出賣了……」，國王一陣狂怒，拔出他的劍，衝向後面隨從，胡亂砍殺，國王已經不認識任何人，查理六世發瘋了。

七、阿金庫爾戰敗及特魯瓦條件

1415 年，法軍與英軍在皮卡爾地地區離克勒西不遠的阿金庫爾交戰，法國騎士遭受第 3 次慘敗。1415 年 8 月，英格蘭國王亨利五世在法國塞納河口登陸，圍攻並占領阿弗勒，雙方交戰，英王損失不少兵員，因而決定沿著海岸前往加萊，但這樣他就必須沿索姆河折回北上找一條通道過河。在佩羅納的法國士兵一路追趕英軍，並在阿金庫爾附近離克勒西戰場不遠處攔截英軍。法軍共有 14,000 支長槍、40,000 多名士兵，但都是強盜與土匪，王室貴族拒絕派出巴黎所提供的 6,000 人精銳部隊迎戰，因為他們不願看到外省市鎮獲得勝利。法軍處在不利的地形，他們擠在兩片樹林中間的一小塊空地，因而無法發揮人數的優勢，貴族們派出的步兵和弓箭手身著笨重的盔甲且陷在泥淖裡。英軍弓箭手射出的箭像雨一般落在法國軍隊身上，法國騎兵試圖從兩側進攻英軍，但因道路泥濘，馬匹紛紛倒下，一片混亂，此時英軍的騎兵也加入戰鬥，法軍全軍覆沒，損失兵員達到 8,000 人之多。不久，亨利五世開始圍攻盧昂，卻久攻不下，只好圍困城裡的人，盧昂很快地糧食短缺，不得已只好與英格蘭談判。亨利五世應允盧昂市民保留原有的自由，保障市民身家性命和財產的安全，但市民必須繳納 20 萬金埃居作為罰金，市民中有 7 個人不能免罪，後來其中 6 個人用錢贖回了自由，第 7 個名

叫阿蘭‧布朗沙爾的市民則走上了絞架，因為他是英格蘭最恨的弓箭手統帥。經過這些戰役的勝利，亨利五世帶著凱旋部隊和戰俘回到了英格蘭。

英格蘭和查理六世的皇后伊莎貝‧巴維艾爾扶持的勃艮地公爵成為法國國王，1419 年，當勃艮地公爵無懼約翰在蒙特洛橋上與王儲（即未來的查理七世）會面時，無懼約翰竟被人暗殺。這次謀殺幾乎毀了法國，皇后伊莎貝與英國人簽訂災難性的《特魯瓦條約》，她剝奪其子即未來的查理七世的王位繼承權，將自己的女兒嫁給英王亨利五世，並承認亨利五世為法國王位的繼承人，甚至她將法國的統治權立即移轉給亨利五世，理由是查理六世已經瘋了，法國保留自己的一切體制，但國王卻是英國國王。1422 年，查理六世去世，他的兒子在布爾日宣布為法國國王，即查理七世，但他對圭耶訥和羅亞爾河以北的領土沒有任何權力。於是當時出現兩個法王和兩個法國，兩者相互指責對方是叛國者。

查理七世十分軟弱，整天無所事事，把政務都交給寵臣管理，自己則耽溺於享樂，但他此時沒有多少財富可以揮霍。法國到處都是戰爭，英格蘭在克拉旺、韋納伊、魯弗雷屢戰屢勝，並開始圍攻奧爾良，法國即將淪陷。

八、奧爾良之國

大部分的法國人都痛恨英國人，在法國人眼裡，英國人是十足的篡位者，但是英國人擁有強大的軍隊，並且勃艮地公爵更依賴英國的支持，勃艮地公爵無懼約翰的兒子善良菲利指責，查理七世設計了蒙特洛橋的謀殺。1428 年，英國已經占領整個法國北部並圍攻奧爾良，這是法國北部唯一承認查理七世為國王的城市，當地居民奮勇抵抗英軍，就在奧爾良將要投降的緊要關頭，少女貞德使法國局勢完全改變。

第三節　聖女貞德

一、貞德青年時代

貞德是位農家女，1412 年出生於洛林的多姆勒密鄉間，童年時

代，她目睹戰爭所帶來的災難，將英國人視爲篡位者，她的父母與當地人都對查理七世效忠。

　　貞德的宗教信仰非常虔誠，在她十三歲時，於放牧中看到聖靈顯現，以後的三年裡，又目睹許多次聖人和聖女，並喊出他們的名字，聖米歇、聖卡特琳娜、聖瑪格麗特，她聽見他們說話，聖人告訴她必須離開村莊、趕走英國人，但是她猶豫躊躇很久，心想一個鄉間的貧窮女孩怎能趕走英國士兵。終於有一天，她突然信心倍增，決定出發，她費力地向沃古樂爾附近村莊的士兵弄到一匹馬、一副武器和幾名隨從。1429 年 2 月，貞德和 6 位武裝男子組成的小隊出發前往什濃晉見查理七世。

二、貞德的勝利

　　貞德努力說服查理七世，相信她是遵照神的旨意行事，但查理七世並未立即相信，他先將貞德送到普瓦提耶，讓普瓦提耶的幾位神學家詢問貞德關於顯聖的事情，神學家們肯定貞德的說法，於是貞德便受命帶領一支軍隊奔赴奧爾良（如圖 8-3）。

圖 8-3　聖女貞德攻占奧爾良

　　1429 年 4 月，她率領一支軍隊由奧爾良城外的羅亞爾河水路成功地進入城內，當她進城時，軍民爲之歡呼，給法軍帶來勇氣。5 月 4 日，法軍直攻聖魯普的英軍堡壘，但被英軍打敗，貞德從睡夢中被驚醒，她趕到了法軍失利的地方，帶領法軍全力向英軍堡壘進攻，英軍被法國軍隊的士氣嚇到不敢前去支援被攻擊的堡壘。5 月 6 日，貞德渡過羅亞爾河，占領奧古斯丁城堡，河左岸的英軍這時僅能退守在橋頭的壕溝和圖爾內的防禦工事裡。第二天拂曉，貞德進攻橋頭壕溝中的英軍，雙方經過三小時的廝殺之後，法軍後繼無力，這時貞德衝入戰壕，架起梯子，第一個爬上去，但這時她被英軍的弩弓射中胸口掉入壕溝，法軍

士氣受挫，吹起了撤退的號角，但是這時候貞德卻縱馬衝向英軍，她的勇氣與勇敢重振了法軍的士氣，英軍大敗。5月8日，英軍不得不撤退離去。

解救奧爾良並未使貞德感到滿意，1429年7月17日，她立即擁戴查理七世在蘭斯大教堂裡舉行加冕儀式，她將查理七世帶到蘭斯，並經歷其一生中最高興的時光，她所擁戴的國王在大教堂裡進行接受聖油和加冕禮。法國人從此再也沒有疑惑，自《特魯瓦條約》以來的兩位法國國王的問題解決了，上帝是站在查理七世這一邊的，亨利六世不過是個篡權者，上帝當然不會讓篡權者勝利。

三、貞德的失敗

奇怪的是，查理七世與其周圍的人在全國一片激情振奮的氣氛中，仍然對政局漠不關心，他們懷疑貞德、甚至對她帶有敵意。原本當時應該趁英軍士氣低落之際，擊潰英軍、奪回巴黎，但人們似乎在浪費時間，1429年9月的第1次戰鬥失敗時，貞德受傷，王室軍隊毫無戰鬥意志，他們邊打邊撤，後來竟自行解散。

奧爾良解圍後，貞德送國王到蘭斯加冕，並準備收復巴黎。在這期間，英格蘭貝德福公爵率軍4,000人進入巴黎，隨後其他的英軍和勃艮地軍隊也陸續抵達。當查理七世決定離開蘇瓦松時，便不再以巴黎為目標，這一期間，查理七世在桑里和英軍有幾場小規模的戰鬥，後來貝德福撤離桑里，並重奪通往巴黎的道路，國王沒有追擊英軍，而是引兵返回貢比涅，並與勃艮地人民展開談判。

貞德對國王的舉動深感不安，她在貢比涅度過無所事事的5天之後，終於按耐不住了，她帶領一支精兵離開貢比涅，8月26日進入巴黎近郊的聖德尼，英格蘭人在諾曼地進展不順，貝德福率領英軍馳援。此時巴黎僅有2,000英軍駐守，對法軍而言是最好的機會。

貞德被帶回王宮，長達6個月不能自由活動，1430年5月，她與幾位同伴逃走進入貢比涅，勃艮地人正在圍攻此地。於是貞德率軍馳援，5月24日，貞德帶領500精兵出城，準備奪取英軍在勃艮地的軍營，貢比涅總督紀堯姆負責援助，他在瓦茲河的橋頭陣地部署炮兵，並

預備接回貞德部隊的船隻，以防他們不能通過橋頭陣地回到城裡。貞德一開始進展順利，她擊潰了勃艮地人，不久勃艮地人又再度集結，貞德再次將他們擊敗，就在貞德即將獲勝的時候，一支英軍與勃艮地的軍隊會合，貞德被兩支軍隊圍擊，狀況危急。這時勃艮地總督下令把吊橋收起來，以防敵人混進來，並準備好讓貞德撤離戰場的船隻，但是貞德部隊為了掩護戰友撤退而殿後，以至於沒能接近瓦茲河，而總督卻不出城營救，於是勃艮地和英格蘭的軍隊均撲向貞德，貞德最後被俘，幾個月後，勃艮地領主將她出賣給英國人。

四、貞德案件

　　英國人不只想監禁貞德，更想她名聲掃地，使查理七世喪失民心。英國人說，貞德的使命只是一個謊言，她不是上帝的使者、而是魔鬼的化身，人們組織一個宗教法庭審理她的案件，並宣布貞德是邪教徒、是女巫。

　　盧昂的宗教司鐸、巴黎大學的神學家和主教皮埃爾為審判官，案件審理在盧昂持續六個月，法官長時間向貞德發問，神學家的問題複雜且布滿圈套，他們希望讓貞德錯亂，進而宣布她為邪教徒。貞德極力為自己辯護，表現得非常平靜且靈敏，但事實上她早已被未審先判，法官宣布她為偶像崇拜者、褻瀆神靈者和邪教徒。貞德的答覆或質樸天真、或滔滔雄辯，總能機智地避開敵人設下的陷阱，有兩件事情她始終銘記在心，首先決不可讓人以為她心中的那個聲音欺騙了她，其次決不能損害法國的事業和法國的國王。她甚至慷慨地為背叛她的人辯護，有時候看起來像是她在審判法官們，她對皮埃爾說：「你說你是審判我的法官，說這話時你可要當心！你的差事可是非同小可！」貞德說：「英格蘭人在七年前就已經在法國失去了一切，法國人民不久就會贏得一項偉大的事業，當這天來臨時，人們就會想起我曾經這樣說過。」當人們問她讓教會來判決她是否有違背信仰之事時，貞德堅定回答道：「我只求助於自己的法官，就是天地萬物之主。」

　　1431 年 2 月 21 日，貞德第 1 次在法學博士大會上出庭，大會由博維主教皮埃爾主教主持，控告的罪名是：女巫、教會分裂分子、偶像崇

拜者、叛亂鼓動者、異端分子等。貞德不求助於辯護人，她舉止自若，並以其樸素有力的口才和出色的見解，幾度將控告人置於張口結舌的境地。

後來，皮埃爾又想出另一可恥的辦法使貞德迷惑，他設計可怕的一幕把貞德嚇壞，又設計發誓棄絕的用語使貞德承認自己的使命並非神授，貞德未能及時理解其中的意思，她被判終生監禁、永遠不准穿著男子服飾。英格蘭人並不滿意這樣的判決，他們想處死貞德。人們脫去她身上的女裝，強迫她穿上鎧甲，說是為了防止獄卒的暴行，3 天後，英格蘭人通知皮埃爾，汙告貞德沒有悔改，又穿上了男裝。貞德為自己一時的軟弱而慚愧萬分，並推翻人們使她吐露的所有供詞，法官見她「復持異端」，意即她又陷入自己曾發誓棄絕的錯誤之中。天主教會處理復持異端的做法是送交王室法庭，並判處焚刑，宗教法庭將貞德交給英國人，1431 年 5 月 31 日，貞德在盧昂被燒死。可悲的是，查理七世及其身邊的人都不曾努力贖回或拯救貞德。

第九章
法蘭西民族國家的形成

第一節　百年戰爭的結束

一、百年戰爭的結束

　　貞德的努力似乎失敗了（如圖9-1），但實際上，她賦予了法國人勇氣，並沉重地打擊敵人的士氣，使勃艮地公爵善良菲利與英國人疏遠，1435年，公爵與查理七世又重歸於好，並讓出皮卡爾地地區幾座重要城市。

　　貞德死後，查理七世繼續和英軍戰鬥、與勃艮地公爵和解。在巴黎，英軍的暴行讓人難以忍受，人民拋棄了派系的宿怨，同仇敵愾。巴黎的富裕市民米歇爾祕密允諾王室總管里奇蒙進城，條件是國王可以寬恕過去巴黎市民反對國王之事，隨後，國王也到達巴黎聖雅克門，此時，守城的士兵已經被收買了，

圖 9-1　聖女貞德被處以焚刑

城門洞開，里奇蒙和騎兵們急馳入城，並高呼口號：「法蘭西和勃艮地萬歲！」這時米歇爾和他的同夥們也都喊著同樣的口號，英格蘭人仍想負隅頑抗，但不久之後，他們就節節敗退並退守至市政廳、聖德尼街和馬丁街，甚至逃到巴士底獄，最後宣布投降，亨利六世也提出停戰的要求。

　　查理七世終於不再漠然，他接受建議，利用停戰時重組強大的軍隊。

　　法蘭克人最初進入高盧時並沒有騎兵，在希爾德里克一世在位時，軍中首次出現騎兵，但一直到十五世紀才有騎兵的編制。1444

年，查理七世解散王室禁衛軍，將禁衛軍中的菁英幹部編成 15 個連，每個連由 100 名騎士組成，騎士們佩有長槍，並配備一名侍從和一名僕役，人們把這種新式的禁衛騎兵稱為「重裝長槍部隊」。1445 年，查理七世成立一支素質優良的騎兵隊「法令軍團」，他親自任命軍官，按期付軍餉。查理七世也對步兵進行改編，他建立了一支 16,000 人的常備步兵，全國的每個教區都應選出強壯男子以隨時應召入伍。他從平民中選出一支弓箭隊，隊員免繳人頭稅，人稱「自由弓箭手」即是此意，一名標準的法國弓箭手應該要擁有下列裝備：頭盔或輕型防護帽、內有填充物的短上衣、鎖子甲、闊刀側鉤、矛、圓盾、箭袋、匕首和佩劍等。

二、武器的改變

查理七世還建立強有力的炮兵部隊。十三世紀西班牙的穆斯林發明大炮，能夠發射盛有火藥的發射物，最初固定在炮座上不能移動，後來製造出更輕的銅製炮身「輕型長炮」安裝在輪子上，拋出的不再是石頭而是生鐵，同時人們發明手持小長炮，這就是槍的雛形。實際上，法國炮兵的真正創建者應該是讓‧布羅，在法國出現最早的火炮是英軍於 1346 年克勒西戰役中所使用的，它是一種石製或鐵製的管狀物，當時叫做「射石炮」，射擊時會發出巨大聲響，而且十分笨重，操作起來也極為不便，讓‧布羅改進了這種新式武器，並裝上輪式支架，以便操作。從此，這種易於在戰場上調動的火炮開始發揮真正的威力，但也造成嚴重的後果，老式的城堡、城牆再也擋不住炮彈的襲擊。與此同時，人們還開始製造輕便的火器，當每個士兵都配備火槍後，貴族騎士的鎧甲就毫無用處，同樣地，農奴和領主也沒有上戰場的機會了。

英軍在被趕出塞納河上游地區後，仍在馬恩河、瓦茲河以及塞納河下游地區保有據點。查理七世進攻的步伐開始緩慢下來，他又回到了羅亞爾河地區。這時王室總管里奇蒙未受到查理七世重用，且查理七世有意疏遠他，里奇蒙因而心灰意冷地退隱到家鄉貽養天年，但恰在此時，查理七世的宮廷卻傳出消息，里奇蒙的朋友在樞密院取得領導地位，里奇蒙以前制定的計畫即將施行。於是查理七世再次重新重用他，要他帶

領法軍圍攻莫城，莫城是英軍在法國境內的主要據點，而給予里奇蒙款項及軍火援助的人是財務大臣雅克・科爾。

讓・布羅的炮兵前來與里奇蒙會合後，法軍便向莫城進攻，讓・布羅很快就突破阻礙，並於 1439 年 8 月 12 日收復莫城，英格蘭的一部分士兵逃往附近的莫市城堡中，此時由諾曼地趕來的英格蘭援軍也未能奪回莫城，由於糧餉缺乏以及懼怕遭到查理七世率領之增援部隊的攻擊，英軍只得後退，後來，莫市城堡的英軍也投降了，這次戰役主要得利於讓・布羅的火炮威力。

1444 年，查理七世與英王亨利七世簽訂停戰協定，這個協定在 1449 年 4 月 1 日終止，於是雙方又開始了新的戰事。查理七世對自己的軍事力量有把握後，在 1449 年重新向英國開戰，法國有 4 個軍團向英軍進攻，四個月內，諾曼地的主要城市相繼收復，於是法軍主力兵團直指盧昂，盧昂的人民心向法國，他們期盼法國能收復盧昂，當他們得知國王已到達阿什橋時，便獻出圍牆上的兩座炮樓，此時英格蘭人已退守到各個據點，包括橋上的兩個堡壘、城門及城牆的各炮樓，英軍試圖進行突圍，但這時盧昂人民發動攻勢，將城門、大橋及圍牆上的英軍趕走，於是英軍只好退到了兩個堡壘中，法軍很快地就包圍了這兩座堡壘，英軍在讓・布羅的炮兵火力下沒有支持多久，最後，英格蘭人不但允諾撤退並答應交出仍屬於他們控制的整個克城地區和盧昂的部分地區。1449 年 11 月 4 日，盧昂在陷入英格蘭統治三十年之後，終於被法國人收復了。此外，查理七世也奪回了被英王占領長達 3 個世紀的圭耶納。1453 年，英國人在法國的領土只剩加萊一處，百年戰爭至此也告一段落。

第二節　查理七世中興

一、法國經濟的重建

經過了這場百年戰爭，法國除了王室產業範圍擴大，法國的愛國主義更是大為昂揚，由法國人組成的國家，統治權不應落入異國人手中。貞德是促發法國愛國主義的最重要功臣，一個普通的農家女，十六歲離

開自己的村莊去解救國家，她使愛國主義
的情緒充溢在法國人心中。

百年戰爭結束，法國是勝利者，但
也因為戰爭的蹂躪而經濟衰竭，到處都是
荒廢的土地、被掠奪的村莊，許多大城市
的人口大量減少，巴黎街頭甚至可以見到
狼。法國人民需要重新從廢墟中站起來，
查理七世（如圖9-2）統治時期，農業的
發展並不理想，休耕多年的田地想要重獲
生產力需要很長的時間，但是工業和商業
很快就恢復以前的基礎，人們開採煤礦、
鐵礦、鉛礦和銅礦，呢絨業再次蓬勃發

圖 9-2　查理七世

展，「大貿易」又在西歐以及敘利亞、埃及之間興盛。

查理七世時最有名的商人是雅克‧科爾。他是一名皮貨商之子，他
起初和朋友在布魯日經營兌換生意，適逢不景氣，遂轉向貿易，他曾經
在地中海地區遊歷，並在地中海東岸地區建立了幾個商棧。不久，他便
聲名遠播，且成為商賈鉅富。爾後，他控制了海上的貿易，雅克在馬賽
擁有一支7艘船的船隊，將朝聖者的武器、呢絨運到東方，帶回絲綢、
絲絨、地毯、香料、香水，通常與威尼斯商人交易。同時，他在佛羅倫
斯有一個絲綢作坊，在蒙貝利埃有一處染布店，法國各地都有他的產
業，他還有好幾處豪華的別墅。

後來雅克投身於公共事務，並得到查理七世的重用，查理七世把他
召進樞密院，稱他為「管錢的人」，也就是所謂的財政大臣。雅克利用
自身的財富進行了許多極有成效的工作，他透過長期稅收制度為國家建
立了財政基礎，進而保證了軍隊的薪餉，為常備軍的建立奠定了根基。
他的巨大財富和國王對他的寵信為他招致了很多敵人，他的敵對者散布
攻擊他的謠言，然而雅克認為他是為法國人民的福祉而操勞，他不相信
有人會陷害他，幾乎所有的王公貴族都是他的受惠者，他們不應該妒嫉
他。但是他想錯了，大多數的人都聯合起來反對他，至於查理七世根本
只是一個不仁不義之徒。

　　雅克常常借錢給查理七世，查理七世也視其爲「財政的支持者」，但雅克的富裕也使查理七世妒嫉。1451 年，雅克突然失寵被關進監獄，逮捕他的罪名是：在王子的慫恿之下毒死了好朋友阿涅斯、盜用公款、向異教徒出口貴重金屬和武器、謀害君主、降低貨幣成色、叛國行爲等，最糟糕的是不准他爲自己辯護。這些荒謬莫須有的罪名，說穿了就是雅克的富裕引發了查理七世的妒嫉，雅克被關進監獄後，他的錢財被全部沒收，且判決歸屬於國王。1453 年 5 月 21 日，國王頒布一項詔書，裝腔作勢地赦免了雅克的死罪，但判他終生流放。這位爲法國反抗英格蘭侵略的英雄不得不手持火炬，雙膝跪地，當眾認罪。

　　富裕的市民常向貴族買下戰爭中成爲廢墟的莊園或封地；另有一些市民爲國王服務，並成爲國王的財政或司法官員；同時，市民也被授予貴族稱號。因此在傳統的貴族之外又形成一個新貴族階層，傳統貴族大都一貧如洗、負債累累，新貴族多由行政官員組成，由於行政官員穿長袍，因此人稱「長袍貴族」，今天的法官和律師身穿長袍即根源於此。

二、國王權力的加強

　　當國王重新恢復法國國勢時，法國王權也比歷史上任何時期都要強大。查理七世在市民階級的協助下進行統治，如同英俊菲利和查理五世，查理七世身邊有很多顧問，形成國王的參政團，法學家希望國王做國家的主人，他們促使國王自己執政，不與三級會議協商。

　　法王約翰二世被俘（1356 年至 1357 年）後，國王便經常召開三級會議，查理七世還是布爾日王時，也曾召開三級會議表決他所需要的稅收，當時沒有三級會議的同意，國王不能收稅。但隨著英國人在法國的勢力大爲削弱後，形勢完全改觀，1439 年以後，查理七世不再召開三級代表會議，並且將暫時性的稅收宣布爲永久且經常性。此時法王設立間接稅、鹽稅和人頭稅三種主要的稅收，也是國家主要的收入來源，這三種稅收一直持續到 1789 年法國大革命。間接稅由商品銷售中抽取，鹽稅由食鹽中徵收，人頭稅是徵收土地和財產的貨幣稅。並不是每個法國人都須繳稅，貴族、宗教神職人員和國王官員都享有稅收豁免權。由於國王擁有常駐軍隊，又有固定稅收，因此對人民、神職人員和貴族的

忠誠感到放心。儘管大的附庸有時試圖反抗，但通常會受到嚴厲的鎮壓而不得不服從國王。

三、勃艮第公爵的強大

但是查理七世對整個王國的權力並不完整，他的權力與勃艮地公爵有所衝突。勃艮地公爵的封地是親王采邑，意即屬於王室產業的一部分，是由國王授予給有王室血統的王子的封地。大膽菲利王子從其父善良約翰手中繼承勃艮地公爵封地，大膽菲利和其繼承者無懼約翰及善良菲利成功地透過巧妙聯姻，使產業擴大。善良菲利在妻子伊莎貝拉的慫恿之下，決心向謀害他父親的人報仇，為此他與英格蘭結成同盟，並在1420年締結《特魯瓦條約》，條約承認亨利五世為法國國王繼承人，隨後他參加了奪取桑斯和梅倫的戰爭，亨利五世去世後，善良菲利把妹妹嫁給貝德福公爵，貝德福在英王亨利六世年幼時為法國和英格蘭的攝政王。後來英格蘭王室與勃艮地公爵之間發生了齟齬，因為勃艮地公爵聲稱荷蘭地區也屬於他的領地，而英格蘭格洛斯特公爵則想阻止勃艮地公爵的野心。在貝德福公爵的協調下，勃艮地公爵允諾英格蘭共同對付查理七世，勃艮地公爵率兵圍攻貢比涅，結果造成貞德被俘，但隨之不久，善良菲利即與英格蘭斷絕同盟關係。1435年，善良菲利與法國國王查理七世簽訂《阿拉斯和約》。但查理七世與勃艮地公爵之間又因為王子的問題吵鬧不休，查理七世認為善良菲利不該收留他的逆子。路易十一成為法國國王之後，雙方的關係終於破裂。1465年，善良菲利將勃艮地交給兒子魯莽查理統治，兩年之後，善良菲利在布魯日去世。

十五世紀中葉，善良菲利擁有兩大片領土，南部有勃艮地和弗朗治公爵領地；北部的皮卡爾地也有幾座城市，包括阿圖瓦、法蘭德斯；另外他還占有現在比利時以及荷蘭的一部分領土和盧森堡地區，這些土地都是當年查理曼帝國的領土。在勃艮地和佛拉芒兩大地區之中，佛拉芒是當時歐洲最富裕的地區之一，那裡的土地獲得開墾，呢絨業欣欣向榮，當時的布魯日與威尼斯都是歐洲最活躍的港口。

十五世紀上半葉，法蘭德斯還出現了偉大的藝術家，例如，雕塑家克羅・斯呂特爾、畫家約翰和于貝爾・凡艾克兄弟、音樂家奧克蓋姆。

　　勃艮地的強大對查理七世來說是非常嚴重的威脅，這不僅標誌著法國的分裂，而且勃艮地公爵善良菲利還想占領洛林和香檳地區，以便把他的兩塊領地連為一體。查理七世極力阻止勃艮地公爵的野心，他也成功地做到，但是勃艮地問題卻在其子路易十一統治時期成為最棘手的問題。

第三節　路易十一統治時期

一、無處不在的蜘蛛

圖 9-3　路易十一

　　路易十一（如圖 9-3），查理七世之子，1433 年生於布魯日，對路易十一的了解多得益於他的顧問高密那留下的回憶錄。他年輕時就醉心於權勢，當他還是王儲時，就勾結一批心懷不軌的領主反抗查理七世。路易十一長得很醜，身材不勻稱，有一雙瘦長而彎曲的腿。他的生活非常樸素，經常穿著普通布匹做的衣服，出遊時也沒有豪華的儀仗隊，晚上寄宿在平民家裡，或像過路商人一樣在小酒店裡吃飯。他雖然英勇卻很討厭戰爭，認為戰爭對農民而言是一場災難，他喜歡用協商解決戰爭。他機智多疑、冷酷陰險、嗜權如命，他常要計謀對付他的政敵，高密那對他非常了解，他將路易十一比喻成一隻織網的蜘蛛，稱之為「無處不在的蜘蛛」。路易十一的承諾不會成為行動的障礙，因為他可以毫無顧忌地違背諾言。有時他策畫的陰謀過於複雜，以至於跌進自己所設的陷阱和圈套，他非常專制、暴戾，甚至殘酷。

二、魯莽的查理

　　路易十一最強勁的對手即善良菲利的兒子魯莽查理，他是路易十一年輕時的好朋友，但自從路易十一繼承法國國王的王位之後，雙方的

關係開始惡化。查理組織一個「公益同盟」來反抗法國國王，查理在
1467 年至 1477 年間成為勃艮地公爵，他娶了英格蘭國王愛德華四世之
妹為妻，組成了第二次反法同盟，並迫使路易十一簽訂屈辱的《佩羅納
條約》。查理脾氣暴躁、性格陰沉、個性衝動且不懂得權謀，然而他的
野心卻很大，他想占領亞爾薩斯、洛林和香檳省以聯結他的兩處產業，
還想自立為王。為了達到目的，他支持幾位大附庸的野心，在貝雷公爵
帶領下反抗路易十一，貝雷公爵是路易十一的兄弟。

　　路易十一過於屏弱而無法阻止他們，因此先後有幾次讓步，他給予
反抗者所要求的東西，例如，領土、津貼以及稱號等。路易冒險策畫比
利時的列日反抗勃艮地公爵，並相信自己有足夠的聰明才智，因此竟然
前往貝洛那看望查理。1468 年，查理答應路易十一，他不但可以來、
更可以安全返回，路易十一不顧此行潛在的危險，帶著一小隊隨從來到
貝洛那。起初查理待之以禮，談判氣氛也很友好，然而當查理獲悉路易
十一策畫那一場暴動之後，一氣之下將一行人全關進監獄，甚至想殺掉
路易十一，後來是路易十一應允查理要求的一切條件才得以解危，路易
十一更同意陪查理觀看對列日的懲罰——被火焚毀至完全變為廢墟。路
易十一雖然重獲自由卻顏面盡失，使他深感屈辱的並不是他背叛盟友列
日，而是因為他被囚禁、受騙上當，他不敢回巴黎，害怕巴黎人嘲笑
他，巴黎的鸚鵡都會說：「貝洛那」。不久之後，路易十一在圖爾召開
一次會議，宣布其與所允諾的一切「無任何關係」。

　　為了達到目的，勃艮地公爵與其姐夫英格蘭國王結盟。路易十一
巧妙地唆使洛林公爵勒內和瑞士人民反抗勃艮地公爵魯莽查理，同時重
金拉攏並促使已經入侵皮卡爾地地區的英國人離開。但查理早已入侵皮
卡爾地，並占領內斯爾城，並借道博維進攻諾曼地。博維的駐守軍隊不
多、城牆也不堅固，勃艮地有 80,000 萬大軍，因此拿下這座城本是易
如反掌，但想不到卻遭遇激烈抵抗，博維附近的人民也加入戰鬥行列，
其中以雅娜最為突出，由於她用斧頭殺敵，因此人們送她一個綽號「阿
謝特」（斧頭之意），她奮力撥開敵人插在城牆上的軍旗，軍民士氣大
振，敵人紛紛從牆上跌落壕溝。

　　勃艮地公爵下令猛攻，但毫無進展，最後只得撤退。失望的查理因

此採取冒險的舉動，1476 年，他向瑞士進軍，然而卻在內莎泰勒湖附近的克朗松和莫哈慘敗，此時洛林雖然已經被查理奪去，但不久後洛林卻發生反抗勃艮地的起義，勒內公爵又回到洛林，查理則試圖再次占領洛林。但是查理的大軍只剩下幾千人的殘部，且這時候勒內公爵包圍了南錫城，駐守南錫城的只有勃艮地的一小支部隊和一些英格蘭僱傭兵，因而他只得帶著這支殘部去解南錫之圍。勒內公爵自知實力不夠，因此火速離開南錫向瑞士人求援。1477 年，勒內公爵帶領了 20,000 萬大軍向南錫進攻，勃艮地公爵的軍隊筋疲力竭，飢寒交迫，傷亡慘重，查理若要挽救這支殘軍，只有迅速撤離一途，但他剛愎自用，下令當夜發起進攻，次日與敵人決戰。最後勃艮地軍隊被擊退，幾天後，人們發現了查理那已被狼吃掉一半的屍體。

三、路易十一合併勃艮地

路易十一原本想把勃艮地公爵的遺產收歸己有，然而他只獲得勃艮地及皮卡爾地地區屬於勃艮地公爵的幾座城市，其他領土都被奧地利大公哈布斯堡家族的馬克西米利安繼承，因為他娶魯莽查理的女兒為妻，於是勃艮地的大片遺產並未落入法王手上，而從法國分離出去，包括一直以來都屬於法國的阿圖瓦和法蘭德斯地區。但倘若路易十一將馬克西米利安的女兒娶過來，做未來的查理八世即當時王儲的妻子，法國就能夠以嫁妝的形式把阿圖瓦和弗朗治伯爵領地取回，然而路易十一設想的婚姻並沒有實現，法國最後不得不將阿圖瓦和弗朗治伯爵領地還給馬克西米利安。

路易十一獲得安茹家族的遺產，安茹家族的遺產包括緬因、安茹和普羅旺斯等全部的土地，這份繼承領土還包括對那不勒斯王國的權利，後來的查理八世也得到這份遺產，路易十一還從亞拉岡國王手中奪得胡西雍。

路易十一亦曾對歐洲幾個國家發生過不容忽視的影響，例如，納瓦爾和薩伏瓦，這兩省的國王娶了路易十一的妹妹為妻，米蘭和佛羅倫斯的統治者和路易十一也有聯盟關係，此外他在瑞士徵召很多的僱傭軍，因此對瑞士也有一定的影響力。

四、恐怖國王

　　路易十一整日忙於外交事務，對內政並未進行重大改革，但他採取有利工商業發展的政策，因爲他需要富裕的法國來保證稅收，他爲法國引進絲綢工業和印刷業，絲綢工業來自義大利，印刷業來自德國，他發展里昂的市集，使之與日內瓦競爭，爲法國賺取可觀的外匯，此外他與許多國家簽署商業貿易協定，在他的積極推動下，盧昂的批發商人開始在北海和波羅的海與佛拉芒人以及英國人競爭，在大西洋與西班牙人競爭，在地中海與義大利人競爭。

　　路易十一並未更動其父留下的種種政治體制，他的粗野、暴戾則使得王權大爲加強。他身邊有各種各樣的密探，例如，他的理髮師奧立維耶、王室法官特里斯當·萊爾密特等。他迫使所有的附庸都屈服於他，所有反對他的人一律處死，而且從不優柔寡斷，他曾將一名樞機主教關在監牢裡長達十一年；他強迫修士和宗教會議選他指定的候選人爲主教或修道院長；他任命各個城市的市長，並對市民課以重稅，他違反所有的司法條款，大肆羈押他的政敵，建立特別法庭審判他們。他去世後留下一個綽號：「法國歷史上前所未有最恐怖的國王」，全法國從未對一位國王如此屈從過。

　　1483 年，路易十一在他的普雷西城堡中去世，路易十一專制統治的惡果抵消了他在其他方面的政績。法國稅收幾乎增加了兩倍，但王室官吏的苛政卻更加重了人民的負擔。路易十一覺得自己是個不受歡迎的人物，對身邊的人都不信任，他的健康每下愈況，終日藏身於圖爾附近的普雷西城堡中，生活孤單，僅有少數臣僕可以接近他，他對一切都感到恐懼，40 名哨兵日夜在城堡四周巡邏，戒備森嚴，人們在城堡周圍的樹上經常看到被吊死的人，由於國王害怕刺客，只要稍有嫌疑的行人旅客侍衛們就將其吊死。他的內心世界極度不安，他命人找來珍禽異獸供他賞玩，命各地的樂師爲他奏樂跳舞，但他從來沒有開心過，對那些遠方來的新鮮事物，很快就索然無味了。

　　儘管他爲政暴虐，我們卻不能不承認他作爲一個國王的功績，正是他透過強有力的行政管理，恢復了法國領土的統一，這種統一是建立在堅實的王權基礎之上的，此外，他設立了郵政系統，保護工商業，還贊

助在巴黎創立的印刷業。

五、博熱統治

1483 年路易十一去世後，當時的王儲即未來的查理八世，由於年幼還不能行事，於是權力落到了女兒安娜及女婿皮埃爾・博熱的手中。安娜首先以退爲進，對一些親王和領主作了讓步的動作，接著除掉了幾個她父親最厭惡的官員，其中路易十一的理髮師，曾擔任過首相的奧利維爾亦被處死。博熱家族爲了爭奪政治權益，不斷與奧爾良的路易王子爭鬥，奧爾良的路易王子後來繼承查理八世，即路易十二堂弟。當時的王權比較強大，還能挫敗對手的陰謀，這一點我們可以從 1484 年博熱在圖爾召開三級會議看出，三級代表曾經以限制王權爲己任，但是現在他們卻只能服從國王的意旨，而且沒有任何力量能夠和國王抗衡。

博熱統治時期甚至還成功地吞併不列塔尼，不列塔尼是當時法國最後一塊獨立的封地。1491 年，博熱家族促使年輕的國王查理八世娶不列塔尼的女繼承人安娜爲妻，但這次的政治聯姻，卻也使查理八世無法與馬克西米利安的女兒結爲連理，使得法國失去路易十一所占領的阿圖瓦和弗朗治伯爵領地。不久之後博熱家族退位，查理八世正式繼承王位，開始政治改革。

至此，卡佩王朝以來即十分強大的「封建制度」徹底被瓦解，法國雖然還有三至四處的封建領主，但國王在這些封地上也擁有絕對的收稅、征兵以及最後審判權，因此法國的內部統一基本上大功告成。這也導致法國王權的強大，國王擁有一支強大的軍隊，國家富裕，愛國主義高漲，然而查理八世卻做出錯誤的判斷，1494 年他魯莽地參加義大利戰爭，這場戰爭對法國產生極大的影響。

第四節　十五世紀：一個面貌改觀了的法國

一、王權日益強大並受到尊重

1000 年時，法國支離破碎，國王幾乎不能使巴黎開外 30 公里處的地方服從自己；兩個世紀以後，法國遠比以前統一了。

　　隨後，在歷經法、英之間兩場曠日持久的戰爭後，民族情感得到了加強。爲了賦予國王與敵對的英國進行鬥爭的手段，全國居民聽憑國王徵稅。當時，沒有任何一支領主的軍隊可指望與王師抗衡，因爲自十四世紀起，國王的軍隊已充分裝備了可攻克最強大城堡的炮兵。十五世紀末，貴族盡管十分富裕而有勢力，但對王權已構不成與先前同樣的政治危險了。

　　法國在兩個世紀中取得了巨大進步，這尤其要歸功於卡佩王朝幾位重要君主的作用。當英俊菲利於1314年去世時，王國的政治與財政狀況比一個半世紀以前已顯得大爲穩固。然而，更爲困難的時期已露出了端倪。十四世紀是經濟困難，戰亂不已和鼠疾（黑死病）肆虐的時期。

　　英、法之間發生了一次還是兩次「百年戰爭」。1337年至1453年間，英、法兩個王國在被稱爲「百年戰爭」的時期發生衝突，法國遭到了慘重失敗：如1346年的克勒西戰役，1356年的普瓦蒂埃戰役以及1415年的阿金庫爾戰役。這些失敗使法國喪失了許多領土，英國則一時占了許多便宜。但自1429年起，尤其靠了貞德的努力，法國終於艱難地取得了最後勝利。法國人1453年在卡斯蒂隆戰役中獲勝後，英國人被逐出了法國領土，只保留了加萊一隅。

　　這場戰爭雖有過幾次長時間的休戰，但對王國而言卻是災難性的：1356年起爆發的可怕的黑死病更加劇了軍隊路過時發生的破壞和搶劫。

　　然而，在這場衝突前的兩個世紀，當安茹的大領主，普朗達治奈（金雀花王朝）的佐弗萊五世之子亨利二世於1154年成爲英國國王時，另一場衝突也使（英、法）兩個王國陷入了對立。主宰諾曼地，安茹和阿基坦的亨利二世所擁有的資財遠遠超過法國國王。亨利二世及其後裔與菲利奧古斯都及其後裔之間展開了一場無情的鬥爭，直至1297年。王族子女間的婚姻產生了繼承權問題，從而導致了其後裔之間未來的衝突。尤其是，女子是否能像男子一樣將遺產傳給後代呢？「第二次百年戰爭」可在這些問題中找到其司法上的根源。

第十章
宗教問題

第一節　天主教的分裂

一、亞維農的被俘期

　　教皇卜尼法斯八世去世後不久，1309 年開始，教皇克萊蒙五世即移住亞維農，其後的 6 位教皇都留在亞維農直到 1376 年，由於他們全是法國人，因此被義大利人稱為「亞維農被俘期」，對教廷來說是一次沉重的打擊。

　　輿論首先譴責教皇對法國過於順從，又指責他們毫無顧忌地撈錢，不斷徵收新稅；此外，教皇藉由任命新主教，收受候選人奉獻的大筆金錢，幾乎所有新任命的主教都是靠教皇的勢力才爬上高位；教皇還違反教會法規，把重要的宗教職位授予特定人士；宗教法庭的豁免金與上訴金也愈來愈高。教皇搜括的財富都花在建造亞維農的大小皇宮與豪華奢侈的生活上，讓許多虔誠的信徒大感震驚且引以為恥，違反教會法的買賣聖職再度出現，許多信徒都請求教皇自新並改革教會。

二、大分裂

　　但教皇的舉動再次使信徒陷入痛苦，1337 年，教皇遷回羅馬的第二年就去世了，樞機主教團推出那不勒斯主教為繼任者，由於這位教皇過於專制，樞機主教團重新選出一位法國人為教皇，並定居於亞維農，因此這時候同時有兩位教皇，一位在亞維農，一位在羅馬，都自稱合法，並都宣稱將對方逐出教會，天主教被分成兩個部分，分裂的狀態持續三十九年，被稱為「大分裂」，虔誠的教徒經歷了前所未有的苦惱，他們害怕若選錯了教皇，將會被打入地獄。

　　1409 年在義大利比薩召開的宗教議事會上，與會代表力圖解決此一窘境，結果卻使對立更加激化，他們在會中廢黜兩位教皇，選出第三位新的教皇，但前兩任卻拒絕退位，因此這時候同時有 3 位教皇。1414

年在康斯坦斯舉行的另一次宗教議事會上，又再度廢黜前兩位，第三位
則自動辭職，並另外按合法程序選出新任教皇，從此整個天主教世界又
找回新的領導中心。大分裂就此結束，但留下兩個嚴重的後果，異端與
法國教會自主論。

三、法國教會自主論

　　人們開始思考如何解決過度的宗教行為，而他們面臨的第一個問題
就是由誰來主導改革？教皇或是宗教議事會？雙方都宣稱對方應該服從
於己。康斯坦斯宗教議事會認為自己擁有廢黜教皇的權力，因而應該位
居教皇之上；教皇承認這種優勢，但認為這只是一種權宜的策略，乃應
結束大分裂而生，在正常時期並不適用。教皇認為教廷應該擁有絕對的
領導權，教皇則是教廷權力的代表；宗教議事會則堅持，教皇的權力應
該僅限於教會之中，遇到重大情況時應該諮詢宗教議事會，教皇也不應
該干預主教的選舉，主教可以保留更多的自由權與創制權，藉由主教法
庭上訴教皇的法令也僅在相當嚴重的情況下才可以實施。這種理論被稱
為「法國教會自主論」，因為它的主要支持者是巴黎大學的神學家、法
國駐康斯坦斯宗教議事會代表與法國派駐巴爾宗教議事會的代表，查理
七世也藉這個理論加強王權，他公布一項法規，使得教廷對法國神職人
員的權力大減，教皇自然譴責這種「法國教會自主論」。

四、因宗教戰爭而分裂的法國

　　至十五世紀，教皇們越來越喪失其威信：他們生活奢華，為人處世
往往更像軍事首領而不是精神領袖，致使其權威受到了質疑。
　　1519 年，新教改革運動因德國人馬丁‧路德而爆發了，這個修士
公開宣稱，「基督徒不能靠購買教皇使者們前來向其推銷的赦罪卷而拯
救自己靈魂」。路德斷言，「拯救靈魂是各人自己的權利」。德國頃刻
間分裂為兩派：一派是路德的支持，或稱新教徒；另一派是傳統主義
者，即忠於羅馬天主教的人。

第二節　精神生活的轉變

一、科學與文化的進步

　　中世紀出現了眾多的藝術家、作家和詩人，甚至還有許多知識分子和博學者。不過從總體上說，他們尤其關注與宗教有關問題。義大利到處都留有羅馬文明的痕跡，而對於羅馬傳統的回憶在這裡則時時出現。與近鄰希臘的聯繫在此也很方便。

　　自十四世紀起，垂死的拜占庭帝國所遇到的困難使許多學者和藝術家逃亡義大利以尋覓些許安寧。他們隨身帶來了手抄本和藝術品。這些人及他們帶來的物品都促使人們對古代文化重新產生濃厚興趣，由此而產生了「文藝復興」這一名稱。各種造型藝術─雕刻、繪畫、建築以及文學和音樂都打上了這種新思想的烙印。發端於義大利的文藝復興很快也成了法國和歐洲的運動。

　　法國當時文學作品繁多，但大多內容平庸，較受推崇的 3 種文學形式是歷史、詩歌和戲劇。最偉大的兩位歷史學家是弗魯瓦薩爾和高密那，弗魯瓦薩爾只對騎士的戰功感興趣，高密那喜歡探究事件的原因，還找出路易十一或魯莽查理的行為動機。眾多詩人中，最有靈氣的是維雍（生於 1431 年，卒年不詳），他原是浪蕩的公子哥兒，卻寫出幾首好詩。公眾最感興趣的是戲劇，有令人發笑的鬧劇如《帕特蘭律師》，也有神話劇，主要是演出耶穌基督或聖人生活片斷的劇目。

　　十四、十五世紀時，科學、技術的所有領域都有很大的發展，無論是幾何學、機械、物理或是自然學科。天文學與地理學、地圖繪製技術，尤其是航海技術的進步為西班牙人、葡萄牙人和義大利人的海上航行奠下基礎。人們開始能夠精確地測量時間，最早的木製鐘在查理五世統治時代出現。當時人們對於水利資源也有相當的認識，即對水資源的管理，打鐵鋪裡亦開始使用水動的風箱。

二、大學與人文主義發展

　　十四、十五世紀，歐洲的國家大都設立大學，歐洲的大學在此時發生深刻的改變。一方面大學失去國際性，每個國家的統治者都希望擁有

自己的大學，禁止學生去國外就讀；另一方面，大學不再像以前那樣擁有許多自主權，查理七世將巴黎大學的管轄權交給議會，大學的教育水準也明顯下降。

大學的衰落正好遇上人文主義的發展，人文主義是指一種對於希臘文和拉丁文文學作品的狂熱喜愛。人文主義首先發生在義大利，一些作家尋找並出版古代作品中遺失的手稿，他們還重新出版並評論那些現有手稿中被誤傳或誤解的作品，人們將這些學者稱爲「人文主義者」（「humanistes」，源自拉丁文「humanus」，意爲「有教養、有文化的人」）。

十四世紀，最初幾位醉心於蒐集和進行古典文學評論的義大利人中，最有名的要屬佩脫拉克和薄伽丘，薄伽丘的散文也很出名，佩脫拉克與薄伽丘尤其對拉丁文學感到興趣。對歷史及古羅馬作品的愛好，在查理五世與查理六世統治時期的法國極爲普遍。十四世紀，許多拜占庭學者爲了躲避土耳其人的侵略而去義大利、日耳曼和法國避難，他們在避難地教授希臘語文和文學，因此使這些地方的人們讀到許多希臘作品的原文，過去西方人所讀到的希臘文學作品，都是從阿拉伯譯本轉譯的拉丁文本。王侯、貴族，尤其是富人不惜重金蒐集古代作品的手稿；教皇尼古拉五世在梵蒂岡的宮殿裡蒐集到近 50 份手稿，並建立梵蒂岡圖書館，是當時世界上藏書最豐富的圖書館之一。

三、印刷術的發明

由於書籍是用手抄寫成的手稿，因而傳播範圍有限。但是十五世紀中葉印刷術的發明（如圖 10-1），則改變了此種情況，對書籍的傳播有相當大的貢獻。最初的印刷術是將整篇文章刻在一塊木板上，然後只需塗上墨，再用一張紙鋪印便可，以此方法可以將一篇文章複製成許多份，但是那些字母（或說文字）也只能複製同一篇文章、而不能夠印製其他文章，此外，它們的壽命往往很短暫，並不耐用。因而更進步的印刷術則將字母變成可移動的，並用金屬材料製造，這一新方法在荷蘭與亞維農都有人使用過，美茵斯的日耳曼人古登伯格（如圖 10-2）於 1450 年左右首先使用這種印刷術，他曾在法國的史特拉斯堡工作過。

圖 10-1　文藝復興時期的印刷術

最早印刷出版的書是《聖經》，巴黎大學
校長聘請 3 位日耳曼人於 1470 年左右開辦
巴黎的第一家印刷廠。印刷術的發明伴隨著
另一種新事物，布漿紙代替了羊皮紙。布漿
紙在一世紀時就由中國人製造並使用，後來
傳至波斯，透過阿拉伯人傳到歐洲。由於布
漿紙易碎，人們長期不看重，但是在十五世
紀，布漿紙已開始被普遍採用。

圖 10-2　古登伯格

　　印刷術的發明表面看來只是技術的進
步，實際上卻是人類歷史上最重要的事件之
一，其也促使了世界的產業革命。印刷術使
人們創造廉價的書並大量地傳播知識，使各種知識與思想的傳播成為稀

鬆平常的事。

四、藝術方面成就

　　十四、十五世紀，在藝術方面也出現許多重要的改變。在此之前建築是主要的藝術形式，所有其他藝術都是爲建築服務，但到了十四、十五世紀，建築藝術逐漸喪失其優越的地位，雕塑和繪畫藝術此時已獨立發展。過去藝術家幾乎只爲教會工作，此後他們也爲個人服務，包括教皇、國王、公侯、領主、市政人員，甚至富裕的市民等。法國也不再如十二、十三世紀時是藝術的主要國家，第一流的藝術在義大利和荷蘭，當時的荷蘭包括今天的荷蘭、比利時、盧森堡及德國科隆的周圍萊因地區。

　　尤其值得一提的是，當時法國、荷蘭、德國、西班牙的藝術家普遍從傳統的哥德藝術中汲取靈感（雖然他們也創造新形式，但總體來說是如此），義大利的藝術家卻經常超越傳統，直接從羅馬人或希臘人的藝術中尋找靈感，這種回歸古典文化的現象被稱爲「文藝復興」。

　　十四、十五世紀，哥德藝術依舊繼續存在，但出現一些新特點。建築師注重形式的輕巧，他們鏤牆穿肋，1420 年出現「火焰式哥德建築」，它因彎彎曲曲的線條宛若火焰而得名。

　　雕塑家從前主要忙於以雕塑和淺浮雕來裝飾教堂，現在卻成爲肖像作者，肖像雕塑開始在雕塑中取得重要地位，這使得雕塑向現實主義發展，現實主義指的是模型的精確再現。十五世紀初，荷蘭人克魯斯·斯呂持在法國第戎附近雕塑出勃艮地公爵大膽菲利及其妻子的頭像，他還著手興建公爵的墓園，並建造摩西井。

　　從細微繪畫的創作，可看到人們對現實觀察的興趣，細微繪畫在十五世紀時有兩個代表作品，1415 年比利時三兄弟的《貝雷公爵的富饒時代》和約翰·富凱的《艾蒂安騎士的煩惱》，艾蒂安騎士是查理七世的顧問。然而文稿的細微繪畫創作不久就消失，因爲人們發明了版畫。一張圖畫複製多份的技術爲版畫，藝術家在一塊木板上描繪出圖畫，然後將其餘地方的木頭挖空使圖畫立體地突顯，人們也使用相反的方法，即凹陷版畫，當時多使用鋼板而非木板製作。印有圖畫的紙張被

稱爲版畫作品，版畫的出現使細微繪畫消失，因爲同一塊板畫可以用低廉的成本複製出幾百張相同的圖畫。

　　繪畫藝術由於兩個新事物的出現而經歷一場革命，人們先後學會在木板和畫布上作畫，於是作品變得很容易移動，油料的發現使繪畫色調更加溫暖、透明。法國主要的畫室位於羅亞爾河谷的圖爾和姆蘭，以及普羅旺斯的埃克斯和亞維農。法國最偉大的畫家是約翰・富凱和尼古拉・弗羅芒，荷蘭有于貝爾和約翰・凡艾克兄弟，後來又有巴圖爾的羅傑，德國有馬提亞斯・格倫沃德。

　　此外十五世紀亦是漂亮高級地毯的黃金時代，以安茹和阿伯拉地區的地毯尤其出名。

五、對於知識的無限渴求

　　在當時一切知識領域中，學習，永遠更多地學習，這是被稱爲「人文主義者」的那些人的雄心。義大利人自十三世紀起已指明了道路。十五和十六世紀，由於華洛瓦家族幾位國王—查理八世、路易十二和法蘭西斯一世，在義大利進行的數次義大利戰爭，法國也變成了人文主義之鄉。拉伯雷以其被推向漫畫色彩的善意的諷刺，描述了那種推動人們未探求知識的熱情。

　　單單獲取知識是不夠的，必須審察它，篩選它，將其重新分類。在中世紀被認爲正確的觀念，它們果眞正確嗎？

　　正是這一時期，人們發現了前所未知的大陸：1492 年哥倫布發現了美洲；達伽馬於 1498 年開闢了通往印度的航線。而當葡萄牙人麥哲倫的船隊首次完成了環球行返回後，人們才獲得了地球是一個球體的證據。

第三節　宗教改革對法國的影響

一、法國宗教改革的開端

　　法國爲了改革宗教，提供了一個與神聖羅馬帝國截然不同的空間，王權在此得到加強並足以反抗教廷、保護法國的教會。法國教會依

據《布爾日國事詔書》享有極大的自主權，1516 年的《波隆那協議》
之後，法國教會依賴國王，改革的成敗也取決於國王的意願。此時教會
改革的願望異常強烈，路易十二和樞機主教喬治·昂布瓦斯曾試圖改革
宗教等級，法蘭西斯一世和瑪格麗特·昂古萊默爲人文主義所感染，因
而參加伊拉斯莫斯派。法國的深度宗教改革遠比日耳曼地區更早，但改
革僅限於在天主教會內部，莫茲主教布里索內聚集了勒費弗爾及其門
徒，法勒爾·魯瑟爾開始有組織地改革，由布里索內在其管轄的教區中
展開，它具有強烈的福音主義色彩，它主張祈禱講法語、取消聖像、減
少對聖母及其他神祇的崇拜。一些民間布道者吸收路德學說，巴黎索邦
大學則在 1521 年批判路德主義，但法蘭西斯一世保護莫茲主教直到引
起恐慌的波維災難爲止。儘管如此，法王依然在其姊姊瑪格麗特·昂古
萊默的影響下沉緬於伊拉斯莫斯的思想，認爲有必要尋求英王亨利八世
和日耳曼地區路德主教們的支持。

　　宗教運動風起雲湧，每一省都可以找到支持路德思想或聖體形式論
的家族，尤其是在巴黎、商業城市里昂，以及由瑪格麗特·昂古萊默統
治的貝阿爾思，瑪格麗特·昂古萊默的宮廷成爲新教勒費弗爾門徒的庇
護所。所有城市的社會團體都受到波及，包括神職人員、小貴族、貴族
資產階級或商人，以及印刷業者，1529 年在里昂爆發一場民眾暴動，
路德教派與社會要求結合，動搖了對天主教的信仰，1534 年 10 月 8
日，出現煽動性的布告，強烈抨擊彌撒，它同時張貼在巴黎、奧爾良、
圖爾布戶瓦，甚至貼到王室大門之上，最後終於演變成全國性的事件，
於是法蘭西斯一世採取嚴厲手段，路德教派被判火刑，改革的領袖們四
處逃竄，然而贖罪儀式依然表現出對傳統信仰的依戀，因此喀爾文自薦
爲受迫害的新教徒辯護，並出版拉丁文版（1536 年）和法文版（1541
年）的《基督教法規》。

二、喀爾文教派

　　喀爾文（1509 年至 1564 年，如圖 10-3）是諾榮大教堂教務管理
人之子，年輕時曾在巴黎修讀自由藝術，後來在奧爾良和布爾日修習法
律，是一位人文主義者，追隨勒費弗爾思想，贊同改革，放棄俸祿，

布告事件後，他接受了剛傳入法國的路德教派思想，因此不得不離開法國，他逃往史特拉斯堡，再轉往巴塞爾，前往日內瓦避難。喀爾文企圖在日內瓦施行他的宗教思想，但當地人將他和他的朋友驅逐到史特拉斯堡，他們在那裡隱居了三年。喀爾文在蟄居期間將他的著作《基督教法規》譯成法文，這本書原本是 1535 年以拉丁文寫成，在一篇著名的序文中，他宣稱這部著作是獻給法蘭西斯一世。《基督教法規》的發表使法國脫離喀爾文的領導，該書完成之後他寫了一封辯護信給法蘭西斯

圖 10-3　喀爾文

一世，在此後的拉丁文版及法文版中，他不再辯護，而是論述教義，其著作推理嚴謹明確，融合前人的思想，並在新教徒改革緩慢之際將前人的思想加以更新。

　　喀爾文的主要思想是上帝是超越人的認識——即不可知，我們對祂的所知僅是透過聖經向我們的揭示，包括被路德所疏忽的舊約，如果沒有聖經，人類對上帝的認識會是錯誤的，因為原罪削弱了人類的智慧，信仰只是聖寵的產物。1552 年出版的《永恆的上帝對人類的預定》一書，闡明了喀爾文思想中的一個主要觀點——「上帝對人類意志的預定是絕對的，上帝預先安排一些人永生，罰另一些人永受地獄之苦。」、「上帝的挑選和永罰是上帝行動的自由。」而聖寵是不可抵抗的，特徵就是上帝讓我們表現出虔誠，永生來自於這個虔誠。一如所有的改革者，喀爾文拒絕接受聖事可以使人得到聖寵的觀點，但他也排斥聖體形式論的象徵解釋，他將洗禮、聖餐儀式作為上帝聖寵的證明以及上帝給予的幫助，聖餐儀式是對耶穌肉體善行的真正參與。喀爾文的上帝對人類意志的預定和對聖餐的觀點，後來與聖體形式論相抵，1526 年，他在瑞士的懺悔可能是接受了斯萬格利的觀點。

三、喀爾文主義的傳播

　　1536 年曾經使瑞士法語區參與改革的法勒爾，在日內瓦遇到了困難，後來他把喀爾文請到日內瓦，但是日內瓦貴族擔心他們的嚴厲作風，因而驅逐了兩位改革者。喀爾文於是到史特拉斯堡，與比克爾取得了聯繫，不久之後，喀爾文又被重新召到日內瓦，他在當地強制規定 1541 年的教會條例，並導致了一場教會和社會改革，他頒布一系列極嚴厲的反奢侈法令，對於那些敢反對、挑戰他的教義之人，喀爾文絕不寬待。喀爾文實行真正的獨裁，但也不是完全沒有反對聲音，與國家密切相連的教會不服從他，相反地，教會認為自己才是靈魂啟迪者，並建立在四個教會基礎上：自行加聘的牧師（布道）、由牧師任命的傳道人（教育）、由牧師和市長參加的市議會（信仰監督）、執事（助手），日內瓦議會在教務會議上也大力爭取領聖體聖餐的權利以及去除教籍的權力。喀爾文在眾多法國避難者的支持下欲建立一個針對天主教徒、再浸禮教派及非宗教活動──如舞蹈、戲劇和遊戲──的嚴厲審判所，1555 年起，喀爾文逐漸擁有了不可動搖的權威。

　　在他嚴酷的統治下，日內瓦成為歐洲的新教中心，喀爾文借鏡並綜合路德等前輩的宗教改革思想，但他遠比路德激進，他完全取消了基督教會的外在禮儀，並確定了絕對預定論。

　　正如米歇爾‧澤弗特事件所顯示的，喀爾文的權威超越了城市範圍，米歇爾‧澤弗特屬於反三位一體派，此派因勒利奧索森而出名，米歇爾‧澤弗特到波蘭避難以前，曾在里昂、瑞士等一些城市活動，米歇爾‧澤弗特否認原罪和三位一體的教義，因此被里昂大主教通緝，後來在日內瓦被捕，由瑞士教會判處死刑，於 1553 年執行。

　　1558 年，喀爾文成立日內瓦學院，旨在培養牧師和傳教士，日內瓦成為十六世紀喀爾文主義的主要中心，其教會成為法語系國家、荷蘭、日耳曼地區的榜樣。喀爾文思想在波希米亞、匈牙利和波蘭吞噬了路德思想，但與天主教派和再浸禮派的反抗發生衝突。

　　喀爾文主義在法國發展得很快，據非正式的統計，1559 年有 10% 至 20% 的平民、資產階級、貴族都信仰喀爾文教派，喀爾文主義的發

展甚至影響到波旁王室，國家必須維持正統教派天主教的存續以防止國家在宗教改革中傾覆，國王的作為和愈來愈嚴厲的抑制性立法，限制了改革思想在神職人員中的發展，也抵消了貴族們在其采邑中可能的影響。有一大部分的貴族走向改革，使喀爾文主義走出地下，趨於穩定，教會亦建立起來，地方和國家的教會組織都成立了，1559 年在巴黎舉行的第一次改革教會之教務會議，通過了受喀爾文啓示的拉羅舍爾信仰。

在亨利二世即位之後，喀爾文教派在法國發展得更迅速，1555年，洛林的樞機主教從國王那裡弄了一份詔書，下令法國的官吏應該直接對那些被教會判為異端的人進行懲罰，無須審判、也不准上訴，高等法院基於維護寬容和人道精神，對此種做法表示抗議。強硬分子以國王名義催促高等法院的法官支持實施嚴厲的王室詔書，但是高等法院法官則反對使用死刑，並建議對異端分子只判處流放。1559 年 6 月 10 日，風波二世親臨高等法院，命令法官當著他的面決議此事，那些還沒有投票的法官在國王面前慷慨陳詞，討論結束後，國王不准進行計票，而是命人將會議紀錄交給他，並當場扣押幾位推事和一位庭長，甚至嚴詞恫嚇其他法官。詔書很快就發布到全國各地的法官手中，責令他們剿滅異端，但是 6 月 29 日，國王比武身受重傷而死，這樁宗教迫害行動也就停頓了下來。

喀爾文主義不只在人文主義和文藝復興已普及的法國流行，荷蘭也深受影響，1520 年至 1521 年間傳入荷蘭的路德主義被剷除，孟諾派中和平的再浸禮派被保留，法國的喀爾文主義自 1540 年起被引進安特衛普和圖爾等城市後，它成為國家與西班牙天主教角力的媒介。

西歐的國家意識持續增長，原因不僅是宗教與王權的關聯或君主政體對封建制度的確立，與鄰國的競爭、王室促成國家語言的統一、商業的快速發展，以及因為印刷術的進步而促進的教育發展，都促成了西歐國家意識的增長。由於路德將聖經翻譯成德文，使德文成為書寫文字，1539 年，法蘭西斯一世通過《維萊－科特雷法令》，決定以後的官方文件皆以法文撰寫，當時這個措施並未引起任何爭議。國家或是共和國政體也沒有創造單一的民族，國家主義在這個時期茁壯，並與民族一起

改變，國家開始成為一種政治圖騰。

　　十六世紀國家所代表的意義不僅是互相對立，也使得中世紀所崇尚的基督教統一思想退卻，教皇和世俗國王兩種傳統權力此消彼長，教皇完全喪失對國王的權力，雖然國王是理論上的一國之君，但事實上其政治權力依然有限。國家觀念的形成使國王在面對教皇時比過去更有權威，精神權力和世俗權力二者似乎不可分割。沒有人對封建主義提出反駁，根據封建思想，國王的活動必須依據宗教的啟迪，倘若國王不服從，往往會招致鄰國以「上帝的懲罰」之名入侵。羅馬教廷不得不降低對國王的要求，即使十字軍不出征、減少獻納金，教皇依然為十字軍祈禱，甚至在某種情況下保留國與國之間最高裁判的資格。1496 年，教皇亞歷山大六世裁決西班牙與葡萄牙間新土地的分割，激起英格蘭與法國的糾紛，最後人們也未能否認教皇對世襲國王的審判權。

四、政治與宗教

　　儘管如此，對世俗而言，君主擺脫了教會的勸導，他們私下尋找基督教的靈感，也有自己的宗教偏好，用聖物行使上帝的統治權。所有國王都是以特有的儀式由國內的教會領袖加冕，但不授予國王宗教等級，當時基督徒領聖餐的儀式都被取消了，不過國王依然保存著一些宗教儀式，他們的顧問也承認大主教的作用，即教會世俗權的保護者，最後法國和英格蘭的國王擁有被教會承認的神蹟權力──治癒頸子病。

　　由於各種神職人員融入國家體系範圍內，君主也試圖避免受教皇權勢控制，他們想要取消教皇對主教和修道院長的任命權，並限制教皇的召喚與徵收什一稅。1483 年頒布的《布爾日詔書》保障了法國教會的自由，法蘭西斯一世與教皇在 1516 年簽訂《波隆那和約》，給予國王代表樞機主教團會議的權益，國王因此有權任命大主教和修道院長，神聖羅馬帝國的查理五世於 1523 年也取得類似的權力。

第十一章
對義大利的戰爭和重商主義

第一節 覬覦義大利

一、義大利戰爭

戰爭起源：義大利對法國人當然很有吸引力，且沒有其他國家會被他們如此了解。除了與教皇關係所產生的永久關聯的，尚有十三世紀以來法國王公為其個人利益而從事的企業所產生政治關係。此外，義大利諸邦內部鬥爭使難民浪潮湧向法國，因為失敗的黨派常立刻尋求其強大鄰邦的援助。最後，日益興隆的貿易也將義大利銀行家與商人世家帶到法國。

義大利似乎也是隨手可得的果實。義大利的主要邦國太頓弱而無力兼併其他的城邦，也太強大而無法被兼併，因而經常準備加入一些聯盟。他們沒有國家的軍隊因為他們終於發現以「庸兵隊長」來作戰比較實際。

如前所述，路易十一從安茹王室繼承了那不勒斯的主權，但他明智的不挑動那個蜂巢。查理八世是在聽騎士故事中長大，週遭並圍繞著對百年戰爭的恐怖一無所知的青年，乃夢想著率領一支十字軍討伐土耳其人，在君士坦丁堡戴上帝冠，並解放耶路薩冷。這種榮耀的第一步驟乃是重新征服那不勒斯王國。

1494 年，那不勒斯國王裴迪南一世去世，帶來意外的機會。法國獲得了來自義大利的鼓勵：來自波吉亞教皇亞歷山大六世，米蘭公爵斯弗薩之敵；佛羅倫斯的薩弗那若拉的改革黨派；以及在亞拉崗束縛下不安的那不勒斯貴族。

1494 年至 1529 年的戰爭是因法王的野心而起，也是歐洲第一場大戰，自 1519 年起戰爭範圍遍及義大利境內。

1492 年執政的查理八世具有中古的騎士精神，喜歡空想，且就像他的父親和姊姊一樣熱衷於權力。他想要征服繼安茹之後統治那不勒斯

王國的華洛瓦家族，爲了確保鄰國中立，查理八世不惜代價與所有敵人
媾和，這既不是出於對危險的恐懼，也不是因爲他愛好和平，相反地，
他正想進行遠征，不希望這些對手綁住他的手腳。他先與英王亨利七
世、亞拉岡的斐迪南簽訂條約，答應割讓盧西雍；又與神聖羅馬帝國皇
帝馬克西米利安簽約，割讓法蘭德斯伯爵領地。他決心奪取那不勒斯王
國，那裡的國王是亞拉岡王室的一位親王，查理八世向他聲稱自己就是
安茹家族的繼承人，並讓他相信自己已獲得義大利支持。

　　此時，義大利半島分裂爲好幾個城邦國家，沒有一個城邦可以統
一義大利半島，政權落入僭主手中，有些僭主還成爲強有力的君主，
這些城邦的僭主們彼此內戰不休，並常常藉助外國勢力干涉義大利的
局勢。義大利的四分五裂、離心離德，確實誘惑著查理八世的野心。
1494 年，他到達皮埃蒙，渡過波河後，輕易地占領了托斯坎尼，查理
八世率領法軍進入比薩城，受到當地人民熱烈歡迎，接著他又向佛羅倫
斯進軍，這個城邦最後亦變成法國王室的保護國，他繼續向羅馬前進，
在與教皇亞歷山大六世商議之後，那不勒斯就成爲法國的最後目標。

二、路易十二與米蘭

　　1495 年，查理八世征服那不勒
斯，義大利人震驚於法國軍事上的優
勢，便決定以外交手段報復，威尼
斯、教皇國、亞拉岡、卡斯提亞、馬
克米利安皇帝建立聯盟，迫使查理八
世放棄那不勒斯王國。

　　奧爾良公爵的孫子繼承了堂兄
查理八世的王位，成爲路易十二（如
圖 11-1）。路易十二是一位仁慈、平
和、節儉的君主，他執政初期對各城
市降低稅收，頒布嚴厲的法令打擊軍

圖 11-1　路易十二

人。查理八世之死對法國造成嚴重威脅，因爲這可能使不列塔尼脫離法
國，於是路易十二便與妻子雅納離婚，並娶查理八世遺孀不列塔尼的安

妮爲妻，這樣就能使不列塔尼留在法國版圖內。

　　路易十二討厭米蘭公爵路德維奇‧史弗薩，除了那不勒斯王國外，路易十二還想得到米蘭公國，於是他先與威尼斯結盟，在威尼斯的支持下，將史弗薩趕走，史弗薩是在驅逐維斯康提家族後才得以入主米蘭的。1499 年夏天，法軍越過阿爾卑斯山，不久之後，占領了米蘭。1500 年 1 月，米蘭人起來反抗，史弗薩也從日耳曼帶來一批大軍，法軍只得退到鄉間。英格蘭、西班牙、瑞士的中立讓路易十二安心地在 1500 年奪得米蘭，再度占領米蘭後，路易十二便幫助他的盟友教皇亞歷山大六世及其子切薩雷攫取羅曼尼亞地區一些領地。

　　在托斯坎尼境內，佛羅倫斯人和比薩人的戰爭仍在繼續。路易十二因爲與佛羅倫斯結盟，遂派一支法軍協助佛羅倫斯人占領比薩。佛羅倫斯人曾給查理八世一筆錢，要求法國把比薩交給他們，但是在查理八世遠征期間，比薩人與法軍互有好感，於是，法國騎士獻出金條、法國士兵拿出薪餉，希望能勸阻國王不要將比薩交給佛羅倫斯人。路易十二派使臣要求比薩人投降，比薩人回答：「他們願意歸順法國國王，但是若把他們交給佛羅倫斯人，他們將奮戰到底。」這時有五百名比薩少女，身穿白衣，跪倒在法國使臣的面前，請求法國人作爲孤兒寡婦的保護者，並懇請他們拯救她們的名譽。但是法軍紀律嚴明，一聲令下，只得進攻。最後比薩人擊退了法軍，同時高喊法蘭西萬歲，法軍聽到之後，也不得不撤退，當法軍離開後，比薩婦女到處尋找法軍傷員，並悉心照料。

三、熱那亞問題

　　1507 年，熱那亞再次投靠法國，但他們並不願意委身於一個絕對的權力之下。後來熱那亞爆發內戰，平民趕走了貴族，並屠殺法國駐軍，路易十二得知消息後，即率領 5 萬大軍直攻熱那亞，並進入熱那亞城，路易十二將人民選出來的熱那亞總督及 60 多名市民處死，熱那亞保護自由的法律和條約亦被路易十二付之一炬，熱那亞的所有領地，包括科西嘉及其希臘海上的附屬島嶼，全部併入法國王室領地，此外，熱那亞還被課以巨額罰款，用來支付建造「防範」熱那亞人的新堡壘之費

用。1512 年 6 月,熱那亞人終於揭竿而起反抗法國。

　　另一方面,西班牙也向法國盟友佛羅倫斯進軍,並恢復了麥地奇家族在這個城市的地位。此時,法國幾乎丟失了所有征服而來的土地。於是路易十二又與威尼斯聯合,派軍越過阿爾卑斯山,米蘭、熱那亞很快地被法國占領,但北方的瑞士人此時馳援他們的盟友馬克西米利安‧史弗薩公爵,他們在諾瓦拉附近與法軍決戰,結果法軍大敗,喪失大部分精銳,因而只得再度放棄米蘭和熱那亞,撤回法國。

四、英法海戰

　　與此同時,英格蘭艦隊進攻法國不列塔尼沿岸,法軍在海戰中表現優異,瓦桑海戰中取得的勝利足以一掃諾瓦拉戰敗的恥辱。不列塔尼和諾曼地的 20 艘戰船狙擊了 80 艘英格蘭戰船,並俘虜、擊沉了幾艘敵船。同一天,海軍將領普里莫蓋指揮一艘配有 60 門火炮的戰艦科德利埃號,負責阻止英軍進入布雷斯特的拋錨地點,普里莫蓋的戰艦被 10 艘英格蘭軍艦包圍,且被擊中起火,普里莫蓋深知,此時只有投降或戰死兩條路可走,於是他將接舷錨拋到英軍的旗艦上,點燃火藥,與敵人同歸於盡。兩艘戰艦上的 1,200 人同時沉入海底,英格蘭艦隊見此大為震驚,迅速揚帆撤退。

五、貝亞爾將軍

　　此外,綽號「英勇無畏無可挑剔的騎士」貝亞爾將軍的事跡更為法國所敬重。1476 年,他出生於伊澤爾省阿萊瓦爾附近的貝亞爾城堡,年輕時,他是薩伏瓦公爵的侍從,後來投靠法國國王。他與查理八世一同出征那不勒斯,並在福爾努戰役中揚名於世。路易十二在位時,他參加了征服米蘭的戰役以及那不勒斯的遠征,對占領義大利部分地區立有戰功,他在保護加里格里亞諾橋時,曾單槍匹馬力敵一隊西班牙騎兵,並救助了一支遭突擊的部隊,在後來的阿尼亞德洛大捷、圍攻帕多瓦,以及與教皇朱利安二世作戰的多次戰役中,他都有卓越的表現,在攻打布雷西亞的戰役中,他身負重傷,之後又參加了拉韋那戰役。1524 年初,一支在義大利的法軍因海軍上將伯尼維作戰不力而處境危險,貝亞

爾率領部隊突破西班牙人的防線，強渡塞基亞河，使部隊轉危為安，但在這次戰役中，他受到重傷，最後於 1524 年 4 月 30 日去世。

之後，路易十二與亞拉岡的斐迪南達成協議共同瓜分那不勒斯，但路易十二的軍隊卻在 1503 年至 1504 年間被著名的西班牙將軍岡薩爾弗・科爾都逐出那不勒斯。

六、朱利安二世與路易十二

因此義大利有五年的和平，此時新任教皇朱利安二世利用這段時間鞏固教皇國，並反對企圖分割義大利的威尼斯聯盟，由於威尼斯在阿格納德爾被法國打敗，並與法國簽訂和約，因而威尼斯聯盟被瓦解，朱利安二世轉而針對法國人。朱利安二世與路易十二一樣，都將宗教事務與世俗生活混為一談，在路易十二於皮澤召開教會的改革會議時，朱利安二世也在羅馬召開另一次宗教會議，並組織神聖同盟，成員包括威尼斯、亞拉岡及英格蘭的亨利八世。

法國的利益此時在義大利面臨全盤崩潰，受到瑞士、英格蘭、威尼斯等國家的聯盟對抗，路易十二直到臨終前才終於分解這個聯盟。路易十二把米蘭交給他的姪子加斯通・富瓦克斯管理，這是一個非常明智的決定，因為這位二十三歲的年輕人是天生的統帥。在擊退瑞士人之後，加斯通轉而迎擊西班牙人，迫使他們解除對博洛尼亞的包圍，當聽到布雷西亞把威尼斯軍隊召進城後，他以迅雷不及掩耳之勢，直撲這個反叛城市，迫使其投降。

七、加斯通死亡

面對法國人的勝利，反法同盟聯繫地更加緊密，路易十二最後採取強硬政策，他一改對教皇的寬容態度，命令加斯通要不惜一切代價摧毀教皇和亞拉岡王國的軍隊，戰爭勝利後就向羅馬進軍。此時對方則採取了避戰策略，於是加斯通揮師進攻拉韋納，他堅信他的對手不會輕易放棄這座重要城市，換言之，他們一定會去找救兵，加斯通藉由進攻拉韋納誘敵出戰。果然，西班牙的軍隊前來救援這座城市，但是加斯通卻被困在城牆和外圍的敵軍之間，給養也已告罄，於是他只好冒死突圍，他

幾次攻打拉韋納，但都被擊退，於是他轉而攻打敵軍的營地，鑑於敵軍的工事強固，加斯通以大炮攻擊，但對方也以炮火還擊。此時西班牙兵士以匍匐方式保護自己，而法國步兵出於榮譽感竟拒絕這樣做，因而死傷慘重，但是法國騎兵打敗了西班牙騎兵，獲得法國騎兵援助的步兵，反敗為勝，西班牙步兵被迫撤回營地。就在戰役即將取得完全的勝利之時，加斯通發現有一支西班牙步兵正在重新集結並準備撤離，於是他僅帶著幾個騎兵便向敵軍發起衝鋒，但受到敵人的圍攻，從馬上跌了下來，身受重傷倒地而為國犧牲了。

八、法蘭西斯一世

1515 年 1 月 1 日，路易十二無嗣而終，他的堂弟法蘭西斯一世（如圖 11-2）繼承王位，這位二十歲的年輕國王登基初就有令人震驚的舉動。

法蘭西斯一世曾試圖打敗米蘭史弗薩的同盟瑞士，但沒有成功，不久之後，他透過阿讓第埃山口突破阿爾卑斯山，開闢一條跨越這條天險的新通道，此時瑞士軍隊向後撤退並在馬里尼昂平原嚴陣以待。法軍約有 5 萬人，瑞士和義大利的炮兵、騎兵加起來約有 35,000人，當時有人說這是一場「巨人間的戰

圖 11-2　法蘭西斯一世

爭」。瑞士的步兵表現非常出色，法國騎兵則更勝一籌，但地形對法軍不利。瑞士人排山倒海般的攻擊，令人側目，瑞士軍隊一直衝鋒陷陣到法國炮兵陣地。雙方從黑夜戰到白晝、廝殺慘烈，瑞士步兵在這次戰役中犧牲了 12,000 人。這場戰役是人類史上最驚心動魄的戰爭之一，率領法軍打勝仗的將領貝亞爾將軍更被視為全世界最完美的軍人。1515年 9 月 13 日至 14 日，法蘭西斯一世在馬里亞諾戰役中戰勝瑞士人並重新占領米蘭，不久他與瑞士締結《永久和平協議》，使法國可以在瑞士招募庸兵，1516 年又與教皇里昂十世簽訂《波隆那協議》。

　　法蘭西斯一世頗富幻想氣質，他的統治堪稱是法國歷史上的一段輝煌時期。他重組司法和行政體系，統一財政，並首創巴黎市政府、儲金局和中央金庫的公債制度。他組織國家步兵，裝備艦隊，建設阿弗爾港，發展海上貿易，贊助雅克‧卡迪埃的探險事業，卡迪埃發現了加拿大，並使它成為法國的殖民地。但是法蘭西斯一世最突出的貢獻還是他對文學藝術的保護，使得法國的文化空前繁榮。

九、法國文藝復興

　　1453 年之後，鄂圖曼土耳其消滅了拜占庭帝國，並占領了君士坦丁堡，導致許多希臘學者逃亡到義大利，於是古典希臘文化成為顯學，人們開始鑽研希臘的文學藝術科學，不久這股研究希臘文化的風氣也傳入了法國，人們稱這偉大的思想運動為「文藝復興」。

　　路易十二時代，文藝復興在法國開始興起，在法蘭西斯一世和亨利二世時期達到顛峰。法蘭西斯一世對文學藝術懷有濃厚興趣，他把達文西從義大利請到法國，達文西是當時偉大的藝術家，法蘭西斯一世對他非常敬重，甚至稱他為父親，還把一座城堡送給達文西，1519 年，達文西在法蘭西斯一世的懷中去世。

十、新教問題

　　在法蘭西斯一世統治時期也發生了宗教迫害，一些新教徒在巴黎的各街口張貼攻擊彌撒的布告，甚至把布告貼到國王的城堡上，如此囂張的行徑引起法蘭西斯一世的不滿，因此他確信法國的新教徒準備發動叛亂，於是他轉向主張宗教迫害的一派。對於新教徒的審訊過程非常草率，有人在星期五吃肉（天主教規定星期五不吃肉）就被判處焚刑，他們的暴行與宗教裁判所相比，有過之而無不及。有人還想出一種凌遲處死的方法，將新教徒吊在搖桿的一頭，先把他升到空中，然後再緩緩把他放到烈火熊熊的柴堆上。此時，法蘭西斯一世的暴虐已經到了瘋狂的地步，他甚至下令取締印刷廠，雖然他很快就取消了這項法令，但是書刊檢查制度卻從此建立起來。

十一、亨利二世與蒙莫朗斯

　　1547 年法蘭西斯一世去世，政權由二十八歲的兒子亨利二世繼承，他儀表優雅，但個性暴躁衝動，很難控制自己的情緒，他深受身邊顧問的影響，因而王室總管蒙莫朗斯和吉斯公爵逐漸掌握了大權。

十二、馬德里條約

　　蒙莫朗斯，1492 年 3 月 15 日生於巴黎，參加馬里亞諾戰役後，1520 年被法蘭西斯一世任命為國王侍衛長。蒙莫朗斯曾在義大利作戰，1522 年榮獲法國元帥頭銜，1525 年在帕維亞被俘，隔年參與簽訂《馬德里條約》。1540 年漸不受重用，失意在家，亨利二世時期才又重回宮廷，這時他又恢復了他的影響力。在 1553 年的法蘭德斯戰役中，他的軍事才能不足以應付大局，於是 1557 年在聖康坦被俘，1559 年他參與締結《卡托‧康布雷奇條約》。由於亨利二世登基一事與他沒有什麼關係，他只好讓吉斯家族來充任王室總管的角色，老公爵死後，蒙莫朗斯又與新公爵交好，並與聖安德烈元帥一起結成反對新教徒的政治聯盟。1567 年 11 月 10 日，蒙莫朗斯與駐紮在聖坦尼平原的新教徒作戰時，重傷而死。

十三、亨利二世戰爭、查理五世退位

　　亨利二世在對外政策上繼承了他父親的遺志。1549 年他與英格蘭開戰，並以 40 萬金埃居的代價贖回布洛涅。吉斯公爵慫恿亨利二世反對神聖羅馬帝國的查理五世，因而亨利二世和日耳曼新教徒簽訂了一個同盟協定，並把查理五世的手下將領薩克森的莫里斯拉攏過來，亨利二世深入洛林境內，占領梅斯、圖爾和凡爾登，此時查理五世也包圍了梅斯，但吉斯公爵弗朗索瓦卻成功地瓦解了查理五世的包圍，經過數次的戰役，查理五世身心俱疲，心灰意冷，於是宣布退位。

十四、西班牙戰爭

　　此時法國與西班牙的戰爭還在持續中。1557 年，西班牙國王菲利二世帶領 5 萬大軍入侵法國，從提拉什直攻聖康坦，雙方在埃斯尼高原

激戰，法軍大敗，西班牙軍隊順利進入聖康坦。

　　與此同時，吉斯公爵正在義大利征伐那不勒斯王國，鑑於時局緊迫，亨利二世火速召回吉斯公爵。他決定發動一次冬季攻擊，起初法軍佯攻盧森堡以轉移敵軍的注意力，隨後突然轉向西北方進軍，並於1558年元旦抵達加萊城，法軍的出現，令加萊城的英格蘭守軍震驚不已。護衛加萊城有兩座要塞，一個面對大海，另一個面朝陸地，後來要塞被大炮轟開了一個缺口，英格蘭守軍因而投降。接著法軍開始對加萊城進行炮擊，雙方經過一陣廝殺之後，英格蘭軍隊傷亡慘重，加萊總督宣布投降，這時英格蘭一支救援艦隊趕到，但大勢已去，只得無功而返。加萊的英格蘭居民被允許撤離，但財產不許帶走，吉斯公爵將這些戰利品分給了部下，在被英格蘭人占領210年之後，加萊城終於又回到法國人手中。

十五、亨利二世去世

　　1559年4月3日，法國與西班牙簽訂《卡托康布雷奇和約》，結束雙方經年不斷的戰爭，法國取得了梅斯、圖爾和凡爾登等地。隨後亨利二世著手辦理兩樁婚事，他將女兒嫁給西班牙國王菲利二世，將妹妹嫁給薩伏瓦公爵，法國宮廷舉行盛大的婚宴喜事，按照習俗，王室將舉行一次「比武」競賽以作為慶典的謝幕式。王公貴族和領主們在宮廷貴婦的注視下進行比武，亨利二世被視為法國最出色的騎士之一，因而他也上場比武，他邀請蒙哥馬利伯爵跟自己較量，兩位騎士身手都很矯健，但是蒙哥馬利的長槍在下落時卻不慎碰到了國王的頭盔，護面甲被挑起，一塊木片刺進了國王的眼中，國王經過11天的折磨後，在極度痛苦中過世。

第二節　競逐國際舞臺失利

一、法國與哈布斯堡家族的爭鬥

　　1519年，奧地利的馬克西米利安去世，查理被選為神聖羅馬帝國的皇帝，稱作查理五世，查理五世成為奧地利、勃艮地和西班牙三國共

同的繼承人。他的登基打破了歐洲均勢的平衡關係，特別是對法國構成威脅，因為法國一直是奧地利王室——哈布斯堡王朝——的敵人。哈布斯堡王朝統治的世襲領地包括奧地利、荷蘭、法蘭德斯伯爵領地，1516 年又獲得西班牙及附帶的義大利和海外殖民地。英格蘭在外交上搖擺於法國與神聖羅馬帝國之間，在 1520 年時，亨利八世也未支持法蘭西斯一世。

1521 年，法蘭西斯一世利用卡斯提亞人起義，想幫助納瓦爾國王，同時法軍也圍攻受巴亞爾保護的梅齊埃勒，但主戰場在義大利，米蘭很快就失守。

1525 年，法蘭西斯一世在博維被俘，因此不得不在 1526 年簽下災難性的《馬德里條約》，以勃艮地換取自由。這一事件的起因是法蘭西斯一世在圍攻帕維亞時遭到守軍頑強抵抗，使得叛變的波旁王室總管及神聖羅馬帝國軍隊有時間前來援助，加上國王剛愎自用，不聽勸阻退守到防禦工事中，而選擇在帕維亞繼續正面作戰，才簽下此合約。1525 年 2 月 24 日，戰爭爆發，法國炮兵擊退帝國的軍隊，於是法蘭西斯一世便率騎兵衝出軍營，但他很快被包圍，雖然法國騎兵訓練有素、驍勇善戰，但步兵多半是外國僱傭軍，他們見情勢不利皆聞風而逃，於是法軍的右翼寡不敵眾，已經支持不住，左翼騎兵又因指揮官阿朗松公爵臨陣脫逃而自行潰散。法蘭西斯一世在戰爭期間兩度受傷，雖然奮力作戰，但最後還是失敗，使他不得不投降。法蘭西斯一世成了囚徒，他在寫給母親的信中這樣說道：「世間留給我的只有榮譽和得以倖存的生命」。

當時查理五世的聲勢令法國擔憂，因此法蘭西斯一世與教皇克雷蒙七世、威尼斯及其他義大利親王結成科尼亞克聯盟，亨利八世也倒戈投效另一陣營。1527 年的突發事件逆轉了情勢，查理五世軍中部分沒有領到軍餉的士兵，將羅馬洗劫一空，此事重創查理五世的威望，也導致莫阿克一役失利；加上鄂圖曼土耳其人在 1529 年圍困維也納，戰事膠著，查理五世擔心日耳曼地區的改革進程，於是在 1529 年恢復和平。《康布拉條約》使法蘭西斯一世保住了勃艮地，西班牙也保證他在義大利的權利，法國因此得以保持統一與維持自身的軍事力量。

　　1529 年至 1536 年的和平時期，歐洲維持了一種明顯的平衡，當查理五世與斯馬卡爾德同盟組織交戰時，法蘭西斯一世卻與該同盟談判並參與事務，直到 1534 年該同盟因為敵視法國新教徒而出現變化。法蘭西斯一世與鄂圖曼土耳其蘇丹簽訂聯合行動的協議，於是法蘭西斯一世與查理雙方的敵對行動再起。法蘭西斯一世一直夢想能在義大利確立他的權威，此時查理五世則帶領 5 萬大軍進入普羅旺斯，但被擊退。教皇對鄂圖曼土耳其人的進展深感不安，在他的調停下，兩位君主於 1538 年簽訂了《尼斯停戰協定》，談判期間，查理五世與法蘭西斯一世互不見面，而是輪流拜訪教皇，然後再由教皇傳達雙方的意願。法蘭西斯一世回到法國之後，查理五世表示希望和他直接會談，並建議在埃格莫爾特舉行會晤，於是法蘭西斯一世就帶領數名朝臣親往會晤，當他登上查理五世的戰船時，兩人熱烈擁抱，彷彿兩國從來沒有發生過戰事般，次日查理五世亦到埃格莫爾特回訪，他們分別時氣氛融洽，然而雙方卻沒有達成任何正式的協議。

　　戰爭從 1536 年進行至 1538 年，又從 1542 年持續到 1544 年，主要原因是查理五世不守信用。

　　1539 年，查理五世為鎮壓反叛的根特城而借道法國，法蘭西斯一世命令，所有的城市都要「以迎接法國國王駕臨同樣的榮耀」接待查理五世，尤其以巴黎的迎接儀式最為隆重，然而查理五世心中卻忐忑不安，他認為他這次的出行一定有人向法蘭西斯一世提出惡毒的詭計，但事實上法蘭西斯一世不但命人把查理五世送到聖康坦，並且命兩個兒子護送他到瓦倫西亞。

　　查理五世答應將米蘭交給法蘭西斯一世，作為借道法國的報答，但當他鎮壓了根特之後，他就矢口否認曾做過這樣的承諾，於是雙方再度爆發戰爭。1542 年 6 月，戰爭在盧森堡和魯西雍開打，法國在魯西雍戰役中似乎陷入泥淖。1543 年初，查理五世再次與英格蘭國王亨利八世結盟，並策畫一次大規模的入侵行動。雖然法軍在皮埃蒙的切雷索來告捷，但英格蘭軍隊在北方包圍了布洛涅和蒙特菲，查理五世則在科梅西突破默茲河，並迅速推進到梯也里堡。當巴黎人獲知查理五世的軍隊逼近巴黎時，深感恐慌，所有人都設法離開巴黎，法蘭西斯一世由於疾

病在身，不能親臨前線作戰，但他從楓丹白露宮返回巴黎，大聲疾呼市民保持鎮靜，巴黎市民見到國王親臨，恐懼自然消失。此時法軍正急行軍增援巴黎，查理五世心生疑懼，遂引兵離去。

二、梅斯風度

　　查理五世接受了路德教派親王的臣服，征服米爾伯格之後，查理五世強迫他們接受《奧格斯堡代理條約》，但路德教派的親王卻在 1552 年與法蘭西斯一世的繼任者亨利二世簽署《尚博爾德條約》。亨利二世當時占有梅斯、圖爾和凡爾登，查理五世只好放棄《奧格斯堡代理條約》，以求與路德教派的親王合作並重獲梅斯。然而此時查理五世又組織一支軍隊，在史特拉斯堡渡過萊因河，並包圍梅斯。吉斯公爵弗朗索瓦被任命為梅斯地方司令，他麾下有一支精兵供他調遣，另外他還命人加緊修築防禦工事。查理五世到達梅斯附近的時候，只見壕溝縱橫、城市周圍布滿堡壘、教堂屋頂被作為炮臺，在人工堆砌的高地上也架起了大炮。查理五世擁有 60,000 大軍和 7,000 工兵，可謂兵力雄厚，但幾度進攻都被守城軍隊打敗，查理五世的軍隊甚至不敢在唯一能接近的城牆一側發動攻擊，由於天寒地凍，不少士兵都凍死了。在經過 45 天的膠著之後，查理五世的軍隊損失慘重，於是被迫從梅斯撤退。然而撤退本身就是一場災難，法國乘機出城進攻查理五世的後衛部隊，而且奪取了大部分輜重，神聖羅馬帝國的軍營裡滿是被遺棄的傷兵，他們躺在冰凍的泥地上，狀況淒慘，法軍可憐他們並救治了這些傷兵。「梅斯風度」很快便流傳開來，這是法國軍隊莫大的榮耀。

三、新的平衡關係

　　失敗之後的查理五世另起爐灶，他試圖退位，並將西班牙軍隊駐守在托斯坎納，當時他的兒子菲利娶了瑪麗・都鐸以確保與英格蘭之間的聯合，查理五世將西班牙及附屬領地傳給菲利（1555 年至 1556 年），可惜沃瑟勒休戰之後，又將薩伏瓦與皮埃蒙讓給法國。數月後，亨利二世被反西班牙的保羅四世國王捲入新的戰爭，菲利二世在英格蘭的支持下入侵義大利北部王國，他的軍隊由薩伏瓦的伊曼紐・菲利貝爾指揮，

1557 年在聖康坦一地粉碎蒙莫朗斯的軍隊。然而財政問題使這次軍事行動功敗垂成，1558 年弗朗斯瓦·吉斯乘機占領加萊，由於亨利二世想要全力對付異端，於是在 1559 年簽訂了《尙布雷斯堡和約》，法國人也撤出薩伏瓦、皮埃蒙以及科西嘉島。

　　令法國失望的《尙布雷斯堡和約》大致確立了未來一世紀兩大君主政體的地位，查理五世的夢想落空，西歐呈現一種建立在西班牙、法國與英格蘭三個主要國家之間的新平衡。

四、鄂圖曼土耳其威脅

　　東歐也建立起新的平衡。波斯敵視鄂圖曼土耳其帝國，但鄂圖曼土耳其卻對匈牙利和地中海地區構成威脅，1529 年，鄂圖曼土耳其一度在維也納受挫，但此時已然占領匈牙利，並使川夕法尼亞成爲附屬公國。然而，鄂圖曼土耳其對地中海地區的統治也必須依賴附屬國的艦隊，例如，柏柏爾人在阿爾及爾的巴爾柏盧瑟海盜船，法蘭西斯一世在 1543 年答應讓巴爾柏盧瑟號在土倫港停泊。鄂圖曼土耳其從威尼斯手中得到在希臘的各個貨棧，西班牙則退到了北非。

五、戰爭的後果

　　義大利戰爭的結果令人沮喪，卻帶來警惕與教訓，也標誌著國家間關係的轉變，其影響也擴及戰爭與外交方面。

　　十五世紀初歐洲大國僅有極少的常備軍隊，戰時需要招募新兵和自衛隊以保衛地區安全，義大利各邦的軍隊基本上由僱庸兵組成，僱庸兵的薪水很高、但不一定效忠所屬軍隊，他們的忠誠與否得視國家是否及時且充分發放軍餉而定，因此各邦的僱庸兵也有限，西班牙提供了大量由沒落貴族充當的騎士或火槍手，法國開始徵集皮卡爾地與皮埃蒙的舊部。

　　戰術與武器都產生變化。十五世紀末，瑞士人率先組成 6,000 人的方陣，全是矛兵與火槍手，戰役縮小爲正面對陣，但需要雙方同意才能開戰，因爲只能在敵人炮火射程的範圍之外開戰，然後向敵人的方向前進，敵人也有後撤的餘地，騎兵在戰場上幾乎無用武之地。1494 年占法軍一半以上的騎兵，到了十六世紀中葉大約僅占 1/10，同時火槍手

的人數也增加了（如圖 11-3）。岡薩爾弗常招募「迷途的孩子」，他
們熟練地運用防禦工事，火槍部隊也愈來愈得心應手，炮兵與其他新式
武器加入了戰場，馬利尼昂成為第一個現代的軍事戰役。這些進步的武
器裝備很快為歐洲各地所使用，但是只有具備強大財源的君主才有能力
採納這些武器裝備，義大利戰爭使歐洲軍事力量與政治分配相對簡化許
多。剛開始法國炮兵頗具優勢，由於中世紀歐洲的城堡普遍沒有得到良
好的維護，發揮不了多大的作用，因此人們更需要修築城牆、重建城堡
的前沿地帶以抵擋子彈的破壞，城堡前修築好的突角主要用來抵擋集中
發射的炮火，1520 年重新整修完成的維洛納防禦工事便是一例。

圖 11-3　十六世紀的火槍

　　此時期的戰略似乎無甚大的變化。戰役並不頻繁，事實上也很難以
武力取勝，由於交戰雙方都未能解除對方的武器裝備，奪取敵方城市、
破壞道路，進一步使農村糧食供應不足成了必要的手段，運補成為勝利
的重要關鍵，糧食不足的一方只好被迫投降。法國海軍以及英格蘭海軍
在此時急速發展，戰爭中的船艦都由配備武器的商船組成。依靠划槳手
的雙槳戰艦在地中海尚未完全消失，其威力在於參戰迅速，它運送大量
步兵，帆船戰艦靠登上敵船交戰，由於船上載運許多人員，包括步兵與
划槳手，船必須沿著海岸航行，以確保糧食供應，戰船加上船帆之後的
續航里程更長，也能夠裝備更多大炮，但當時的人尚未發現這一優勢。

第三節　重商主義

一、物價上漲與通貨膨脹

　　1530 年到 1620 年歐洲的經濟發展使物價開始上漲，當權者將注

意力轉向重商主義。這一次的物價上漲於十六世紀初的西班牙開始，1524 年之後波及法國，進而遍及歐洲各國，直到 1575 年，農產品的價格亦受到影響。一般分析上漲的主因是低質量的貨幣所致，眾所周知，劣幣驅逐良幣，這也是馬雷斯特華在其著作《悖論集》所闡述的理論。

　　人們開始意識到貴重金屬的價值，重視貨幣的數量原理。西班牙的納瓦羅、法國的尚‧勃丹所著的《答馬雷斯特華先生書》、英格蘭的葛里先和義大利的達凡札提都認爲貨幣流通與價格上漲成正比。勃丹還看到物價上漲的其他原因，其中之一就是「壟斷」現象，壟斷大多來自於商人、手工業者和行會伙伴之間爲保證價格與工資而達成的協議，或許還有一些是不平衡的經濟貿易所帶來的影響。此時西班牙的金銀儲備已所剩無幾，儘管人口增長迅速卻追不上經濟的快速發展，高額工資吸引了法國的勞工，法國勞工再將所得帶回法國，法國商人更在此銷售原本準備銷往美洲的糧食與製成品。尚‧勃丹也譴責君主和宮廷的奢侈生活，雖然他認識到貨幣的豐富爲經濟帶來的好處，他卻忽略了貨物產量增加才是解決問題的方法，極少數人同意他的理論。

　　1577 年，法國政府大膽嘗試消除記帳貨幣與眞實貨幣之間的區別，所有帳目必須以金埃居結算，圖爾鑄造的貨幣里弗爾爲純銀法郎，價值 1/3 埃居，但是最後嘗試失敗，銀幣的價值卻超越人民的日常所需，因此爲了商業發展，也需要使用純銅幣，1578 年，法國鑄造了一批價值很低的銅幣，法國人好不容易才接受。

二、重商主義

　　爲了抵擋饑荒、仲裁人民之間的衝突，以及使基督教的原則被遵守，君主被允許干預經濟生活。自十五世紀末起，君主對經濟生活的干預相當普遍，有些官員認識到商業平衡對國家的重要性，因此說服政府制定一些法律措施，儘管貫徹不力，卻構成一套連貫的重商主義政策。十六世紀末，重商主義在法國得到王室官員和一些商人的認同，當時法國因宗教戰爭變成一片廢墟，由巴泰勒米的作品可了解重商主義的主要內容：反對遊手好閒者和奢侈浪費，因爲這會導致貴重產品的進口；主張出口，並且爲此主張發展農業以及工業；禁止進口外國絲織品，禁止

發展奢侈品工業；爲了使工業產量足夠、質量上乘、商品價格合理，因此必須重新組織工業，這項改革也只能依靠行會實現，但他並未想到建立「行業公會」。

　　自十五世紀以來，法國地下礦藏即被視爲國王的私人財產，1540年起，開採權獲得開放，法國才稱得上眞正擁有礦山與採石場，此即礦物局的前身，亨利四世頒布法令強化該機構。就鹽來說，國王釋出岩鹽礦的開採權後，他僅能控制鹽田；政府每年規定各省必須爲國王生產一定數量的胡椒和硝石；1572年、1582年及1601年陸續頒布的法令使法國這一套體制逐漸完備，加強王室的控制。英格蘭國王不具有類似權力，除了金銀礦，英格蘭國王對於地下礦產的權力逐漸減少。

　　儘管法國國王在經濟領域裡擁有極大的權力，但他的任務卻也因各省市特權的膨脹而變得更爲艱難，爲了控制工業，國王犧牲尚未宣誓的行業，給予已宣誓行業各種便利，自法蘭西斯一世起就制定了嚴密的行業章程，1571年，有關紡織業的法令也開始規定銷售價格和生產的方式，一般而言，這種法令非常有利於行會的師傅，但它卻不得人心，因而行之無效，1581年和1597年的法令宣稱要消除未宣誓的行業，然而它們卻依然存在，並實際上接受了一套組織管理，因此說它們是「被支配的行業」更爲合適。

　　法國境內各種利益有時會發生衝突，1516年，王室頒布詔書禁止進口豪華織物，但最後徒勞無功，1577年與1599年兩次的三級會議中，爲滿足眾多城市議員的願望，國王禁止進口工業製成品，但並不符合里昂人民的利益，因此當地居民反對這項措施，這項措施也因此中斷。

三、經濟擴展的社會背景

　　雖然城市是經濟活動的發源地，但在十七世紀的法國人看來，土地仍然是財富的主要來源。手工業、商業及殖民地企業，僅是少數人才敢嘗試的事業。經過一、兩個世代之後，人們在商業上所獲得的利潤大多轉化成地產，收取地租、土地租售以及領主土地權的投資開始出現。在宗教改革的地區，教會土地變爲非教會所有，一般而言，君主只保留一

小部分，為了確保大領主對他的忠誠，君主會將其產業的部分分配給大領主，將大部分賣給小領主、商人和富農。同時，宗教戰爭中也有貴族為自己謀利的事發生，甚至在天主教獲得勝利的地區，教會的土地也發生了變化，為了負擔鎮壓新教徒叛亂的費用，法國的三級會議著手將部分教士財產交給國家支配，所支配的產業占教會財產的1/5。

四、農村社會的演變

貴族靠著小麥的出售而強大，除了法蘭德斯和荷蘭等地的情況略有不同之外，法國社會通常特別尊重土地擁有者，一旦得到一塊封地，就有可能為家族增添光彩，並過起貴族般的生活，若是謀得一官半職，社會地位將提高，進而被封為貴族。

在新領土的影響下，對土地的經營也發生變化，擁有資產者為了謀取利益，不顧道德的約束，很多舊領主在收入銳減之後，也仿效他們的做法。其他受到這種新經濟思想影響較小的人，則寧願將他們所有的財產，包括臨近的產業、封建地租或其他租金交給莊園的總管管理，這些人成為農民中的傑出人物，他們富裕之後，即竭力進入土地所有者的行列。正是為了提防這種危險，並使貴族了解自己的利益所在，奧利維耶在1660年發表《農業舞臺與土地測量》，他建議領主們親自到莊園監督管理，在道德上對他的農民進行真正的保護，本書獲得極大迴響，因為此時亨利四世也正努力挽救宗教戰爭造成的損害，並且使農民回到土地工作。

農村貴族的強大和物價上漲給很多農民帶來殘酷的影響，農民在農產品銷售中所享有的份額隨著糧食利潤的提高而減少，在農業先進地區，土地出租得到發展，但也引進一些短期租約，其利率隨價格的升高而上揚。工資提高，卻趕不上物價上漲的速度，當然在集體協作方式繼續存在的地方，還能為窮人提供一些財力上的幫助。除了這一演變所產生的影響外，還有稅收的影響，當直接稅成為最沉重的稅捐時，農民尤其被壓得喘不過氣。

在十六和十七世紀初，農民的處境由於各種原因而趨於惡化，並以各種形式表現出來。在法國，舊的農業體制繼續保持，很多農民從糧食

市場中被排擠出去，因爲元 1585 年至 1598 年的戰爭使得不安全感自
1635 年起占據人們的心靈，經濟活動因而重新回到以物易物的形式，
以物易物對農民只會造成一定的損害，儘管當時王室增加的稅捐不要求
他們以金錢支付。

　　在十六世紀嶄露頭角的資本主義資產階級繼續形成，這個階級的成
員都是把銀行與其經營活動聯繫起來，並掌握一部分工業生產的商人。

　　各行業師傅的運氣有好有壞，在傳統行業中，小心謹愼地在社會上
求得發展仍然可行，只要個人能得到家庭的支持，並且大環境的危機不
致使他的努力付諸流水。各行業中的資產階級寧可購買土地、收取實物
地租，或者參與法定的或由可靠機構——如巴黎市政府、省三級議會、
神職人員等——保證具有定期收入的活動，也不願把儲蓄投資到商業
中。其他行業的師傅和店主則面臨停滯的狀態，這個階級保持著警覺，
從十七世紀後半葉開始，製成品價格的上漲爲這個階級帶來好處，但是
與此同時，原料也更昂貴了，所以補充行業之間的競爭也很激烈。

　　對於父母而言，一旦孩子能工作，家庭人口眾多就意味著一件幸運
的事，因爲他們可以減輕家中的負擔，但是對孩子而言，這也表示生活
水準降低。

　　在資本主義商業重新改組的行業中，師傅變成了工匠，他不再有任
何的獨立性。行會中的學徒曾在十六世紀的經濟形勢中得利，此外經濟
發展還使得行規有所鬆動。自十六世紀前半葉的後期起，出現了逆轉，
工資的增加趕不上物價的上漲，師傅或因爲受資本主義思想的影響，或
因爲察覺到要保護業已不穩定的處境，他們進一步擴大了和學徒之間的
鴻溝。爲了生產考量，政府制定更嚴格的規章制度，並強迫所謂的自由
職業也必須遵守，子承父業的自然趨勢不再受到約束，所以除了個別情
況，學徒都不可能成爲師傅。學徒無法由經濟發展中獲得應有的利益，
於是他們組織自己的行會，但遭到當局的禁止，一些聯盟也組織起來進
行罷工。

　　於是城市中一個經歷不同程度不幸的無產階級就這麼形成了，包
括工匠、紡織行業的學徒，以及人數隨城市文明發展而增加的散工，經
濟形式稍有變化就會影響到他們每一個人，許多人一度淪落到以乞討爲

生，甚至無法再擺脫這種境況。這些不幸的人只有少許希望，他們希望或許能加入僕役的行列，當僕役至少還能得到一些麵包，有時還可能存到一點錢，他們也向慈善事業求援，但是慈善事業始終只是基督教的一種義務，慈善事業的救濟並不可靠，它的進行並不是根據不幸者的需要決定，而是要看布施者想積多大的功德，但是面對日益增加的社會壓力，慈善事業也成了一項應急的辦法，所以地方行政機構也將慈善事業的組織權控制在手中。

五、社會壓力：等級或階級

　　社會壓力存在於各階層、各等級和各團體中，財富的差距愈來愈大，參加過叛亂的上層貴族家庭紛紛破產，眼睜睜看著君主將自己的財產沒收，作為獎賞賜給為王室服務的家族。法國的大片世襲領地已不存在，但大地主的財產卻因為增加小塊封地而得到加強，小塊土地的合併在巴黎地區是從 1560 年開始。商人之間、行會師傅之間、農民之間、散工之間的不平等竟成了理所當然之事。

　　不論是過去時代的富人還是新的富貴階級，他們與窮人的差距愈來愈大，儘管他們之間的接觸還是很多，但都是主人與僕人或主人與雇工這樣的關係，甚至是富人與乞丐之間的接觸。

　　生活方式變得多樣化，這一點表現在服飾和食物以及娛樂活動上。時裝仍是上層階級追求的東西，也在資產階級身上顯示出一定的影響，為了在服裝上與他人與眾不同，宮廷裡的人們耗盡資財購買昂貴的裝飾品，男子服裝也變得和女子服裝一樣怪誕與多變。十六世紀時，四輪豪華馬車已屢見不鮮，擁有這類馬車也是獲得社會地位的重要表徵。愈來愈頻繁關於神話的號召無法再觸動人民，露天比武和決鬥已不多見，狂歡節和新王登基則成為普天同慶的日子，只有少數人參加的舞會和戲劇演出愈來愈多。

　　此時的社會對立與社會鬥爭比過去更嚴重。窮人反抗富人的暴動、階級之間與團體之間的對立，十六世紀前半葉的暴動非常激烈，十六世紀後半葉的暴動次數增加但激烈程度大為減輕，大多是窮人和強盜的騷亂滋事，其原因很可能是由於行會會員力量減弱、鎮壓措施更為

精進、上層社會加強自我保護。貴族與資產階級之間也存在著摩擦,世襲貴族眼見他們的政治作用被削弱,所以必須捍衛他們的既得利益,但他們並沒有採取明智的方式去管理,而多是去為國王服務或成為某個派別的擁護者,以達到捍衛其利益的目的,在資產階級的推動下,貴族加強了等級的思想,強調種族的純潔與榮譽,對勞動更加蔑視。從資產階級之間誕生了一批新貴族,他們是由於得到君主的詔書,或是購買了國家重要的官職而被封為貴族的新領主,世襲貴族拒絕承認他們具有的貴族身分,儘管新貴族仍然設法透過聯姻與舊貴族接近。由於資產階級的能力不斷加強,理想與趣味不斷提高,資產階級脫離了人民,並公開表示蔑視體力勞動。

第十二章
宗教戰爭

第一節　人文與思想

一、宗教危機的爆發

　　從未被任何人懷疑過的聖經的經文成了人們深入研究的對象。聖經中最古老的部分是以希伯來文寫的；但自古代起，基督教教義在西歐的傳播依據的是拉丁文經文，而拉丁文經文所依據的則是聖經的希臘文譯本。如今，既然眾多人文主義者懂得了希伯文，他們便可對照原文與譯文，並從譯文中發現錯誤和有害的觀念了。

　　人文主義肇始了已潛伏兩個世紀之久的宗教危機。這或許並不是它的希望。

　　與此同時，醫學獲得了某些進展。昂博瓦茲・帕雷是當時最富盛名的醫生之一，而且至今仍被視為現代外科的創始人之一。

二、折服於文藝復興的法蘭西諸國王

　　燦爛輝煌的，比法蘭西文明更多接觸東方的義大利文明是有吸引力的。自十一世紀末期，法國諸國王通過在義大利進行的歷次戰爭熟悉了這一文明。法蘭西斯一世是以一場在米蘭附近馬里尼昂取得的輝煌勝利而開始其統治的，他到那裡為的是獲取據他聲稱是其家族遺產的一片土地。他讓許多義大利藝術家和學者來到了法國。達文西是其中最著名的人物之一，他被請到盧瓦爾河畔安布瓦斯，幫助裝飾國王們建在這裡的豪華城堡，後來死於離此不遠地方。因此，藝術復興是伴隨十六世紀知識和文藝復興的發展同時發生的。

三、人文主義和文藝復興危機

　　人文主義曾經是一批知識分子所極力推行的思想，在精神領域上沒有國界的西歐，由於經濟和社會的發展，這批知識分子的人數不斷增

加。人文主義者在研究拉丁語這門僵死的語言的同時，遲早會發現並宣告拉丁語不可能再成為行政官方語言，甚至政治語言。由此可以預見民族語言將有一個輝煌的未來，於是知識將可以更容易地藉由傳播傳遞給更多人，印刷廠為思想的傳播提供了新方法，並使傳播的範圍更廣。

印刷廠在誕生之初是否在某種程度上成為文化發展的障礙，這個問題不太確定，出版商必須滿足一批新的購書顧客，因此印刷廠首先考慮到的是出版商已有的書籍。總之，在十六世紀，印刷廠出版的中世紀作品比人文主義者的作品多，因而也就使得人們對中世紀作品的了解比對人文主義者作品的了解多。到了十七世紀，中世紀作品在大眾性的出版中銷聲匿跡，但是少數出版商直到十八世紀還在出版《牧場的日曆推算法》、從英雄史詩中摘錄出的傳奇，或者是論妖術一類的書籍。另外，一旦宗教戰爭爆發，為了發動群眾就必須要降低護教的論調，這時群眾看待問題的方式因此得到尊重，有理想的思想轉變成標語，學者和文人經常陷入學派論爭的泥沼中。

從十六世紀中葉開始，人文主義的失敗已經顯而易見，此時掌握理性的價值觀點也全部崩潰，亞里斯多德學說雖逐漸被拋棄，但也沒有新的學說取而代之。

1540 年，由於宗教要求過於苛刻，因而產生接連的宗教改革運動，引發一場不信教的危機。在某些地區由於宗教戰爭的因素，毀滅了至多一代人在宗教上的信仰教育，很多教士再也不會正確地做彌撒。然而在依然忠於羅馬的國家，天主教的復辟在所難免。

人文主義和文藝復興學者曾經很支持個人主義，而宗教改革和對聖經的自由理解使信仰領域向個人思考打開了一道大門，但是宗教戰爭強調領袖的作用，而非精神導師的作用。廷臣的理想仍然圍於宮廷和外交的範圍，由於時代心理，很多人不可能達到自己的目的，到了十七世紀，廷臣的理想被英雄、貴族、軍人的理想所取代，使自己的一切行動聽從於自身的榮譽感，相較於理智，這更能體現男子漢的力量與情感。這種對自我的肯定引起了一種統治的欲望，以及不反對透過行動而且是過度的行動來超越他人的欲望，因此冒險、陰謀、決鬥成為英雄生活的組成部分。由於自制力不強，人們在潛意識和超越他人的欲望驅使下，

也做出種種與人文主義的崇高理想相去甚遠的行為。這時期到處充斥著暴力，在趨向文明進步的人群中，暴力行為顯得更怵目驚心，武力在社會關係中也具有很大的作用，一直到十七世紀，才逐漸減弱。

四、暴力與巫術

1583 年，法王亨利三世規定：除了國王以外任何人都無權徵集騎兵。但法令的實施卻極為不力，李希留欲摧毀遠離邊界的城堡，貴族的宅邸仍擁有為數可觀的室內擊劍教練場，在家中或在旅行中攜帶武器用以自衛也是被允許的。但是也出現一項變化，當時的人們熱衷於以決鬥代替陰謀陷阱，這無疑是一大進步，因為禁止決鬥的法令也僅能使決鬥的次數減少而無力杜絕，決鬥——或者說單打獨鬥的貴族形式，是在社會的各階層都有的情形。

違反道德的暴力行為在劫持和綁架的次數中體現，當家庭的聯繫開始鬆動，父親的權力有所減弱時，劫持和綁架的次數也就愈來愈多。家長希望透過為子女聯姻的方式實現家族興旺的野心的這類醜聞也愈來愈多，以至於子女開始反抗家長，違背父母之命的婚姻比比皆是。主教會議和國家決定擴大天主教地區的神父在婚禮慶典中的作用，負責堂區紀錄的機構也使神父成為真正的戶籍主管官員。

巫術所引起的訴訟案體現了一個地方行政的災難，巫術出現的高峰是在十六世紀末和十七世紀中葉之間，儘管某些地區受到特別大的影響，但是普遍來說，當時巫術是一個廣泛的現象，也影響了倖免於戰爭的地區。奇特的是，法官和所有上層階級都相信魔鬼在不斷介入世事，人文主義者也是政治學先驅的尚·勃丹著有《巫師的憑狂》一書，他在擔任法官期間，一見女巫就抓，使女巫聞風喪膽。科學知識中的大量空白只能以超自然解釋，科學所不能解釋的領域中，舉凡向善的都被歸功於上帝，凡是向惡都被歸咎於撒旦，那些以無法理解之途徑行事之人，包括醫者、土法接骨醫生，以及所有讓人起疑心的人，都被認為是被魔鬼施法。公眾的議論胡亂控告，被告一旦被民事法庭逮捕，他的命運幾乎就已經確定，與魔鬼簽署協定的法官向被告提出種種問題，可憐的被告被監禁，確鑿的證據和酷刑將他折磨地筋疲力盡，對於法官暗示的答

案只好認罪。當然教會會千方百計地救出被控告的人，並用驅魔術來救治他，但是如果此人承認犯下重罪，教會便無能爲力，最後失去理智的被告不免要供出許多同謀。

　　另一個災難是社會受到神祕主義所支配，魔鬼附身症和歇斯底里症都被認爲與魔鬼有關，並且是由於吃了媚藥或由於命定而發。「著魔者」請人當眾爲他驅魔並提出控告，只有等「折磨他的人」死亡，他才能獲得安寧。巫術的受害者往往是婦女、牧師，有時還有神父，著魔訴訟案的受害者通常是神父，但是關於這些事件的傳聞，最終都引起某些醫生的懷疑。盧丹事件就引起一場爭論，這起事件中，一些于爾絮勒會修女，包括女修道院長自稱她們是神父于班・格弘迪耶的受害者，於是法官判處于班・格弘迪耶接受焚刑。人們開始意識到有精神上的疾病存在的可能。巴黎議會自 1640 年起放棄起訴巫術，但是 1660 年法國又出現了巫術訴訟案，1682 年頒布敕令，巫術本身才不再被視爲不法行爲，但是仍有一些法官較晚才改變看法，其他國家則又更晚才禁止巫術的訴訟案。

第二節　信仰歧見

一、法國的宗教戰爭

　　法國自 1559 年以來一直處於緊張的局勢，1562 年又爆發了宗教戰爭，法蘭西斯二世（1559 年至 1560 年，如圖 12-1）年僅十五歲體弱多病，然意志和頭腦卻與身體同樣糟糕。1588 年 4 月 24 日，他與比他年長一歲的蘇格蘭女王瑪麗・斯圖亞特結婚，她完全控制了這位年輕的國王，而她自己則是吉斯家族舅舅們的傀儡，因此，法國此時實際上是由蘇格蘭女王瑪麗・斯圖亞特的兩位舅舅，弗朗斯瓦・吉斯洛林的紅衣主教掌握實權。

圖 12-1　法蘭西斯二世

　　弗朗斯瓦・吉斯家族，他更為人所熟知的名字是「洛林的樞機主教」，又稱作洛林查理，1524 年 2 月 17 日生於儒萬內爾，為洛林的克勞德的次子。克勞德是首位吉斯公爵，曾任皇家犬獵隊隊長，在法蘭西斯一世時期與查理五世的戰事中一戰成名。1538 年，吉斯的叔父辭去蘭斯大主教的職務，並推舉年僅十四歲的姪子吉斯繼承其位，1547 年，吉斯又獲得他叔叔的洛林樞機主教的頭銜。吉斯在危險面前膽小畏縮，得志的時候則盛氣凌人，他不講信用、德性敗壞，但為人精明、言詞雄辯、詭詐多端。有人曾這樣評價這位大主教：「儘管身為教會中人，其靈魂卻極其骯髒。」法蘭西斯二世時，吉斯全面負責國家財政工作，特倫特宗教會議期間，他扮演了重要角色，1569 年在他的撮合下，查理九世娶奧地利的伊莉莎白為王后，1574 年 12 月 26 日，吉斯在亞維農去世。

　　吉斯和他的長兄弗朗索瓦・吉斯公爵深得亨利二世的賞識，國王對他們委以重任，兄弟二人在法國政治事務上擁有舉足輕重的地位。弗朗索瓦出生於 1519 年，比洛林查理年長 5 歲，他是出色的軍事統帥，意志堅定、驍勇善戰、氣度慷慨。他與其弟一樣，皆曾參與對查理五世的戰爭，一開始就表現出他的軍事才能，查理五世圍攻梅斯期間，他的防禦戰術非常優越，在朗蒂戰役中他打敗了查理五世。後來亨利二世命令弗朗索瓦・吉斯去義大利協助教皇反抗西班牙，但在此期間，他的軍事生涯並不順利，在擔任陸軍總監期間，他從英格蘭人那裡奪取了加萊，擊退西班牙人，並迫使西班牙簽訂了結束義大利戰爭的《卡托・康布雷奇和約》。亨利二世去世後，他在其弟「洛林的樞機主教」以及他的姪女瑪麗・斯圖亞特王后（如圖 12-2）的支持下，成為法國實際統治者。查理九世時期，他感到凱撒琳・麥地奇的政治手腕削弱了他的權力，於是便離開了王室中樞，他與王室總管蒙末朗斯以及聖安德烈元帥結成聯盟，表面上是為保衛天主教的事業，實際上是針對攝

圖 12-2　瑪麗・斯圖亞特

政王后凱撒琳・麥地奇。弗朗索瓦・吉斯公爵在盧昂和德魯打敗胡格諾教徒，1563 年，當他準備進攻奧爾良時，被一個新教徒用手槍打死。

二、迫害新教徒

　　吉斯家族以法蘭西斯二世的名義統治著法國，並迫害新教徒。1560 年 3 月，一些貴族和新教徒祕密組成了一個反吉斯家族的昂瓦茲集團，但很快地被鎮壓下來。大部分的密謀分子被處死，孔代親王受到牽連也遭到逮捕，安托瓦內公爵亦陷於被暗殺的危機中，1560 年法蘭西斯二世去世，這兩位親王才得以逃脫敵人的報復。

　　亨利二世時，對付異端分子的政策不變，不過新教徒勢力已擴展到整個王室，所以毫無成效，一些大城——如巴黎、里昂、奧爾良、盧昂——是主要據點，南部新教徒透過幾個核心城市，如拉羅舍、貝亞恩、尼姆等，影響了中央高原以北地區，如列日、日內瓦，且有統治全區之勢。新教在諾曼地、皮卡爾地和都蘭等地區擁有不容忽視的實力，而且還有繼續向農村發展的潛力。卡拉・康布雷奇使得一些領主皈依新教，其中許多是宗教改革的重要人物，由於他們的影響，許多附庸和農人也成為新教徒，除了城市以外，許多城堡也是新教的據點。

　　吉斯家族有許多敵人，包括胡格諾派、敵對的大家族與其附庸。其中一些家族被捲入宗教改革運動，例如，成為新教領袖的貴族納瓦爾國王、波旁的安托瓦內、其妻喬安娜・阿爾布雷、其野心勃勃的哥哥孔代親王路易，還有海軍上將科利尼。

三、科利尼遇難

　　科利尼於 1517 年生於夏蒂羅安，早年和吉斯家族過從甚密。他在 1554 年的切雷索萊戰役中揚名，在被任命為步兵上校後，科利尼又升任海軍上將，亨利二世時，他參加過抵抗查理五世的梅斯保衛戰，1554 年，吉斯家族的弗朗索瓦在朗蒂大敗查理五世的軍隊，科利尼亦立有戰功，1557 年，他在聖康坦狙擊西班牙的軍隊，因拒絕投降而被俘，此後他祕密皈依喀爾文教派的新教信仰。被釋放後，科利尼遠離政治，與納瓦爾的亨利友善相處，1560 年，他以喀爾文教派的身分參加

楓丹白露大會，要求給新教徒宗教信仰自由，內戰爆發，他與孔代親王一起和天主教徒作戰，在德盧、聖坦尼和雅爾納克等地打了幾次勝仗，1570 年，雙方締結《聖日耳曼和約》。科利尼不久被查理九世召回宮廷，但遭到吉斯家族的妒嫉，1572 年 8 月 22 日，科利尼被人刺殺，8月 24 日發生聖巴托羅謬大屠殺，海軍上將科利尼成為第一批遇難者。

四、昂布瓦茲密謀

　　1560 年由胡格諾派策畫的昂布瓦茲密謀，目的要使國王脫離吉斯家族的影響，結果卻引起一場宗教鎮壓行動。吉斯家族是實際掌握法國政權的人，他們是天主教的支持者，因而對新教徒的迫害毫不手軟，但也激起了反抗。另一派則為波旁家族的孔代親王擁護的喀爾文教派，孔代親王並成為新教徒領袖，在個人的恩怨與野心使然之下，孔代親王指使一名貴族拉雷諾蒂把所有的不滿分子結合起來，他們準備在昂布瓦茲城堡劫走國王，以讓他擺脫吉斯家族的控制，並以嚴格的法律制裁吉斯家族，但是風聲走漏，大部分密謀者被逮捕，在未經審判之下就被斬首、溺死、吊死，吉斯家族成員還將年輕的國王和他的兄弟們以及宮中婦女帶到城堡的窗口觀看這些酷刑。

五、凱撒琳・麥地奇的寬容嘗試

　　1560 年，法蘭西斯二世去世，法蘭西斯二世的弟弟查理九世（如圖 12-3）繼承王位，查理九世當時才十歲，由母親凱撒琳・麥地奇攝政，掌握大權，操控整國家的事務，一直到1589 年去世為止。這個義大利女人出身於佛羅倫斯與羅馬的宮廷，最後當上法國王后，她早就清楚皇宮的傳統與現狀，作為一位政治狂熱的母親，她冷靜處理兒子們的家變，並盡力做到絲毫無損於君主政體，由於她常搞些小陰謀因此名聲欠佳，她起初表現得像機會主義者，她在無法去除波旁與吉斯兩大家族之後，試圖

圖 12-3　查理九世

與他們和解。

圖 12-4　凱薩琳・麥地奇

　　凱撒琳・麥地奇（如圖 12-4）竭力維護王室的權威，並以兒子的名義發號施令，她與各派系的勢力保持平衡關係，一旦有人對她構成威脅，她就會毫不猶豫地除掉他。凱撒琳・麥地奇既不信奉天主教也不信奉新教，她只相信占星士和巫師。她知道只有實行宗教寬容才能包容各派政治勢力，才能維持政權。她之所以選擇米歇爾・洛斯比塔為掌璽大臣，並非出於對公共福利的關懷，而是她不想受到天主教及新教領袖的控制，凱撒琳・麥地奇之所以能在歷史留名，那是因為長於政治陰謀、虛偽狡詐、毫無信用，她為達目的不擇手段，即使冒天下之大不諱也在所不惜。對她的兒子們來說，她是一個令人悲嘆的顧問，因為她是以他們的名義來行事的。

　　米歇爾・洛斯比塔生於 1504 年，起先是巴黎高等法院的推事，他曾在內拉克生活過，在當地，納瓦爾王后華洛瓦家族的瑪格麗特任命他為首席顧問和貝里的大法官，亨利二世時，他任財政總監和審計法院庭長，1560 年，凱撒琳・麥地奇又任命他為掌璽大臣。米歇爾・洛斯比塔主張宗教寬容，為了避免宗教戰爭、為了挽救他的國家，他試圖調解天主教徒與新教徒之間的矛盾，但在那段狂熱的非常歲月，他的一切努力都化為灰燼，儘管凱撒琳・麥地奇當政期間，背信棄義和陰謀詭計層出不窮，但這位首席大臣可稱得上是良善的典範，這是那可悲年代僅存的榮譽之一。1562 年，吉斯公爵挑起的瓦西屠教事件成為法國內戰的信號，此後三十年，法國宗教戰爭不斷。米歇爾・洛斯比塔啟發了凱撒琳・麥地奇的寬容政策，因此，儘管宗教戰爭不斷，她沒有灰心失望，還認為透過雙方讓步，和平與統一終將來到，可惜她未充分認識到要求天主教徒讓步的困難度。

　　洛斯比塔准許新教徒在城市裡舉行自己的宗教儀式，並允許他們擔任公職，此外，他還在巴黎設立了一個商事法庭，並頒布了所謂的《穆蘭法令》，該法令革除了許多讓人怨聲載道的弊病，改革了法國法律制

度，它在 1789 年以前一直是法國立法的基礎之一。

　　財政困難迫使凱薩琳‧麥地奇召開三級會議，洛斯比塔宣布召開一次國家主教會議，會議緩和並鼓勵了新教徒。一位隸屬第三等級的胡格諾派演說家在會議期間要求宗教自由，認爲扣押教士的部分財產是解決財政危機的良藥。九月分舉行的瓦西辯論會中，由德奧道爾率領的新教神學生與以洛林紅衣主教爲首的天主教高級教士進行面對面討論，但結果令人失望。凱薩琳仍堅持她的宗教政策，查理九世於 1562 年 1 月簽署《寬容敕令》，給予新教徒在城外舉行宗教儀式的自由。由於他們可以向王室大臣確認宗教政策，便取得了組織團體的權利，不過舉行教區會議必須取得王室許可。

　　舊敕令很快就遇到阻礙，胡格諾派在教徒眾多的城裡、事先清理過的教堂中布道，胡格諾派還組織武裝同盟，西南部甚至成立了軍事組織；天主教方面，弗朗斯瓦‧吉斯成爲高級教士與眾多大臣支持的天主教抵抗運動領袖；巴黎高等法院拒絕登載舊敕令，索邦神學院爲此大力批判，兩方人馬各有盤算。1562 年 3 月 1 日的瓦西鎭大屠殺是宗教戰爭的信號，波旁的安托瓦內將王后帶到巴黎，年輕的國王則留在楓丹白露的王室別墅，胡格諾派貴族將科利尼要求他們適可而止的建議拋諸腦後，並重新集結於孔代，4 月 8 日由孔代親王號召發動戰爭。

六、孔代親王

　　孔代親王生於 1530 年 5 月 7 日，是旺多姆公爵、波旁家族查理五世的第五個兒子。孔代早年在皮埃蒙當志願兵，1522 年隨查理五世圍攻梅斯並參加朗蒂戰役。孔代出於反抗精神和個人野心而擁護宗教改革，並成爲新教徒的領袖，他雖然參與昂布瓦茲密謀，但當時因缺乏證據而沒有被起訴，然而不久，他在奧爾良被逮捕並被判處死刑，1560 年，法蘭西斯二世去世，政局變化，使他得以逃過一劫。查理九世即位後，孔代重獲自由，並被任命爲皮卡爾地總督，在宗教戰爭中他攻占奧爾良、威脅巴黎，但在德盧戰敗，成爲俘虜。《昂布瓦茲和約》簽訂後，孔代親王又被釋放，並於 1567 年再次發動戰爭，他還企圖在蒙索城堡劫持查理九世，聖坦尼戰役失利後，孔代在《隆瑞莫和約》上簽

字。1569 年，孔代在雅爾克被天主教軍隊打敗，並再次被俘，這次他沒有那麼幸運，他被安茹公爵的衛隊隊長孟德斯鳩刺殺身亡。

七、胡格諾派

　　胡格諾派由於利用突襲因而取得多次勝利，雖然被逐出巴黎，但占領了許多重要城市。戰爭剛開始便發生一連串暴力行為，孔代親王搶奪許多教會財產作為軍餉，幾乎所有貴族與有產者都占據了教會財產，農民拒付什一稅，交戰雙方都以搶劫償付欠款。他們還想求助於外國，菲利普二世曾答應幫助王后與天主教親王，胡格諾派則向伊莉莎白一世求助，因而洩露了阿弗爾港的防務。

　　然而新教徒失敗了，數月後幾個主要領袖或者消失、或者被殺被捕，例如，弗朗索瓦即被暗殺。如今凱薩琳‧麥地奇能夠繼續推動她的和解政策了，但是此時必須考慮到天主教徒的抵抗，她強迫雙方接受 1563 年 3 月 19 日的《昂布瓦茲敕令》。《昂布瓦茲敕令》與前一年的敕令相較，其內容對新教徒更不利，他們被准許在已有新教的地區舉行宗教儀式，除此之外就僅能在指定的城市裡活動；為了得到貴族支持，敕令給予領主及其附庸舉行宗教儀式的自由，達成和解的新教徒與天主教徒合力收復阿弗爾港。這項敕令對新教徒和天主教徒而言，雙方都不滿意。新教徒覺得這只是凱薩琳‧麥地奇的緩兵之計，因而他們在 1567 年 9 月策畫逮捕洛林的樞機主教，但這次行動失敗了，隨後的幾次戰鬥都毫無結果。1568 年 3 月，新教徒終於接受了《隆瑞莫和約》，這個和約確定了《昂布瓦茲和約》的原則。不過和平只是一紙空文，各地的天主教徒都以地方聯盟的形式組織起來。

　　面對這種局面，孔代和科利尼試圖為他們的朋友找到一個庇護所，他們讓這些新教徒與擁護宗教改革的新教徒將軍會合，於是大批新教徒攜家帶眷匆忙逃亡，唯恐遭受天主教徒攻擊，由於後有追兵，他們在聖塞爾南附近涉水渡過羅亞爾河，孔代親王懷抱幼子，一馬當先，新教徒隨後相繼占領普瓦圖和拉羅舍城，他們請拉羅舍人照顧家人，然後投身戰場。

八、新教徒基地——拉羅舍爾

　　凱薩琳的寬容政策似乎奏效，王室贏得幾年和平，為了體現王室威信，她帶著稍長的查理九世以兩年時間巡視全法。凱薩琳與西班牙王室的接觸令孔代親王不安，他企圖劫持國王，甚至計畫屠殺天主教派主要人物，這項陰謀最終導致凱薩琳・麥地奇厭棄新教派。突襲雖然失敗，胡格諾派在選侯之子尚・卡西米的部隊支援下，取得對《昂布瓦茲敕令》的確認。拉羅舍爾已成為新教基地，附近發生多次軍事行動，兩派都增加了勢力，國王的軍隊在雅爾納克和蒙孔圖爾重創對手，但科利尼扭轉了局勢，戰況顯示若是胡格諾派的行動掌握分寸，大部分王室成員都願意放他們一條生路，且另一方面天主教徒似乎也無法徹底殲滅對手，於是凱薩琳願意和談，1570 年 8 月 8 日的《聖日耳曼敕令》給予胡格諾派幾個設防的安全區，為期兩年，但卻嚴重損害了國家的權利。

　　《聖日耳曼敕令》帶來了和平，它讓雙方的妥協有了相當的進展。新教徒的政治權利獲得改善，一些新教徒進入宮廷，科利尼也成為國王的近臣，他工作表現優異，卻引起了吉斯家族和凱薩琳・麥地奇的嫉恨，凱薩琳・麥地奇深覺自己權位不保，便策畫刺殺科利尼，但是失敗了。巴黎頓時陷入瘋狂之中，國王周邊的人，全都迫不及待想剿滅新教徒，他們對國王威逼利誘，迫使國王同意進行一場屠殺，於是發動了「聖巴托羅謬日事件」。

九、科利尼被刺

　　滿二十歲的查理九世聽從科利尼的建議，實行大膽的政策，聯合所有反西班牙的國家，團結在荷蘭的法國人，由科利尼出面與荷蘭的反抗領袖威廉・拿梭、英格蘭女王伊莉莎白一世展開會談。但是遭到凱薩琳・麥地奇反對，她不希望王室捲入反西班牙的戰爭自有其道理，西班牙可能是吉斯家族的靠山。1572 年 8 月 23 日，凱薩琳聯合幾個大臣成功地說服國王相信新教徒正在進行某種陰謀，並迫使他採取行動維護國王的尊嚴，於是查理九世下令處死科利尼以及一些胡格諾派領袖。吉斯公爵帶領人馬直驅海軍上將科利尼的住所，國王派來保衛科利尼的衛隊

打開了大門,並與這批人一起射殺了海軍上將的僕役,科利尼聽到外面一片大亂,便知道發生了事情,他趕緊起身,催促他的騎士們來營救他,並開始祈禱,片刻之後,大門被撞開,刺殺者蜂擁而上,但被科利尼的威嚴震懾住了,只有吉斯家族的一個德國僱傭兵除外,他問道:「你不就是海軍上將嗎?」科利尼回答:「我就是,年輕人,動手吧!」於是日耳曼僱傭兵以長矛刺死了科利尼。

第三節　宗教大屠殺

一、聖巴托羅謬大屠殺

　　1572 年 8 月 18 日,凱薩琳・麥地奇以納瓦爾的亨利與華洛瓦王室瑪歌公主婚禮的名義邀請新教徒來到巴黎,這場婚禮被視為是為了促使新教徒與天主教徒和解的場合。但大屠殺卻於婚禮第二天展開,當天正好是 8 月 24 日聖巴托羅謬日,吉斯家族以教堂的鐘聲為信號,被安置在羅浮宮的新教貴族悉數被殺,科利尼也被刺死在自己的房間裡,情況十分混亂,各城市新教徒的命運取決於當局的態度和群眾的精神狀態,資產階級組成民兵部隊,不但沒有維持秩序,反而參與屠殺,屠殺蔓延到整個巴黎,男女老幼不分青紅皂白紛紛死在屠刀之下,屠殺持續了三天,第一天在巴黎就有 2,000 人被殺,很快蔓延到外省,一直到 10 月初才停止,罹難者高達 2 萬多人。

　　聖巴托羅謬日大屠殺就許多方面而言,給了人民一個報復聖米歇爾事件的機會,商人、銀行家、金銀器商人、書商往往成為受害者,聖巴托羅謬日大屠殺使外國輿論大譁,也激起天主教徒的熱情、信奉新教國家的憤怒,信奉新教國家接受第一批尋求庇護的胡格諾派,然而新教在法國並未完全被消滅,新教徒掌握的地區仍在頑強抵抗,尤其是拉羅舍。由於國王的弟弟安茹公爵剛被選為波蘭國王,需要日耳曼新教徒的支持,於是查理九世簽署新的敕令,重申《聖日耳曼敕令》的內容,但這僅是休戰而已,對當時的人來說,聖巴托羅謬日大屠殺之後,寬容政策已是不可能的事。查理九世因長期陷入憂鬱與幻想而精神失常,於 1574 年去世。

　　在波蘭國會上，波蘭的新教徒及天主教徒貴族們相互承諾，在宗教問題上絕不訴諸武力。波蘭的新教徒要求波蘭駐法國大使向查理九世呼籲，恢復宗教和平並懲治聖巴托羅謬日大屠殺的凶手，法國大使以查理九世的名義對此事件做出保證，在此情況下，波蘭國會於 1573 年 5 月 9 日選舉安茹公爵亨利為波蘭國王，凱薩琳‧麥地奇認為在波蘭大使來法國敦請他們的新國王之前必須結束內戰，因此她於 7 月 24 日在《拉羅舍和約》上簽字。但是亨利並不想領這份差事，所以他準備在巴黎過冬之後，再到波蘭就任國王職位，查理九世對此不能容忍，催促他秋天就得啟程，於是凱薩琳‧麥地奇對她被寵壞的兒子說：「去吧！你不會在那裡待多久的。」果然，不到八個月查理九世就死了，而在母親的授意下，這位波蘭的新國王亨利三世，也只在波蘭待了短暫幾個月，就得以回到法國，而對那個曾選他作國王的波蘭，絲毫沒有一點關心。

二、飽受考驗的法國君主政體

　　1574 年查理九世去世，弟弟亨利‧華洛瓦迫不及待地放棄波蘭王位、繼任法國王位，等他回到法國後才發現處境困難，不但要面對新教徒，還要面對「憤懣派」天主教徒的反對，這些天主教徒的領袖就是他的弟弟阿朗松公爵，也是之後的安茹公爵，一個野心勃勃、心懷不軌且三心二意的王子。新國王的意圖與王室的現狀形成對比，亨利對於國家意志與國王威信方面有很高的目標，他留下一部非常重要的法律作品，但在必需的才能方面，卻表現出可笑的缺陷。

三、亨利三世

　　亨利本性不錯，但被母親和周圍的放蕩風氣所影響，凱薩琳‧麥地奇曾想把他培養成一個精明幹練的統治者，但他耽溺於各種惡習之中，消磨了他的抱負和恆心。亨利三世把時間浪費在吃喝、迷信及戲劇活動上，他打扮得像個苦行僧，並要王宮的大臣隨從也仿效他，晚上他身穿黑袍，頭戴風帽，手持火把，穿街走巷，並用皮鞭抽打自己的背部，不過第二天他又縱情於酒池肉林之中。亨利三世對法國的戰事漠不關心，他的興趣在於創立一套新的宮廷禮儀，他對禮儀的要求既細微又不失威

嚴。在財政方面，他擺脫財政總監的控制，以便國庫任由他揮霍，來滿足他手下那幫饕餮之徒，結果國家財政被他弄得一團糟。亨利三世在佞臣的包圍下，終日在舞會、飲宴和宗教活動中虛擲光陰，法國陷入了混亂。他的恣意揮霍、腐化生活，他對自己責任的背叛很自然地招致人民的仇恨和鄙視。

　　國家在對付亂黨、個人野心以及利益等的衝突中逐漸被瓦解，原先就存在於各省之間、各城之間、城市與農村之間、各行會之間的矛盾，由於社會的不安定感而逐漸升高。附庸和城市兩股政治力量就在這場混亂中成長，附庸之中的吉斯──亨利‧勒巴拉弗利──把他的勢力擴展到王國北部和東部；聖巴托羅謬日大屠殺之後宣布放棄新教信仰而倖免於難，但不久又恢復新教徒身分的亨利‧納瓦爾是波旁地區的領袖；城市事實上成了政黨的安全地帶，但人民卻愈來愈不願盲目服從，敵對情緒使得 1575 年至 1580 年的休戰一再中斷。

四、吉斯公爵亨利

　　弗朗索瓦‧吉斯公爵的兒子亨利繼承爵位，此即吉斯公爵亨利，他的才智更勝其父，為實現其野心，其意志也更堅強。他是新教徒的敵人，亨利毫不留情地對新教徒大肆征伐，他在雅爾內克和蒙孔圖爾戰役中大敗新教徒。他拒絕與科利尼和解，並派人刺殺科利尼，但未果，兩天後，1572 年 8 月 23 日，他指揮了「聖巴托羅謬日大屠殺」，科利尼成為第一個受害者。亨利三世時，一支日耳曼軍隊趕來增援新教徒，吉斯公爵亨利率軍在梯也里堡附近的多爾芒迎敵，結果受了傷，並因而得到一個「疤臉」的綽號。此外，吉斯公爵亨利還籌組天主教聯盟，成為這個組織的領袖，當亨利三世的弟弟，王位繼承人安茹公爵過世之後，他夢想吉斯家族能夠取代華洛瓦家族，成為法國王位的繼承人。

五、亨利‧納瓦爾

　　吉斯家族組織了一個天主教神聖同盟，在 1580 年開始的和平時期，籌畫使安茹公爵成為荷蘭暴動的領袖，但安茹公爵在 1584 年就去世了，法國王位繼承人變成了亨利‧納瓦爾。宗教戰爭帶來戲劇性的轉

變，並蘊釀新的衝突。法國在歐洲大陸的地位下降，成爲西班牙、英格蘭及一些新教徒爲爭奪各自利益的陣地。西班牙的菲利二世以金錢資助天主教聯盟，教皇則宣稱亨利・納瓦爾無權繼承王位，吉斯家族得到巴黎人民自發性的支持，儘管基本生活物資的匱乏、各種布道和失業使得這個城市動盪不安，其他一些大城市也緊隨其後，紛紛歸附。資產階級自衛部隊成了同盟利用的工具，貴族沒有表態，同盟變得較爲大眾化。王位繼承人亨利・納瓦爾順理成章地成爲胡格諾派的領袖，得到英格蘭女王伊莉莎白一世和日耳曼新教諸侯的援助。

六、吉斯被刺

亨利三世不願傾向任何一派，結果被剝奪實權。在天主教聯盟的支持下，吉斯公爵亨利不顧亨利三世的反對進入巴黎，並受到人民英雄般的歡迎，亨利三世雖然嘗試重新掌控巴黎，但因人民的反抗（巴利卡德日）不得不在 1588 年 5 月逃離巴黎，此後，雖然他一直試圖以計謀擺脫這種困境，最後還是不得不任命吉斯公爵亨利爲攝政官，並召開三級會議，在布洛亞召開的三級會議實際上由天主教聯盟控制，結果自然對他們有利。吉斯宛如國家眞正的主人，國王當然想除掉他，在無計可施的情況下，只有採取下策暗殺他，同時還囚禁了聯盟中的其他重要領袖。某天，當吉斯公爵亨利進入國王寢宮時，國王衛隊的一名士兵將匕首插入了他的胸膛，第二個士兵又從後面刺了他一刀，其餘十幾個人一湧而上，他身上被刺得千瘡百孔，倒斃在國王的臥榻下，亨利三世朝屍體踢了一腳，衝出房間，手持利劍，高聲喊道：「我現在是國王了！」

吉斯公爵亨利被刺的消息在巴黎掀起風波，人們把國王紋章扔進河裡，索邦大學神學院宣布解除人民對亨利三世的效忠，並授權人民反抗國王。於是亨利三世轉而與新教徒合作，他與納瓦爾的亨利在普雷西會晤，並決定進軍巴黎，1589 年 7 月 30 日，他們進駐巴黎城外。

七、亨利三世遇刺

亨利三世的行動引起全面的反抗，教皇將他逐出教會、索邦神學院則開除那些追隨亨利三世的臣民、傳教者爲意圖刺殺暴君者辯護、馬耶

納公爵亨利‧吉斯建立省議會聯盟。亨利三世不能和納瓦爾國王和解，只有聯合所有仍忠於君主政體的人，兩個國王都包圍了巴黎。天主教徒的憤怒有增無減，修道院中狂熱的情緒達到極點。當時在聖雅克街的道明修會中有一個名叫賈克‧克萊蒙的年輕修士，他無知且頭腦簡單，但狂熱而勇敢。他曾問主教，如果他殺死一個暴君，會不會是一宗大罪，主教回答說不會，甚至鼓勵他，天主教聯盟的領袖們給了他一封偽造的致國王的信件，信中模仿巴黎高等法院首席庭長的筆跡，而此時這名庭長正被關在巴士底獄中。1589 年 8 月 1 日，克萊蒙帶著信件去晉見亨利三世，他聲稱有話對國王說，亨利於是命衛兵迴避，但片刻之後衛兵就聽到國王慘叫：「啊！可恥的修士，你竟敢殺我！」衛兵們撲向凶手，將他當場殺死，國王當晚也因傷重而死，死前把王位傳給了亨利‧納瓦爾，並要求他皈依天主教。

天主教聯盟任命馬耶納為王國少將，他是吉斯公爵弗朗索瓦的次子，生於 1554 年 3 月 26 日，他曾隨天主教軍隊參加雅爾內克和蒙孔圖爾戰役，並參與圍攻拉羅舍，被封為公爵後，馬耶納投靠安茹公爵（即後來的亨利三世），並隨他一起到過波蘭，但不久他就離開國王而積極參與組織天主教聯盟。在吉斯公爵「疤臉」亨利被刺殺後，馬耶納成為天主教徒的領袖，他當時身為勃艮地的總督，遂從勃艮地起兵前往巴黎，接管了這座城市與國王的軍隊作戰，當時他被困巴黎，但就在巴黎即將淪陷的時候，亨利三世被刺，天主教聯盟逃過一劫。

八、亨利四世繼位

亨利三世死後，馬耶納宣布老樞機主教波旁為國王，稱為查理十世，而為自己保留了一個攝政的頭銜。他與亨利四世進行了激烈的戰爭，馬耶納先後在阿爾克和伊沃吃了敗仗。1590 年，他在帕爾馬親王的協助下解救了被圍困的巴黎。在亨利四世改宗天主教並於 1594 年 3 月 22 日進入巴黎後，馬耶納仍然堅持反對這位新國王，一直到 1596 年他與亨利四世簽訂和約為止，和約給了他一些優惠條件。此後，他成為了亨利四世的忠實臣子，亨利四世也給了他應有的信任，馬耶納於 1611 年去世。

　　亨利‧納瓦爾成為亨利四世，以國王而非新教徒領袖的身分發號施令，以《聖克魯宣言》控制天主教徒，他經由主教會議了解情況，並在政府中為天主教徒留下一些職位，籠絡王室中的天主教徒，包括親王、部分貴族、某些高級教士和皇家軍官。

第四節　亨利四世結束分裂

一、民族的苦難和救星

　　1553 年，亨利四世（如圖 12-5）出生在波堡，亨利剛出生時，他的祖父納瓦爾的國王以一個蒜瓣擦了擦他的嘴唇，並餵他喝了點葡萄酒，據說這可以賜給孩子一種剛強的性格。亨利幼時即接受騎士的養成教育，因此他很早就開始了戰鬥生涯，他經歷了艱難與困苦，這一切經歷注定使他成為國王。他的父親把他當作戰士而不是當作君主來培養，他積極參加宗教戰爭，並在孔代親王死後成為新教徒領袖，聖巴托羅謬日大屠殺期間，他

圖 12-5　亨利四世

因宣布放棄喀爾文教派而倖免於難，但隨後他就毫不遲疑地領導新教徒反對天主教聯盟。1584 年，他與亨利三世聯合，亨利三世還指定他為繼承人，但天主教聯盟拒絕承認他，於是使他不得不靠征服來控制這個國家的大部分地區，1589 年至 1590 年他先在阿爾克和伊沃戰勝馬耶納公爵，並進而圍攻巴黎，1598 年，亨利四世在法蘭西泉戰勝西班牙之後，與後者簽訂了《維爾萬條約》，同年他頒布《南特詔書》，給予新教徒信仰自由，此舉也結束了宗教戰爭。

　　在蘇利的協助下，亨利四世重建國家財政，恢復了國家秩序，鼓勵農業、工業的發展，並透過一系列靈活的措施大力發展國內外貿易。他

繼續法蘭西斯一世對抗奧地利哈布斯堡王室的對外政策，但就在亨利四世準備與奧地利作戰時，卻被人刺殺身亡了。

二、亨利四世與天主教聯盟對抗

亨利四世在與天主教聯盟的對抗中，向英格蘭、日耳曼新教派與荷蘭求救，為了得到英格蘭的支援，他解除對巴黎的包圍，試圖駐紮在諾曼地，最後，在 1589 年取得阿爾克勝利、在 1590 年取得伊沃勝利。在亨利三世臨終前，天主教的貴族都曾向他保證，只要亨利‧納瓦爾改宗天主教，他們就服從這位繼承人，但是亨利四世拒絕，他與這些貴族展開談判，並簽字保證維護天主教，保證在六個月內召集教務評議大會，聽取天主教領袖的意見。此時亨利四世的軍隊只剩下一半，馬耶納公爵不敢自稱國王，但他宣布當時仍在獄中的樞機主教波旁為法國國王，稱他為查理十世。

三、宗教衝突爆發

由於天主教聯盟的軍隊增強了，亨利四世在評估自己的實力之後，認為自己不足以應付天主教聯盟的勢力，於是放棄繼續圍攻巴黎，他將自己的軍隊從巴黎附近撤退，轉向諾曼地。但亨利四世不久後得知馬耶納的軍隊正朝他而來，於是他在距迪耶普一公里半的阿爾克丘陵駐紮，這個丘陵在 3 條河的中間，周圍遍布森林、溝壑和沼澤，亨利命人深挖壕溝、高築堡壘。

天主教聯盟開始對阿爾克軍營和波萊堡進攻，但遭到抵抗，一支英格蘭艦隊為亨利四世運來錢糧、軍需物品，馬耶納於是撤軍，不久又在迪耶普城和阿爾克之間紮營，但是亨利四世對他們已有防備，馬耶納不敢輕易進攻，不久之後，亨利的援軍紛紛到來，一支由蘇格蘭和英格蘭人組成的聯軍在迪耶普登陸，兩支遠征軍也已經回援，馬耶納在屢戰屢敗的沉痛打擊之後，只好向索姆河方向撤退。

1590 年 3 月 13 日，雙方在伊沃和諾南庫爾之間，埃爾河附近的聖安德烈平原遭遇。天主教軍隊的騎兵有瓦隆人和比利時人作為支援，但他們仍保留著老式重裝騎兵的裝備，身穿盔甲、武器笨重；亨利四世的

騎兵著輕裝，配備有劍和手槍，此外，他將部隊分成機動的小分隊，將騎兵連和步兵營混編在一起。亨利四世對士兵們說：「弟兄們，上帝是保祐我們的！祂的敵人、我的敵人就在這裡。你們的國王就在這裡！向敵人攻擊！如果你們的軍旗倒了，就向我頭上的羽毛看齊，你們永遠會找到勝利和榮譽之路的結果。」敵人的騎兵徹底潰敗，馬耶納逃跑、瑞士天主教軍隊投降，日耳曼僱傭兵因為曾在阿爾克背叛國王，因而被無情地射殺。

伊沃戰役後，巴黎人以為天主教聯盟軍隊已不復存在，整個城市被沮喪所籠罩。此時亨利四世的部隊在激戰之後也需要休養生息，所以沒有馬上進攻巴黎，他們僅占領了維爾農和芒特，並在那裡逗留十五天，接著亨利四世又占據科爾貝伊和拉民，亨利四世不想讓巴黎處於水深火熱之中，因此撤除了對巴黎的封鎖。這時巴黎已從虛弱中恢復，市民組成 3 萬民兵，天主教聯盟熱情支援，準備一起對抗亨利四世，於是亨利四世帶領 15,000 名精兵出現在巴黎城下，但在進攻時被巴黎市民擊退，亨利四世轉而對巴黎全面封鎖。在亨利四世進攻巴黎的兩天後，巴黎人又組成了一支 1,300 人的民兵，支援市民作戰，成員包括主教、修士和大學生，他們在渡口和橋樑上接受教皇特使的檢閱，桑斯的主教紀堯姆走在隊伍前列，民兵一個個頭戴帽盔、身披鎧甲、肩扛火槍和長戟。亨利四世的軍隊看到這樣的隊伍後大加嘲諷，但是他們決心慷慨就義的確足以激勵其他人的勇敢精神。1590 年 7 月 20 日，巴黎被圍困到城內麵包短缺，市場上已經沒有任何糧食，飢民充斥巴黎街頭，甚至貴族和官員都受飢餓之苦，此時馬耶納公爵許諾的援助遲遲未到，國王為英勇巴黎人民所受的苦難而感動，他給大批飢民放行，亨利四世最後決定撤除巴黎的封鎖，轉而攻打帕爾馬公爵。

四、16人派與政略派

教皇格列高里八世削弱亨利四世的權力，將他的支持者逐出教會，西班牙菲利二世企圖將女兒伊莎貝拉公主推上王位，她也是亨利二世之女，一支西班牙衛戍部隊開到巴黎，法爾內茲的軍隊迫使亨利四世重新撤掉對巴黎的包圍。

　　就在亨利四世持續在巴黎周圍進行戰爭以迫使巴黎投降之際，巴黎發生一件政治事件。一名市政官員被控告犯有叛國罪，因為他與身為王黨身分的親信通信，但巴黎高等法院宣判此人無罪，因為「革命派」（又稱十六區委員會、十六人派）決定以武力解決高等法院那些「政略派」。幾天後，十六人派逮捕首席庭長、高等法院一位法官、初等法院推事，並扮演法官的角色，判處這3人死刑，宣稱他們是變節者和異端的庇護者。十六人派本想透過這些舉動號召巴黎人進行一次針對「政略派」的新聖巴托羅謬日大屠殺，但巴黎人不為所動。十六人派覺得這次行動失敗了，人民與他們疏遠了，他們轉而謀求與駐紮在拉昂的馬耶納妥協，並試圖以巴黎市的名義獲得他們的認可以處置異議人士，還希望高等法院能重新開庭，但巴黎市政廳和高等法院都不願意與他們合作。這時馬耶納進入巴黎，他在羅浮宮地下室絞死了十六人派的四名成員，另一些人遭到逮捕、有一些人則逃跑了，此外，馬耶納還禁止任何聲稱要任命十六人派代表的人召開特別大會，違者處死；他要巴黎市民宣誓服從他，直到選出國王為止。

五、皈依天主教

　　亨利四世開始擔心，只要自己是胡格諾派教徒，法國的內戰就不會結束，效忠於他的天主教徒不斷催促他皈依天主教，並威脅如果亨利四世不讓步，他們就與天主教聯盟談判，選舉波旁樞機主教二世為國王。亨利四世的內心極為矛盾，他周圍的人提醒他不僅要注意個人的利益，也應考慮國家的利益，一幅可怕的前景呈現在亨利四世面前，他可能同時失去法國王位和法國人民。亨利四世最親密的顧問——其中包括胡格諾教徒，也鼓勵他順應人民的要求。

　　天主教聯盟被分化，一篇梅尼培式諷刺詩抨擊天主教聯盟，革命派仰賴大眾並支持菲利二世的意圖，教皇與西班牙國王的態度反而喚醒人民的民族情感，特別是那些只等國王一旦改變信仰就準備與他合作的皇家軍官們。為了解決王室問題，1593年，馬耶納在巴黎召開三級會議，西班牙大使支持即將與一個法國王子結婚的公主的候選資格，溫和派認為此資格違反《撒立克法典》，建議和國王談判，並延遲了所有

的選舉（6 月 28 日）。1593 年 7 月 25 日，亨利四世前往安葬著歷代法國國王的古老聖德尼教堂，法國的親王、支持亨利四世的官員以及大批貴族擁著他，一路上鼓樂齊鳴，從各地趕來的群眾高呼：「國王萬歲！」布爾日大主教已在那裡恭候國王，許多主教和高級教士站在周圍，亨利四世手畫十字，向大主教宣告了自己的宗教信仰。7 月 27 日，亨利四世在聖德尼教堂宣誓棄絕原來的宗教信仰，天主教聯盟和王室締結休戰條約。法國天主教徒熱烈歡迎亨利四世改宗，大部分城市也準備歸順於他，亨利四世知道法國人民對加冕典禮非常重視，他也深知重大問題最終還是得在巴黎解決，於是他首先於 1594 年 2 月 27 日在夏特大教堂舉行了加冕禮。3 月 22 日，西班牙軍隊撤離巴黎，亨利四世同意請求教皇寬恕，1595 年他也得到寬恕。引導亨利四世的不僅有個人的抱負，還有結束法國苦難的真正願望，他的心裡十分悲傷，當他解除新教徒大臣們的職務時，亨利四世流下了眼淚，他請求他們保持與他的友誼。

　　此時巴黎的局勢不斷變化，馬耶納公爵正與西班牙人和十六人派接近，並準備進行一場戰鬥，但巴黎市長布薩里克並不支持十六人派，他與亨利四世進行祕密談判。5 月 21 日，巴黎市長打開內夫門和聖德尼門，讓效忠於天主教聯盟的某個團體出城。凌晨四點，國王的軍隊經由內夫門進城，此刻市長布薩里克和巴黎市民正在城牆外迎接國王，市長將城市的鑰匙交給亨利四世，並帶領他從內夫門進入巴黎。亨利四世逕自向聖母院前進，人們起初以驚訝的眼光注視著國王的隊伍，但很快地他們就與「政略派」一起高呼：「國王萬歲！」離開聖母院後，亨利四世前往羅浮宮下榻，當初聖巴托羅謬日大屠殺發生時，他曾在這裡被俘虜，如今他以主人的身分進入這座亦經劫難的王家宮殿。

六、西班牙企圖

　　這只是結束苦難的第一步，不得不放棄原先企圖的西班牙菲利二世，希望藉助強大的同盟者，擁有至少幾個省，亨利四世為此向他宣戰。亨利四世以放棄一些優勢為代價令主要聯盟者倒戈，但西班牙的威脅來自四方，從庇里牛斯山、法蘭德斯伯爵領地、荷蘭，甚至是不列塔

尼，他們已在莫爾比昂地區建立基地。亨利四世雖然在勃艮地牽制住他們，然而在 1597 年，西班牙還是奪取了亞眠，但是財政上的困難也限制了菲利二世的行動。

巴黎歸順亨利四世之後，市政廳向其他許多城市發出通報，希望它們也仿效巴黎，盧昂很快就做出了回應，阿弗爾、阿貝維爾、特魯瓦、桑斯、奧克塞和馬孔也宣布歸附，隨後還有普瓦提耶、聖馬洛，以及奧弗涅、阿讓內、佩里戈爾等天主教聯盟的一些城市。但馬耶納和其他天主教領袖仍控制著大片國土，包括不列塔尼、皮卡爾地、香檳的大部分地區、東庇里牛斯、土魯茲、馬賽、維埃納、里昂周圍的一些地區，以及勃艮地的 3/4。

七、馬賽僭主

亨利四世準備完成統一大業，在巴黎北部和東部的主要城市歸順之後，他向西班牙宣戰，進攻在勃艮地的西班牙人，並在法蘭西泉將他們擊敗，隔年，他又與馬耶納取得和解。現在只剩下最大的濱海城市馬賽了，西班牙的菲利二世對它垂涎三尺，馬賽掌握在兩個城市僭主手中，一個是法官路易·埃克斯，另一個是行政官卡佐，他們是這個城市的主宰，打算依仗西班牙人的撐腰以把持市政大權，為此他們把一支西班牙艦隊請進了馬賽港，並且等待著另一支更大的艦隊到來，但是市民們正謀劃反抗他們。

馬賽有一位名叫里貝塔的警官暗中與吉斯公爵聯繫，這位公爵被亨利四世任命為普羅旺斯總督，里貝塔為總督打開一座城門，並殺死了行政官卡佐，隨後里貝塔又帶領市民把路易·埃克斯從市政廳驅逐出去，占領港口的外國士兵也被擊潰，西班牙的艦隊也迅速撤離，路易·埃克斯則逃亡西班牙。

八、法國重建

1598 年，法國終於能夠進行重建，4 月 13 日簽訂了《南特詔書》，重新採取過去那些寬容救令的措施。信仰自由早在 1597 年在一些地方得到允許，新教徒可從事各種職業，可加入 4 個最高法院中新舊教各占

一半的法庭，透過祕密條款得到八年年限的 151 個席位以及承認其組織，5 月 2 日，法西兩國締結《維爾萬和約》，西班牙接受恢復《卡托‧康貝茲條款》，一度面臨危急的法國，此時終於捍衛住自身的獨立與領土完整。

　　亨利四世是法國國王中極少數需要征服自己的王國的其中一位，透過征服，他擁有了健壯的體魄和豐富的經驗，他非常了解自己的王國，表面上看來他坦率而又有人情味，行動起來非常機敏，他很容易獲得同情和支持，然而他的處境卻十分困難，尤其是因年齡的關係，使他看問題不再像以前那樣清楚明白了。他很有人情味的外表和政治上的溫和給人民留下一個溫厚寬容的國王傳說，然而他實際上從未放棄過他的原則：「一個國王，除了對上帝和自己的良心，不對任何人負責。」這並不只是他理想主義的觀點，「只有大棒（武力）才能換來和平。」雖然他許過諾言，但他根本沒有徹底把各地區真正統一起來，各地區的執政者和各城市的領袖都只是在他的監視之下，他增設了許多監視各地的特派員。他毫不猶豫地處決了元帥畢洪，他是國王在軍隊中的一位老朋友，卻在 1602 年和西班牙勾結謀反。

九、畢洪元帥

　　畢洪出生於 1562 年，是阿爾芒‧孔托之子，他曾經歷炮兵總監、法國元帥，早年便投身行伍，追隨亨利四世，他參與阿爾克和伊沃戰爭，在圍困巴黎和盧昂的戰鬥中表現勇武，後來在奧馬爾的戰役中，救了亨利四世一命，並因此得到榮譽。1592 年，畢洪被任命為海軍上將，1594 年，升任元帥，1595 年，被派往勃艮地，負責當地的統治工作，1598 年，被封為公爵。儘管他為亨利四世立下顯赫戰功，但他反對國王和薩伏瓦公爵簽訂和約，他曾在 1601 年和薩伏瓦公爵作戰，雖然如此，亨利四世還是派他到英格蘭當大使。後來畢洪又與一些貴族在法國西南各省散布謠言，反抗亨利四世，於是他被逮捕並關進巴士底獄，最後畢洪因叛國罪於 1602 年被處決。

十、財政改革

　　對於一個國家來說，沒有財政金融，也就不可能有什麼權威。無疑，時任財政總監的蘇利，其財政改革被誇大了，雖然人頭稅暫時被降低，但是各種間接稅、鹽稅、票據稅卻增加了，人們求助於權宜之計，如瑪麗・麥地奇的嫁妝。國家的債權人眼睜睜地看著稅率被削減到原來年金的 3/4，其中的一些權宜作法有利於保證君主政體的未來。出賣官職與官職稅為國家帶來大量的收入，官職稅是財政官及司法官每年繳給國王使其能繼續保有職務甚至世襲的一種賦稅，官職因而成為財政來源，它們的票面價格在上半世紀增加了十倍。這些官職都具有一種世代承襲的性質，這讓一般人要成為官吏簡直難如登天，對於後來的人也愈來愈困難。對於那些伴有貴族頭銜授予的正式高級官員的任命，即穿袍貴族，國王則放一部分權力給他們，由這種途徑升遷的官吏，即使效忠於國王與政府，且與國王的觀點差不多，國王還是從心底不信任他們。

十一、新舊教妥協

　　在原本已成立新教教會的地方，新教徒享有舉行宗教儀式的自由。為了解關於兩種宗教之間的矛盾而產生的訴訟，在巴黎和一些省分的議會裡，天主教徒和新教徒的席位各占一半。新教徒也應該繳納什一稅，並不得干擾天主教的宗教禮儀。另外還有一些共識建立在這些基本架構上的祕密條文裡，天主教和新教雙方都做出了讓步。國王意識到牧師、樞機主教會議、教區會議的平等存在，他特許給新教徒 151 個地區，但卻禁止了這種改革的禮儀，這一點是天主教聯盟成員的首領在和談時所極力要求的。一張特許證允許了牧師和新教教會組織的部分言論被國家接受。

第五節　蘇利和拉菲馬

一、振興經濟

　　法國慘遭戰爭的蹂躪，農業生產被中斷，人民的生活更加悲慘，城

市裡失業情況嚴重，大批人淪爲乞丐，一些流行病演變爲地方病，社會秩序並未立即伴隨和平而來，被遣散的士兵成群結隊地製造恐怖事件，就像 1604 年以前一直橫行在不列塔尼和普瓦圖交界處的吉勒里教父一樣。忍無可忍的農民有時發動暴亂，在 1594 年至 1595 年間，佩里戈爾地區發生了「克洛甘暴動」（「croquants」是鄉下佬之意），封建領主和專制王權都受到了沉重的打擊。

　　只有振興經濟才能帶來安寧，而這一時期的經濟復甦還算平穩，因爲那些社會上的混亂並沒有深入打擊國家的活力，且人們對和平懷有憧憬，亨利四世亦只需要沿襲前人留下的法令和條例就可以重建國家經濟，儘管一些意外事件阻止了這些法令的實施，包括 1581 年的《職業法》。所幸亨利四世擁有優秀輔臣的幫助，振興經濟之路並沒有受到太多阻礙，他自己雖然沒有什麼經濟政策，但爲了恢復並強化國家過去的權威，他聽從兩位新教徒大臣的建議，採取一些強有力的措施，蘇利（如圖 12-6）是財政總監，也是法國的一位偉大工程師，拉菲馬是國王的親信。

圖 12-6　蘇利

二、蘇利

　　1560 年，蘇利生於芒特附近的羅西尼城堡，十一歲時蘇利投靠亨利‧納瓦爾，伴隨這位國王參加了所有的戰爭，他在古特拉戰役中嶄露頭角，之後又隨軍團攻打巴黎，從此他再也沒有離開過亨利四世，因爲他已經是國王的重要幕僚之一。此外，他還在阿爾克、伊沃、奧馬爾打過仗，他在奧馬爾之役中多處受傷，之後又協助圍攻夏特和盧昂。

　　1594 年，蘇利被任命爲王室顧問和財政顧問，隨後又擔任財政總監、路政宰、炮兵總監、建議工程總監等職務，1606 年，國王又授予他公爵和法國重臣的頭銜，以便讓他的權力與身分相稱，實際上他已成

為國王的首相。蘇利為法國竭盡心力，日夜操勞，在他的嚴格控管之下，盜竊國庫的現象被杜絕，國庫收入增加，稅收降低，國家債務也減輕了。

蘇利關心國家的財政金融和公共秩序，他認為必須優先處理的首要工作就是國民生計問題和賦稅制度的恢復，為了增加國庫收入並降低開支，他鼓勵那些能增加稅收的產業以及公共產業的發展。他的經濟政策非常傳統，他採取了一系列限制措施，旨在鼓勵農業生產，幫助勞動者。他曾說過，「農業和畜牧業是養育法國的兩個乳房」，為了推動農牧業發展，他採取嚴厲措施保護農民免於兵災，禁止債主逼迫農民以耕畜和農具抵債，免除農民積欠的人頭稅，降低並重新分攤人頭稅稅額，以使稅收更趨平等，此外，他重新造林植樹，重建集體公社財產，規定使用權，組織捕狼的鄉勇，禁止在麥田和葡萄園狩獵。對於鄉下貴族的幫助，主要表現在允許他們於豐年時出口小麥，還有來自奧利維·塞爾的鼓勵和支持，這位維瓦拉伊的紳士是一位新教徒，他在 1600 年出版的《農業園圃和農業管理》一書中，呼籲鄉下貴族從政治活動中解脫出來，努力透過對自己領地的妥善管理來增加自己的收入，他還介紹了一些新的耕作方法，例如，桑樹的種植。蘇利頒布一系列關於保護河川森林、排乾沼澤和開採礦產的法令，為了擴大耕地面積，國家鼓勵排乾沼澤、改造良田，維尼耶沼澤就在荷蘭專家的幫助下改造為良田。蘇利是法國著名的道路管理工程師，他在各地鋪設公路，不僅努力修復老舊道路，也興建了一些大道，這些大道兩旁都種植了榆樹，以確保路線的暢通，為了改善水路交通，他興建堤壩，連接塞納河和羅亞爾河的布里亞爾運河也開始動工。此時亨利四世在工業方面也給了各種優惠條件，以創辦各種工廠，如水晶玻璃廠、呢絨廠、紡織廠、掛毯廠、鋼廠等，法國有名的戈貝蘭工廠和薩沃內工廠就是在這一時期創建的。

蘇利無愧於亨利四世對他的信任和友誼，但他在宮廷裡也有很多敵人，於是國王死後，他選擇告老還鄉，隱居在維爾本的莊園裡，於 1641 年去世。

三、拉菲馬

　　拉菲馬的重商主義理論在法國引起很大的迴響，他認為應該大力發展貴重物品的生產，以防止因進口這些貴重奢侈品而導致的黃金外流，1601 年到 1603 年間，他完成了一本著作《商務代理》，這本書大體勾勒出他的經濟政策。一些皇家手工場開始設立，包括紡織工場、煤炭工場、地毯工場、花邊工場、銅器加工場等。拉菲馬非常重視絲綢製造業，當時絲綢在貴族階層非常流行，拉菲馬曾和蘇利會晤，商討如何鼓勵種植桑樹，里昂和圖爾是當時兩個主要的絲綢中心。這一時期的對外貿易變得愈來愈重要，對外出口中，以酒和鹽類的出口為第一，但是 1604 年建立的法國東印度公司卻效益不彰，與英格蘭、荷蘭相比，法國的資本家大多被地產、購買官職和怎麼樣成為貴族所吸引，他們在經濟活動上並沒有投注心思全力發展。

四、不滿和亨利四世之死

　　儘管有蘇利與拉菲馬的竭力佐國，然而，人民的不滿卻從來沒有停止過。蘇利在金融界獲得的好名聲歸因於他償還部分國債，還有建成了巴士底金庫，但是財政的負擔也增加了，以利息為生的階級對於失去 1/4 的收入也非常地不滿，新建立起來的里弗爾貨幣體制並沒能阻止投機活動，國王把自己置於親信和金融家的手中，這些金融家都擁有徵收多種稅賦的權力，對於官職稅的做法也使佩劍貴族十分不滿，因為他們看到另一個階層穿袍貴族的出現。這些社會上的普遍不滿喚醒了那些反對君主制的主張，換言之應該除掉暴君，而且他們已經在被刺殺的一些統治者身上看到這種方法的可行性。亨利四世總是以一種毫不妥協的形象出現，不僅是個暴君，而且還是個篡位者，他已經成了十多次謀殺的目標，耶穌會士在 1594 年至 1603 年之間被驅逐出法國時，理由正是他們其中一位教士企圖弒君。

　　此外，1610 年與西班牙的斷交也加深了法國人民的不滿。亨利四世在這以前只是曾與薩伏瓦公爵開過戰，1601 年迫他簽訂《里昂條約》，以薩魯斯侯爵的領土強迫他交換布雷斯、比熱、法爾羅梅和熱

克斯地區，以拓展里昂的邊境，使王國直接與瑞士各州相連接。1609
年，亨利四世支持荷蘭人反抗西班牙，並因此得到十二年的休戰時間。
就在當時突然爆發了克萊夫事件，國內產生一股反對法國與日耳曼諸侯
締結「福音聯盟」的聲音，福音聯盟是法國用以牽制哈布斯堡家族支持
天主教聯盟的組織，亨利四世在對西班牙的鬥爭中似乎又站在新教這一
邊，而西班牙是天主教強有力的捍衛者，宗教狂熱驟然被激化，一個老
天主教聯盟的成員拉瓦亞克在國王出征的前夕刺殺了他。拉瓦亞克的舉
動所產生的結果卻和他自己所預料的相反，亨利四世被認為是一個為國
家和事業捐軀的國王，死在弒君者的手中是法國人莫大的恥辱。王權專
制制度和神權因為此事件更得到了加強。

第十三章
專制王權的鞏固

第一節　路易十三統治時期

一、政治動亂

　　亨利四世被刺後半個世紀裡的一半以上時間，法國是以嚴重政治動亂爲其特徵的：這些動亂正好發生在幾位國王幼年即位，無法擁有巨大權威之際。

　　1610 年至 1624 年間麥地奇家族的瑪麗攝政時期便是這種情況，直到路易十三（如圖 13-1）選擇紅衣主教李希留擔任首相爲止。李希留雖並非一貫忠實，但意志堅強，卓有才幹，是君主專制制度最有效的締造者之一。

圖 13-1　路易十三

二、君主未成年時期的騷動和路易十三親政初期

　　路易十三，1601 年生於楓丹白露，是亨利四世的長子，幼年由其母親瑪麗·麥地奇（如圖 13-2）攝政。1615 年與同是孩子的西班牙公主奧地利的安妮結婚。路易十三親政後由紅衣主教李希留輔政，開始了法國的專制統治。

圖 13-2　瑪麗·麥地奇

　　歷史學家對 1610 年至 1624 年，即亨利四世被刺到李希留統治期間的這段歷史抱持非常嚴肅的態度，在這一時期裡，人民看到的是經濟金融秩序混亂，大領主和新教徒擁兵自重，法國在歐洲實行的政治毫無所獲，期望全都落空。

　　1610 年亨利四世去世時，路易十三剛滿九歲，他是亨利四世與瑪

麗‧麥地奇的長子,他在 1617 年以前都一直處於母親的監護之下,之後又被他的寵臣呂伊內操縱,直到 1624 年李希留進入樞密院後,他行使的權力仍是被這些權臣們所掌控。路易十三並不喜歡李希留,但他自知是一位資質平庸之人,所扮演的角色無足輕重,他也知道李希留對他很重要,儘管宮廷裡有很多反對李希留的陰謀,但他始終維護李希留的領導地位,而李希留也一直為國王和王室嘔心瀝血。路易十三多愁善感、意志薄弱,終日悶悶不樂,遇事閃爍其詞,由於不善言詞,他顯得羞怯而不夠和藹,他對打獵兵器和音樂傾注了全部的精力。1643 年 5 月 14 日,路易十三因騎馬落水引起肺炎而去世。

　　亨利四世的逝世以及路易十三的年幼,使得艱鉅的治國責任落到母親瑪麗‧麥地奇肩上,她是一位才能平庸之人,1573 年生於佛羅倫斯,1600 年嫁給法國國王亨利四世,她目光短視、愛慕虛榮、輕佻膚淺,但卻很有野心。她疏遠蘇利,讓孔契尼和加里蓋伊把持朝政,一開始就對權貴進行整肅,但最後不得不停止這種鬥爭,她在 1614 年簽訂了《聖美諾烏條約》,對貴族做出很大的讓步。

三、孔契尼的垮臺

　　瑪麗‧麥地奇被她的姊姊雷奧諾拉與姐夫孔契尼所左右。孔契尼以瑪麗‧麥地奇的侍從護衛身分從佛羅倫斯來到法國,後來他與瑪麗‧麥地奇的姊姊結婚,因而對王后具有重大影響力。亨利四世去世後,孔契尼的勢力與日俱增,當上了宮廷侍衛長後,他又任命貝洛那、魯瓦和蒙地迪埃的攝政官,並成為法國元帥和首席大臣。孔契尼的傲慢和貪婪招致全法國人民的痛恨,也招致國王的不滿,路易十三當時年方十六,他想行使國王的實權,對這個元帥憎恨之極,國王的寵臣呂伊內更是想除去這個政治對手,因而計畫逮捕孔契尼。

　　路易十三覺得孔契尼的權力之大已足夠威脅到王位和身家性命,後來在呂伊內的鼓動下,同意採取突然行動置孔契尼於死地。衛隊隊長維特里被委以逮捕孔契尼的重任,國王告知:如果孔契尼反抗便就地正法,維特里將這次行動視為替亨利四世復仇。1617 年 4 月 24 日,孔契尼像往常一樣進入羅浮宮向瑪麗‧麥地奇問安,當他經過羅浮宮一處大

門時，維特里帶領全副武裝的士兵抓住他，說明這是奉國王之命逮捕他，果然孔契尼準備拔出佩劍反抗，士兵們不由分說就向他開了三槍，孔契尼當場死亡，死訊傳來，群情振奮，人民將他的屍體從墳墓中挖出來遊街示眾，隨後又將他撕成碎片。

四、兩派宗教勢力

「法蘭西好人」與「天主教好人」是此時主要的兩派勢力，在1630 年以前一直針鋒相對，這時候卻一致認爲應該繼續執行亨利四世的政策路線，他們和亨利四世的大臣們共同尋求與西班牙達成諒解。「法蘭西好人」是一些真正獻身於宗教事業的天主教徒，但他們以不損害國家利益爲前提，相反地，「天主教好人」則是一些想獻身於國家的人，但他們的這種獻身是以不損害宗教爲前提。

攝政王瑪麗·麥地奇並不在意亨利四世的既定政策，她清楚地意識到，她的王國需要和平，她一心想讓法國和西班牙修好，而且明確地去做所有一切能拯救王室的事。她極力尋求與西班牙達成諒解，1611 年 4 月 30 日，瑪麗·麥地奇與西班牙簽訂了協定，雙方結成防禦同盟，並促成了兩樁政治婚姻，沒有任何反對意見，所有人都被收買了。只有蘇利反對，因爲亨利四世已經與薩伏伊家族和洛林家族締結防禦同盟，這對法國而言比較有利，但瑪麗·麥地奇卻排除了這個方案。

1612 年 3 月 25 日，法國和西班牙交換了婚約，法國王室爲路易十三舉行了盛大的婚禮，人們在羅亞爾廣場舉行了一連三天的騎兵表演，舞臺布置高尚、奢華，王室貴族們紛紛上場表演馬術技藝。過去的比武方式被廢除了，因爲它幾乎像真刀真槍的戰爭一樣充滿危險，亨利二世就是因爲比武而死。1614 年，路易十三娶西班牙公主奧地利的安娜（菲利三世之女）爲妻，路易十三的長姊伊莉莎白嫁給西班牙的王位繼承人阿斯圖里亞斯親王，兩位新娘都只有十二歲。

這兩樁政治婚姻並不是十全十美而毫無令人疑懼之處，由於法國王室向西班牙靠攏使得新教徒十分不安，在亨利·侯昂的鼓勵下，新教徒成立一個軍事組織，公侯企圖迫使攝政王拋棄她的義大利寵臣，於是瑪麗·麥地奇短暫地除去了他們的職位，同時給了他們大筆足以掏空國庫

的養老金，緊接著召開三級會議，然而三個等級的意見根本不可能達成一致。一位年輕的高級教士李希留參加了三級會議，貴族被制服，他們的領袖孔代被送進了監獄。被母親剝奪王權的路易十三則透過一次重大政變得到了政權，1617 年 4 月 24 日，他殺掉了孔契尼，迫使他的母親遷居，李希留也頓時失寵。

五、瑪麗‧麥地奇去世

　　1617 年孔契尼死後，瑪麗‧麥地奇失去了所有的權力，被放逐到布盧瓦，然而她並不死心，甚至組織了一次叛亂，圖謀東山再起，當她的軍隊失敗了，只好與路易十三和解，同時力薦李希留進入樞密院，她把這個人當作自己的親信，不過瑪麗‧麥地奇很快就發現，李希留並不是一個順從的人，於是又想除去這個阻礙，但她已經完全沒有權勢，最後只得退隱荷蘭，於 1642 年在科隆去世。

六、呂伊內內閣

　　軍人的性格、羞澀、專制、有責任心卻又沒有經驗的路易十三，深受其寵臣呂伊內影響，呂伊內少時與路易十三友誼甚深，由於擅長訓練用於狩獵的猛禽，呂伊內深獲國王的歡心，先後被任命為羅浮宮的侍衛長、國務參事、王室狩獵總管等職務。呂伊內妒嫉孔契尼的權勢，於是他故意挑起國王對孔契尼的仇視，在策畫推翻這位專橫跋扈大臣的過程中，他是核心人物。呂伊內後來還擔任法蘭西島與皮卡爾地的總督，並被封為公爵。他向新教徒宣戰，並隨路易十三出征南方，但他並無軍事才能，並在蒙托邦吃了敗仗。這時他遭到很多人的嫉恨，國王也開始疏遠他，呂伊內於 1621 年因病去世。

　　路易十三實行一種傾向於天主教的政策，但必須面對瑪麗‧麥地奇和領主的黨派叛亂，以及新教的反叛，1620 年，路易十三把貝亞恩併入法國的版圖並在當地重建天主教，亦漸向哈布斯堡家族靠攏，路易十三打擊新教勢力但是沒有取得什麼進展，面對政策的失敗，路易十三召回了母親和亨利四世的大臣們，李希留則在 1624 年進入國會。

第二節　李希留的光芒

一、路易十三和李希留統治下的法國

關於國王與首相李希留（如圖 13-3）之間的關係曾有過許多的傳聞，路易十三在其母親的壓力下於 1622 年將他升為主教，1624 年又將他升為首相。1585 年，李希留出生於巴黎普瓦圖的一個貴族家裡，是家中最小的兒子，在 1614 年進入三級會議以前，二十二歲即擔任呂松主教，三十七歲任紅衣主教，雖然他的身體不是很好，但他仍有著過人的精力，更有著一種高傲而又強硬的性格，1624 年進入內閣，不過並不得路易十三的歡心。在關心王國的過程中，他逐漸地成熟起來，他沒有自己的政治理論

圖 13-3　李希留

體系，當時的政局讓他採取一種迎合大眾的政治路線。路易十三很快就發現了李希留的過人之處，而且對他非常信任，李希留也從未拋棄過遵從國王意願的這一原則，久而久之，兩個人之間逐漸形成了一種默契的和諧。李希留很快地掌握了一切大權，他一生都在為他的三大計畫奮鬥：摧毀新教的政治勢力、征服桀驁不馴的大貴族，以及削弱奧地利哈布斯堡王室。

二、李希留政策游移時期（1624年至1630年）

李希留當政之初並不順利，他企圖重新執行亨利四世的政治路線，與荷蘭締結聯盟、親近英格蘭。1625 年，新教徒再次武裝叛亂，

西班牙反對瓦爾特里納的企圖使李希留陷入了困境，他必須解決這個問題。為了鎮壓新教徒的叛亂，他開始靠近西班牙，並就瓦爾特里納問題達成妥協，在 1626 年簽訂《蒙松和約》。新教徒建立的一套秩序，其組成結構實質上仍仿效教士們那一套，仰仗著軍事組織和軍事據點，形成一個國中之國，並與英格蘭等外國勢力形成聯盟，針對新教徒，李希留領導了一次國家戰爭，而不再是宗教戰爭。

　　新教徒的主要據點是拉羅舍城，他們與英格蘭結盟，英格蘭為了支援新教徒，他們派出一支艦隊，由白金漢公爵指揮，但英格蘭艦隊此次出擊卻遭到重大損失，因而撤回英格蘭，於是拉羅舍必須獨自面對法國的挑戰。1620 年，路易十三與李希留到法軍陣地視察，李希留負責這次的軍事行動，他指揮若定、軍紀嚴明，此時圍攻拉羅舍的行動已萬事俱備，隨後開始圍城，李希留行令修建封鎖壕溝，並在壕溝上布置了十一個要塞以切斷拉羅舍所有陸上出口，他又命人在拉羅舍港前方築起一道堤壩，從海上阻斷對方的援軍白金漢公爵所率領的增援艦隊入港。

　　1628 年 3 月，李希留開始發動攻擊，但這座被封鎖的海港城市防守堅固，突襲失敗了，路易十三一再勸說拉羅舍投降，但都徒勞無功。9 月 30 日，英格蘭人第 3 次前來救援，城內屍橫遍野，但就是不投降，拉羅舍人憑著一股氣繼續頑強抵抗。李希留最後在 1628 年 10 月 30 日攻下這座城市，但饑荒與瘟疫已經奪去城中一半的人口，塞文山區的戰役最後也以勝利宣告結束。1629 年 6 月，路易十三頒布了《阿萊斯恩典敕令》，承認《南特詔書》的法律效力，但是取消附件中給予的政治特權，加強宗教寬容制度的實施，《阿萊斯恩典敕令》在法國實行了半個多世紀，有利地保證了新教徒的順服，而且和英格蘭之間的和平也很快得到恢復。

　　拉羅舍城臣服的翌日，法國又面臨一次重大選擇，「天主教好人」生活漸感困窘，群眾不斷反抗，他們強烈要求和平與政治的改革。在與新教徒作戰期間，李希留對他們無暇顧及，任隨其便。1629 年，國家頒布了《米蕭法案》以進行軍事與司法方面的改革，兼顧了在 1614 年三級會議陳情書中的意見，但事實上《米蕭法案》沒有被實行。

三、外交政策

　　李希留很早就表示要遏止西班牙在義大利的活動，西班牙支持某位王子，法國支持的是內維爾公爵，彼此爭奪帝國在義大利領地曼圖亞的繼承權。同時《阿萊斯恩典赦令》惹惱了篤信宗教派，李希留在 1629 年 1 月的《向國王進諫書》中呼籲行動，爲了政治改革的成功，必須面對哈布斯堡家族帝國主義的挑戰。

　　李希留充當日耳曼境內小公國的保護人，他們是奧地利的敵人，與此同時，李希留還越過阿爾卑斯山，將西班牙人和教皇的軍隊趕出瓦爾特里納。1627 年曼圖亞公爵去世，日耳曼皇帝與西班牙國王都覬覦曼圖亞公爵的領地，李希留認爲這裡留一個受法國保護的小公國對法國十分重要，因此他立刻起兵支持領地的繼承人內維爾公爵。1629 年 1 月 15 日，時值隆冬，國王和李希留親臨軍中，2 月 14 日部隊到達格勒諾務爾，越過熱內維爾山後，於 3 月 1 日抵達著名山隘「蘇斯要道」的入口處，山道十分狹窄，防守堅固，法軍於拂曉時分開始發動攻擊，同時兩支小分隊從左右兩側攀上被認爲是不可能接近的懸崖。西班牙軍隊的陣地受到猛烈攻擊，因此倉皇而逃，此外占領奧伊爾河旁邊雅隆要塞的米蘭軍團也被法軍擊潰，兩個小時內法軍控制了蘇斯要道兩端的所有隘口。義大利的薩伏瓦公爵投降，他承諾將勸說西班牙國王和日耳曼皇帝承認新的曼圖亞公爵和蒙福拉侯爵。

　　李希留和他的政治對手透過寫抨擊文章來闡述各自的觀點，並在國王面前爭寵，此時的李希留已在 1629 年 11 月成爲首相，緊緊掌握主動權。法軍占據薩伏瓦－皮埃蒙公國的重要地區，保證了內維爾公爵對曼圖亞的繼承權。然而在日耳曼地區的拉提斯邦國會中，約瑟夫讓斐迪南二世的計畫失敗了。1630 年 11 月 10 日，李希留主教的敵人自以爲達到目的，戰敗者爲他們的企圖付出昂貴的代價，1632 年，朗格多克總督蒙莫朗斯公爵聯合加斯東・奧爾良在朗格多克反叛，結果失敗被處死，李希留已完全從顯貴與新教徒製造的麻煩中全身而退。

四、君主政體和拯救眾生

如果李希留採取的是實際原則的政治路線的話，他實質上是認可了自亨利四世遇害以來的政治作家關於君主制的論述，特別是 1632 年的《勒布雷主權協定》和《政治遺囑》。國王被認爲是「世間神性的象徵」，國王只對上帝負責，他所應有的尊嚴應該具有一種神祕色彩，國家被認爲是對民族的具體詮釋，國王軀體中的最重要部分在於頭腦，「國家的理性」如同軀體的自然規律，只有國王自己才能眞正認識到國家的利益所在，即「拯救萬民」的條件所在。李希留用這樣一些詞彙來表達自己的思想，爲了能夠拯救眾生，國王不應遇到任何阻礙，人民應該要虔誠地服從國王，因爲這是國家的理性所要求。李希留對於國家需要強有力內閣的理論有自己的看法，國王不能親自處理所有的事，因此委託一部分權力於政府各機構非常合理，但是國王不應該聽從那些顯貴，尤其是三級會議的意見，讓群眾放肆地公開抱怨是一件非常可怕的事，掌握國家的舵手只能有一位，這是治國的首要之務。

當時法國軍隊的常設部隊不到一萬人，然而在與西班牙作戰時，卻招募了 15 萬的法國僱庸兵，李希留不得不臨時成立一個軍事管理機構，此機構由王室官員所控制，李希留任命軍事總督，掌管控制人員編制，監督軍人的紀律、軍官的服從、武器裝備、軍需供給、車輛運輸與醫院救護。從 1635 年的一群烏合之眾開始，法國整整用了八年的時間才完成訓練，使之成爲強大的法國軍隊，保障了孔代和蒂雷納戰爭的勝利。李希留個人對海軍和海上貿易非常感興趣，爲了打敗拉羅舍人，需要尋求外國的幫助，李希留自任海軍總長、總司令、海軍財政總監，從此海軍管理機構也同時掌管近東艦隊和波南特艦隊，近東艦隊主要由帆槳戰船組成，而波南特艦隊則多是從外國買來的軍艦，或是法國自己建造的船舶。

李希留非常注意控制人民的思想，他在自己周圍成立了一個眞正的報社機構，這樣他可以在那些誹謗性短文出現時爲自己辯解。1632年，他攻擊德奧弗拉斯特‧勒奧多在一份週刊上發表的觀點。由於此一報社機構，法國對於書刊的審查制度因此強化。李希留非常喜歡作家，

他讓幾個文人在其保護下成立一個組織，這就是後來的法蘭西學院，根據 1635 年的詔書，法蘭西學院由 40 位成員組成，它成為首相手中的一個工具。

五、抵抗運動和軍事獨裁

　　李希留的政府遇到來自各方的強烈反抗，包括大顯貴、地方政權、人民大眾，他們深受政府各種專制手段和不斷增長的賦稅所折磨。國家財政實際上是政府體制中最薄弱的環節，由於與西班牙的戰爭，財政支出不斷增加，政府不得已只好臨時籌措金錢以應付龐大的開銷。例如，提高人頭稅和鹽稅，或是制定新的消費稅，即每賣一里弗爾就須上繳一蘇的消費稅，被任命的官員占有一個官職，輪流當官並收受賄賂。總督由於負責把各種稅收法令強加給各議會、各城市、各個行會組織和居民而惡名昭彰。法國早就出現過群眾騷亂，每當憤怒到達極點的時候總會發生，已形成一種地方病。以打擊特派員、收稅員、高級官員和包稅人為目的的武裝團體到處都有，口號是「國王萬歲，但不要有鹽稅！」經常有不滿的農民、市民甚至官吏參與武裝團體。地方政權一點也不可靠，秩序只有靠軍隊才能迅速建立，且是藉由殺死幾個人來殺一儆百，這些士兵的作為就像是在戰爭中，他們製造了相當多的慘案。軍隊經常無法如期調遣，路程的遙遠和從各省邊境抽調士兵也有實際的困難。

　　更令李希留擔心的是宮廷裡的密謀，幾乎從杜普人日那一天開始，每年都會發生幾樁與西班牙有關的陰謀。奧地利的公主安娜整天置身於這種陰謀的主使者中，他們名義上以國王的弟弟加斯東·奧爾良為首，加斯東·奧爾良是一位優柔寡斷、膽小怕事的人，李希留對密謀者的懲罰毫不留情，不管他們的地位有多高。

　　李希留之所以能夠戰勝他們，是因為他有一群對他絕對忠誠的支持者，李希留利用國王對他的恩寵，給予支持者高官厚祿和各種榮譽，李希留的心腹在各個階層都有，包括教會、配劍貴族、穿袍貴族，後來成為大法官的掌璽大臣塞吉埃、財政總監、國務祕書等，他們都是李希留的死黨。此外，李希留有條不紊地透過他那些慣用的手段，成功地讓法

國人做出了前所未有的犧牲，這樣的犧牲拯救了王室，卻導致法國人民愈來愈貧窮。

　　李希留於 1642 年 12 月 4 日去世，臨終前向路易十三推薦了馬薩林。李希留不但是偉大的政治家，還是傑出的行政管理者，他當政期間，大力保護文學藝術，創建法蘭西學院，鼓勵商業發展，建立強大的海軍，並擴展法國在海外的殖民地。

　　奄奄一息的路易十三成立了一個攝政團隊，除了王后以外，還有加斯東·奧爾良，以及國王指定的攝政官，包括孔代親王、馬薩林首相、掌璽大臣塞吉埃和兩個國務大臣，決策採取多數決。路易十三於 1643 年 5 月 14 日去世，5 天以後的羅克華大捷，爲死後的李希留戴上榮耀的光環，但戰爭依舊，國家疲倦不堪。國家在國王因年幼而無法執政的時期總是特別微妙與困難，再加上戰爭和貧窮，局面就更加艱困了。

第三節　馬薩林的政治手腕

一、攝政太后和馬薩林

　　路易十三去世後，又出現了新的攝政時期，即由奧地利的安娜攝政；此時期王權衰弱，尤其在福隆德運動時期更是這樣，一場名副其實的內戰使國王與大貴族及巴黎高等法院法官們處於對立地位。紅衣主教馬薩林（如圖 13-4）這個義大利人被王太后任命爲首相，他爲後者效力並往往通過不爲人關注的工作把君主制引向了勝利。

　　不滿五歲的路易十四登基以後，接踵而至的是一連串意想不到的事。

圖 13-4　馬薩林

攝政太后爲了擺脫攝政團隊，下令國會取消路易十三的遺囑，她也因此給了國會一個更重要的政治角色。馬薩林樞機主教也許是太后的情人，

太后保留馬薩林繼續作為首相，他掌握著法國前進的方向，當然馬薩林不如李希留那樣風光，如今，法國落到了以親西班牙和叛亂行為出名的皇后和根本沒有法國化的義大利人手中，政府機構以一種無法預測的方式繼續維持。

馬薩林出生於 1602 年，在四周是教皇的環境中長大，在羅馬教廷任職期間，他晉升地非常快，歷經中尉、外交官、羅馬教皇派出的亞維農副特使、駐巴黎教廷公使，他就在此時得到李希留的賞識，1639 年他取得法國籍，進入事務院。虛假的謙和外表絲毫掩蓋不了他的野心和貪婪，他為自己和家族搜括財富，除了他的外交機智和才能之外，人們很少了解他的其他面貌，如天生的勇敢、頑強、充沛的精力。他最後不僅向王室，而且向全法國證明了自己對他的老搭擋——後來成為攝政王的太后——所展現的絕對忠誠。

王后周圍的親信企圖把馬薩林趕下臺，卻沒有成功，為反對首相而結成的共謀，即 1643 年 3 月的「要人的陰謀」，最後主使者被逮捕並遭流放。五年過去，一個深受義大利影響而引人注目的宮廷掩蓋不了經濟和財政逐漸走下坡，這種情況直接影響王權本身，為了支持戰爭，財政總監帕第斯里・埃默利開始增加賦稅、大賣官爵、巧立名目，像《羅夏法令》所指定的內容，並停發高等法院法官俸祿四年，用以抵充九年來司法官應向國王繳納的官職稅。同時政府也喪失了低階官員、資產階級和巴黎市民的支持，群眾暴動每天發生，貴族挑釁，官員組織各種聯合會，到處都在反對總督，尤其是英格蘭革命的影響更令人民的不滿加劇。

二、投石黨運動和王室權威的重新建立

法國君主專制制度的發展自李希留死後漸漸緩慢下來，尤其在 1648 年至 1652 年間，更是受到嚴重的損害，國家又重新陷入內戰的深淵裡。造反叛亂在 1648 年前後的歐洲到處發生，那不勒斯、英格蘭、荷蘭、法國天天都有暴動，這些不同的事件之間儘管沒有任何政治上的聯繫，但是它們的共同起因或許能夠解決這場革命的烈火。人民發現自己處於一場經濟危機的中心，但是實際上這場危機並沒有均等地降臨到

所有西歐國家的頭上。

　　經濟的衰弱最初是由農業歉收成所引起，繼之而起的饑荒、瘟疫、貧窮和政府上的混亂狀況使這一切更加嚴重。這是一個高死亡率和高失業率的時代，使許多勞動力可以投入暴亂，無窮的災難加深了反抗和鬥爭，這些鬥爭大多帶有個人特色，只是為了活命而鬥爭，談不上什麼階級意識的覺醒，只不過是在人群和團體裡散布混亂。戰爭為國家帶來大批難民，到處是被軍隊驅趕出家園的人民、受傷的士兵或逃兵，行乞討飯開始變得有侵略性。二十多年來，群眾暴亂不斷增多，儘管對暴亂的鎮壓極其殘酷，但社會的秩序仍得不到尊重。經濟蕭條使小資產階層寢食難安，且苦於賦稅的增加和年金的被削減，他們必須亦步亦趨地跟著貴族的臉色行事，尤其是高等法院的顯貴，他們沒有起而鬧事，只是因為怕鬧得過大不好收拾。貴族抓住了報復的時機，他們極力收攬民心，波爾福公侯曾自封為哈爾國王，他們利用那些天真、毫無想法的人來製造混亂，當時馬薩林也同樣利用這些人來反對他們，這些人通常是貴族的支持者──往往是好鬧事的人，或是整日操勞而收入甚微、憤憤不平的窮人，都是些難以馴服的個人主義者，他們成為這齣戲中的演員。加斯東・奧爾良的女兒哥朗德小姐突出了投石黨運動中浪漫的一面，並使其中一些騷亂成為一種時髦。在控訴大眾所忍受的那些真實苦難的同時，一部分貴族宣稱：他們找回了由於經濟發展與王權加強而失去的政治和社會的角色。

　　就當時而言，各種不同的不滿集結在幾個非常簡單的主張上：重新回到亨利國王的時代、廢除自 1635 年以來產生的各種賦稅、遣回各地總督和鹽稅局的官員、在國王和被稱為「祖國之父」的受歡迎議員之間建立信任，以及對馬薩林的不滿。

三、最高法院的要求

　　在最高法院的召集下，各地法院聚集在一起，通過了一項含有 27 款的建議書，要求履行財政改革，包括減少賦稅、保證年金和工資發放、取消稅收承包人制；肯定官員的身分，例如，分攤和增加賦稅只能由專門的官員來決定、不再設置新的部門、對於專門的官員不能隨意

逮捕；各地法院的成員特別要求國王召回各地的總督。7 月 31 日，國王在詔書中幾乎答應了全部的要求，但是到了 8 月 26 日，趁著朗斯大捷，馬薩林下令逮捕布魯塞爾，他是高等法院中最受民眾歡迎的法官之一，於是巴黎人立刻走上街頭設下拒馬，28 日攝政王后做出讓步，下令釋放布魯塞爾。

　　《西伐利亞條約》的簽訂解散了部分軍隊，1649 年 1 月 5 日至 6 日的夜晚，王后和幾個親信在孔德軍隊的保護下逃到了聖傑曼昂萊，路易十四對這次出逃留下痛苦的回憶。此時被王室軍隊封鎖的巴黎正等待法院控制政府，人民組織了資產階級的自衛隊，馬薩林的反對派鼓動民眾反對首相，有時更煽動一些革命思想，這正是英格蘭處死查理一世的時期。保羅・孔代逐漸靠向高等法院和顯貴一方，這些貴族在各省組織叛亂，高等法院的官員害怕民眾的活動，更擔心惹火了西班牙，對巴黎的封鎖也使其疲乏。3 月 31 日高等法院與馬薩林談判，雙方協議除了各法院會議以外，馬薩林做出讓步，高等法院投石黨運動因而結束。

四、孔代親王

　　孔代親王自恃厥功甚偉，以剛被他救回的法國王權保護者自居，1658 年 1 月 18 日，馬薩林下令逮捕他，內戰也再次爆發。由於各省法院的暗中勾結與西班牙的祕密支持，圭耶納、利慕讚和勃艮地省也發生了叛亂，王權政府所要面對的就是如何分化這些混亂的起義，1650 年 12 月，收復波爾多、大敗蒂雷納於勒代爾，似乎表明諸王侯發動的投石黨運動已近尾聲。

　　馬薩林的勝利讓高等法院開始不安，而促使了兩股投石黨的聯合，高等法院擔心馬薩林將重新在各地設置總督，馬薩林對此毫不顧忌，繼續推行攝政王后的政策。1651 年的夏天，投石黨內部再次出現分裂，龔蒂與孔德之間產生不和，並與王后談判。高等法院為了國家的整體利益不願意拋棄其政治主張，7 月 7 日它宣稱擁護路易十四親政，並在巴黎熱烈歡迎國王歸來，11 月 6 日孔代不得不離開這個城市，與西班牙進行交易。

　　1652 年，法國受到嚴峻的考驗，人在波爾多的孔代與奧爾梅叛亂

組織取得聯繫，這個組織統治了王國的西南地區和普羅旺斯，王室到了普瓦提耶，由蒂雷納率領的軍隊負責保護王室，巴黎出現更大的騷亂。孔代的軍隊被蒂雷納圍困在巴黎城下，他被哥朗德小姐所救，因為她打開了所有的城門，恐怖籠罩了整個首都，惶恐不安的孔代無法再待在巴黎，不得不逃走。國王於 10 月 21 日回到巴黎，他被高等法院禁止參與國家政治和財政事務，馬薩林於 1653 年 1 月回到巴黎。1653 年間，仍然有一些小型的投石黨叛亂，尤其是在波爾多，那裡的反動勢力奧爾梅受到孔代與西班牙的支持，不過在 7 月 27 日波爾多終於也投降了。

第四節　路易十四統治時期

一、專制制度的誕生

　　法國人厭倦了此類動亂及它們帶來了破壞，因此渴望恢復秩序。在他們看來，秩序應該由國王維持：即使他們不了解其術語，他們準備承認法學家勒布雷，這位君主制的忠實服務者，於 1632 年確定的原則：

　　「國王係上帝所指定，王權是授予獨自一人的至高無上的權力，君權如幾何交點一樣不可分割……。」

　　他們也準備承認高乃依在「熙德」戲劇（1636 年）中確定的原則：

　　「不管國王們多麼偉大，他們和我們有共同之處，他們與其他人一樣可能會犯錯；但人們應當尊重極權，當國王需要極權時，我們任何事情都不用考慮。」王權的加強在十五世紀百年戰爭末期已十分明顯，到了十六世紀便明確了下來。由於宗教戰爭及十七世紀前半期動亂，君主專制制度的時代降臨了。馬薩林去世（1661 年）時，路易十四表示：從此，他將不需要首相而進行統治了。君主專制制度變成了事實。

二、路易十四親政

　　路易十四（如圖 13-5）是法王路易十三的長子，出生於法國聖傑曼昂萊。幼年時由他的母親奧地利的安娜攝政，紅衣主教馬薩林是首相。他的執政期是歐洲君主專制的典型和榜樣，在紅衣主教李希留和馬

薩林的外交成果的支持下，路易十四在
法國建立了一個君主專制王國。他發動
戰爭、在凡爾賽宮舉行豪華的夜宴、資
助藝術和科學的發展來爲他自己增光。
在財政大臣柯柏特的幫助下，他將整
個法國的官僚機構集中於他的周圍，以
此強化國王的軍事、財政和行政的決策
權。在路易十四統治期間，不利於他執
政的事件包括與教皇之間的不和、對胡
格諾派教徒的迫害，以及西班牙王位繼

圖 13-5　路易十四

承戰爭。路易十四在位七十二年，是世界上執政時間最長的君主之一。

　　馬薩林死後，路易十四於 1661 年 3 月 9 日「掌握大權」，他曾寫
下：「所有地方一切都很平靜」，但同時「到處都充斥著混亂」，從今
天的眼光來看，這的確是當時法國的寫照。在路易十四治理期間，法國
走出了破產的窘境，地區性的分析顯示了島嶼相對繁榮，特別是在南
部，大西洋沿岸的港口和相當數量的地區已躲過了 1709 年至 1710 年
間的饑荒。無論是政治還是經濟，路易十四的統治常常成爲辯論的素
材。

　　路易十四在法國歷史上扮演重要的角色，不僅在王國政治和君主
制體系方面，這時期的經濟狀況與王國人民也在法國歷史上具有一定分
量。

三、人口出生率和死亡率

　　關於路易十四時期的人口數量，直到現在，歷史學家都無法達成
一致意見，對於 1661 年時的人口估計是在 1,600 萬到 2,000 萬之間，
事實上似乎較接近 2,000 萬，不管多少，法國人口大約占歐洲人口的
1/5。而在 1694 年和 1695 年進行的人口普查，數據並不完整，因爲它
只統計了繳稅者的人口。

　　根據堂區的紀錄，那時的平均壽命不超過二十五歲（今天爲七十歲
左右），100 個新生兒中，一年之內只會存活 75 個，二十年內剩下 50

個，四十年內剩下 25 個，六十年內剩下 10 個，要使人口保持如此水準，需要特別強的生命力。儘管教士的人數龐大，但那時獨身主義不像今天這麼氾濫，配偶死後再婚的現象司空見慣，非法婚生的現象很少，結婚後不生孩子的現象也很少見，控制生育的事例只存在於妓院行業和一部分貴族中，但是人口龐大的家庭不多，這是由於許多孩子在幼時便夭折，並且生育的子女數目也比人們長期以來認爲的要少。人們結婚較晚，女孩的平均婚齡在二十三至三十五歲之間，在教會要求禁欲的年代，特別是齋戒期，懷孕的數量較少，哺育期也使懷孕的間隔變長，除了那些家境盈實的人，因爲他們可以用食品代替哺乳。在饑荒時，由於缺少富含營養的食品，一再地生育使母親死亡，生理機能的衰竭也常使婦女無法懷孕。

　　階段性的人口危機也衝擊著法國：1662 年、1670 年、1679 年至1680 年、1690 年至 1694 年、1709 年至 1710 年。人口危機對不同的省分有不一樣程度的衝擊，造成人口危機的已不再是鼠疫，這種疾病在地方上最後的病灶於 1670 年消失，但是這些困於營養不良的男女還在繼續面臨著各種熱病的侵襲，有錢人就能躲過死亡。以現在的眼光來看，有人認爲當時法國的人口在減少，有人關心僧侶和教民的數量，有人則是在其中看到了一種繁榮，因爲隨著死亡而來的是人口中的大量空白，老邁體衰者的死亡產生了這樣的空白，結婚、再婚和生育則填補了空白，因此人口數量得以迅速重新獲得穩定。這麼看來，1715 年應比1661 年的人口要多許多，除了透過征服而增加的 100 萬居民外，法國自然人口的增長應該也有這個數字。

　　鄉村人口數量占總數的 85%，城市的生活水準與行政特權有關，而與人口多少無關，對只有幾千人口的城市，人們通常都稱之爲小鎮。總是餓肚子的鄉村人，由於適應環境的能力差，對他們來說，城市是眞正的墳墓，因此城市居民人口幾乎不增長，1700 年，除了巴黎大約有53 萬居民外，沒有一個城市超過 10 萬人口。杜巴涅列舉了這些城市：里昂 97,000 人，馬賽 75,000 人，盧昂 60,000 人，里耳 55,000 人，波爾多、南特、奧爾良與土魯茲超過 4 萬人，亞眠、第戎、圖爾、發茲超過 3 萬人，在當時通常 7 到 10 萬居民就足以形成一座城市。

四、社會團體

社會組織的建立以社會中的不同階級為基礎，對貴族來說，階級觀念占有重要地位，每個人的地位反映在教堂的儀式裡，也反映在服裝上。在不考慮所有財產因素下，絲綢是貴族的專利，呢絨屬於平民和教士，通常是黑色，麻布屬於手工藝人，盧瓦梭的《論等級》是一本關於「階級與頭銜」的參考書。

在同一階級內，也能再區分出不同等級。同樣都是教士，又分兩種等級，特別是 1695 年之後，主教增加了對神父的權威。貴族的等級與頭銜廣為人知，例如，男王族、公爵、貴族院議員、享有法庭權利的貴族、有頭銜的貴族、沒有頭銜只有「騎士」稱號的貴族，但是這些等級又遠不如配劍貴族與穿袍貴族。盧瓦梭在第三等級中區分出一些人，他們「享有榮譽」，這些享有榮譽的人，他們姓名前的稱號超過了名字本身的價值，安戴爾先生和一個名叫安戴爾的人絕對不同，姓名前的定語也超過了姓名本身的價值，如「可敬的人」、「誠實的人」等。王國的官員占據第三等級的頂層，他們還沒有進入貴族行列；接下來就是非官員的「文人」，包括獲大學學位者、醫生、律師；然後是實業家與工商業者、公證人、代理人；最後是從事藝術行業的商人與手工藝人；再下去是「低等人」，指廣大的民眾，包括農人、機械匠、手工藝師傅或非以出賣勞力為生的人；最底下是強壯的乞丐、「流浪漢」。

一些種類的人無疑不在這個區分範圍之內，被盧瓦梭放在文人之後的金融家應該占有更重要的位置，但這會招致非議。在「大眾」之中，階級現象會自己顯現出來，在沒有團體的鄉村，只要從事販賣行為就可以自稱為小販。這個社會並非固定不變的，等級可以建立也可以消失，通常是來自於制度的特徵或是來自於協調認可，其中又以婚姻為最常見的情形。雖然沒有明文規定，人們還是避免與身分低下的人通婚，但是如果這種通婚是出於婦女的利益則被接受。

農村人口以鄉村團體的形式生存著，自從君主為擴充軍隊而在鄉村中建立組織後，這些稅收組織已日趨完善。這種團體有它自己的議會，通常在彌撒之後，集合領主的代表、教士、團體內的理事和家庭的主要

家長，會談指定收人頭稅的成員並和一個或許多軍人談話。議會同樣得
管理共同的財產，保證財產不受篡奪，調整包括共同放牧權在內的權利
運用，在法國東部，這項工作的負擔特別沉重，那裡的團體實踐活動比
起西部要發達得多。鄉村團體和堂區並列在一起，「創造」委員會的領
導是堂區財產管理委員，他們管理教堂的財產、保養大殿，如果有學
校，他們也要負責維護。面對團體的是領主階層，他們具有不公平的重
要性，其權力往往涵蓋著幾個團體，而有時候人們在一片只有一個團體
的土地上可以發現好幾位領主，其中一些事實上只擁有領主的權力，他
們並不占有土地，也沒有太多的城堡。

五、農民與土地問題

　　相較於以錢幣的形式來繳納，以實物或徭役來代替領主稅、什一
稅、地租等的確比較容易，因為農民沒有能力賣掉富裕的農作物換錢，
農民只能先貸款而後賣掉土地，農民的地產占有一半土地資源，但重新
分配時很不公平。在法國北部城市的旁邊，因為要保證資產者和領主的
財產，農民的地產經歷了一場完全的倒退，資產者繼續搜括土地，甚至
向負債的領主買他們的土地，於是在這些地區中，社會不公平的現象增
加了。平庸而馬虎的貴族，他們最優秀的兒子通常在軍中服役，與現代
社會格格不入，他們就是國家中遠離商業化的那一群人，他們不能忍受
經濟活動能力的甦醒。當領主土地成為經濟開發的單位時，由邊界年租
和販賣小麥所得到的權力要比從封建中所得到的權力多，而領主權力或
封建權力一直是深具魅力。

　　北部的耕作者或南部的財產管理人，特別是巴黎附近村里中積極而
有能力的人，他們被看作是獨立的農民，他們通常擁有一小塊開墾地、
一間茅屋、一道圍籬、極少數量的牲畜，他們以公共財產為生，並為鄉
村紡織工業提供勞力。他們特別容易受到國家稅收的影響，1695 年人
頭稅增加，1710 年則是什一稅、間接稅和鹽稅。相對於 1675 年因王國
權威加強而發生的英格蘭印花稅暴動，那時人民的反抗變少了，因為在
那段時間小麥長期豐收，價錢也便宜，使得農民的生活條件不再是那麼
地不能忍受。

六、社會發展與變化

這段時間教士的素質慢慢在改善，受過良好教育的教士掌握了很大的權威，他們努力抗拒縱酒作樂的聚會和粗俗的吵鬧，這是緩慢轉變的開端。

城市沒有發生大改變，它仍然很封閉並且在晚上城門緊閉，最複雜的社會條件相鄰而存，儘管在一些「美麗的街區」內看得到王國官員和貴族喜歡的人，還有發達的手工業和商業，相反地，在鄉村的街區中到處是新來的人。

城市中的社團逐漸發展，很多貴族都居住在城市裡，穿袍貴族在夏天多到他們的領地生活，佩劍貴族冬天時離開他們的城堡來到城市，城市中的旅館因此興旺。人們同樣也能發現一些小貴族，他們沒有封地，在一些小事務所裡任職。當官的資產階級和「從事文學的人」，他們的生活相對而言要富裕些，但是很辛苦、勤儉而審慎，他們對有秩序的概念很感興趣。批發商和商人想加入城市資產階級的行列，他們買下一些事務所，並且和所有資本家一樣期望成為貴族中的一員。

七、職業分類

人們從事的職業各式各樣，那些需要宣誓就職的職業在科伯特的措施下愈來愈難得到，法律與規則不斷地詳細化。在由商業資本主義管理的職業——紡織業中，如果人們有一個職位的話，想要獲取手藝是沒有問題的，但師傅得感謝提供他生產資料和出售其商品的商人，師傅的生活水準並不會比工人更好，除非他能成功地脫離商人的手掌心。在一般的日子，一個人可以把自己的生活水準維持在平凡的程度，但是當麵包供應的價格提高或是失業的時刻來臨，他就會陷入貧窮的困境之中。城市同樣在庇護著一大批人，他們的工作還不能被形容成是「職業」，例如，通常來自鄉村的庸人、園丁、種植葡萄者、送水人、推獨輪車的人、搬運工等。太平之時，創建的大眾醫院數量減少，但是危機時醫院數量就重新增加，儘管慈善機構和救助機構出現，人們還是很容易遇到窮人和乞丐。

八、城市與宗教

城市是個宗教與文化的大熔爐,十七世紀天主教的重新征服就是依靠城市,新的宗教團體產生於城市中,天主教遷往巴黎就是個徵兆。源於耶穌會學校的聖母協會和虔誠會的數量增多,他們的行為不僅在新教派中體現,也體現在醫院的建立上,體現在那些幫助窮人和建立免費學校的慈善機構上,德米阿在里昂宣告由巴第斯特創立基督教兄弟會學校秩序廳,它的發展也可以追溯至 1740 年。

第五節 專制君主政體

一、何謂專制的?

專制的拉丁文作 Absolutus,十足的,徹頭徹尾的。這個形容詞意為:不受任何約束,自身可自我滿足的。

君主專制制度從理論上說是把所有權力賦予國王並只賦予他一人的制度。這是一種完全的無保留的君主制。

這種君主制是神權之女。即然國王是上帝在塵世的代表,他自然就擁有全權。他的話是活生生的法律。拉丁語所說的 Lex Rex,Rex Lex 意為:法律即國王,國王即法律。國王同時還負有下令執行他本人是其唯一淵源的各項法規的使命。因此,除立法權外,他還享有行政權。最後,正如他們已見過的,他是最高仲裁者:司法權因此也屬於他。

君主專制制度把所有權力置於一人之手。在其消亡後,它被斥為隨心所欲的制度。其實,國王的隨心所欲是不完全的;君主必須尊重構成王國基本法的某些習俗,例如,婦女和新教徒不得擔任國王。此外,作為一個關注確保自身靈魂得救的基督徒,國王歸根到底要服從其信仰。總之,專制主義始終被當時的法國人視為暴政的對立物。

在我們看來,這些手段驚人地微不足道,內閣和政府各部門即不擁有快速的聯絡手段,也無維持秩序的專門化部隊,政府只有 6 名大臣,他們完全按國王旨意被選定和被解職的。國王每週數次召集他們舉行由他領導的樞密院會議;大家向他談當時的問題,但討論結束時,決定永

遠由國王作出，或至少以國王的名義作出。

二、專制君主政體的鼎盛時期與神權

　　路易十四的統治被認爲是絕對君主政體的頂點，儘管以某些人的眼光來看，從十七世紀末至路易十四登基這段時間內國家機器發展緩慢，至少在他統治的最初階段，神權達到了顛峰。

　　由於亨利四世被謀殺引發的政治思潮，在路易十四統治的初期達到了高潮。自從王權加強後，神權繼而被肯定，但神權是在博蘇埃的筆下才找到完美的表達，在《得自聖經話語的政治》或是路易十四授意的一些作品中，如《王子教育紀錄》，路易十四認爲，「所有人都應該不加考慮地服從」，人民對君主沒有權力，但君主對人民有許多權力，「絕對權力」就意味著「獨立的權力」。一些自由主義分子甚至更激進，例如，巴爾扎克或諾戴，他們堅持認爲國王擁有這些主體的財產權和生命權。博蘇埃把直接權力從法律內區分出來，認爲國王應該監察未賦予他們的權力，這就是說國王不應受任何控制，不應受任何懲罰。但路易十四也對自己與國家做了區別，他本來說：「朕即國家」，但他臨死前在病榻上宣布：「我即將離去，但國家將永遠存在」，他同意國王不是國家的產權所有者，而是擁有國家主權的人。

三、委員會政府和辦事員的政府

　　法國人的願望是國王自己管理自己，國王必須具有思考的精神，具有堅強的自我把持能力，要他全身心投入到國王這個角色中去，特別是馬薩林留下的那些協理大臣離去後。國王永遠得靠「好建議」來治理王國，換言之，就是得與世襲顧問、宮廷內王權成員、那些被選舉出來的人（大眾等級、地方各等級），以及特別顧問委員會協商，國王曾與成立於 1664 年的商業委員會進行協商。

四、貴族式微、誰能當大臣？

　　凡因其工作、想像力和審慎而顯得無愧於國王信任的所有人都能當大臣。路易十四把王族血統的親王和大貴族成員均排除於大臣職位之

外。與此輩相比，他更喜歡那些出身雖比他們低微，但積極肯做事且有抱負的人。他認爲後一類人因一切都仰仗於他而會對他格外忠誠。例如，財政大臣和海軍大臣科伯特是呢絨高之子、軍事國務密書魯瓦是掌璽大臣勒泰利耶之子。

在國王眼皮底下，貴族無法實現自己的抱負，貴族等著國王賜給他一切，年金、獎金以及一些毫無價值的恩惠，而路易十四則藝術性地給這些恩惠一個標價，以避免混亂死灰復燃，因此貴族階層乖乖地被馴服在民房之中。路易十四從軍旅中選出菁英士兵安置到保安部隊中，同時法國籍和瑞士籍衛隊也特別注意防範巴黎的混亂。在路易十四統治後半期中，儘管稅率瘋狂地上漲，但再也沒有發生任何暴動。最後立法也逐漸明確：1667 年的《民法》、1670 年的《刑法》、1681 年的《海上法》等。

五、福音書和宗教壓迫

路易十四作爲世俗的權威君主和教皇發生了衝突，1662 年的科西嘉衛隊事件、1687 年的法國駐羅馬大使享受相對特權免稅事件。王權事件觸及到了法國教會與羅馬教廷的關係，1516 年的協商，重新確定了國王是主教管轄區內世俗財產權所有人，當主教出缺時，國王就能拿到這些地方的收益。這項權利自從 1516 年以來，就沒有賦予過主教的副手。路易十四在 1673 年賦予了這個權利，高層教士、官宦子弟都沒提出任何異議，只有兩名主教求助於教皇。1681 年，教士大會召開，反對教皇英諾森十一世干涉法國事務。《四項宣言》是眞正的法國教會憲章，宣稱國王對教皇來說是獨立的，宣告了宗教評議會對教皇的權威性，宣告教皇有尊重法國教會法律及習慣的必要性。英諾森十一世當時拒絕國王的提名主教權，路易十四不願接受分裂，英諾森十一世之死帶來和解的可能，教皇接受王權的擴張，國王則廢除當時仍在神學院內教授的《四項宣言》。

1685 年 10 月 18 日的《楓丹白露詔書》廢除了《南特詔書》，這是路易十四所採取最得人心的措施，天主教觀點認爲：除了在其中發現的精神上的滿足外，也樂見新教徒被置於公共權利之下。廢約的後果是

沒有預料到的，大臣得發誓棄絕信仰或離開王國，忠誠的人既沒有權利實施他們的崇拜，也無權離去。事實上有一大批的新教徒，大約有 15 萬人，他們離開了法國，他們都是邊境省分的居民、海員、藝術家、商人，有些強有力的領導人物，他們來到了日內瓦、荷蘭、英格蘭、布蘭登堡，一直深入到盎格魯－薩克遜美洲和南非，他們帶走了技術和對絕對君主制的仇恨。在那些沒有希望叛逃的省分，由於沒有牧師，新教徒傾聽說教者的聲音，心靈還不時被點燃，他們心中的虔誠一直由於「避難所」發的回信而維持著。1679 年，發生了冉森教爭議，宗教問題必將困擾路易十四統治的後半期。

六、王國的財富

路易十四知道他能在經濟事務和殖民地事務中找到偉大政策的途徑，他有機會可以使用科伯特的服務部門。科伯特出身於商人家庭而步入政界，他是馬薩林的官員，由於獲得了馬薩林的信任而由馬薩林介紹給路易十四，路易十四則賦予科伯特重大責任，包括 1661 年的國務大臣、建築總監，1664 年的藝術和製造大臣，1665 年的金融總管，1669 年的國家海軍祕書和王家祕書。科伯特是個強壯的人，理解力清晰，具有很強的韌性，是個處事鉅細靡遺的工作狂，他貪財而固執，但對主子忠誠之極，最後由於欺騙而被沒收家產處死。

成為金融經濟大臣時，科伯特遇到的是嚴峻的環境，路易十四的支出不被大多數法國人支持，經濟進入不景氣階段，法國當時對麵包市場進行補貼，這使得工作至少能在寧靜氣氛中展開。

1661 年的君主制金融達到了災難性的境地，來年的收入被提前預支，金融總監福蓋被撤換，科伯特重組國庫，金融委員會每年都製作一個真實帳目的「真實情況」和一個來年用的「預想情況」。科伯特原本打算在法國的領土上收取人頭稅，但由於地籍冊短缺，他不得不放棄。

科伯特打算在財富總量幾近不變的思想基礎上，實施一種有步驟的重商主義政策，人民並不能只靠鄰居來發財，貿易成為金錢的戰鬥，而其中的工具就是工業。戰鬥的主要對手是荷蘭，科伯特與之展開了一場關稅戰，1664 年規定稅率，1667 年更制定極嚴酷的稅率，1672 年荷蘭

的入侵受到科伯特的歡迎，因為根據 1678 年的《尼麥格條約》，稅率又得回復到 1664 年的水準。

　　為了防止金錢外流，就必須生產奢侈品，為了使這些奢侈品能順利外銷，就必須在歐洲以質量博取喜愛。同樣地，科伯特也傾盡全力保護工廠和控制生產，為此他規定生產、免稅、貸款和訂單都由國家壟斷管制，他從鄰國招募來最靈巧的特殊工廠，而開設王家工廠是為了生產家具、地毯、玻璃、武器，高伯蘭、薩沃納里、博維、奧伯松的地毯工廠，以及布萊斯特、都龍和羅什福爾的兵工廠都很發達。「王家工廠」這頭銜同樣是給予有特權的私有企業，聖高班的玻璃器皿、阿伯維爾城中凡‧羅拜的地毯業。在這樣的製造業中，工人必須遵守一種近乎修士的紀律，這些工廠都由許多分散的家庭式作坊組成，他們在一位資本家的指揮下工作。同樣也有一部分法國工廠，如諾曼地和朗格多克的地毯工廠、緬因和安茹的亞麻布及大麻布工廠、里昂的絲綢工廠、圖爾和尼姆的工廠，這些工廠受到政府的控制。科伯特想讓其他行業也這樣實施，並且以這些為基礎，透過漫長的調查後，建立起標準合適的生產規則。

七、路易十四世紀

　　路易十四對文學藝術工作相當支持，但也對此進行控制，作家、藝術家和學者因此就得為了國王和王國的榮譽奔走，以換得國王對他們的支持。1663 年創建了 1 個發放年金的作家名單，1671 年國王成了法蘭西學院的領導人，學院的工作大大地加快了，1694 年編纂詞曲，1680 年出現了由鄉間戲劇融合所產生的法蘭西喜劇，1664 年王家油畫和雕塑學會得到決定性的塑像，1667 年開始組織定期的沙龍，1671 年設立了建築學院，1672 年設立音樂學院，1666 年由天文臺組建科學院，路易十四還出版了《學者報》，這些學院負責協調王國的文學、藝術或科學，在音樂和舞蹈的領域內，音樂總監呂力可以對任何管弦樂團和王家音樂出版指手劃腳。

八、凡爾賽宮修建

　　凡爾賽宮象徵路易十四的榮耀，路易十四這項偉大的計畫有耐心地持續了三十年，凡爾賽宮是他統治時期最龐大的建築工程，這座宮殿的修建亦可能使路易十四的繼承人上斷頭臺，這座宮殿使得路易十四接觸到參與土木工程建設的各類工人與士兵，1688 年開始，勒弗負責擴建原始的建築，勒諾特修建大花園，勒布罕負責宮殿裝修。1682 年路易十四入住凡爾賽宮，宮殿由蒙薩爾所擴建，朝臣不得不離開巴黎，而生活在這座龐大而輝煌的宮殿旁，鏡廳是舉辦官方禮儀儀式的地方，宮殿的旁邊也修建起一座新城，各類君主制機構座落其中。

九、統治後期

　　1691 年，路易十四的第一代大臣相繼過世，他們的繼承者朋沙特蘭、德斯馬黑等，也都是些有才能的人，但他們侍候的是一位職司不明確的國王，年歲使得路易十四權威日隆，他真的變成了他自己的首相。由於君主集權制使得地方自治的花費增加了，總督幾乎經管一切，他們關注著各外省選區或國有領地，以及行政領域的事務，他們依靠他們任命的副代表辦事，他們與凡爾賽宮保持聯繫，且四處調查並將轄區內的狀態反應給國王。1692 年，路易十四規定各城都得有一個市長，1699 年，在各議會城市和海邊城市中設置了警察總監這個職務。

十、捐官

　　1689 年到 1697 年間，國庫支出一再增加，戰爭（二十七年中有二十一年處於戰爭狀態）、農業歉收而引起的饑荒更是雪上加霜，為了解決這些困局，路易十四採取了一些大膽但不得人心的措施。為了解決戰爭經費問題，國王絞盡腦汁、想盡辦法，眾所周知的如捐納官職，那些捐官引起了人們的憤怒，但人們絲毫沒有意識到這些表面可笑的捐官者卻常常體現了行政制度的進步，「豬舌檢查官」掌管生病牲畜的檢查工作、「假髮檢查官」對於這項奢侈品的徵稅工作是必不可少的，這些職位在可以捐納之前就已經存在了。從其他稅收來看，這個方法使得被享有特權的政客所操縱的寡頭政治也對解決國家開支做出了貢獻，隨著

這些措施產生了新的貴族階級，人們可以根據財產的多寡留在第二階級成為新貴族，否則就成為繳納人頭稅的平民，由於 1695 年開始徵收的人頭稅，在一個向三個等級徵收同一種稅的國家裡，革命思想因而也被接受了，所有的人都可以根據社會地位大致分成二十二個等級，徵收從 2,000 到 1 鋰不等的人頭稅。人頭稅於 1698 年被取消，但 1710 年又作為分攤稅恢復了，1710 年國王又重新採用沃邦早就提出的所謂「國王的什一稅」建議，把它當作對收入的兩次徵稅，但由於無法檢驗申報的收入情況，收稅情況並不理想，尤其是特權階層。

十一、經濟變化

人們同樣可以察覺到經濟思想的變化，科伯特主義受到批評，1700 年經濟委員會又重新聚集，各商務城市和港口城市的代表，以及各商會自選的代表都要求商業自由，自 1700 年起，法國和西班牙的聯合使得法國沿海貿易復甦，從中得利的是聖馬羅、南特、波爾多、馬賽等，和平已然重建，1713 年，法國與歐洲各國簽訂了一系列的經濟條約。

十二、繼承人問題

由於 1711 年王儲的去世，他的兒子，第二位王儲成為一小撮高層人物的希望，他曾受教於費內隆，費內隆把他教成一個孝順但沒有野心的人物。1699 年被流放到康布雷的費內隆夢想成為主要的部長，然而包維耶、舍夫爾斯以及聖西蒙的大公將一些職位還給貴族，他們對於溫和的王權計畫做了調整，他們期待和平能夠立刻實現，即使是以恢復十六世紀初的疆界，以對冉森教派和新教徒的鎮壓為代價也在所不惜。1712 年，勃艮地公爵夫婦和他們的長子先後去世，對路易十四來說，無異是斷絕了直系繼承人，對於 1709 年的入侵，他代表法國沉著冷靜地行使著國王的權利，此時的法國已和他於 1661 年初掌權時的法國大不相同，但他仍然扮演著五十年前確定下來的作用，當他於 1715 年 9 月 1 日去世的時候，他將法國的王位留給了不到五歲的曾孫。

十三、君主專制制度在外省

　　法國當時分為被稱作「財政區」的三十來個省份，它們的面積很不一樣。各省都保留著很大一部分在它歸附王國時已經沒有的行政機構。這種差別是導致糾紛的原因君主制度並不謀求迅速使各省行政整齊劃一，它習慣於不廢除既存事物中的任何東西，而是在它認為必要時創立新的機構。這些新事物中最引人注目也最有效的是總督制度。

　　總督必須十分勤奮幹練，在其身邊協助處理各種複雜事物務的人是很少的，他們從未超過數十人。總督應經常向凡爾賽報告自己的活動，但當時郵件走得很慢，例如，一封信從馬賽送到凡爾賽需 3 個星期，回信也需同樣時間。因此，宮廷給總督留有許多方便行事的特權。於是，後者的權限和影響漸漸延伸到一切領域，成了「省裡的國王」。其他行政權力機構並不怎麼喜歡這個無限的權力，有時還會表示它們的不滿，在那些沒有省議會或市政議會的地方，情況便是如此。因此，當君主專制制度於 1789 年滅亡時，行政和司法上統一還遠未實現。

第十四章
法國與歐洲各國的衝突

第一節　整軍經武

一、外交與軍事藝術

　　1661 年，法國在外交這一方面有所創建，我們對於路易十四的政策不容置疑，他堅持不懈地尋求任命大使，在法國本土外掛上法國國旗。這同時也是一項出於安全和利益的考慮所採取的政策。

　　領土的吞併是在自然疆界這一框架內進行的，例如，1648 年奪取對亞爾薩斯的所有權。至於仍處於獨立的洛林，由於已不再對法國構成任何威脅，法國對於它的明確併吞，被擱置到 1700 年之後才完成。法國決心取得的自然疆界為人所知，以至於荷蘭人在驚懼之下，將萊因河以南屬於法國財政區的荷蘭領土割讓給了路易十四，以求免於被侵略。路易十四的政策與前任國王很相似，根本談不上系統性，他延用前任所慣用的手法——利用國際環境，不同之處在於其取得的效果更顯著。

　　此外，在宮廷之外供養著一些大使、大人物和代辦，有辦公場所的使館開始組建，那些最重要的談判通常透過全權代表進行，同時還僱用公務人員和數目可觀的間諜，法國的諜報工作組織做得非常好，「路易十四偉大的密碼」直到二十世紀初才得以破解。在主要港口設立外國領事館，在鄂圖曼土耳其帝國設立法國領事館。對良心的收買、對情欲的利用，這一套被路易十四發揮地淋漓盡致。為數眾多的日耳曼親王，尤其是布蘭登堡選帝侯皆得到經常性的資助；英格蘭國王查理二世和那些政治上有影響力的人，甚至是那些反法黨派的領袖也都得到過資助，英格蘭在 1689 年之後的帝國——未來的「聖喬治騎兵」——也採取類似的作法，路易十四同時機敏地送給查理二世一位法國情婦。在和平時期如同在戰時一樣，通常都是談判與軍事行動雙管齊下，商業和金融方面的聯繫很少中斷過。

二、盧瓦與新式軍隊

在這一時期，常備軍得以組建並且不斷地擴大，法國提供了君主式軍隊的楷模，這項偉績是由米歇爾‧泰利埃與他的兒子盧瓦共同完成。

盧瓦作為行政指揮官，眼界寬廣、統籌有術、永不疲倦、要求嚴苛，他甚至是一位粗暴的軍人，1672 年他組織一支超過 100 萬人的軍隊，到了 1690 年，此軍隊已成長超過 200 萬人，他為軍隊設立了文官行政管理系統，包括戰爭署、負責供應軍隊補給的後勤軍需官，還設置了戰時專員，主要負責監控軍隊人數的員額。戰士的招募、入伍要透過上尉軍官進行，而他獲取兵源的手段通常不外乎兩種，一種是戰士直接來自於他們的領地，第二種手段則是用在兵源需要增加的時候，這時候就會產生相當多的欺詐、矇騙和暴力事件。但這還是不足以滿足需要，於是一種軍事服務機構成立了，1694 年以後，從貴族附庸處徵召軍隊的做法取消了，而傳統形式的自衛隊——民兵，只是在遭受侵略時才得以在當地應用。盧瓦在 1688 年建立了皇家禁衛軍，在 1701 年又重新補充兵員。在西班牙王位繼承戰爭期間，皇家禁衛軍是一支後備軍隊，它的每一個營都加入了常規軍的營中，最後還向外國軍隊求援，在數目不斷擴充的瑞士軍團基礎上，又加入了日耳曼、愛爾蘭和義大利軍團。

三、軍事改革

官員受制度的嚴格約束，晉升制度是固定的，1675 年制定進階順序，只要從國王那裡取得了許可證，資產階級就可以用金錢買到上尉一職，成為軍官，而富裕的貴族則可以買到團級職位當上校。同時還有另一套不同的購買官職系統，中尉、少校、中校、准將都是不能購買的，但是絕大多數的將軍官職都是買來的，1693 年成立的聖路易組織，允許獎勵軍官。

陸軍的面目煥然一新，約在 1700 年，當時步槍和套管刺刀已取代了滑腔槍和長矛，騎兵由於借鏡了奧地利軍隊輕騎兵的做法而出現了多樣化，使用馬匹的步兵由數量不斷增加的龍騎兵組成，而炮兵是一支有自治權的軍隊，皇家炮兵這支軍隊由一些經過專門訓練的軍官和工研院

組成，他們擔負著構築城防工事和指揮圍城的重任，此時埋設地雷的部隊也建立起來。

　　每支軍隊都身著統一的制服，在王國的領土上遍布糧秣倉庫，使得部隊能迅速地到達目的地。他們的軍需供給從總體上來說應該是令人滿意的，即使在荒年，招募的士兵也是充足的，正是由於這種完善的組織，在和平時期大軍過境，平民百姓所遭受的痛苦減少許多，而提供糧食草料、軍需品的倉庫的建立也爲應付突襲提供了有效的後勤保證。

四、軍隊

　　在這時期的戰略裡，防禦工事在西方的戰爭尤其是圍城戰，發揮了舉足輕重的作用，它不僅是軍隊的支持據點同時也是倉庫，這就是路易十四對於建立「鐵腰帶」備加關心的緣故，沃邦（1631年至1707年）在1677年成爲工事總監，他負責這個項目。沃邦改進了與地面齊平的防禦工事，增加了它們抵禦炮火攻擊的能力，還增設了交叉火力，在1708年到1712年間，它發揮了預期中的威力。

五、海軍建立

　　海軍的成立是科伯特和他兒子的傑作，由於他們在布萊斯特和土倫設立軍火庫，以及後來設立的拉羅舍軍火庫，還有那支規模龐大的海軍，才在一段爲期很短的時間裡，有能力與英格蘭、荷蘭海軍相抗衡。科伯特建立了分類體制，它是後來海軍清查機構的前身，水手必須輪流到皇家艦隊服役，可以定期領取軍餉。

　　西班牙帝國正處於衰弱、英格蘭表現出相對地忍讓、中歐的分裂、鄂圖曼土耳其帝國表面上的強大、法蘭西帝國實質上的強大，這些構成了路易十四親政時期前二十年歐洲政治的總體態勢，在這種態勢下，法蘭西帝國、鄂圖曼土耳其帝國彼此不結盟就顯得理所當然了。鄂圖曼土耳其人於1664年和1683年先後2次進攻維也納，路易十四在1664年派遣增援部隊，促成聖哥達基督教軍隊的勝利，他的軍隊占領了德吉杰里，炮轟阿爾及利亞與突尼斯，1683年，他懼怕可能形成反法同盟而沒有採取行動。

　　在西方，由馬薩林遺留下的外交遺產成果斐然，萊因聯盟因為于格・里奧尼而得以重整，還新加入了布蘭登堡，並且繼續與聯合省結盟，1662 年，英格蘭將敦克爾克賣給法國。聯盟的成員包括瑞典、丹麥和波蘭，西班牙則被孤立，神聖羅馬帝國皇帝也動彈不得。但是這個聯盟仍然相當脆弱，英格蘭、荷蘭與日耳曼對於法國領導的軍事行動總是猜忌又防範。

六、移轉權之戰

　　西班牙的問題隨著菲利四世的去世開始浮現，王冠重新落到查理二世的頭上，他只是一個四歲的幼兒，出自國王的第二次婚姻，只要查理二世一死，路易十四與神聖羅馬帝國皇帝利奧波爾德都同樣有權繼承王位，因為兩人均有西班牙血統，並且皇后均為西班牙人，此即奧地利的安娜和法國的瑪麗・泰雷娜。依據《庇里牛斯山協議》，瑪麗・泰雷娜可以得到一筆價值 5 萬埃居的陪嫁，以作為他放棄王位繼承權的交換，但事實上西班牙無力支付這筆龐大的金額。法國的法學家在荷蘭的私法條目中尋找到一項慣例，根據此慣例，生於第一任婚姻的孩子有權繼承父親——財產歸屬權，於是路易十四要求在此項慣例具有效力的地方，享有這項財產權利歸屬，也就是繼承菲利四世，他還要求將荷蘭割讓給他，但是被西班牙所拒絕，之後，他利用英格蘭與荷蘭間的一場戰爭，指揮法國軍隊占領一些要塞。神聖羅馬帝國皇帝則疲於應付匈牙利一些大領主的反抗，無法採取行動，同意與路易十四簽訂一項條約，準備兩個王室共同分享西班牙繼承權，這就使法國於 1668 年 1 月取得荷蘭。但海軍力量強大的國家做出了反應，英格蘭與荷蘭簽訂和約締結聯盟，瑞典也加入此一在海牙的聯盟而形成三國聯盟，三國聯盟建議調停解決西班牙王位繼承問題，《埃克斯拉夏貝爾和約》顯示出路易十四的溫和，他已滿足於從荷蘭得到的 12 處要塞，其中包括里耳、杜埃和圖爾內地區。

第二節　恢復政治大國地位

一、荷蘭戰爭以及反路易十四的第一次同盟

　　荷蘭阻礙了法國政策的實行，使得存在達半個多世紀之久的法荷聯盟遭到破壞，並促使路易十四把聯合省降到被支配的地位。荷蘭在法國很少會得到同情，無論是國王還是宮廷，科伯特更希望能毀掉荷蘭的海軍力量與商業實力。

　　于格‧里奧尼孤立了聯合省，就如同過去在王位繼承戰爭之前曾經孤立過西班牙一樣，透過《多佛條約》的簽訂，英格蘭重新與法國結盟，共同反對荷蘭港口做出的資助和承諾，瑞典也如法炮製，而日耳曼親王若不是如科隆一般加入聯盟，就是要像巴菲爾與神聖羅馬帝國皇帝一樣保持中立。盧瓦準備了一支 12 萬人的大軍，科伯特準備了 30 艘戰艦。

　　荷蘭感受到了這種山雨欲來之勢，於是與西班牙、布蘭登堡簽訂聯盟協定，布蘭登堡願意簽訂協定是因為擔心在克萊弗的既得利益，荷蘭首相約翰‧威特設法讓船長兼海軍司令威廉進入國家議會，但防禦方面的準備工作卻不夠充分。

　　1672 年春天，法國軍隊穿過萊因河抵達托利，路易十四進入烏特勒支，但是荷蘭人破壞堤岸使得江河氾濫，路易十四的行程因此受阻。聯合省的一些主要國家提議談和，他們提議割讓萊因河南岸的領土，外加豐厚的賠款，路易十四認為這只是討價還價的開始，他要更多的好處，他強加在和約上的屈辱性條件使荷蘭舉國震動。約翰‧威特被認定要對防禦上的缺乏戒備承擔責任，1672 年 8 月他在拉埃被處決。奧蘭茵的威廉亦著手打破聯合省的孤立狀態，西班牙國王與其結盟，但並未加入戰爭，路易十四知道犯了錯誤，同意進行談判，在科洛涅召開大會，人們以為和平已經不遠，然而日耳曼人對法國的野心惶惶不安，而路易十四此時又懼怕在亞爾薩斯或洛林公國出現變故。西班牙和神聖羅馬帝國皇帝與聯合省關係融洽，他們向其保證維持現狀，隨之又向法國宣戰，此時的法國勢單力薄，而英格蘭也已經與荷蘭簽了和約。

　　衝突的原因已經發生轉變，對於法國來說，現在已經不是從荷蘭

奪取什麼的問題，而是設法保住亞爾薩斯，使洛林在他們的聯盟行動之
外，重新恢復法國在帝國的政治地位。

　　路易十四挑起瑞典、波蘭及匈牙利之間的衝突，使神聖羅馬帝國皇
帝陷於困境。荷蘭海軍和法國海軍在海洋上及殖民地的爭雄，使爭鬥愈
演愈烈，儘管有英格蘭派出的援軍對荷蘭不甚堅定的支援，這支聯合起
來的軍隊無法仍動搖法國的軍事優勢，法國軍隊將聯合省的居民遷走，
策略性地開始征服荷蘭。

　　於是法國在歐洲又重新恢復了政治大國地位，但是面對著歐洲各國
的敵意，它比過去有更多的顧忌。

二、路易十四的頂峰

　　路易十四號稱是「偉大」的歐洲仲裁者，路易十四和盧瓦推行一項
稱作「領土歸併」的政策，它是指透過單方面的法律程序，將法國享有
領土權的土地歸併於王國，成為法國的一個省，透過占領薩爾地區的一
些河流，主教的管轄區得以鞏固，而與此同時，在荷蘭古爾特雷的法國
西班牙聯合會議確定了明確的疆界線，這條界線有利於法國，吉偉被割
讓了，聯合省和布蘭登堡對此一點辦法也沒有。路易十四做的還不只這
些，因為接近直線狀的邊界利於防守，對於那些他並沒有主權的城市，
只要它們對法國的防禦有利，他同樣將其占為己有，1681 年，史特拉
斯堡跨萊因河的橋樑被占領、盧森堡也被圍困，但此時鄂圖曼土耳其包
圍了維也納，為了顯示他沒有對基督教兄弟國家趁人之危，路易十四停
止了行動，然而維也納並未失陷，西班牙又向其宣戰，這促使他占領盧
森堡、迪克斯謬德和古特雷。奧蘭茵的威廉嘗試建立新的聯盟，但未獲
成功，與法國相比，布蘭登堡相輔相成如同昨日黃花，這使得神聖羅馬
帝國皇帝謹守中立，英格蘭國王查理二世因議會作梗正處於困境，他需
要法國的財政資助，西班牙在被孤立之下簽訂了《拉蒂斯邦和約》，承
認路易十四可以對盧森堡進行長達二十年的占領。

　　有三件大事徹底改變了力量的平衡：鄂圖曼土耳其的失利、《南特
詔書》（如圖 14-1）的撤銷，以及英格蘭的第二次革命。

　　在匈牙利發生的事件，它的發展與路易十四採取的政策並無關

聯，匈牙利王國亂成一團，天主教進行的重
新征服遇到了很大的反抗。在鄂圖曼土耳其
帝國，首相執政的朝廷，考普羅里暫時停止
了衰落的趨勢，其中一位首相卡拉‧穆斯塔
法抓住了一次行動的機會攻打維也納，他包
圍了這座城市，利奧波爾德向基督教國家求
援，1683 年 9 月 12 日，由於維也納守軍頑
強抵抗，以及約翰‧索比埃斯基的波蘭騎兵
的援助，洛林的查理使鄂圖曼土耳其軍隊在
卡朗伯格俯首稱臣。這場戰爭的結果有著決
定性的作用，它決定了這是最後一支十字軍
東征，這場戰爭暴露出鄂圖曼土耳其帝國的

圖 14-1　《南特詔書》

軟弱，促使它從中歐退出，而法國在此之前則在一旁袖手旁觀。形勢進
展地非常迅速，1684 年，威尼斯、波蘭都站在神聖羅馬帝國皇帝的一
方而加入神聖同盟，而此一同盟又是處於教皇的庇護之下。俄羅斯進攻
克里米亞但沒有成功；波蘭占領了波多里；威尼斯占領了愛奧尼亞群島
和伯羅奔尼撒半島的莫黑地區；1686 年神聖羅馬帝國士兵占領布得這
個伊斯蘭國家的屏障，1687 年在莫阿科擊潰鄂圖曼土耳其軍隊；匈牙
利的叛亂平息，匈牙利國會承認聖艾提安由哈布斯堡家族繼承而來的王
位之合法性，並且放棄對君主的反抗，川夕法尼亞王子將蘇丹的領主權
交給了匈牙利國王；1688 年貝爾格勒失陷，而鄂圖曼土耳其禁衛軍的
士兵竟發生暴動，只是由於西方國家彼此又恢復的敵意，鄂圖曼土耳其
帝國才免遭覆滅之禍。

　　《南特詔書》的撤銷加強了新教國家反對路易十四的決心，轉變
了曾經參與領土歸併政策的大選帝侯的立場。但對於神聖羅馬帝國而
言，如果說他的地位已得到加強，與土耳其的戰爭則是抽調他在西方的
軍隊，路易十四因此可以在兩個政策之間選擇其一，外交部長克華西向
他建議安撫歐洲，而盧瓦則建議奪取新的地方以削弱神聖羅馬帝國提高
的地位，路易十四採納了第二種意見，依靠武力的政策得以繼續執行。
1685 年法國炮轟並侮辱熱那亞，與教皇之間發生了弗朗西茲事件，最

終導致了 1688 年占領亞維農，與此同時，他還為自己的嫂嫂奧爾良公
爵夫人——一位享有王權的公主——要求在萊因伯爵領地裡的自由權，
還要求讓一位效忠法國的候選人做科洛涅的總主教，1688 年 9 月 24
日，他給神聖羅馬帝國皇帝 3 個月的期限，接受路易十四要求的解決方
案。這些武力上的咄咄逼人，令神聖羅馬帝國皇帝向西班牙、巴菲爾靠
攏，這其中還有為數眾多的南部日耳曼親王，1686 年 1 月，他們共同
結成了奧格斯堡同盟，他們允諾互相支持一切對抗法國的行動。對鄂圖
曼土耳其的軍事勝利，將神聖羅馬帝國皇帝的軍隊滯留在東方，這使得
皇帝很難採取行動，缺少英格蘭的支持，奧格斯堡同盟將無所作為。

　　但是在 1688 年 11 月，詹姆士二世在其兄察理二世之後繼位，面
對以奧蘭茵的威廉為首並遍布各地的叛亂不得不偃旗息鼓，而後者於
1689 年 2 月被確認為國王，對抗路易十四的聯盟於 1689 年在宮廷之中
組織起來，戰爭於是開始，1690 年戰爭蔓延到整個歐洲。

第三節　遠交近攻的策略

一、奧格斯堡戰爭

　　聯盟軍的目的是使法國重新回到《西伐利亞條約》和《庇里牛斯
和約》所定的邊境線，面對同盟，法國有統一的指揮與內部交通線的優
勢，依靠著沃邦這一要塞，法國的目標只有一個：保衛自己的領土。而
它的對手則被一些別的問題困擾著，神聖羅馬帝國皇帝利奧波爾德仍繼
續與鄂圖曼土耳其及奧蘭茵的威廉的戰爭，他還懼怕斯圖亞特家族的追
隨者，即忠於詹姆士二世的人起事。戰爭從對萊因伯爵領地的人肆劫掠
開始，在那個時期，在一個外國的領土上，這並不是唯一一起實施焦土
政策的例子，但因為涉及的範圍廣大，並且進行得有條不紊，它便顯得
特別突出，無論從心理上或是道德上來看，這次行動都是毀滅性的，它
使人們的怨恨久久不能平息。

　　法國人進攻聯盟軍空虛的據點，卡蒂那使薩伏依公爵遭到斯塔法
爾德之敗，還有盧森堡公爵將西班牙擊潰於福勒荷，而詹姆士二世又在

法軍的圖爾維爾及夏多雷諾爾艦隊幫助之下奪取愛爾蘭，就在同一天英格蘭艦隊在比西荷德被擊敗，而威廉王則在拉布瓦尼戰勝了詹姆士二世，迫使其不得不重新登船。法國不懂得利用海軍的優勢，對於凡爾賽來說海軍造價太貴了，且大家都不清楚透過海戰這一賭注能贏得什麼，1692 年，法國海軍在拉烏格覆滅之後，法國人通常採取海上行劫的戰術，這一戰術尤其被尚巴特和杜蓋·特胡安加以發揚光大。

此時法國接連不斷地取得勝利，在斯坦克爾克和尼爾溫得戰勝了奧蘭茵的威廉，在馬賽戰勝了薩伏依公爵，但到了 1694 年，軍事行動的節奏慢了下來。雙方都筋疲力竭了，法國遭到一場生存危機，死亡率上升，這為其財政稅收帶來致命的打擊；而在英格蘭一方，他們也開始厭倦這場「威廉國王的戰爭」，尤其是法國艦隻在海上的劫掠，使其商業蒙受嚴重損失；荷蘭人不願中斷與法國的貿易往來；神聖羅馬帝國皇帝曾經一度放鬆對鄂圖曼土耳其的進攻，致使鄂圖曼土耳其又占領了貝爾格勒，為了使日耳曼的親王堅持作戰，他不得不對他們做出讓步，1692 年哈諾弗爾公爵成為第 9 選帝侯，和談已經暗中開始了。

二、杜林和約

1696 年，薩伏依公爵與路易十四簽訂《杜林和約》，第一個退出了同盟，他將匹涅羅爾和卡薩爾歸還法國，法國人利用它奪取了巴塞隆納。在里斯威克全面性的談判開始了，相繼簽訂了幾個不同的和約。路易十四允許荷蘭人有權占領法國邊境上的西屬荷蘭領土，即所謂的「堡壘之地」，路易十四承認威廉三世為英格蘭國王，做出了不再支持詹姆士二世的承諾，這種承諾對於他強烈的君主榮譽觀念來說實在是太痛苦了，路易十四將盧森堡還給西班牙，將洛林、弗里堡以及科爾歸還給它們各自的親王，但他保留了史特拉斯堡和薩爾路易，他並且還讓他們承認了他對聖多明尼加西部地區——海地——的占領。

聯盟破裂了，王國保住了自 1695 年以來征服的主要成果，但從此路易十四開始實行一種謹慎和平的政策。

在東方，鄂圖曼土耳其有過短暫的迴光返照，但彼得大帝在 1696 年奪取了阿佐夫。此外利奧波爾德的軍隊由於《里斯威克和約》帶來的

和平而得以解放，被派遣到巴爾幹半島，在那裡接受厄仁親王的指揮，1697 年取得了贊塔之戰的勝利，1699 年 1 月雙方在卡爾羅維茲簽訂和約。鄂圖曼土耳其最終將匈牙利和川夕法尼亞拱手讓給哈布斯堡、將達爾馬提亞讓給奧地利、將阿佐夫讓給俄羅斯、將波多里和一部分烏克蘭讓給波蘭。

第四節　西班牙問題

一、西班牙王位繼承戰爭

　　西班牙國王查理二世的健康惡化，看起來將不久於人世，但他卻沒有後嗣。西班牙這個王權強大的國家命運牽動著歐洲所有的大國，西班牙的王冠最終是和法國合而為一，或是歸從於自 1699 年後就不斷擴大的奧地利哈布斯堡家族所有。

　　路易十四與威廉三世和荷蘭首相恩休斯舉行談判，雙方達成協議由查理二世的姪孫，年輕的選帝侯巴威爾親王繼位，但他在 1699 年就死了，雙方達成的第二次協議是雙方共享，西班牙王冠回到查理大公頭上，他是神聖羅馬帝國皇帝利奧波爾德的次子。法國從西班牙那裡將得到它在義大利的領地作為補償，法國將再用它換取洛林、薩伏依和尼斯，這個解決辦法既沒有得到利奧波爾德的同意，也沒有取得查理二世的認同。

　　查理二世死於 1700 年 11 月 1 日，他留下的遺囑反對將他的國家瓜分，西班牙的領地被遺贈給路易十四的次孫安茹公爵。路易十四從 11 月 9 日思考到 16 日，終於接受了這個遺囑，王朝的驕矜並不是他決定的唯一原因，不管怎樣，與利奧波爾德的戰爭似乎都難以避免，一方面法國堅信西班牙盟友的支持，另一方面他還得到了強大海軍的支持，另外於 1700 年召開的商務參議大會，會中已確認的經濟隱憂也是一個重要的原因，結盟為法國的商業提供了一個開放西班牙殖民地的希望。

　　如果不將利奧波爾德的反應考慮在內的話，路易十四接受查理二世遺囑這件事並沒有激起什麼迅速的反應，只要英格蘭與美洲的商務往

來沒有因戰爭的重新開始而遭受損失的話，這些人就不會反對戰爭。但路易十四太急於兌現他孫兒入主馬德里可能為他帶來的好處，為了重振西班牙，菲利普五世任用法國人為行政官員和商務官員，他允許他們壟斷在帝國範圍內的黑人人口販賣，不久之後，他又請求法國軍隊撤走在「堡壘之地」的駐軍。路易十四採取了兩個被視為挑釁的措施：堅持菲利五世有權繼承法國王位，詹姆士二世死時，他又承認其子詹姆士三世為英格蘭國王。

　　威廉三世和恩休斯是神聖羅馬帝國皇帝身旁的拉埃大聯盟之始作俑者，威廉三世死於 1702 年，此後恩休斯便成為這聯盟的靈魂，他為一些優秀的將軍所輔佐，其中有薩伏依的厄仁和馬爾博魯夫。面對這一聯盟，法國不得不奮起保衛既得的西班牙王冠，因此就分散了法國的軍隊，它只能對巴威爾盟友寄予厚望了。薩伏依與葡萄牙在 1703 年背棄了路易十四，葡萄牙與英格蘭簽訂了《梅圖昂和約》，將兩國的經濟利益聯結起來，以酒換取羊毛的交易，以及向英格蘭貿易開放巴西。在東方，和弗朗索瓦・拉可茲取得了接觸，此人與神聖羅馬帝國皇帝對立，他奪取了一部分匈牙利和一部分川夕法尼亞，但路易十四並未從中歐的局勢中漁翁得利。

二、長久之戰

　　如果說西班牙不過是擁有一支平庸陸軍和低能艦隊的話，法國則擁有一支人數眾多且非常精良的軍隊，但奧地利的軍隊當時也是組織嚴密、能征善戰。聯盟軍隊裡的將軍英格蘭人馬爾博魯夫以及厄仁親王則要比多數法國將軍略勝一籌。此時法國還有一支強大的海軍，在 1707 年之前，艦隊的總噸位數並不遜於英格蘭，但法國主要依靠的還是它的劫掠艦。在陸地上，戰爭在開始階段有利於法國，從巴菲爾出發，一直向維也納進軍。1704 年聯盟軍開始占上風，8 月 13 日馬爾博魯夫與厄仁親王在奧艾斯塔德擊潰法軍，打到了萊因河岸邊，而此時英格蘭人攻占了吉爾不拉爾塔，從此法國人和西班牙人的不幸就接踵而至。在 1706 年先後經歷了拉米里爾之敗、荷蘭失陷、土蘭之敗、由義大利撤軍，在巴塞隆納定居的查理大公甚至進入了馬德里，1707 年那不勒斯

又失陷。在東部，拉可滋被殲滅，查理七世成功地讓他的被保護人斯塔尼斯拉斯·雷滋斯基進入波蘭國王的宮廷，查理七世儼然成了歐洲的仲裁者，他在阿爾特朗斯達特的大本營收到了來自東歐各國的請求，路易十四敦促他對西班牙王位繼承戰爭進行干預，但馬爾博魯夫卻成功地將他引向了俄羅斯。

1708 年情況變得更為嚴重了，此時路易十四打算重新奪取荷蘭，奧登納爾德之役失利，北方的軍事堡壘開始失陷，里耳在長期圍困之後，不得不投降，敵軍「造成的損失」一直波及到索姆，法國筋疲力盡。1695 年的生存危機使法國印象深刻，因為主要是北方遭受了這場危機，而且北方的危機將使得軍隊難以獲取麵包，路易十四無可奈何，只得要求和談，聯盟軍提出的條件苛刻且具有很強的侮辱性，菲利五世不得不放棄西班牙的王位，路易十四將割讓亞爾薩斯和史特拉斯堡，聯盟軍並不滿足，還要求他幫助聯盟軍廢黜菲利五世。

路易十四這次拒絕了，1709 年 6 月 12 日，他向全國發表談話，他的講話在所有教堂的講壇上被宣讀，整個國家群情激憤，重新召集了一支軍隊。9 月 11 日，維拉爾在馬爾普拉蓋成功地遏止住聯盟軍前進的勢頭。城市提供資助給菲利五世，路易十四在 1672 年對荷蘭所犯的錯誤被聯盟軍重演，1710 年的和談中斷了。

1710 年底，形勢又有所發展，西班牙軍隊的指揮旺多姆在維拉維西奧薩擊敗了英荷聯軍。在法國，1710 年的收成還不錯，危機平息了。而在英格蘭，議會排擠了馬爾博魯夫和那些極端的好戰派分子。具有決定性的事件是利奧波爾德與他的長子約瑟夫一世先後在 1705 年與 1711 年去世，這使得查理大公成為帝國皇帝。英法開始談判，1712 年在烏特勒支召開大會，談判雙方都等著軍事行動的最後結果，厄仁親王當時正包圍朗德爾西，這是保衛通向巴黎的公路的最後一道屏障。法國宮廷請求路易十四撤軍到布洛瓦，路易十四將軍隊託付給維拉爾，1712 年 7 月 24 日，他取得德南戰役的勝利，收復了邊境線。

三、朕過分熱衷大興土木和戰爭了

路易十四行將就木之際承認的這句話涉及到他酷愛建造顯示威望的

建築物，以及迷戀於以戰爭解決國際政治問題。

　　在其親政的 55 年（1661 年到 1715 年），路易十四有一半以上時間（30 年）在打仗，與西班牙之間的遺產繼承戰爭，針對荷蘭及其盟國的荷蘭戰爭，與包括英國及神聖羅馬帝國在內的奧格斯堡聯盟間的戰爭；最後還有西班牙王位繼承戰爭。這一切給國家財政帶來了深重災難，結果是獲得了幾塊屬地，如法蘭德斯和弗朗什——孔泰。

第十五章
舊制度的沒落與啓蒙運動

第一節　路易十五統治時期

一、對外殖民的榮譽和災難

㈠十六和十七世紀

在法蘭西斯一世統治時期，尤其是在亨利四世統治時期，法國不時對海外殖民冒險發生興趣。科伯特這位重商主義的積極擁護者竭力鼓動路易十四建立海軍。在很長一段時間裡，這支海軍相當強大，可與英國及荷蘭海軍比肩。但由於路易十四統治末期的重重困難，法國海軍走了下坡路。簽訂 1713 年諸條約時，美洲的部分殖民地只得交給英國人。

㈡十八世紀

路易十五統治時期，法國人通過與當地王公巧妙協商，成功地控制了印度一大片土地；與此同時，法國開拓者們在大西洋沿岸英國殖民地背後勘察了北美洲。

十八世紀中葉的三次戰爭，即 1740 年至 1748 年間的奧地利皇位繼承戰爭，1756 至 1763 年間的 7 年戰爭和 1775 至 1782 年間的美國獨立戰爭期間，法、英之間展開了激烈爭奪。前兩次戰爭把印度和加拿大交給了英國；第三次戰爭使法國人得以幫助美洲起義的移殖民贏得了獨立並把路易斯安那，即密西西比河河谷地區，歸還了法國。

可見，舒瓦舍爾（1719 至 1785 年）和薩蒂納（1729 至 1801 年）這些海軍大臣們的努力並非同樣地走運。何況輿論不大看好海外事業。伏爾泰談到加拿大時輕蔑地稱其為「幾阿龐」（長度和面積單位）（Arpents）靈地。但在現代人眼裡，重要的與其說是海軍力量，倒不如說是海上貿易，尤其與安第列斯群島的貿易，與英國並駕齊驅，而且發展比後者快。雖說幅員有限且被英國重新奪走了部分地方，但靠了大革命和帝國時期的戰爭（1792 至 1815 年），這個法蘭西第一殖民帝國

有著重大的歷史和文件作用。它是法語世界最重要的根基之一，如今，它在魁北克、毛里求斯、塞席爾，甚至在路易斯安那是如此充滿活力。

二、奧爾良菲利攝政

路易十五（1710 年 2 月 15 日至 1774 年 5 月 10 日）被稱作「被喜愛者」，他神奇地延續著整個瀕死的家族，早期頗受法國人民的擁戴，但他無力改革法國君主制和他在歐洲的綏靖政策，使他大失民心，導致他死後成為法國最不得人心的國王之一。

路易十五是太陽王路易十四的曾孫，他的父親是路易十四的長孫勃艮地公爵路易。1712 年，麻疹奪去了他父母和哥哥的性命，小路易也遭感染，幸好女家庭教師文塔杜瓦公爵夫人挽救了他的生命。路易十五很敬仰他的曾祖父路易十四，稱他為「我親愛的國王爸爸」，路易十四去世前召見了路易十五且給予其最後的忠告，即少戰事，以及要做一個關心人民疾苦的國王，這令他非常感動。

路易十五在 5 歲時就登基了，當時的攝政王是堂叔公奧爾良公爵菲利普二世。1725 年 9 月 5 日，15 歲的他與 21 歲的前波蘭公主瑪麗‧蕾捷斯卡結婚，他們共育有二男八女。1726 年到 1743 年，是他執政期間最繁榮太平的時期。1734 年，他有了第一個情婦德‧瑪奕郡主，之後還有龐巴度夫人、杜巴莉夫人等。

路易十五執政後期，宮廷生活糜爛，路易十四時期的經濟問題也沒有得到很好的解決。雖然小時候大難不死逃過一劫，但他最終還是沒能逃過疾病的折磨，於 1774 年死於天花。

路易十五是法國歷史上最具矛盾性格的國王。他的優柔寡斷，加上他所面對問題的複雜性使他的內心充滿膽怯，導致在他統治期間造成了不良的結果。雖然他以曾祖父路易十四為榜樣，盡職地扮演國王的角色，實際上他的私人生活卻非常奢華。當他還是嬰兒的時候就失去了母親，所以他總渴望母愛的存在，他設法獲取婦女的親密陪伴，這讓他備受詆毀。

路易十四的遺囑委託奧爾良公爵攝政，但同時又要他的幾個私生子作攝政顧問來監督，他們是曼恩公爵和土魯茲伯爵，但是國王一死，攝

政王就要求巴黎的議會廢止遺囑，擺脫攝政顧問的監督，具有法律地位的私生子並沒有繼承權，但議會又重新得到了進諫的權力。攝政王機智但追求享樂，他試圖使前代留傳下來的體制變寬鬆，他重新接近貴族反對派，自從腓尼龍去世之後，聖西門公爵成爲這一派的權威人物。貴族譴責路易十四助長了長袍貴族的發展，指責他把那些金融家封爲貴族，把高級貴族安置在宮廷之中，以及與一些特派員共同管理國家。

三、內政

爲了模仿在歐洲大陸仍十分盛行的體制，部長被七個顧問所代替：財政、對外事務、戰爭、海軍、內務、貿易、信仰，七個顧問由擁有專家協助的大領主所組成，此爲多部會員制。戰爭顧問部由維拉爾元帥主持，1716 年，他對軍隊建立了有效的監控制度。財政上的困難使得貴族問題更難解決，財政顧問部由諾艾公爵主持，他拒絕了前任總監察員戴斯馬爾特提出的解決辦法，即對 3 個等級全面徵稅，相反地，他取消什一稅。諾艾公爵統治時期，對於有錢人充滿著敵意，他透過減少資本和利息，進一步加強債務問題，國家發行的票券要呈交給核准委員會，其中有一半退出了流通領域，負責查核自 1689 年以來與國家簽訂契約的司法部門，只對那些沒有得到妥善保護的人提起公訴。由於厲行節約，預算收支達到了平衡，債務服務終止了，債務儘管減少，但數目依然龐大，財政體系的缺陷仍然存在。

四、冉森教派與杜布凡主教

而政治上的困難又重新出現了，反對憲法一派的領袖已經被釋放，冉森派的信徒又得以現身說法，憲法派遭到上訴派的攻擊，之所以稱他們爲上訴派是因爲他們要求對一切——從憲法到主教會議——進行上訴。1718 年，在攝政王的前任宗教導師修道院長杜布瓦的影響之下，攝政王同意發出一道諭旨譴責上訴派，剝奪冉森派的發言權。至於杜布瓦，他野心勃勃地要當紅衣主教。凡爾賽被拋棄了，巴黎重新恢復了首都的職能，諸位親王夫人建立了一些小宮廷，其中由曼恩公爵夫人建立的小宮廷陰謀將菲利普五世推上法國王位，貴族的反抗導致了許多

問題，他們所解決的問題卻很少。

　　路易十五任命波旁公爵做主要的部長，他的政府在普里侯爵與帕里‧杜維爾的授意下，其所作所爲令人失望。

五、國王婚姻

　　路易十五的婚姻令人大爲驚訝，西班牙一位公主從小在法國宮廷長大，她被認定將成爲路易十五的妻子，但卻以過於年輕爲由被遣送回國，路易十五另娶了波蘭國王斯塔尼斯的女兒瑪莉，這一事件使得法國與西班牙關係破裂；對於新教徒的迫害死灰復燃；財政和貨幣上的困境使得缺乏安全感的氣氛繼續存在；對於農場租賃的專營導致眾多的營私舞弊現象；一種針對不動產、以實物形式支付的 50 納 1 稅無法再實行了；帕里‧杜維爾尼實現了幾項貨幣政策，但國家未從中得到絲毫好處，因爲貨幣要不是被隱藏了起來，就是流到了國外。

六、弗勒里主教

　　1726 年，弗勒里紅衣主教已經 73 歲，他曾經是一個自負的教育者，也曾是一位野心勃勃的高級教士，他看起來謹愼且愛好和平，他維持著與英國的和平，只干預過 1733 年波蘭王位繼承戰爭，以及 1741 年奧地利的繼位事件，他重新發動對上訴派的鬥爭。

　　冉森教派在城市裡的低層教士中得到了發展，其宗教組織源於十七世紀的宗教復興，包括奧托利會派與空論派的教師、遣使會會士的傳教士，以及聖默爾的本篤會修士等學者，同時也有一部分的小資產階級和教會派人物接受了這一宗教思想。對於羅馬的抵制，使得人民開始傾向於擁護法國教會自主，第三黨派似乎正好是憲法派與上訴派的中庸，1727 年，弗勒里採取了一些嚴厲的措施打擊聖梅達爾的狂熱冉森派教徒，之後又打擊梭儂主教，冉森派所能得到的好處被剝奪了，巴黎的議會反對採取這些嚴厲的措施，1732 年，一百多名議會成員被流放，然而由於一些高層人物之間的同謀關係，冉森派得以改頭換面祕密地以新教士會的形式出現，顯示這個具有政治色彩的宗教反對派所具有的活力，儘管如此，從波蘭的繼位戰爭開始，弗勒里便放棄了公開鬥爭。

　　阿蓋索大法官想要以自然法的名義簡化習慣法，訴訟程序得到了改進，新教徒的葬禮得到了保障。對財政進行總體監控的職責委託給勒佩提埃（1726年至1730年），他於1726年實現了兩項重要的改革：放棄國家對農場租賃進行專營的體系，重新恢復招標制度，將農場包給一些農民公會，這些工會必須上繳分攤到他們身上的間接稅，這是國王收入的來源，它實際上具有原始國家銀行的作用；另外一項是只有未來才會了解其重要性的措施，1726年6月15日，正式放棄對貨幣的控制，這項措施開啓了一個長達兩個世紀之久的穩定貨幣時代，貨幣兌換的可靠性使對外和對內貿易受益匪淺。

七、奧里的工作

　　奧里是1730年至1745年期間的財政總監，他成功地使自1672年起就失衡的預算恢復平衡。爲了達到目標，他採取經濟緊縮政策，科伯特主義恢復了活力，皇家加工廠創立了，加工廠的檢查員增加了，一些條例和規章得到了進一步確認，但有些措施過於吹毛求疵，常常帶來阻礙。反對入港過橋稅的抗爭重新再起；1738年開始組織安排皇家的徭役；特魯代恩和工程師佩奈洛開始道路網工程的建設；關稅保護得以加強，有時甚至會禁止外國織物的進口，而對外貿易卻急劇上升；眾多的港口，如敦克爾克、阿弗爾、拉羅舍、巴榮，尤其是聖馬羅、南特、波爾多和馬賽都經歷了一個顯著的快速發展。然而1739年至1740年的饑荒，以及一場戰爭的開始，爲弗勒里的最後歲月投下了陰影。

八、外交

　　法國作爲英國危險的對手，在貿易方面構成了威脅，法國的海軍作戰能力並未被西班牙王位繼承戰爭毀掉，尤其在地中海上，它仍保持著第一的優勢。在卡地斯的法國商品被運到美洲，用來換取一些熱帶產品和白銀，在安第列斯群島，法國人的走私活動受到的限制比英國人多，共同的利益使得法國和西班牙彼此靠攏，共同對抗英國。

　　爲了爭奪那些「中立島」，如聖荷西、多明尼加、多巴哥，法國和英國在安第列斯群島的利益也產生了衝突，使得這兩個對手之間變得更

爲疏遠，在拉羅舍、波爾多，尤其是在南特，法國的黑奴販子和英國的黑奴販子競爭得特別激烈。

在美洲大陸上，新法蘭西日益鞏固它占領的一些主要戰略據點，1720 年建立路易斯伯格港，1740 年，此港口城市的人數達到 56,000 人，拉維蘭德里於 1743 年進入落磯山脈進行探勘，路易斯安那於 1717 年與加拿大分離，它在 1719 年有了一個中心——新奧爾良，但由於西方公司的經營不善，於 1731 年轉由皇家的行政機構管理，殖民統治便開始了。英國在美洲的殖民地從 1732 年喬治的建立開始算起有 13 個之多，移民的速度要比別處快得多，但由於彼此之間的敵視，一直處於分裂狀態，同時由於法國人居住的地方從外面包圍他們，英國的殖民者便與法國的殖民者開始有了衝突，且愈演愈烈，衝突的原因主要是因爲結盟的印第安人的介入，以及販賣皮製品問題。

在遠東地區，荷蘭人保有他們的基地，包括錫蘭（斯里蘭卡舊稱）、與他島（屬印尼）、德西馬。英國的東印度公司和法國的東印度公司都只局限於從事經濟活動，但是大蒙兀兒帝國的解體，促使法國公司的新老闆弗洪索瓦・杜馬令他的公司具有總督的稱號，他與印度的君主結成聯盟，在這段時間裡，包括波旁島與法蘭西島的馬斯卡萊尼諸島、拉布爾多奈的馬埃都進一步發展了稻米、玉米、咖啡、棉花、甘蔗和靛藍的種植業，他使得路易港成爲通往印度的一個重要海上基地。

1715 年至 1740 年的這段時期，是法國恢復其至高無上地位的時期，在其智力優勢的基礎上，法國又擁有了強大的經濟力量，再加上它所進行的海上和殖民擴張，這些足以讓英國感到憂慮。它是歐洲兩個符合法國利益的和平條約的仲裁者，英國被孤立了，未來會很快地顯示在這樣的形式中。

第二節　文化大國

一、法語十八世紀的語言

爲了方便不同民族之間的聯繫，每個時代總會賦予某種語言以更多

的重要性，如中世紀的拉丁語，文藝復興時期的義大利語，十四至十七世紀期間的西班牙語，今天的英語，而十八世紀則是法語。

　　人們常談到十八世紀法國的文化霸權地位，並且經常使用「法國的歐洲」這一字眼，就這個問題，雷奧提出了以下不同的原因：法語是用於社交的語言，尤其是上層交際的語言，第一個用法文撰寫的國際性條約是《拉斯塔德條約》，自西伐利亞條約（1648 年），法語成了外交及和約的使用語言。它在三個世紀時間裡一直如此，外交官們對其準確性及無懈可擊的清晰予以好評。較之十七世紀，法語在十八世紀更成了所有教養的歐洲人的語言。1774 年，俄羅斯和鄂圖曼土耳其兩國使用法文簽訂和平條約；凡爾賽宮和巴黎的沙龍對歐洲各國貴族具有強大的吸引力；法國強勁的擴展能力，以一批法國人移民國外爲標誌，這批人的重要性遠不在其數量的多寡，而在於這些人大都是法國的菁英分子，包括到國外尋求避難而且很快就被吸收的新教徒、因爲凡爾賽的工程停工而陷入失業狀態的藝術家，以及一些敬仰外國君主的法國人，而法國政府曾爲了阻止學者和藝術家的外流採取了一些措施。儘管路易十四曾對一部分歐洲地區表示不滿之情，但法國對歐洲的影響力仍從十七世紀末開始發揮作用，1714 年重建和平後更加有利於這種情況的發展，路易十五政府沒有爲擴大其影響而做任何努力；路易十四政府則是將國內已取得成就的有利措施推薦給整個歐洲。

　　一時之間，法語成爲備受哲學家與學者青睞的語言，他們非常欣賞法語的精確性以及與拉丁文相較之下的優越性，因爲在表達一些新觀念上，拉丁文已經不敷使用了。萊布尼茲經常出版法文作品，1743 年的柏林學院也開始出版法文作品，腓特烈二世用法文寫成他的《回憶錄》。與此同時，許多法語詞彙經常原封不動地大量湧入其他語言之中，這些詞彙主要是關於軍事技術、教育、藝術、家具、時裝和烹飪方面的術語。十八世紀早期，法國文化對所有國家都產生了顯著的影響，只是對各國的影響程度不盡相同。當時輝煌的法國文學對法語取得的成就同樣貢獻良多。

　　說到底，作爲歐洲人口最多的國家，法國在人口和藝術方面，法國藝術和建築術到處被人所模仿的活力，爲法語的影響奠定了極爲堅實的

基礎。

二、十八世紀藝術

在藝術領域內，法國的影響同樣非常顯著，各國國王都想擁有他
們自己的凡爾賽宮、特里亞儂和馬利公國。凡爾賽的公使雖然今天已經
不復存在了，但人們仍可以從眾多的複製品中一窺原貌，皇家廣場、雕
像、里戈的皇室肖像畫、由布朗設計戈貝林完成的天花板建築和寓意
畫、壁畫裝飾，還有十八世紀建於庭園和花園之間的巴黎公館，均是各
地競相仿效複製的對象。

最炙手可熱的法國藝術家大概要屬羅伯特，他曾在凡爾賽工作
過，之後又效力於菲利五世，成為科隆和巴伐利亞的合格選民。古典主
義藝術風格因此滲透到了巴洛克的領地，在那些巴洛克主義尚未紮根的
歐洲邊緣地帶，法國的古典主義並未遇到阻礙地長驅直入，勒布隆被彼
得大帝召到聖彼得堡，他仿照凡爾賽宮為這座城市建造了許多林蔭大
道。哥本哈根、斯德哥爾摩和柏林都受到同樣的影響，有時這些影響是
那些逃亡的新教徒帶來的，此時甚至一些不拘一格的大藝術家——如克
里斯多夫‧萊恩也不敢忽視法國人講授的課程。

法國的影響在義大利、西班牙和英國較小，對北方和東部地區國家
的王宮和貴族階層影響也較為有限，然而在荷蘭和日耳曼地區卻具有不
容忽視的影響力。

三、科學

不論是 1660 年還是 1770 年都不是科學發展史上有轉折意義的年
份，因為在這一時期科學史的發展已經成為一個連續的創造過程，其每
一個小階段都是由在不同領域內取得的發現串聯組合而成的。那個時候
的科學知識是一體的、包羅萬象的，哲學詞彙可以同時包含精確的科學
（指數學、物理學等學科）、道德科學和政治科學。孟德斯鳩將其主要
原則及觀點的獲得歸功於馬勒伯朗士（Malebranche，1637 年至 1715
年），而布豐則將其歸功於萊布尼茲。共同的文化遺產把各國的知識界
聯合起來，其中產生了許多學者，共同形成了人們所說的歐洲科學界，
另外一些激烈的大辯論使這個科學界更加充滿活力，其中最著名的辯論

是由笛卡兒和牛頓兩人引發的大辯論。

在十八世紀的後半期，由於創建了許多科學院，以及各國國王還有公眾輿論對此表現出的興趣，學術界獲得了巨大的成就。

法國「科學院」成立之後，1666 年科伯特爲它制定了章程，科學院被置於國家的監督之下，負責研究國家向其提出的問題和管理發明專利證書的審核簽發事宜，並且獲得了不計其數的物質援助；相反地，成立於 1662 年的倫敦皇家學會一直是個私人機構。巴黎所建立的榜樣相繼爲柏林（1710 年）、聖彼得堡（1724 年）、斯德哥爾摩（1739 年）所追隨。一些重要的工作和使命被交給了科學院的成員，例如，繪製法國地圖的工作交給了卡西尼。在那個時代，科學研究的器材仍舊相當有限，而且除了天文和地理研究之外，其他研究也不需要太多的資產，所以科學研究一直是業餘愛好者所從事的領域。

但是在十八世紀初期，熱愛科學的精神已經廣泛傳播開來，除了國家的一些舉措外，學術界的刊物也產生了巨大的影響，如《學者報》（1665 年），以及皇家學會的《哲學學報》。雖然不可能完全被法語取代，但拉丁語還是漸漸地被廢棄了，這種情形並不利於各學者之間的相互交流，卻使人們對科學偏愛的領域更加開闊了，此時出現了一些向公眾教授的課程，例如，1734 年諾雷在巴黎的公共課程，因其當場演試的實驗而吸引了許多人。一些普及科學知識的書刊也大量增多，如 1732 年修道院長普魯希的《大自然界的景觀》。在一些圖書館附近，一些大學者——如伏爾泰等人——建立了自然科學論著收藏室或是物理研究所，他們仍然是文學的業餘愛好者，但他們對科學卻尤爲關注，他們在宗教的沉思、良心的審檢、自我控制能力的訓練、人類情感的分析和風格的研究上所花的時間減少了，而將更多的時間用於對自然的觀察和哲學思考。

笛卡兒（如圖 15-1）爲精確的科學配置了一件必不可少的工具——數學，並且傳

圖 15-1　笛卡兒

播了宇宙機械論概念，從而取代了亞里斯多德的學說，以及對萬物有靈的狂熱信仰。毫無疑問，笛卡兒的機械運動定律是錯誤的，但是撇開這些理論在實踐運用中的錯誤，笛卡兒學說賦予了宇宙這麼一個形象，宇宙是一部絕妙的機器，而上帝這個無比高尚的「鐘表匠」正是透過一系列的撞擊與擠壓操縱著這臺機器的運作。十七世紀末期，方特內爾傳播了這一觀念，十八世紀初期，該理論進入學校教育的課程，在馬勒伯朗士的影響下，笛卡兒主義開始走向科學的實證主義，把因果關係的研究留給了「上帝的神祕領地」。

這一時期在對事物的觀察方面取得了長足的進步，尤其在天文觀測方面，荷蘭人造了一些大型的天文觀察臺。與此同時，實驗漸漸地轉變為與數學不可分割的一個附屬部分，因而萊布尼茲摧毀了笛卡兒的機械運動論，重新倡導運動中的物體之間依然存在著作用力的理論，例如，離心力、地球重力或者是星球間的引力。在這種情況下，笛卡兒主義再次面臨了考驗。

這時候就需要牛頓（1642 年至 1727 年，如圖 15-2）來為力學下一個定義，並且從一些現象出發提出量化的定律。牛頓接受良好的數學教育，非常年輕時就被皇家學會所吸收，並且在萊布尼茲與貝爾努利兄弟領導的微積分學領域的研究中，對數學的進步做出了自己的貢獻。他是一個虔誠的宗教信徒，他批判笛卡兒的機械論，因為其中包含著無神論的因子，他又是一個充滿幻想的人，滿腦子的神學思想。他的方法正好與笛卡兒相反，笛卡兒透過分析重新構造這個世

圖 15-2　牛頓

界，並且將他的方法運用到科學的各個不同領域，而牛頓則從現象出發，他從正規的實驗出發，利用推理的方法進行概括歸納，他的天才想法是將地心重力和星球間的引力進行比較，1687 年，他出版了他的總結報告《自然哲學的數學原則》，在該報告中他闡述相距物體間相互作用力的觀點：宇宙引力，並且利用它可以解釋地心重力和潮汐現象。但

是這部在笛卡兒主義鼎盛之時突然冒出的著作受到了冷落，在路易十四時期，大部分法國學者都沒有真正承認它。在《原則》的第二版中，牛頓爲了維護他的作品，他對其想法作了更詳盡的闡述。

　　與此同時，笛卡兒系統又受到來自洛克的衝擊，笛卡兒認爲觀念是天賦的，而洛克在他的一篇關於人的知性的文章中明確指出：「人的觀念來自於人的感覺」。笛卡兒的科學體系開始崩潰了，在十八世紀，笛卡兒主義只剩下方法，其條理化系統化的懷疑法、對「明顯事實」的追求、數學工具至上的觀念，以及包含絕對決定論的宇宙機械論觀點。

第三節　啓蒙運動

一、法國的演變

　　自路易十四統治末期起，一些思想家和作家對國王採取決定的根據開始產生了懷疑。路易十四眼看著由王朝法規指定繼承其王位的他的所有後裔都死去了。

　　當他 1715 年 77 歲去世之際，其年僅 5 歲的曾孫成了國王，稱路易十五。攝政成了不可或缺之事。整個攝政時期，社會風尚和人們思想中出現了最大限度的自由放任：在可愛的攝政時期，人們什麼都做，除了悔罪。基調已經定下。整個十八世紀帶有同樣的思想特徵：對君主專制、貴族和教會提出質疑。

二、思想衝突中的激情

　　在法國，人們長時間以來一直認爲新思想主要是由「英國思想」組成，新思想是自《烏特勒支條約》簽署以來，在王國內流傳開來。的確，戰爭的結束使英國和法國間的交流成爲可能，而且攝政期政治給予了革新者更多的表達自由，然而思想的演化進程早在此以前就已經開始了，這些思想的組成部分可以在笛卡兒主義的研究和思索中找到。世俗和宗教的博學者完成了一些巨大的工作，例如，聖莫爾改革後的本篤會修士、奧拉托利會會士和基督會會士，奧拉托利會會士和基督會會士組織了一個《聖人傳》的續編組，使「聖人的生活」更加純潔，此時古老

的作品被重新匯集精心編訂，1678 年查理・杜康出版了他的《中世紀拉丁語古詞字典》。

　　笛卡兒主義的方法鼓勵了皮浪懷疑論的發展，洛克斷言所有知識的源泉存在於我們的感覺之中，並且從中提出了經驗哲學思想，不主張去追尋那些「第一真理」，只認為那些與我們生活有關的真理才是有用的。與此同時，由巴斯卡提出的相對性思想重新獲得了生命力。首先是時間上愛好的相對性，1687 年，查理・佩侯支持法國科學院的觀點，認為法國的現代作家，即指當時的作家，其成就已經超過了古希臘和古羅馬作家，這就是「現代」與「古典」作家的爭論，後來路易十四平息了這場爭論，從此以後「現代」這個詞富有讚揚的意義；其次是空間上的相對性，旅行札記大量增多，向歐洲文人描繪出東方人和遠東人的風俗時尚，於是歐洲人對土耳其和波斯有了進一步的了解，而且東方的獨特風情頓時成為一種時尚潮流，如土耳其色彩的作品、《可蘭經》，1704 年，《一千零一夜》更被譯成法文，伊斯蘭教不再被視為魔鬼的宗教，人們常談論東方人的智慧，暹羅大使的到來引起路易十四宮廷上下極大的好奇，耶穌會會士為了讓人們接受中國的傳統禮儀，撰寫了一些有關中國的讚揚性文章，原始的神話重新盛行，事實上這種對不同文明的參照是作家用以揭露歐洲流弊的常用手法。

　　路易十四的去世標誌著一種思想的失勢，與他同時代的萊布尼茲的逝世也具有同樣的意義，意識到各文明和各宗教間存在著差別這一點之後，萊布尼茲的思想帶有普遍性的特點，他主張人與人之間的和睦相處，以及信仰的相互協調，他希望至少能促成基督徒間的聯合或者是歐洲人的聯合，他的失敗標誌著這個統一基督教歐洲的夢想破滅，同樣也標誌著使科學屈從於哲學嘗試的終結。

三、文化沙龍

　　但是在這個時候，巴黎又重新扮演了法國文化之都的角色，我們可以看到新開設的一些英國式俱樂部，如 1726 年至 1731 年的安特索爾俱樂部，一些著名的咖啡廳，如普羅科普咖啡廳，還有一些貴族沙龍，在沙龍作家有時被當作藝術家接待，如德朗貝爾夫人的沙龍、唐辛夫人

的沙龍，以及杜德豐夫人的沙龍。針對凡爾賽，外省也不甘示弱，外省的一些主要城市紛紛建立科學院，透過這些科學院，巴黎的輿論得到了傳播並且呈現多樣化發展，在貴族和有文化的資產階級當中，產生了反對傳統觀念權威的思想，並且更加自由地傳播開來。

四、社會變化

從 1680 年開始，新思想的發展方向發生了一個轉變。十七世紀基督教的人文主義主要是關注人的自身，現在我們看到的人，不僅是處於與自然界和上帝的關係之中，而且還是與其所處的環境以及制度機構的關係之中的社會動物，只接受那些透過觀測或實驗得到證明的事物已成了一種風氣，宗教、政治和社會機構必須屈從於理性的啓示。同時，對人類理智的信念促發了人類進步的思想，有愈來愈多的人相信，黃金歲月不在往昔而在未來，並且認爲人類將是這個美好未來的創造者。

在這些發展趨勢上，這些思想未能達到協調一致，而且對制度進步的信仰也呈現出多方面的矛盾，在法國我們可以區分出三種不同的思潮。

五、文學領域

第一種思潮，親英現象十分普遍，一大批曾在英國居住過的作家爲其宣傳者，例如，伏爾泰、孟德斯鳩和修道院院長普雷沃。在洛克的《政府二論》中表述了這些思想：社會契約、人民的主權、宗教寬容、對教皇主義及神權專制的批判，這些正是伏爾泰在他的《英格蘭書簡》中所宣揚的，也是孟德斯鳩所宣揚的波林布洛克領主的權力均衡。

第二種思潮，人們可以清楚地看到一股來自於費恩龍和勃艮地公爵親信的貴族潮流，它喜歡回溯到李希留以前那樣的絕對專制王朝，這種專制由於大量分封王國而受到削弱，這股潮流因爲貴族反應熱烈而成熟，它反對路易十四、反對官員的獨裁政府、反對戰爭。1727 年，布蘭維里葉伯爵出版了《關於法國古代議會的通信集》，它涉及普遍的國家體制，1732 年，他又寫了《法蘭西王朝簡史》，他夢想把法國重建成一個這樣的國家，那些征服法國卻被剝奪特權的法國貴族後代，將重新奪得他們的特權。然而這個封建制度的衛道之士也接受了一些改革，

例如，在稅收的平等方面。孟德斯鳩於 1721 年發表了《波斯書簡》，針砭風俗和陋習，隨後他又發表了《法意》一書，他反對王朝依靠特權侵占篡奪，要求其中需要有一些中間機構介入，例如，議會、地方政府，孟德斯鳩的自由主義對於貴族階級毫無益處。

第三種思潮，一股資產階級君主立憲潮流以相反的方式表現出來，首先是杜博神父在他的《君主專制建立之評論》中主張應該把被封建主奪去本屬於王室的權力取回，杜博的辯白不是因爲神權，而是因爲這是對國家的一種義務，這是一種積極而實用的政治制度。這種思潮實際上就是後來伏爾泰的思想，不久，它喚起了百科全書派，但是在歐洲大陸上已有了與它一樣的東西，這竟是已經耀眼的專制獨裁。

六、科學傳播

科學在菁英階層中廣爲傳播，政府對科學研究的支持也從未間斷。科學的持續進步歸功於拉格朗日，即 1788 年出版《解析機械》的作者；拉普拉斯、蒙日創立了繪畫幾何學，拉普拉斯證實了太陽系的穩定性，它的運動是由於自然的原因；克萊霍在 1762 年發表他的《慧星理論》；在前一段時期所發現的電力風行一時；米尙巴羅克於 1745 年發明的雷德瓶引起了放電現象；化學的發展進步迅速與拉瓦齊耶的鼓吹有關，所謂化學現象就是由於物質透過轉變而造成的形狀變化，他曾製作出化學天平，1783 年在他的化學論著中，他給了燃素論學說最後的一擊，並建立了現代化學的基礎；1787 年在古頓・莫爾渥的領導下，開始編寫簡單實用的化學詞彙手冊。

自然科學常常與布豐的名字聯繫在一起，他曾擔任皇家花園（植物園）的總管，他把一生心血都花在他的 32 卷鉅著《自然史》上面，這部作品於 1749 年至 1789 年間寫成成功推翻了普呂士教士《自然界》的權威理論，他反對自然界是永恆不變的理論，而轉化的假設其傳播也很廣，但是眞正的理論直到十九世紀初期才由拉馬爾克發表出來；法國人朱瑟和亞當松（1727 年至 1806 年）以 1763 年出版的《植物科屬》修改了林內的分類法；在十八世紀末期，產生了「自然發生」的爭論，尼德漢姆支持這一學說，而斯帕朗扎尼則反對；1780 年，斯帕朗扎尼

已經認識到了消化機理，普里斯特雷和拉瓦齊耶則雖然認識了消化機理但未對生殖繁育方面著手研究。醫學走上了新的道路，維克・達齊爾、特農、比夏等對醫學皆有很大的貢獻，1776 年金納發明了牛痘。

　　一些發明直接走在科學工作的前面，美洲的富蘭克林於 1754 年發明避雷針，1762 年傳到倫敦，1782 年傳到巴黎；1769 年法國工程師居尼奧在一輛板車上安裝蒸汽機，並發明第一輛自動車；此外人們已經會利用蒸汽的輕度，1783 年蒙哥費耶兄弟升起了第一顆氣球，不久之後，查理教授開始使用氫氣，1783 年 9 月 19 日，人類對天空的征服由彼拉特爾・羅齊耶完成，1785 年 1 月 7 日，布朗沙爾德和日弗里博士由英國出發穿越英吉利海峽。

　　像電那樣，對天空的征服激起了科學研究者的興趣，人們開始能夠把一些現象的自然原因聯繫起來，例如，打雷可以用科學來解釋。同時，學者開始對身體的神祕特質進行研究，這可以避免人們迷失在招搖撞騙的巫術中。然而廣大群眾對於新興的科學說法依然抱著懷疑的態度，他們摧毀了避雷針和熱氣球，科學尚未能夠眞正征服歐洲社會。

七、人文主義

　　沿著前一段時期所發展的方向，人們開始研究人的問題，決定論代替了上帝的行爲，對過去的認識也取得了重大的進步。

　　廣泛的人文工作持續進行著，修復文本、撰寫編年史、蒐集參考資料，這些工作由一些學者、文學家完成，他們爲十九世紀的歷史學家準備了充足的材料。昂克第・杜普隆的《古代東方史》取材於傳說，他於 1762 年帶回一些古波斯文和梵文手槁，1771 年他翻譯了《贊得・阿弗斯達》。這些努力當時雖不爲人知，因爲其光芒被那些超脫現實之外的作家所掩蓋，然而他們仍設法展現文明和風俗的進展。1756 年，伏爾泰（如圖15-3）發表了《國家精神及風俗篇》。溫

圖 15-3　伏爾泰

克曼依據 1748 年龐貝挖掘的成果，在他的《古代藝術史》中描繪出了藝術興趣與愛好的演變。

八、經濟

　　由維科所開啓的政治社會學由孟德斯鳩發揚光大，1734 年孟德斯鳩出版《對羅馬偉大光榮和沒落的原因的思索》和《法意》，兩書皆譯成多國文字，《法意》啓發了專制君主、制憲議員和立法者。爲了政治和經濟結構，人們付出了同樣的努力，卻也引發了眾多的評論，一部分人還組成了一個派別——重農學派，主張自然的統治。重農學派的始祖克奈是路易十五的醫生，他在 1758 年出版了《經濟卷》一書，克奈把決定論實施到現實經濟中，確定只有農業才能出產眞正的產品，而工業則局限於物質的轉換，對社會最有用的人是地主和那些大量開發荒地的農場主，在自然法則中，財產和自由是必不可少的，而國家應該對它們加以保障，此外，對生產和貨物流通的束縛以及對食品的消費控制都應該取消，重農學派的教條是個人主義的，它要求政治自由和經濟自由——自由放任，堅持認爲社會的不平等是一條自然法則。杜戈首先發表「鐵的工資定律」：爲了維持最低的成本，工資應該僅能保證勞動者的生存，最好的國家應該是那些參與統治最少的國家，「天意國家」的概念正是舊制度的概念，它代替了「警察國家」，其唯一的目的只是在於保證秩序、財產以及個人自由與經濟自由。一些經濟學家把他們老師的思想靈活變通，古爾內將其理論推廣到工業，杜戈則把這些思想帶到了行政管理部門。十九世紀自由主義的眞正奠基者是亞當斯密，他的《國富論》宣揚自然秩序是管理生產者與消費者之間關係的最好法則，工資的固定是資本家和勞動者討論的結果。

九、哲學

　　形而上學爲轟轟烈烈的思想論戰提供了場所，當柏克萊重申反對洛克的天賦思想時，孔蒂拉克在他的《感覺論述》中使它們轉變了意義，學者不應僅是推斷，而是要實質地分析，從這一方面來看，休姆在他的《人類理解的哲學散論》中確認只有經驗才能教育我們，此書的論點

在於我們只能懷有一系列的印象和思想。康德（如圖 15-4）更爲激進，他堅信我們不能夠認識世界的本來面目，而是僅僅能夠認識它對我們所顯現出來的，堅信形而上學是不可確知的，科學只具有實踐的意義，如他在 1781 年的《純粹理論批判》以及 1788 年的《實踐理論批判》中所說，但這些並不能夠損害對思想進步的信仰。1794 年，康多塞在《人類精神進步的歷史輪廓》中寫道：「人類的眞正可完善性是沒有限制的。」

圖 15-4　康德

　　哲學家的感情在於把人類精神從籠罩著它的原始野蠻的重壓中解脫出來，把它引向理念的光明，1760 年，啓蒙時代的哲學在「耀眼」的菁英階層中成爲一種眞正的信仰，這種信仰自有它的哲學理論。百科全書派在 1750 年至 1764 年出現，它的常備書是 1764 年伏爾泰的《哲學詞典》。理念使得大多數哲學家趨向於自然神論，上帝透過自然法則統治世界，祈求祂改變進程是徒勞無功的。不過有些人是多神論者，如拉梅特利（Mettrie）於 1747 年出版《人、機器》、愛爾維修（Helvétius）於 1758 年出版《論精神》、多爾巴克於 1770 年出版《自然系統》一書，他們對於世上的一切都用物質的擁有來解釋。人類行爲的目的都是爲了追求幸福，因此對快樂的追求是合情合理的，而社會也被要求尊重這些天然的權利、要求寬容以及施行慈善事業，人們同時也意識到，在這些天然權利受到暴力對待時，人們有權反抗，但是如果大多數人在一個鐵腕人物的統治下，這些權利則可能會得到更好的保證。此外奴隸制度的廢除、經濟自由、財產保護、宗教寬容等，這些都是在啓蒙時代的社會中最流行的思想。哲學家通常都不是民主主義者，不過他們都支持發展教育事業，他們認爲法律應該變得溫和，法律的作用應該只局限於保護社會。哲學家控訴戰爭，有時甚至控訴自衛戰爭。哲學家的信念鬆動了啓示宗教的基礎、動搖了教會的權威和君權神授的君主制度，卻爲「極權專制」鋪平了道路。

十、盧梭

在他們之中，個人主義的最傑出代表即是盧梭（1712 年至 1778 年，如圖 15-5）。盧梭出身於日內瓦的小資產階級家庭，他是一個極敏感的人，富於幻想，然而他卻不是循規蹈矩的人，最初他是醜聞攻擊的對象，然而當他去世時卻受到了無比的敬仰，他是一位先知、民主思想的信徒，在法國大革命期間，他的思想表露無疑。1750 年，盧梭以他的《論科學與藝術》聞名於世，在這本書中，他認為人的本性是善良的，但為文明所腐蝕，因此，他提倡

圖 15-5　盧梭

重新回到自然，並且把自然奉為神明。1778 年出版的《一個孤獨的旅遊者的夢想》，讚頌田野中的散步漫遊，向大眾介紹以前瑞士詩人阿萊、日斯內曾經遊覽過的山脈。他以接近自然的農民為榮，稱頌純樸的生活，他確信本性的可靠，主張把兒童與社會隔離開來，讓他們自己領受自然經驗。他宣揚小說家流露出的多愁善感情懷，如 1733 年普雷渥斯教士的《瑪儂·雷斯考》、1741 年理查松的《帕美拉》。這種思想在他 1762 年的《愛彌兒》一書中表現出來，這使他獲得狄德羅這樣的哲學家支持，在其作品《親愛的洛綺思》及《信仰聲明》中，他重新恢復了對宗教的熱情。

盧梭也是一位見解獨特的政治哲學家，他的政治主張表現在《論人類社會不平等的根源》中，1755 年他開始攻擊社會的基礎，尤其是財產的基礎，事實上，這是出自於新教的政治體系，他們主張國家主權，這篇文件的政治論述並沒有取得政治上和實踐上的效果。他在 1762 年的《社會契約論》中預測了一種平均主義的民主，因為它趨向於一種對財產的限制，即透過法律限制繼承權、限制專制等，而所有的權利皆屬於人民，需透過全民公決來表示。盧梭也崇尚自然教，這是一個沒有教條的全民宗教，沒有崇拜、沒有懲罰，它對形成國民精神和維護人格品

質又是必不可少的。盧梭並不掩飾他所倡導的民主只能在一些小國家中
實現，在他爲科西嘉和波蘭所寫的憲法草案中，他表現得非常謹愼持
重。盧梭的獨創性在於他把一些知名但卻很分散的元素蒐集匯編成了一
本教理大全，包括「善良的原始」的思想、天賦權利、新教哲學、感傷
主義思潮等。盧梭的觀點與那些哲學家的意見不同，使得這些哲學家窮
於應付。盧梭用熟悉的題材表達其卓越的思想，並賦予了它們一種不同
的靈感。對自然的特殊探索是否僅是爲了把它神聖化？慈善事業是否因
爲同情而行善？農學是否是爲了造就一些具有農業狂的人？那些哲學家
的個人主義也爲盧梭的個人主義開闢了道路。盧梭塡補了古典主義和
「啓蒙時代」之間的空無思想，透過他那講道者式的雄辯風格，他再一
次詮釋了雄辯術和抒情文體裁，他在那些仍然鍾情於宗教習俗的人們
中，重新喚起了他們對宗教的熱情。盧梭尤其打動了那些受智識生活所
鼓舞的人們，這些人在十八世紀教育進步的環境下增長，他們熱忱地接
受了他的感情哲學和政治哲學體系，此外，包括貴族和上流資產階級的
「社會菁英」也被他的感傷思潮所征服，人們毫不懷疑他政治主張的實
際意義，革命者和反革命者都被盧梭所折服，而他也喚醒了浪漫的一
代。

十一、耶穌會

　　這時期「啓蒙」運動遇到了天才的對手，弗雷龍和特雷伍克斯的耶
穌會士。1740 年到 1750 年間，法國人對宗教的熱情開始減退，其原因
是多方面的，首先是因爲教會屈從於國家，實際上是專制君主經常被新
思想所爭取，因此僅在對國家有益的領域內對宗教加以保護。從 1759
年開始，耶穌會的等級秩序即被各國所撤銷，1773 年又被教皇所撤
銷，而此時教士的文化素養，比以前任何時期都高，這使得他們成爲知
識分子，而並不只是一般的信徒。自從十七世紀天主教復辟以來，信仰
也變得單純了，當社會活動趨向於新的擴展和變化時，要維持一種高層
次的精神需求並不容易，況且，信徒並不是完全地排斥「啓蒙運動」。
冉森派教士與耶穌會士之間的論戰常常不具有新教特點，因而爲教會的
反對者提供了論據。在新教國家裡，教會由於對國家的屈服和趨向於自

然宗教，其影響漸微，然而一些革新運動也開始產生了，如德國、瑞典、丹麥的虔信派教徒，以及英國的福音派教徒等，這些革新有時導致了分裂的產生，如衛理公會教徒。

十二、百科全書

百科全書是一項作用巨大的工程，直到一個世紀以後它才被超越。其影響波及到受歐洲文明浸潤的最遙遠的地方，俄羅斯，還有美洲殖民地。

對於這樣一項以適當方式集中了所有智慧，即人類在知識和理性方面取得的一切成果的工程，一個外國人怎能無動於衷呢？

哲學在四處廣為傳播，儘管有一些困難，但狄德羅仍然出色地完成了《百科全書》的編纂工作，這是他和達朗貝共同著手進行的。作為珍貴的知識寶庫，《百科全書》把「啟蒙思想」深深地烙印在所有讀書人心中。十八世紀中葉，沙龍急速增加，巴黎的沙龍已經擁有國際的聲譽，如杜德豐夫人、萊斯比納斯小姐、熱奧弗蘭夫人、多爾巴克等人的沙龍。

十三、教育問題

此外，教育引起了人們的注意，一些哲學家像伏爾泰等，並不同意發展初等教育，甚至把初等教育看成是一種危險的事業，盧梭的弟子康多塞則更為擔憂，事實上教育問題僅與菁英的成長有關，耶穌會的屈服則開闢了一個漫長的思考和摸索時期。1762 年到 1802 年，法國的奧拉托利會士、空想家、世俗者和非教會小學，都嘗試在學校裡介紹一些教育、歷史、地理、自然科學等專業知識，大城市中也開設了一些公共課程，數量眾多的醫學課、物理課、航海課等都是人們學習的知識領域。

十四、新聞

十九世紀前半期，新聞界通常只報導，除了英國和荷蘭之外，新聞界都被國家所嚴密控制，例如，對《法蘭西報》的壟斷。在法國，意見紛爭並不透過報紙傳播。透過積極地聯繫，伏爾泰要求對加拉斯程序進

行修改。報紙成倍數增加，內容包含大量的通知、公告，新聞審查官愈來愈仁慈，報紙輿論的控制也愈來愈沒有效率。

十五、社會變遷

家族的飛黃騰達可能開始於一個小鎮，之後往城市繼續發展，伴隨而來的是對土地和職位的獲取，領主的職位、市政的職位、下級的行政職位，有些人還爬上了皇家的職位，掌握莊園或大農場穀物的生意，甚至更重大的生意。在一定的財產水準上，人們妄想得到有價值的職務，如貴族頭銜和擁有莊園。學習伴隨著晉升，學習來自於學校的教育，教育帶來了一個上層階級，他們生活悠閒、教育良好，生活方式直追貴族階層，他們唯一缺的只是良好出身。對於女孩來說，豐厚的嫁妝可以彌補平民的出身，而男人則須設法透過從軍來使人忘記他們的出身背景。

十六、天才人物

在「啓蒙運動」時期，「天才人物」大量增加、也受到尊敬，工程師、醫生、律師、藝術家、作家、記者等，他們的身分是個人的、而不是家族的，這類新興資產階級能夠在研究院中、思想協會裡，甚至在沙龍中與貴族階層自由地交往，因此貴族與「天才」在人們所稱的「菁英階層」中愈來愈接近。1756 年前後，出現了達爾克騎士的「軍中貴族」和克瓦葉教士的「商人貴族」，軍中貴族希望平民也能在軍隊中建功立業，商人貴族宣告廢除攻擊從事商業活動的貴族是失去貴族資格的行爲此一法律，並消除把禁令擴展到所有商業活動的偏見。在「舊制度」時期，更多有才能的人、船主、中間商等受封爲貴族，而不是軍人。

十七、中產階級

最卑微的階層，其地位也是有可能上升的，例如，擁有土地的農民、小農場主、莊園主等，他們代表了農村中的小資產階級，城市裡的手工藝者、行會式的傳統手工藝師傅都有可能提高自己的地位。孩子進入學校接受教育、購買一小塊土地常標誌著邁出平民社會的第一步。自從路易十四以來，特別是路易十五，爲國家服務也成爲晉升的途徑。首

先是在軍隊裡，軍隊給許多貧困潦倒的人一塊麵包，那些有點文化的人，還可以進入所謂「低階軍官」的行列。1764 年，法國給予殘廢軍人和老兵殘疾人士津貼，服役二十四年後可以領全餉，服役十六年者領一半軍餉，這創造了一種新的社會典範。低階的職位增加了許多，如騎警隊、鹽稅官、軍火庫守衛，但這些職位都給予那些有文化的人，他們通常來自軍隊。

十七世紀，專制王朝對文化事業的資助減少了，一部分貴族和資產階級向社會菁英伸出了援助之手，這些菁英成為潮流的引導者。

十八、燦爛文化

在文學領域中，伏爾泰、狄德羅和盧梭等的著述，不僅採用了論著和講演的形式，而且進入到故事、小說、戲劇等領域，首先表達了理性主義的理想，然後是感性、感情。十八世紀後期，出現了資產階級的戲劇和悲劇，然而社會諷刺劇仍然最受公眾的歡迎，1784 年博馬舍的戲劇《費加洛婚禮》便極受歡迎。安德烈‧謝尼葉的哀詩又重新找到了生活。繪畫敏銳地反映著社會情況，布歇的輕浮、費拉哥納爾的富於夢想、拉圖的心理分析水粉畫、夏爾登在景物現實中找到了感情，隨後，格勒茲的感性時髦席捲了一切。于貝爾‧羅貝爾對於遺跡的詠頌詩作，在社會上也產生了巨大的迴響。戴維悠遊於古蹟的探索中，早在 1751 年，他就出發前往龐貝古城和義大利的馬里尼考古探訪。自從拉摩以來，音樂也被發揚光大，宮廷和上流社會分享了普契尼和格魯克，在法國大革命前夕，人們對格勒特里和梅于爾的壯麗樂曲和誇張風格的音樂曲調特別感興趣。在這個雅致的社會裡，人們研究生活框架中的一種和諧，建築、裝飾、家具等，都被設想為一個整體、優雅的布置，路易十五時期的風格輕巧、精緻，路易十六時期的風格則較為樸素。

十九、建築和城市規劃

在建築和城市規劃方面，集體生活的景況有了極大的革新，國王不再建造宏偉的城堡，按照當時的品味，路易十五讓人重新裝飾了凡爾賽宮，小特里亞農的建築形式是新形式貴族居所的典型。同時路易十五

也大力發展公共住宅、總督轄區、營房等，市政府也隨之修建了城市旅館、教會。由於收入並未減少，因而也修建了許多教堂，如先賢祠，這些教堂嚴格遵循宗教藝術，同時也與新的社會觀念和藝術觀念相符合。大量的修道院爲了革命而改爲世俗之用，成爲學校、醫院、營房、監獄等。因爲「啓蒙思想」，城市規劃在各方面都得到了發展，醫療衛生方面也有進步，此時人們對不動產方面的投機也日益興盛。已經無用的城牆被推倒，都市空間讓位給環形街道，摧毀城堡使人們有機會建造一些大廣場或公園，而劇院和教堂的建立也成爲城區改造的一部分，大型道路如果不是已經建成、至少也是在研究規劃中。十八世紀末期的城市建築家，爲十九世紀的同行留下了大量的城市設計圖，如香榭里舍大道和戴高樂廣場等。

第四節　政治與財經問題

一、政治動盪

在樞機主教富勒里死後，舊制度的專制王朝不再有總理，但是那些君主卻不具有可以免除總理的能力。路易十五聰明但卻懶散怠惰，由於財產困難和宗教問題糾纏不清，助長了反對派的氣勢，最高法院自居爲王室發言人，部長更迭頻繁，這些情況一直持續到路易十五決定重建他的權威爲止。

1745 年至 1764 年，女侯爵龐巴度夫人與金融家合作，主宰了皇室對文學藝術事業的資助，也施行了一場政治行動，奧地利的一系列戰爭所帶來的財產危機，加深了 1747 年至 1748 年間的糧食匱乏，和平協定於 1748 年簽署，秩序重新由阿爾讓松伯爵建立起來，他是戰爭部長，同時負責警察事務，他透過進行一場大逮捕來純化巴黎。馬肖爾特總督被任命爲財政總監，他試圖實行一次財政改革，1749 年的《馬爾利法令》，規定 1/20 稅應該針對所有的收入，包括教士、貴族以及國家地區的居民。教士被一項反對教士財產增長的法令所攻擊，在這些措施中，我們也看到了「哲學家」的授意，哲學家是支持馬肖爾特的，然

而因為教士擁有王室家族的支持，1751 年他們成功地免除了 1/20 稅。
然而這次成功卻到此為止，因為贖罪券事件使他們失去了最高法院的支
持，許多主教因為冉森派教士沒有由指定神父簽名的贖罪券而拒絕為他
們洗禮，巴黎的最高法院斥責主教的這種行為，最高法院在 1735 年 4
月的告誡中，確認了法國教會自主論。不快的感覺在國內膨脹，間接稅
的增加導致走私的上升，甚至導致搶劫、掠奪情事的發生。路易十五在
達米昂的被暗殺，導致馬肖爾特和阿爾讓松在 1757 年去職。戰爭又重
新爆發，羅斯巴克的失敗也動搖了輿論，輿論同時對政府和世界主義的
「哲學家」提出控訴。

二、哲學家

　　龐巴度夫人支持「哲學家」，1751 年，出版管理總局歸馬爾澤貝
掌管，他是「哲學家」及最高法院之間進行溝通的橋樑，他保護《百科
全書》的出版，因而冒犯了總監西烏挨特的土地稅計畫，他把保衛「天
賦人權」和保衛特權利益混為一談。這種模糊不清可以在舒瓦澤爾於
1758 年至 1770 年出任部長期間的議會行動中找到根據，舒瓦澤爾兼任
外事國務祕書、戰爭國務祕書、海軍國務祕書，他為了法國的重新崛起
盡心盡力，他準備對英國復仇，因為在 1763 年的《巴黎條約》中，英
國曾經迫使法國讓出印度和加拿大，他著手合併洛林，以及 1768 年熱
那亞人出讓的科西嘉島，但是他也迴避國內的困難，迎合公眾輿論，把
總監察官之職授予給那些自私自利的特權階層，聽憑王權的削弱，容忍
最高法院的越軌行為。

　　最高法院運用他們在路易十五去世後重新獲得的記錄與斥戒權
力，透過扮演「人民之父」的角色，輕易地獲得了聲望，1756 年最高
法院表示，最高法院與法國議會是屬於同一個「階層」，因此，一個法
令要想具有法律效力，最高法院的允許是必不可少的，不久之後，最高
法院就在三級會議閉幕期間，確定由它代表國家。

　　很多措施證明了「哲學家」與議會之間的一致，這就是 1762 年的
去除耶穌會以及驅逐耶穌會士運動，由於耶穌會士的出走，議員參與了
大學教育改革計畫，1764 年至 1765 年期間的城市改革計畫，試圖聯合

城市的行政機構，以及城市中的教士階層、貴族階層，第三等級內部確立了其代表，最後議會不再為經濟自由的企圖設置障礙，1764 年為了重農主義派的貝爾登，第 5 個國務祕書處被建立起來，並負責經濟事務，這正是公社分配法令頒布允許小麥自由貿易的時期，也是 1769 年撤銷「印度公司」的時候。但是與此同時，議員反對所有總監察官所提出的財政方面的改革，貝爾登負責這方面的事務，他曾經考慮設立一個土地測量機構，但在這之前，他不得不增加稅收，稅收針對所有人徵收，教士除外，如人頭稅、1/20 稅。拉維爾第接替貝爾登的議員職位，後來他同樣也被解職，因為他打擊固定人頭稅的稅率，議會的反對一直到 1763 年至 1770 年的不列塔尼事件，路易十五將這次事件歸罪於昂吉雍省的省長，巴黎議會透過王家的行政程序，罷免了他的貴族院議員稱號。

三、三頭政治

　　事實上，專制王朝正準備做出反應，1768 年，路易十五任命前巴黎議會主席莫普烏為首相，1769 年，任命教士特雷為財政總監，這是兩個精力旺盛的人，由於路易十五拒絕親自去西班牙參加對英作戰，舒瓦澤爾因此請辭，其外事職位於 1770 年由安吉雍代替，這是一個「三頭政治」，它代表了王室為了擊敗反對派和振興國家現代化的最後一次嘗試，這次嘗試與那些著名獨裁者的行動類似，1771 年 2 月 23 日，一項法令在法律上部分地宣告了「舊制度」的死亡，即廢除了公職的捐買、撤銷了訴訟費、建立新的法院、任命領薪金的法官、把巴黎舊議會的轄區重新分配。儘管有舒瓦澤爾、貴族階層及博馬榭等人的反對，新法院仍然建立起來。然而要同時進行一場財政改革卻非常困難，教士特雷是「沒有系統、沒有顧忌的機會主義者」，他以最快的速度通過一項嚴厲的經濟政策來清除不適當的部分，他甚至還試圖擴充宮廷的花費，當然也沒有成功。

四、經濟危機、社會危機、財政危機和政治危機

　　路易十五的意外死亡把王國託付給了一個躊躇滿志但卻沒有個性

的年輕人，他娶了一個活潑但卻傲慢的奧地利公主。由於國王、情婦和首相「三頭政治」所引發的不滿，他受到了熱烈的歡迎，所有的王室行為都有激起社會對抗的危險，此時的財政情況非常糟糕，但是並不比1715年更壞，自1773年以來，經濟形勢變得更不利了。

五、社會對抗的激烈化

　　除了殖民貿易仍然在累積財富以外，不同的經濟部門都遇到了困難，由於1773年和1774年農業的歉收，物價上漲，1781年至1782年，物價又由於小麥和葡萄酒的豐收而暴跌，這些危機觸及到了那些小經營者，農場主減少僱用工人且削減工資，農村中的購買力下降，紡織工業因而受到影響。1782年至1787年間，局勢大致有些好轉，儘管有1785年的飼料危機和1786年的《英法商貿協定》所引起的問題，但是1788年至1789年的農業歉收又使糧食價格上漲，此也導致了商業蕭條及失業，然而大開發者卻很少被波及。

　　這場經濟危機激起了社會對抗，它直接波及到貴族以及平民階層，使小資產階級驚恐不安，但是它確立了大資產階級和重農學派貴族的權威。由於平衡收支的困難，社會進步的腳步也慢了下來，因為貴族階級那時已深入到教士、軍隊和高級行政機構中，1789年所有的主教都是貴族，軍隊成為貴族展開攻擊的場所，它始於1758年的貝爾・伊斯爾元帥，一直持續到1789年。貴族將七年戰爭失利的責任歸咎於許多出身於資產階級的軍官，大量的年輕貴族獻身軍旅，強迫自己接受法國歷史上前所未有的嚴厲學習、訓練和紀律。軍隊改革是由貴族階級所發動的，其目的也是為了貴族階級，宮廷貴族壟斷了所有高級職位，從屬的官職則保留給貧窮的貴族，擋住了富裕平民的晉升之路，他們於1776年廢除了軍事職位的捐納。1781年通過的《塞古爾敕令》指出通往軍官之路並不是根據排列順序，而是根據候選人能夠證明自己是貴族階級中的成員。當舊的行政機構從軍隊消失之時，舊的社會制度卻在其中得到了加強，資產階級看到他們社會地位上升的希望破滅，於是更加渴望維護他們的社會地位。

六、政治改革的失敗

　　路易十六結束了「三頭政治」，重新召回了議員，「他甚至在統治以前就放棄了權力」，在他的政府中，匯集了傑出的管理人才，包括百科全書派的朋友以及經濟學家。財政總監的職位委託給蒂爾戈，他曾經在利慕讚轄區中表現出色，國王侍從祕書處當時是巴黎的一個部門，後來逐漸演變成內務部，這個職務交給了馬萊澤爾布，這兩個部長周圍圍繞了大匹經濟學家和哲學家，像都彭・內穆爾和康多塞，維爾熱思入主外交部、聖傑曼掌管戰爭部、薩爾汀領導海軍部，這是一個全新的組合，他們的到來引起熱烈的希望。

七、蒂爾戈

　　在蒂爾戈呈送給國王的計畫中，人們看到一個嚴屬的經濟政策，即「關於破產、新稅法、借貸的政策」，它繼續了教士特雷的治理方式和改革，其中有一些已經由貝爾登試驗過，就像重新允許穀物自由貿易等。在幾個月之內，內部權利的廢除和王家勞役的廢除相繼生效，代之以一種針對財產所有者、行會管事會的稅，同時給予手工業自由。蒂爾戈同樣也考慮完成一次土地總測量，並建立市政機構，建立鄉村及外省的行政機構，而國家的市政，也就像「哲學家」所希望的那樣。蒂爾戈的不謹慎之處在於他進行得太快了，他忽略了經濟的聯結，也輕忽把人民大眾與統治管理相聯繫的重要性，穀物的自由便利了囤積居奇，也加重了由糧食匱乏所導致的價格上漲，而且更引起了騷亂，如麵粉戰爭。這些挑釁的改革導致了貴族和人民中不滿派的聯盟，1776 年 5 月，蒂爾戈被解職的幾個月後，他的改革已不留下任何痕跡。

　　相反地，陸軍和海軍機構得到了革新，1776 年聖傑曼廢除了職務的捐買，並創立軍事學校、改革民兵、把軍隊「改編為師」。他引進普魯士軍隊的紀律規則，並採用先進的武器裝備，同時在薩爾汀周圍聚集了一些優秀的技術專家，如波爾達的騎士。1789 年的軍隊組織是現代化的，技術水準非常優秀，拿破崙對它只做了一些細節上的改革，保留了聖傑曼所留下的軍隊組織框架，一直到 1940 年。

　　蒂爾戈實驗的失敗危及了政治上的改革，1778年，法國爲了支持「美洲起義軍」加入了對英戰爭。美國革命產生了深遠的影響，美國取代英國成爲政治和社會的榜樣，1776年的《人權宣言》激起了菁英人士的熱情，也激勵了那些希望對舊制度進行激進變革的人們，同時戰爭也給王國財政致命的一擊。這是內克爾上臺後所面臨的艱鉅任務，他被任命爲財政總監，而這個瑞士銀行家、新教徒表現得非常謹愼，他透過推遲財政改革，獲得特權階層的信任，透過不提高稅收，又獲得了多數人的信任，最後他求助於借貸，因此這是抵押了未來，他的部門進行大量審愼的行政改革，爲督政府和執政府做準備，把遍布各地大農場的稅收及法律歸爲官辦、放鬆工業管理、廢除預先的拷問、廢除農奴制度，在貝里召開外省的三級會議，第三等級代表增加了一倍。一個僞造的陰謀，《給國王算筆帳》的出版，摘要敘述了在預算形勢上的弄虛作假，描述了宮廷的花費狀況，導致了內克爾的失勢，從1781年到1783年，政府疲於應付日常事務。

八、財政

　　雖然法國僅得到了有限的利益，但是隨著勝利而來的是整個西歐局勢的一片大好，1783年至1787年的新任總監卡洛恩巧妙地利用這一形勢。卡洛恩鼓勵經濟擴張，他在1784年對美國採用「溫和的排斥」、1786年與英國簽訂貿易條約、1785年恢復「東印度公司」卻沒有壟斷經營，建立起信任以後，卡洛恩透過大量借貸（8億）維持財政運作，這是一個歡欣的時刻。多虧有了殖民地貿易，對外貿易可以與英國競爭，巴黎成爲投機者的聚集地，且被外國銀行家所統治，尤其是瑞士人，巴黎城裡積極活動著一批唯利是圖的工商業者，他們利用政論家的貪婪。舊制度點亮了法國最後的火光，不動產的投機改變了城市的外貌，貴族的奢侈成爲一種賣弄。

九、戰後的歡欣、被迫改革及權力危機

　　1786年的借貸政策使得財政負債累累，卡洛恩被迫對政策進行改革。由於認爲議會可能會爲這個計畫設置障礙，卡洛恩便想把計畫交給

一個在 1787 年由國王選擇的顯貴所組成的議會，顯貴人士卻強烈反對這項計畫，並把它交由全國三級會議，因此卡洛恩便被主教洛梅尼・布雷恩所取代，他是反對派的領袖。

布雷恩只能重新採用卡洛恩的計畫，趕走了顯貴人士，他把卡洛恩建議的改革行政機構付諸實施，包括外省的議會、選舉納稅人市政府，勞役可以用納稅代替，同時他給予新教徒合法的身分，1787 年重新著手實施《南特詔書》。他應該放棄 1787 年 8 月至 9 月的土地稅，但是由於布雷恩需要錢來償還債務，這段時間的土地稅占據了國家收入的一半以上，於是他試圖進行新的貸款，允許三級會議的召開，巴黎議會以及幾個其他地方的議會帶頭挑起了一次眞正的貴族叛亂，在 1788 年的宣言中，提到保證個人自由的必要性、維持特權、由三級會議來掌管王室。同年，教士階級大會重新確定了王權和教權的聯盟，社會上三個等級的畫分確立。這個反映了特權階層自私主義的宣言，在某部分來說，是一些傳統主義者在看到美國革命後所產生的自我防衛，革新、群眾運動的威脅使他們不安，那些社會地位正在上升的家庭害怕失去官職和貴族頭銜以及他們努力勞動的成果。

如此錯綜複雜的反對聲互相交織，最後發展成了公開的起義，1788 年 7 月 21 日，被路易十六撤銷的多菲內各等級在菲茲爾臨時組成了一個議會。各地的軍隊被派去鎭壓，但由於貴族進行的改革使軍隊心懷不滿，軍隊因而懈怠疏懶。沮喪的總督開始猶豫了，因爲省議會的設立剝奪了他們的一部分權力，他們害怕政府會撤了他們，權威也會隨之崩潰。爲了爭取時間，博利尼承諾於 1789 年 5 月 1 日召開三級會議，此時已經到了破產邊緣的他，終於在 8 月 25 日辭職卸任。

於是內克爾被召回授命，人們期待他能創造奇蹟，他可以借鏡和採取一些合適恰當的措施，比如暫停穀物的自由貿易，然而，1788 年 9 月 25 日，當議會要求三級會議按照 1614 年採取的方式召開時，這種緩和的聯合局面被打破了。「國家黨」反對特權等級，他們使第三等級的席位增加了近 1 倍，這是特權者的虛假讓步，因爲他們知道各個等級的選舉是分開投票的。1788 年至 1789 年的冬天，出版、結社、集會的自由事實上還是存在的，被激發的公眾輿論熱烈地討論向三級會議所提

供的解決方法，到處傳言說這些三級會議的代表不會僅滿足於恢復金融財政狀況，而且還要爲王國制定一部新的憲法，但同時經濟危機也造成大量的失業，人民沿街乞討和流離失所產生了一個「危險階級」，而且還壯大起來。1789 年 4 月 24 日，在聖安托尼的郊區爆發了一次暴動，王室費了好大的勁才鎮壓下去，但無論是 3 個等級的選舉還是交付給當選者的陳情書的撰寫，其過程都是在一個相當平靜的環境中進行和完成的，很多第三等級代表受到了有產階層的鼓動，也使整個民族對正在進行的行政改革深感不安，儘管其中某些改革還是非常引人注目的，此時全國上下均懷著一種興奮激動又似企盼救世主降臨般的心情，期待國王能採納人民的建議，重建公正、自由、秩序和繁榮。

第十六章
法國大革命

第一節　路易十六的危機

一、法國的危機

　　路易十五時期（1715 年至 1774 年），由於王室的腐敗造成國庫空虛，人民極度不滿國王的統治，政府不斷遭到各種抨擊，因而促成了啟蒙運動，湧現出伏爾泰、孟德斯鳩、盧梭、狄德羅等一大批思想開明的人物，天賦人權、君主立憲、三權分立等思想應運而生，並且日益深入人心。

　　在革命前，法國的居民被分成教士、貴族、平民等三個等級，平民中的中產階級要求參政權的呼聲愈來愈高，但是專制思想依然沒有改變。

　　1778 年春天，法國已經連續發生了幾年的旱災，且還沒有從 3 年前的乾旱中恢復過來，在上次乾旱中，因飼料不足出現了大規模屠宰牲畜的情況，造成以牲畜的排泄物為主要肥料的農地，因肥料不足而大量閒置。1788 年 7 月 13 日，冰雹的災害又加重了農業危機，法國處於嚴寒狀態。持續不斷的自然災害造成法國糧荒，小麥的歉收造成麵包價格高漲，飢民愈來愈多（如圖 16-1），不滿傾向也愈來愈明顯。路易十六的政治情勢處在山雨欲來風滿樓的氣氛中，但他卻渾然不知，1789 年 7 月 14 日，他還在日記上寫到：「沒事，打獵去。」這一天卻是巴士底監獄被攻占的那一天。

圖 16-1　法國大革命前夕的法國飢民

　　路易十六是法國君主統治最後一位具權威的國王，1774 年他繼承

王位，然而在不到二十年的時間裡，他就被送上斷頭臺。何以路易十六
會被送上斷頭臺，這樣的悲劇在其統治的前十五年間，難道沒有絲毫的
警訊嗎？

　　從資料顯示，當時人們對路易十六的即位是充滿期待的，路易十六
深受人道主義的影響，他宣稱愛人愛民。在統治初期，他對行政體系的
變革做了長期而誠懇的努力，且獲得貴族階層及藝文界的熱烈支持，在
這一努力中，人道主義占了很重要的分量，然而，此時的舊制度無論如
何不能繼續維持，因為它極不合算也不合理。在工業成就方面，法國顯
然落後英國許多。法國的土地肥沃且富生產力，但是特權階級——包括
貴族、高級教士及王室成員——卻擁有大部分土地的所有權，而其在租
稅上又享有豁免權，導致政府在財政上無法應付債務。

　　由此可見，法國的革命只是遲早的問題，而導火線即是財政問
題，為了應付十八世紀屢屢對外的戰爭軍費，法國的財政體系似乎陷入
一種無望的混亂狀態，因而法國此時的當務之急是平衡政府的收入與支
出，無論做何種調整，都牽涉到法國是否必須做徹底的改變。

　　十八世紀末，法國王室終於決定召開全國性三級會議，並希望藉此
增加額外的國家稅收，讓債臺高築的王室和瀕臨崩潰的國家財政達到平
衡。但各方對於會議主題都有各自不同的期待，國王已經不能完全控制
議會。大多數貴族和高級神職人員都希望利用這次機會爭得一席之地，
當然他們也不願放棄任何的特權、榮譽和財產；中產階級和下層神職人
員的主要訴求卻是取消貴族和高級神職人員的特權，一部分自由貴族也
支持中產階級這一要求。雖然中產階級的代表在數量上得以維持多數，
但也只有在不按照等級為單位投票表決時才有希望占上風，這也使得享
有特權的人在投票中一直是多數，促使了少數貴族及教士放棄體制內的
改變而選擇了改革的道路。

　　同時，法國各行各業的平民在城市、鄉村等地，不斷地投訴陳情其
艱困，法國的經濟危機與日俱增。1788 年由於農作物收成不佳，人們
憂慮即將發生的饑荒問題，軍隊不得不離開駐防地去維持秩序，此外還
須確保糧食的運送，防止飢餓的農民搶劫。城市居民在經濟不景氣中夾
雜著不安與不滿，不景氣的原因主要是由於農業雇主普遍的貧困，以及

英國質優而價廉的工業產品的傾
銷。

　　此時法國新當選的國民議會
代表，在三級會議上力陳國家大
政方針並嘗試調整過去的政策，
後來三級會議也合併成爲國民會
議，並且改稱爲制憲會議，這些
代表聲稱只有在取得實際的成果
後，他們才要散會，否則將持續
召開制憲會議。同時各大城市所
出現的動亂也愈演愈烈。在巴黎
地區的中產階級整日惶恐不安，
他們擔心王室的黨羽反對制憲會
議，於是便武裝暴動，並於 7 月
14 日攻占巴士底監獄（如圖 16-
2）。這時外省地區由於盜匪的猖

圖 16-2　法國大革命

獗，也影響到人們的安寧生活，儘管強盜事件僅發生在森林附近，但也
足以引起人們心理的不安，爲此，人們組織具有自發性的國民自衛隊，
後來又擴充爲城市自衛隊，並竭盡全力建立空前的民眾武裝部隊，因此
在王室軍隊之外又出現一支由國民自發性所組成的軍隊，這支軍隊改變
了法國的政治生態。

　　危急的局勢似乎對那些王室的擁護者產生不小的心理影響，他們從
1789 年 7 月起即迅速移往國外，並追隨已逃往國外的王室成員。國民
議會在 8 月 4 日深夜召開，他們在會上宣布全面改造法國過去的社會階
級制度，法國人民在法律之前應該人人平等，所有的階級特權和封建權
力應當無償或在得到一些補償後立即廢除，諸如取消行會的壟斷，解除
領主給予佃農、貧農的奴隸枷鎖，事實上諾曼地地區很早就已經廢除上
述提及的不合理情事。這一時期法國的政治改革超過歐洲任何一個國家
的改革成果，並進一步體現了孟德斯鳩、伏爾泰和盧梭等政治思想家行
政精神體系的理念。

二、國民代表控制政府

因嚴重財政困難而被迫要求全國作出財政努力的君主專制政體很快滅亡了。自 1789 年 5 月起聚集凡爾賽的三級會議的 3/4 的代表認為，不能只滿足於把國王要求的錢給他。他們要知道這些錢用於何處；這等於國民要求對國庫款項的使用享有監督權，換言之，要結束王國財政的秘密操作方式，因為它是專制制度的基本構件之一。這裡採取的是一種革命態度。

代表們宣布他們代表 96% 的國民，因此自命為制憲議會。國王起先拒絕任何討論，但最後只得讓步。這首先是因為他需要錢，同時還因為代表們獲得意料之外的重要支持，巴黎人民的支持。國王還想進行最後掙扎，他辭退了當時甚得人心的大臣內克。巴黎民眾聽到這一消息後認為國王是有準備使用暴力。1789 年 7 月 14 日，為尋找武器，巴黎民眾攻打了已改作國家監獄的十四世紀時建造的古老堡壘巴士底監獄。

三、廢除特權與立法工作

與此同時，大部分鄉村中爆發的農民起義結束了封建制度並要求取消領主權。國民議會原則上滿足了這些要求，1789 年 8 月 4 日之夜的表決廢除了特權。

制憲會議中的各專門委員會大多由法學界人士組成，第三階級的平民此時也把保護自己利益的任務交給他們負責，而各專門委員會也確實極力實現他們的改革措施。1791 年所頒布的憲法闡明建立君主世襲制度的立憲政體，這部憲法是由法國國王所主持，因此被國王直接任命的大臣也可參與由國王所操控的立法議會，其實這個議會委員也是由有選舉權的公民所選出，換言之，他們的身分和地位是無庸置疑的，因為他們都以個人的名義向國家納稅。此時這個立法議會排除貧民和未成年的人，並且禁止各行會人員的選舉活動，而這樣的措施除了對部分第三階級的平民有所損害外，對貴族階級的子女更是項特別沉重的打擊。

此外，每一個區實際上也是一個地方政府的行政領域，然而它與各省和各市鎮的權力高度分離，每一個區同時也是一個金融和司法區域，區內司法機關是由審判階級制度和省刑事法院以及區內的安全司法部分

組成，一個區甚至也是一個宗教勢力的範圍，司法和行政部門的人員經常更替，因爲他們都由選舉產生。這些變革措施基本上有利於政府接近民眾。

由於政府廢除就業的特權，因此司法人員的受賄也和經濟問題有密切的關聯。內克爾樂觀地認爲：假設納稅人皆以愛國名義繳納他們收入的 1/4，法國的經濟和財政困難便可以迎刃而解。但是內克爾這種樂觀的說法不可能實現，因爲人們納稅時都隱瞞財產數量，不論是享有特權的人還是一般平民都是如此。此時有人提出解決問題的辦法，即把各地區教士的財產交由國民所有，這個建議由奧圖主教提出，奧圖的建議實際上是指什一稅和教會的封建特權，然而他的辦法可能過於低估教會的確切收入，他誤認爲以這些財產換取國家給付給教會的薪金，教會還是有利可圖。

法國財政的緊急情況使王室出售大批財產，但買主必須付現金，能夠直接購買的買主僅是少數，包括貴族、富有的市民，以及不斷增加資產的大地主，由於中間商的投機，很可能會導致這些財產的貶值，然而也因此增加中產階級的數量。

人民的經濟生活受到過去的政經危機和革命動亂所影響，法國的形勢變得更不穩定，在這樣的不利環境中，迫使人們不得不放棄自己從事的職業，即所謂的行會制度，也導致手工業者的失業人數激增。革命的動亂不安，更使法國海關的豐厚利益受到影響。

王室另一項不利因素來自於《教士公民組織法》，這個組織法是由制憲會議委員會爲天主教神職人員所制定的組織法規。由於各區所選舉的主教席次減少到只剩 50 個，因此也使得通往主教職位的教士人數減少了一半，而王室給付教士的薪金也僅能糊口而已，致使教士的生活日益惡化，因此教士被迫採取收費的方式進行禮拜儀式。這一切使神職人員從過去所享有的特權生活跌入谷底，國王見此情況，因此同意批准反映高級教士願望的《教士公民組織法》，國王甚至派遣使節到羅馬請求批准。由於王室不能解決日益嚴重的社會問題，這也促使來自各省的國民義勇軍更加堅定地決心要維護各地區的統一，這些地區的新貴與主教由於戰爭、婚姻和舊制度的崩潰而從王公貴族那裡繼承財產，他們決定

聯合起來，例如，奧圖地區的主教即被認為是高級的自由教士，並選舉與高層貴族保持連繫的塔萊朗主教來主持教務，王室成員也親臨各種宗教活動，法國好似在統一的氣氛中，而大革命所帶來的危機好像也已經結束，因此上述的《教士公民組織法》雖然有不同的分歧意見，然而也使各地區的勢力結盟，並嘗試新的政治制度。但這一時期所籌組的新政府在國王出逃期間也遭受沉重的打擊，法國王室成員所乘坐的車輛在即將到達洛林地區時，竟出人意料地停留在瓦海納地區。

法國統治者歷來所遵循的溫和主義政策開始瓦解，這也鼓舞了反對溫和主義的兩個陣營，致使溫和主義更陷入困境，尤其是有些貴族依據自己的理論把國王當作囚犯論處，雅各賓黨人則認為國王應該有責任批准某些維護新秩序的法案，依據這個時期法國的新憲法，法王仍然是法國的統治者，因此國王理應還有一定的權力。流亡在外的貴族則企圖摧毀當時的新憲法以恢復舊有的制度，但在異地的流亡貴族也因國內的政局多變而深感不安，而且他們處處受到奚落，因此一些王公大臣首先把注意力放在路易十六和平民之間的衝突上，他們希望利用法國內部的困境，以解除他們的不安全感，他們也擔心國內緊張局勢的擴大對他們的影響。

選舉期間由於國王突然逃走，因而也給予選民自由表達意願的條件，此時沒有一名制憲會議的成員自願列入 745 名立法議會議員的名單內，因為這些立法議會議員是沒有實權的職位，但他們卻必須處理愈來愈棘手的政治局勢。同時羅馬教皇由於擔心法國政府會按常規對教士的糾紛進行干預，因此經長時間的考慮後，終於決定禁止《教士公民組織法》，該法過去的確為不滿現實的人們提供無法替代的政治活動場所，此外對教皇所屬的領地是否併入法國也進行全體公民的表決，然而法國顯然沒有補償 1791 年 3 月 10 日羅馬教皇敕書中支持法國新憲法後他們所造成的損失。

四、戰爭和君主制的衰弱

路易十六與其家人出逃瓦海納失敗之後，法國的政局一片混亂，國王也失去行動自由，形同囚犯，雅各賓黨人所控制的國民會議雖然主導

對普奧戰爭的勝利，但也促使這些專制君主的國家聯合對付法國，尤其普奧兩國更為積極。路易十六任命吉倫特黨人（法國大革命時期代表大商業資產階級利益的政治集團）組織內閣，也僅是為了承擔由國王身邊的人所造成的損失之責任。當然此時國民議會的成員也已經明確阻止法國對匈牙利和波希米亞宣戰，可能還有不把整個普魯士都捲入戰爭的希望。這些議員也屬於具有同情心的溫和派，他們不願意看到法國的革命失去控制，隨後由於國民議會一致決議對普奧干涉法國革命的行為採取強硬政策，因而這項溫和的政策也明顯地減弱。

　　普奧戰爭中，一些逃亡到國外的法國王室貴族追隨普魯士國王的軍隊，在布倫瑞克公爵指揮下逐漸進逼法國本土，法國在戰爭中明顯處於劣勢，奧地利的軍隊也迅速地擊敗法國北方前線的守軍，軍事失利使得巴黎輿論大譁，並引起極大的騷動，此時由於王后身邊的人毫不掩飾對奧地利的同情，路易十六的猶豫更加失去民心，人民開始相信國王和王后正與法國的敵人祕密勾結，因而埋下他們被處決的命運。

　　當時通信的落後使國民議會的命令遲遲無法傳達，而且也無法撤銷原來的命令，使命令的執行更處於癱瘓之中，前線作戰的法軍由於組織不良、訓練不精、軍器陋劣等種種因素，也因而屢遭敗北。巴黎市民在這種軍事失利，以及國王是否忠貞的疑團籠罩下，再加上雅各賓黨人的鼓動，於是便發動遊行示威，並辱罵國王與王后。

　　1792年7月25日的《布倫斯維克宣言》並沒有使法國人民產生恐懼，反而促使法國採取更激烈的行動，這項聲明損害了路易十六的聲譽。1792年8月10日，城市工人居住的地區藉著來自馬賽和其他地區的新兵支持起而叛亂，他們攻占杜勒里宮，並瓦解瑞士守備隊的抵抗，此外曾經積極參與起義戰鬥的巴黎公社甚至也被國民議會承認，不久之後，它篡奪國民議會的權力，並廢除憲法，及監禁國王路易十六及其家人。

第二節　第一共和國

一、歐洲成立反對法國（1792至1795年）

　　1792年4月，法國陷入了戰爭，起初與奧地利對壘，隨之又和普

魯士、英國、西班牙、義大利諸邦國……總之和全歐洲對壘。戰爭延續二十餘年，期間只有 1803 年至 1804 年一段短暫的十八個月的間歇。

　　此時期爆發革命的法國與鄰國之間的關係也驟然緊張，例如，東北部地區很多居民雖然屬於法國，但在法律上還沒有被鄰國承認，尤其國民議會命令法軍將領解散所有占領地區的原有政府、沒收政府和教會的財產，以及廢除什一稅、打獵權與封建稅捐等。突如其來的財政金融改革對鄰國造成相當大的威脅和不安，歐洲各國專制君主本來就厭惡法國革命，此時法國又以宣傳革命向歐洲各國挑戰，更使各國欲聯合圍攻法國。此時逃亡在外的法國貴族為避免受法國大革命的迫害，紛紛在外國定居，並與外國貴族聯繫，反對法國的革命。

　　然而歐洲的統治者面對法國的局勢，起初似乎也未採取積極的態度。英國對於有利可圖的貿易協定非常重視，它只想延長與法國所簽訂的法規內容，他們的一些僑民被吸引到法國芒什省從事貿易活動，像很多富人一樣，他們用其特有的物品交換土地；另一些專制君主則冷眼地注視路易十六所面臨的困境，當路易十六實施其道德規範時，同時也鼓勵充滿暴力的美洲殖民地反抗其宗主國。

　　奧地利對法國的局勢感到驚慌，這是由於他們的大使與法國王后瑪麗‧安東妮關係密切，列日省部分人士以及一些被流放在巴黎的瑞士人開始不安。幾世紀以來的法國君主政體提供了革命的先決條件，而歐洲各國在這一時期也被其內部問題所困擾。俄羅斯的凱撒琳女皇根本無意和西歐發生瓜葛；波蘭因長期的動盪不安，正試圖重建國家，而法國的革命正可以作為榜樣，並防止領土被瓜分的命運；法國王后瑪麗‧安東妮要求其兄奧地利國王利奧波德協助，利奧波德則請她自己調適以順應法國的情勢；至於西班牙和那不勒斯王國透過《家族條約》與凡爾賽的波旁王朝成員結盟，由於這兩個國家和皮埃蒙國王在財政上都非常困難，因此也不願意捲入法國的糾紛；西班牙非常擔心受到法國革命的影響，自從 1790 年西班牙政府驅逐法國流亡貴族之後，這些法國貴族利用各種破壞的手段反對國民議會所推行的各種改革，而這些王公貴族的情緒也隨著法國王室成員在瓦海納被扣押而更加不安。1791 年 8 月路易十六逃亡失敗後的兩個月，奧皇利奧波德二世與普魯士國王腓特烈二

世在皮爾尼茲舉行會議，會後發表一項宣言：「法國國王所處的境遇現已成為整個歐洲所有國王共同關切的事情，法王應恢復他的完全自由，普奧兩國在必要時準備以武力達成這項目標。」此一宣言激起法國人民對普奧兩國的憤慨。

路易十六也不由自主地投身於險惡的政治裡，後來吉倫特黨人所組成的內閣又與奧地利及波希米亞作戰，當時法國參謀本部編制已經過剩，加上組織不良、訓練不精、軍備簡陋，因而最初幾個星期前線作戰失利的消息接踵而來，事實上法國貴族的逃亡也是導致法國戰場上失利的主因。當普奧聯軍攻入法國的領土之後，立即發表一篇措詞嚴厲的檄文，這是造成後來路易十六被送上斷頭臺的導火線。

路易十六被懷疑奧地利出賣法國，因此於 1792 年 8 月 10 日被廢黜，1793 年 1 月 21 日被送上斷頭臺。是年秋，王后瑪麗‧安東妮遭同樣命運。

1792 年 9 月 20 日宣告成立的共和國立即面臨了最嚴重的危險。當時執掌立法權的議會，即 1792 年至 1795 年間的國民公會是第一個由普選產生的議會，各個派系別於其中展開了激烈鬥爭；首先，最有勢力的吉倫特派在 1793 年中被主張恐怖的山岳趕下了臺。（其中許多人後來被送上斷頭臺）。由國民公會產生的救國委員會成立了，羅伯斯比較很快於其中起了主要作用。然而，他自己在 1794 年 6 月，也被國民公會的殘存者們所取代了。

二、制憲會議之初始

新議會在敵人入侵造成的混亂之際選出，在一片恐慌中舉行會議，法國人受到無數流血報復事件的威脅，這次會議更加深他們的恐慌，會議並沒有因此避免爭吵或是減少團體間的對立，無論是制憲會議或立法機構，不同派別代表間的紛爭不斷，因為他們都代表選民的支持，布倫索坦或吉倫特派則愈來愈明顯地從山岳派中分裂，這乃導因於個人問題，他們對戰爭的處理方式或對整體政府的施政原則，特別是對未來的憲法產生歧見，在溫和派眼中，他們應逐漸和以往那些拒絕判國王死刑的人相互對峙，縱使在杜勒里宮中仍留有大批確鑿的文件，但終

究無法阻止以些微的多數而判決
國王死刑（如圖 16-3）。

圖 16-3　路易十六被送上斷頭臺

　　多末的挫敗，使以英國為
首的同盟國重新結合，英國的
財政依賴繁榮的貿易，比起其
他工業國家或地區，其進步的
程度超過半個世紀之久，這也
確保了盟國財源充裕，其結果
卻使荷蘭遭受挫敗，尼爾溫登
一役失利後，杜姆利耶決定寧可投效敵方的陣營。

　　正像 1789 年 1790 年間的制憲議會議員一樣這些熱月黨人十分希
望結束大革命，即然在他們看來主要的改革已經實現。1794 年至 1799
年間，他們牢牢盤據著政壇。

　　被圍困的美茵斯在堅守幾個月後決定從德國各地區撤出，撤退到阿
爾卑斯山，另外西班牙迫切需要在庇里牛斯山上再組織兩支新軍隊以進
行攻擊。

　　法國的經濟危機，導因於政府毫無節制地印製紙券所引發的貨幣貶
值，敵人和逃亡貴族製造很多偽造紙券也是紙券貶值的原因，此外物價
的上漲，尤其是食品價格的上漲，使得大城市裡出現食品供應短缺的生
存危機，這一系列的難題更加深政治上的爭奪戰。杜姆利耶的反叛連累
到吉倫特派，使之無法反對山岳派提出設立革命法庭的要求，山岳派因
而獲得第一次勝利，並在新成立的法庭上宣布馬拉無罪，由此宣示了兩
個派系之間短兵相接的開始。吉倫特派的愚蠢行為和日益增多的自我防
衛上的困難，使兩派陣營間的對立更加激化。1793 年 5 月 31 日，巴黎
武裝力量的直接干預，以及對一些吉倫特派成員不經判決直接處死，才
終於結束這種對立。

三、內戰和革命政府

　　《教士公民組織法》對國王的判決，以及國家防禦措施都引起人們
的不滿情緒，1793 年 2 月，因為對新的政府體制的期望愈加增高，王

室又不得民心，一群反對國民公會的人揭竿而起，他們由地方的顯貴、地位不高的貴族，和少數重返的逃亡貴族所組成，部分逃兵占領曼恩－羅亞爾省和旺代省，他們在春末占領羅亞爾河兩岸的許多城市，但是他們無法進攻巴黎。

同時吉倫特派的支持者竭力反對制憲會議的獨裁專制，制憲會議有時被正在逃避被捕的眾議員所控制，整個諾曼地像波多地區一樣騷動不安，東南部地區參加起義的里昂人在保皇黨人的帶領下，其表現更爲激烈。當海軍司令特戈夫把港口和土倫艦隊出賣給英國、西班牙與那不勒斯艦隊時，另一支保皇黨的軍隊則聚集在馬賽，他們試圖穿過德洛姆河與皮埃蒙軍隊會合。重新拿起武器的鮑利趕走共和黨人，其中包括拿破崙家族，並成立曇花一現的英國科西嘉王國。

山岳派的處境很悲慘，內部鬥爭已造成嚴重分裂，急劇加深的危機只能抑制住內部的爭吵，平息吉倫特派運動後產生的憂慮，促使他們迅速地制定比法國以往更民主、權力更分散的憲法，這部憲法於 6 月 24 日投票通過，但一直延遲到戰爭結束後才實施。

在期待和平的時候，革命政府占據重要統治地位，這個政府實行集中統一領導，並設置每個月都要重選成員的巴黎委員會——如安全委員會、公安委員會等，政府官員與各地方也保持密切聯繫，政府設置一些在政治上很溫和的部門，每個省或軍隊都選派兩名常駐代表，他們經常爲政府官員打氣。

客觀形勢對制憲會議所產生的作用大於制憲會議本身的政治主張，制憲會議因此被引導至鼓吹新的經濟政策，而新政策是以軍需品爲生產導向，政府控制了物價和薪資的發放，並打擊不法商人，但不久後，仍造成地下食品市場的物價波動，而紙券劇烈貶值更增添居民強烈的不滿情緒。1793 年 3 月 28 日與 12 月 17 日的法令，使當時政府與其代表可排擠不聽指示和反對派的人，但除了貴族和公開的吉倫特派之外，大多數被革命法庭判決的犧牲者都是因爲經濟的因素。

法國的工業設備和軍事裝備的製造創意十足，例如，在軍隊後方設置一些大炮鑄造廠和炸藥工廠、政府動員未被占領地區的男子，卻也產生許多問題，由於各國聯軍控制法國北部重要的小麥產區，因此法國發

覺工業使用的工具不足，必須到瑞士購買產品，生產方式也因而有所改變。

　　產品必須在惡劣的路況下運達到各城市和各軍隊手中，而且馬匹或拉車用的牲口與車輛的微調，常常破壞各地傳統的運輸方式。對運輸業的急切需要使投機者的交易活動更加熱絡，也使得大後方的年輕人較不擔心冒險從事軍旅生涯。

　　這些顯而易見的不平等，使政府的政策更不得人心，此政策的後果在 1793 年春天的悲慘局勢中得到證明，不平等伴隨而來的是國內對立勢力之間激烈的鬥爭。頑固不化的教士公開支持保皇黨人，並且在和敵方軍隊聯繫時鼓勵叛逃。同樣地，在革命政府內部的自然神論者和無神論者中間也出現各種分歧，自然神論者經常得到羅伯斯比的支持，常駐代表在執行改革措施的同時，卻成為反基督教信仰政策的代理人。

　　從 1793 年 7 月 13 日起，在諾曼地信仰聯邦主義的軍隊對巴黎地區食品供應形成威脅之前，諾曼地信仰聯邦主義軍隊就已經被驅趕到布雷固爾，多虧蘭代寬容靈活的政策才迅速恢復平靜。相反地，塔里安在波爾多謹慎地鎮壓騷亂，一部分吉倫特派在波爾多也終於找到避難所，里昂戰鬥從 9 月 29 日持續到 10 月 8 日，並先後遭遇由顧東和傅榭主導的鎮壓而慘敗，收復馬賽並沒有多大困難，只是攻克土倫必須有一套合理的圍攻方案，因為共和代表巴哈斯認識一位年輕的炮兵部隊軍官拿破崙，一個因家人的不幸而狂熱支持共和主義者。

第三節　都督政府掌控了局勢

一、鞏固勝利（1795至1798年）

　　一旦將敵人趕出邊界，排除了羅伯斯比，也就代表革命政府的解體，該政府的重要性無可辯解，但其實用性卻大有爭議，各委員會每個月要更換 1/4 的人，離任者可在 1 個月後再次入選，這能防止人員長期壟斷權力，但也危害政府執政的連續性。十二個委員會是平等的，但安全委員會的角色逐漸吃重後，公安委員會最後則保留軍隊指揮權和外交

權。在溫和主義者的操縱下，革命法庭庭長的更換足以主導追補恐怖分子的行動，而廢除監督委員會至多只是減弱鎮壓的作用。反對激進的雅各賓黨領袖的措施，則將雅各賓黨中的一部分人清除，使其他人束手無策，當沼澤派看到被取締的保皇黨席位不斷增多並恢復勢力，高興地利用這個機會指責共和派的人，而雅各賓黨的其他成員也因而無所作為。保皇黨和天主教軍隊在西部發起叛亂後，朱安黨人就一直占領著西部農村，與當地的領袖談判，允許領袖放下武器降服後繼續從事群眾活動。

　　自從戰事在國外開打以來，派遣到當地軍隊士兵的傷亡以及撤退和潛逃也導致軍隊脆弱不堪，這些事件層出不窮，政府才變得較寬宏大度。另一方面，困難的局勢也為中央政府政策的緩和提供了依據，政府不得不考慮到首都巴黎所掌握的實況愈來愈少，1794 年巴黎取消物價的上限，但卻導致物價上漲和紙券貶值。

　　工資的自由化未能阻止工資隨物價的上升而增加，人民的不滿情緒為原來的恐怖主義者增添力量，由於沒有周密的計畫，恐怖主義者受到芽月、花月和牧月事變的牽連，這些事變促使溫和主義者派遣一部分人去圭亞那，並使郊區的局勢趨於穩定。雅各賓黨及山岳派已經在郊區擁有強大的物資力量，大革命以來，武裝干涉左派對立運動的行動，在 7 月 14 日的騷亂和練兵場衝突中並不明顯。財政危機的嚴重性也引起所有公務人員的強烈不滿，而其所支付的薪資都是貶值的貨幣。

　　財政危機削弱了擁護《教士公民組織法》的教士力量，《康邦命令》宣布取消教士原有給職，並將國家和教會區分開，政府不再支付薪資給教士。幾年來教士籌集自有資金，並成為這項措施的受益者，有些人甚至獲得在為擁護《教士公民組織法》的教士保存的建築物內舉行禮拜儀式的權利。

　　歷史的變遷，甚至包括軍隊的衰敗，都未能阻止勝利的步伐，這對聯盟而言極為敏感，因為這些勝利都是在他們的國土上取得。1795 年 4 月，普魯士國王在瑞士的巴爾簽訂和平條約，承認法蘭西共和國，一個月以後，法國又開始進攻荷蘭的海牙，這個衛星國在被歐蘭茵王朝遺棄的疆土上建立，雖然殖民貿易中斷，它在歐洲的財政收入上仍占有極其重要的地位，7 月分西班牙根據《巴爾條約》向法國讓出聖多明尼加

島東部，此擴張主義也顯示出，不久以後，法蘭西共和國在面對其他國家時，爲了自身強國地位所做的轉變。

二、督政府的內部工作

第三年的憲法在投票時並非沒有困難，部分條款表現出對社會穩定之憂慮和對保住有利可圖的職位之憂慮，由過去原班人馬組成的新議會當然吸收一部分國民公會的成員，前述議員中選出 5 位主席，每年改選一名，以確保行政權之行使。

由於不信任參加公安委員會工作的各地代表，這一級行政組織事實上已被取消，在省與新組成的市鎮之間由於缺少中間環節，又出現新的問題，政府經常要與公民協商，使得兩個議會準備每年更換 1/3 的議員，這種作法導致某種程序的動盪，尤其是多數黨經常引發的混亂，特別是由軍隊所發起的政變。最嚴重的是貨幣問題，即紙券的日益貶值，政府缺少有效的方法使各個行政部門維持正常運作，迫使政府更重視有經濟主導權之將領的動向，藉此確保財源回流至國庫。

選舉的準備工作未能阻止政府在困難的條件下實施經濟和行政復興計畫，此外工業重建足以讓諾夫沙多於 1798 年舉辦法國第一個製造品展覽會，在該展覽會中，大紡織廠或冶金廠使大眾了解到技術的進步，並可在許多方面的生產製造中實現。一方面由蘭代主導的財政措施造成嚴重的貨幣貶值，使依靠固定收入維生的人頓時陷入困境，但是卻使國庫擺脫大物價的債務。而改造地方的財政管理機構以及建立門窗稅，也開始逐步地消滅財政方面的赤字。十年來，財政赤字是引發新政府各種問題的導火線。另一方面，一些督政官希望恢復採用每十天舉行一次禮拜的自然神論政策，這個願望取得有限的成就，但在某些由逃兵或憲法支持者所組成的天主教徒中，這卻造成某種程序的不安。督政府（1795 年 10 月至 1799 年 11 月）統治時期的政治十分動盪。共和國受到了威脅，因其內部有革命派與保五派的鬥爭以及各權力機構間的衝突，而外部又有與歐洲大部分國家間的戰爭。督政府很快就倒臺了。

第十七章
拿破崙的崛起

第一節　拿破崙的生平

一、生平

　　1769 年 8 月 15 日，拿破崙（如圖 17-1）出生於科西嘉島的阿雅克肖城，父親給他取名「拿破崙」，義大利語的意思是「荒野雄獅」，其名字以義大利的科西嘉語發音爲「拿布略尼・博歐拿巴」，後來才轉變爲法語發音的「拿破崙・波拿巴」。在科西嘉島被賣給法國後，法王承認拿破崙的父親爲法國貴族，在父親的安排下，拿破崙九歲時就到法國布里埃納軍校接受教育，1784 年，以優異成績畢業後，即被選送到巴黎軍官學校。

圖 17-1　拿破崙

二、早期軍旅生涯

　　拿破崙十六歲時父親去世，他用 1 年的時間完成了軍校規定的三年學業，通過畢業考試被授予少尉軍銜。在隨部隊駐防各地期間，他閱讀了許多啓蒙思想家的著作，其中盧梭的思想對他的影響非常大。1789 年，法國大革命爆發後，拿破崙回到科西嘉。當時科西嘉是革命派、保皇派和獨立派三種勢立的競逐場，拿破崙加入了支持革命的雅各賓派，並在一個志願軍團中升到中校的官階，後來因爲與科西嘉獨立英雄帕歐里起衝突，拿破崙全家被迫在 1793 年 6 月逃回法國本土。

　　1793 年 12 月，二十四歲的拿破崙服役於「革命政府」，負責防衛

土倫港岸炮臺，它曾經擊潰進攻了援助波旁王朝的英國艦隊，因此受到「革命政府」的重視。1794 年，熱月政變，由於他和羅伯斯比的來往密切而受到調查，後來又因爲拒絕到義大利軍團的步兵部隊服役而被免去準將軍銜。1795 年，他受巴黎都督政府執政官巴拉斯之命令弭平了保皇黨之亂，隨即他任陸軍中將兼巴黎衛戍司令，並開始在軍隊和政界中嶄露頭角。

三、埃及之戰與奪權

拿破崙是一名卓越的軍事家，對軍事深有研究，善於將各種軍事策略運用在實戰之中，他特別強調火炮的功用以及騎兵的機動性。1796 年 3 月 2 日，二十六歲的拿破崙被任命爲法國義大利方面的軍總司令，3 月 9 日，他與約瑟芬結婚，之後便匆匆奔赴前線。這是拿破崙展現他軍事才華的開始。他所統率的軍隊擊敗了奧地利與薩丁尼亞組成的第一次反法同盟聯軍，並迫使對方簽署了停戰條約，同時，他還在北義大利廢除了封建法律，並建立了類似於法國的共和體制。取得義大利之役的勝利後，拿破崙的威信愈來愈高，他成爲法國人的新英雄。而他的崛起令都督政府備感威脅，因此任命他爲法國埃及方面的軍司令，以抑制英國在該地區勢力的擴張。在拿破崙的遠征軍中，除了 2,000 門大炮外，還帶了 175 名各行業的學者以及上百箱的書籍和研究設備。在遠征中，拿破崙曾下達過一條著名的指令：「讓驢子和學者走在隊伍中間。」由此說明了他對學者的重視。拿破崙受啓蒙運動的影響很大，他除了精通數學和天文學之外，同時對文學與宗教也頗有研究。然而 1798 年的遠征埃及是一次失敗的戰役，拿破崙的艦隊被英國海軍上將納爾遜完全摧毀，部隊被困在埃及，1799 年回國時，400 艘的軍艦只剩下 2 艘，原本侵略印度的計畫受阻，人員損失慘重，在遠征埃及時，法軍除了發現羅塞塔石碑外，法軍探險隊深入金字塔內，並對古埃及文做深入研究，開啓了日後埃及學研究熱潮。

此時歐洲反法聯盟逐漸形成，而法國保皇派勢力也開始活躍。1799 年 10 月，拿破崙回到了巴黎，他被當作「救星」歡迎。11 月 9 日，拿破崙發動了霧月政變，並成爲第一執政，掌握了法國政權。隨即他執

行了多項政治、教育、司法、行政、立法、經濟方面的重大改革，其中以《拿破崙法典》的影響最爲深遠，這是在政變的當晚就由拿破崙下令起草的，很多條款由他親自參加討論做最後確定，他採納了法國大革命初期提出的比較理性的原則，1804 年法典正式實施，並影響到法國的現行法律，這部法典對德國、西班牙、瑞士等國的立法也有重要影響。在政變結束後三週，拿破崙向人民發布的文告中宣稱：「公民們，大革命已經回到它當初藉以發端的原則，大革命已經結束。」

　　1802 年 8 月，他修改共和國八年憲法，成爲終身執政。1804 年 11 月 6 日，公民投票通過共和國十二年憲法，法蘭西共和國改爲法蘭西帝國，拿破崙成爲法蘭西人的皇帝，稱拿破崙一世。12 月 2 日，拿破崙仿效查理曼大帝以自己的「名字」作爲皇帝的稱號。他並不是由當時的教宗庇護七世加冕，而是自己將皇冠戴在頭上，然後爲妻子約瑟芬加冕爲皇后，以示他的權力至高無上，不受教會控制。一年之後，他又在義大利由教宗加冕爲義大利國王。

　　1805 年 8 月，奧地利、英國、俄國組成了第三次反法同盟，拿破崙於是在 9 月 24 日離開巴黎，親自揮軍東征，到 10 月 12 日，法軍已經占領了慕尼黑。10 月 17 日法國和奧地利在烏爾姆激戰後，反法同盟投降。之後法國又取得了奧斯特里茨戰役的勝利，反法同盟再度瓦解，並且迫使奧地利取消了神聖羅馬帝國的稱號。拿破崙隨後聯合了德國境內各邦國組成「萊因聯邦」，把它置於自己的保護之下。次年秋天，英國、俄國、普魯士組成了第四次反法同盟，但是 10 月 14 日，法軍同時在耶那和奧爾斯塔特擊潰敵軍，普魯士的軍隊幾乎全軍覆沒，拿破崙因此取得了德國大部分地區。1807 年 6 月，法軍又在波蘭大敗俄國軍隊，拿破崙與俄國沙皇亞歷山大一世會面，雙方簽定了和平條約，在此前一年拿破崙頒布了《柏林赦令》，宣布大陸封鎖政策，禁止歐洲大陸與英國的任何貿易往來。自此，法國在歐洲大陸的霸主地位得到了確立。拿破崙兼任義大利國王、萊因邦聯的保護者、瑞士聯邦的仲裁者，並分別封他的兄弟約瑟夫、路易、熱羅姆爲那不勒斯、荷蘭、威斯特伐利亞國王。

四、入侵西班牙、奧地利與俄羅斯

　　1807 年末，西班牙爆發動亂，西班牙國王遭到人民推翻，拿破崙於是乘機入侵了西班牙，並讓其長兄約瑟夫成為西班牙國王，但是這個舉動遭到西班牙人的反對，拿破崙根本無法平息當地的暴動。1808 年，英國介入西班牙爭端，英軍 8 月 8 日登陸蒙得戈灣，8 月 30 日占領了葡萄牙，牽制了在西班牙的 30 萬法軍，並讓法軍無法調動至普魯士前線，此也導致了「反法聯盟」的形成，之後西班牙在當地民族主義者的支持下，逐步將法軍趕出了伊比利半島，半島戰爭大傷了拿破崙的元氣。

　　正當拿破崙陷入西班牙問題之際，1809 年初，第五次反法同盟組成。奧地利在背後偷襲法國在德國的領土，拿破崙被迫退出西班牙，率軍東征。奧地利軍隊雖然一開始取得優勢，但是拿破崙很快就轉敗為勝，迫使奧地利簽定《維也納和約》，再次割讓土地。次年，拿破崙娶奧地利公主瑪麗‧路易莎為妻，法奧結成同盟。1811 年末，法俄關係已經開始惡化，俄國沙皇亞歷山大一世拒絕繼續與法國合作抗英，最後戰爭爆發。拿破崙率領可說 12 個不同語言士兵組成的 50 萬大軍攻入俄羅斯，俄軍採取堅壁清野戰略，1812 年 9 月 12 日，法軍歷經焦土政策後，進入莫斯科，但法軍卻有 44 萬人傷亡。拿破崙本以為亞歷山大一世會妥協，未料到迎接他的卻是莫斯科全城的大火。而此時在法國又有人策畫了一次失敗的政變，令他不得不返回法國，最後回到法國的只有 2 萬人，拿破崙被稱為「敗給俄國冬天的將軍」。

五、戰敗與流放

　　1813 年，英國、俄國、普魯士和奧地利組成了第六次反法同盟，雙方在現今德國境內多次激戰。雖然法軍取得了多次勝利，但是針對拿破崙的壓力卻是愈來愈大，直到 10 月的萊比錫戰役法軍被擊潰，各附庸國也紛紛脫離法國獨立，同盟國開始向巴黎進攻。1814 年 3 月 31 日，巴黎被占領，同盟國要求法國無條件投降，同時拿破崙必須退位，同年 4 月 11 日，拿破崙宣布無條件投降，並在日記裡說到：「法國首相塔列隆是法奸，是波旁王朝復辟潛伏於他身邊，暗算出賣他。」4 月

13 日，拿破崙在巴黎楓丹白露宮簽署退位詔書。拿破崙本人在退位後被流放到地中海上的厄爾巴島，他在前往厄爾巴島的路上幾乎被暗殺。拿破崙保留了「皇帝」的稱號，可是他的領土只局限在那個小島上。而在巴黎，路易十八回到法國，重新成為法國國王，波旁王朝復辟。1815 年 2 月 26 日，拿破崙從厄爾巴島潛返法國，他再次奪得政權，歐洲各國迅速組成第七次反法同盟。同年 6 月 18 日，拿破崙的軍隊在比利時滑鐵盧被英國威靈頓公爵和普魯士人布呂歇爾帶領的反法盟軍所擊敗，史稱「滑鐵盧戰役」，7 月 15 日他正式投降，之後拿破崙被流放到大西洋上的一個小島——聖赫勒那島（如圖17-2），從奪回政權到再次戰敗只有約一百天的時間，被稱為百日政權。

圖 17-2　拿破崙被流放至聖赫勒那島

六、百日政權

　　1821 年 5 月 5 日，拿破崙在聖赫勒那島上去世，5 月 8 日，這位征服者在禮炮聲中被葬在聖赫勒那島上的托貝特山泉旁。直至今日，拿破崙的死因仍是眾說紛紜。英國醫生的驗屍報告顯示他是死於嚴重胃潰瘍；但根據新的研究，1980 年代英國格拉斯哥大學生物化學系檢驗拿破崙遺體時發現，他應該是死於砷中毒，而且從當年貴族愛用的壁紙上，歷史學家亦發現含有砷的礦物，於是學者猜測是因為環境潮溼而讓砷在空氣中滲透；而一般人則普遍認為是波旁王朝為阻止拿破崙重返法國，買通侍從人員在拿破崙專飲的橡木桶葡萄酒裡放砒霜，而負責囚禁監管的英國人員又失察，導致拿破崙被暗殺。

　　他去世後 9 年，路易‧菲利普在人民的壓力之下將拿破崙的塑像重新豎立在旺多姆圓柱上。1840 年，路易‧菲利普派其兒子將拿破崙的遺體接回。同年 12 月 15 日，拿破崙的靈柩被運回巴黎，在經過凱旋門後被安葬到塞納河畔的榮譽軍人院。

　　拿破崙是一名很出色的軍事家，他一生親自參加的戰爭多達 60 多次，而其指揮的軍隊，直到今天在軍事史上依然有重要意義。但是他的征戰打破了歐洲的權力均衡，導致其他歐洲強權 7 次組成反法同盟，最終徹底擊敗拿破崙。

第二節　鞏固權力

一、執政府時期（1798年至1804年）

　　一踏上獲勝的法國，拿破崙只能努力地使別人忘記他曾經不顧上級命令，任意放棄交付給他的部隊。由於工商界的支持，拿破崙在巴哈斯及其兄弟的幫助下，把各委員會遷移到聖克勞德，然後以武力清除他們，此外他還組成一個憲法委員會。

　　拿破崙向 4 個委員授意他選擇的解決方式，3 個執政官在第一執政官的領導下行動，拿破崙任第一執政官擁有獨自任命各部部長的權力，具有唯一的法律制定權；第二執政官康巴塞雷斯則僅具有使左派人士放心的作用。立法權分布在 4 個職權分散的議會裡；由拿破崙任命的行政法院對各項法律草案提出自己的意見，行政法院的 5 個部門都高度專業化；保守的參議院原則上從其他 3 個議會推薦的候選人中選出，實際上是由執政官的朋友西埃耶斯決定；法案評議委員會六年一任，但每年改選 1/5，該委員會督促政府接受請願書並商討法律；此外，由執政官選定的立法會議同樣由參議院挑選，選舉時改選 1/5，它只投票通過法律，並不討論其內容。

　　普選制度重新開放給年滿 21 歲的全體公民，但是選民受到各種規定的限制，在全民表決中，每個人在同意或反對的選舉表上簽名，知識階層要從各市鎮的知名人士中選出省級知名人士，再選出國家知名人士，之後參議院選定法案評議委員會的委員和立法委員，以及行政部門的第一執政官；但自行擬定知名人士名單之前，所安排的人事就已經確立拿破崙勝利的地位，這位第一執政官和他以往在一起出生入死的親信之間產生曖昧不清的矛盾關係，雖然他們的結合是為了達到「發一筆大財」的共同願望，但這種矛盾毫無疑問地有助於此新制度在草創時期受

到看重，即使是兩方面的極端分子，也因爲已給他們某些保證而獲得緩頰，特別是對未在拿破崙周圍出現的唯利是圖團體，這也使他們決定將其性格特質加諸於新制度中，而此新制度在多年來國家被拖入無休止的戰爭之後，應可重新建設，全民並在一致服從政府領導中得利，拿破崙未打算放棄建立使他冤遭督政府每年改變的統治方式。

此時拿破崙打算建立自己永久的權威，他開始培養未來的幹部，以作爲掌權時的宣傳工具，如同以往代表雅各賓黨的俱樂部一樣。此外他取消中央學校，代之以壟斷整個中等教育的公立中學，這可以爲三個執政官統治下的法國培養未來的行政職員和軍官，並深刻影響了拿破崙童年所接受的傳統教育制度。他還渴望與教士商談，就他作爲內阿爾卑斯共和國總統和法國執政官所面臨的局勢，這種局勢促使他思考是否能解決與新國家組織同等重要的教士反抗問題。

由於對法國天主教士的厭煩以及軍事的勝利，使得「和解協議」的談判進展順利，此外教會與國家分裂的局勢被官方的革命宗教所取代，這也使得眾多的高級教士和神父更加惶恐不安，在這種情況下，拿破崙和羅馬教廷之間的談判就在沉悶的氣氛中進行。

二、三個執政官的對外政策

拿破崙的首要工作是在對抗國內與國外敵人時獲得重大勝利，並藉此鞏固他的威權，對義大利的第二次戰役迫使拿破崙急忙親自掛帥，並在里昂集結大軍準備赴熱那亞，替被奧地利人包圍的馬塞那將軍解圍，他占領米蘭，又有機會見到德塞克斯，戰爭結束時此人即被殺害，他在馬倫哥地區恢復戰爭初期的局勢，停戰幾個月後，又爆發秋季戰鬥，戰鬥中麥當勞占領格里松，布魯納也駐紮在特雷維斯。這些勝利的重要性顯然不及普魯士軍隊統帥馬魯在霍亨林登攻克奧地利的勝利，普魯士軍隊的勝利必然在斯泰葉停火，並保證呂內維爾的和平，此項和平條約加強了法國在整個半島的影響力，伊特魯立亞王國或因內阿爾卑斯共和國的擴張、或因西班牙皇室成員的支持而創立了，由於那不勒斯王國受到敵人進犯之威脅，從 1801 年冬末開始，法國便未放棄聯盟。

由於 1797 年危機以來，英國海軍逐漸壯大，法國要實現大不列顛

登陸計畫已經是不可能的事情，此外暗殺沙皇保羅一世的行動也迫使法國脫離同盟國，倫敦政府認為結束戰爭對自己有利，並於 1802 年 3 月 25 日向法國及其盟國那不勒斯、西班牙要求歸還在戰爭中所搶奪的殖民地。

第三節　第一帝國

一、帝國的軍隊

　　拿破崙倚仗他最強大的陸軍發起反對大不列顛的鬥爭，他的軍隊幹部是由身經百戰的將領所組成，士兵中的新兵都是每年招募之後，編進後備部隊，並加以訓練而成，老兵大都有十年以上的軍齡，整支軍隊表現出銳不可擋的氣勢。海軍的素質雖然較高，但他們依靠較弱的聯盟力量，如西班牙，因此在 1805 年 10 月 21 日的特拉法加戰役中，他們失去全部的人力和物力，因此再也不能發動大規模的軍事行動。英國海軍不斷地加強，海軍將領目不轉睛地盯著歐洲的彼岸，年輕的美國海軍在第二次獨立戰爭中經常破壞海盜的偵查，這些海盜是專門挑起戰爭的元凶。

　　拿破崙提高了軍隊的素質，軍隊團結一致的凝聚力確實得到加強，但是皇帝卻放棄大革命時期出現的新生事物，如汽艇部隊，拿破崙拒絕所有創新的東西，如蒸汽船、快艇等，或許是因為他接受舊體制傳統教育的原因，或是因為法國工業無法因應需求之故，總之，這使法國軍隊在戰爭中損失慘重。

　　另外，拿破崙的軍隊也在不斷地壯大，並且不斷地改善，但軍隊的設備還是無法令人滿意，而且士兵的身體狀況也欠佳，這對軍隊來說是一個雙重的問題。

二、勝利

　　拿破崙帝國的首次戰役是在人口稠密的城市中進行，附近的村莊向軍隊提供火炮，軍隊朝敵人的方向前進，在敵人還來不及在戰場集中之前，帝國的軍隊便發動攻擊。

　　首次戰役是於 1796 年在多瑙河上游的布洛涅發起進攻，奧地利人被圍困在烏爾姆後投降，然後帝國軍隊占領城市，打開通往維也納的

大路，透過摩拉維亞與奧地利的盟軍，與前來救援的俄羅斯軍隊短兵相接，拿破崙採取靈巧的戰術，將俄羅斯軍隊引到事先選好的戰場一舉擊潰，這便是眾所周知的 1805 年 12 月 2 日的奧斯特里茨戰役（如圖 17-3）。

圖 17-3　奧斯特里茨戰役

　　法國皇帝接受《普勒斯堡和約》，奧地利承認法國占領義大利，把威尼斯讓給拿破崙，伊斯特利亞和達爾馬蒂亞割讓給義大利王國，一些領土割讓給法國的聯盟德意志各邦，同時拿破崙又將自己的軍隊開進那不勒斯，那不勒斯的領主則在英國海軍的保護下逃到西西里島。

　　拿破崙這些成就以及他的對外擴張政策，使所有國家感到不安，因而紛紛提議建立和平條約。法國干預日耳曼各邦的內部政治，也激起了其他各國的不滿。普魯士國王差一點參加同盟國，因為他看到拿破崙與英國爭鬥感到不安，因而派人去俄羅斯、英國勸說拿破崙撤回部隊到萊因河西岸，這些部隊尚留在薩克森中心，正準備在敵軍聚集前快速進襲。

　　普魯士接到最後通牒一週後，腓特烈・威廉三世的軍隊便在耶那被擊敗，柏林被占領，普魯士軍隊一直逃到波羅的海。這次普魯士的失敗使法軍決定進攻俄羅斯，軍隊緩慢地向波蘭進軍，6 月的弗里時蘭戰役中，俄羅斯軍隊大敗，沙皇不得不在 1807 年 7 月 7 日的《迪爾西特和約》上簽字。由於盟國關係逆轉，沙皇與拿破崙達成平分歐洲的協議，一方在西、一方在東，華沙的大公向拿破崙多次提出一系列的領土問題，俄羅斯和奧地利不斷進犯波蘭，致使獨立的波蘭無法重新建設。

三、困難與失敗

　　法國的政體基礎相當牢固，拿破崙個人的特質及他領導的軍隊所向披靡，使他的威望如日中天，這都是政體穩固的因素。執政初期，在位的行政官員對於帝國軍隊都相當支持，拿破崙也聯合那些出名的省長、

主教及維持秩序的憲警人員支持自己的政權，這當中有直接的也有間接的支持，帝國財經秩序之維持是所謂間接支持中重要的一部分。但是，權力過度集中導致政府不得人心，這是人們反對帝國的一個藉口。

統治時期確實鼓動舊制度的貴族重新聚合，《維也納和平條約》之後，舊制度的貴族人數明顯增加，特別是與奧地利聯姻——迎娶瑪麗·安東妮王后的親戚瑪麗·路薏絲——之後尤其如此，總之，有許多人起來攻擊王室，帝國法庭的達官貴人已經達到路易十八時的人數，使人們懷疑他們的忠誠。

最嚴重的困難是宗教和海關的政策，這些問題的解決掌握在教皇國手中，他們以神學的觀點反對拿破崙，不論是在法國，還是在其他國家，羅馬教皇與拿破崙達成《宗教協議》後，表現得相對順從的神職人員一下子都不見了。反拿破崙的勢力正在逐漸發展。

1811年農作物收成欠佳，導致糧食危機，與大不列顛艦隊的監視封鎖同樣嚴重，大不列顛艦隊阻礙了法國利用航海援助那些收成最差的地區。皇帝用許可證制度補救工業蕭條的危機，但許可證其實是合法的走私，保障了生活物資的供應。

拿破崙的一些政策得到軍警界支持，但是要鞏固政體，和平是必不可少的要件。相反地，拿破崙卻只想擴大征服的版圖，以保證他主宰一切的尊嚴。他對東方的野心只會讓沙皇亞歷山大有所警惕，在此之前，當法俄和平共處時，沙皇的軍隊就已在喬治亞地區和高加索大部分地區加強影響力。

四、侵俄戰爭

此時法國外交界嘗試讓拿破崙迎娶沙皇妹妹的計畫已告失敗，聖彼得堡對拿破崙併吞亞歷山大一世的親戚奧爾登堡大公國的領土頗為光火，兩位具同樣野心的君主間的關係本來就是混沌不明，而此時關係則已降至冰點。法軍匆忙地準備入侵俄羅斯，將來自各國的庸兵聚集在波蘭東方邊界上，但他們對此地的戰鬥條件適應不良，如果這時右翼的奧地利和左翼的普魯士有任何鬥志，俄羅斯部隊立刻就會被瓦解。另外，新的士兵沒有經過任何訓練，只憑一腔民族主義的熱情，俄羅斯的軍隊

也的確害怕再像 1807 年那樣被困在荒郊野外。

　　三支軍隊在拿破崙的指揮下前進，所戰皆捷，但他們之間的距離一步步地拉開，經過斯摩稜斯克血腥戰役之後，有的部隊失去一半以上的兵員，但敵人卻因從西伯利亞的援軍而增強。鮑羅金諾和莫斯科瓦戰役使交戰雙方都付出很大的代價，但俄羅斯軍隊並沒有被打垮，莫斯科被占領之後，俄羅斯軍隊仍繼續不時騷擾法軍，使他們漸入飢餓和嚴寒之中，迫使法軍在一個月的徒勞之後撤兵。

五、法國戰役

　　正當拿破崙失去其軍事威權，且遇到法國內部困難的同時，集結在法蘭克福的盟國軍隊宣布解散邦聯，並重新組織他們的軍隊，1812 年的經濟危機極其嚴重，它的後果仍令人記憶猶新，招募新兵入伍的措施因叛逃、洩密等事件而受輿論責備。

　　拿破崙在孚日山脈和巴黎之間展開了一連串的軍事行動，但也只能拖延敵人的前進速度，不能解決任何問題，他的軍隊同樣地也向北方挺進到波爾多，而身兼立法機構成員的市長，甚至在拿破崙讓位之前，便對波旁王室的復辟表示歡迎，並在圖爾大教堂以感恩讚美詩迎接波旁王室成員。

　　和談的結果使易北河島國誕生，某些軍團在聯盟國家壓力下被驅逐出巴黎，此外反叛行為也導致拿破崙威權君主制的計畫遭瓦解。拿破崙的下臺只為法國留下一個沒有政權的臨時政府，在這個政府裡面，塔里蘭的陰謀為波旁王朝的復辟工作善盡心力，他們到處呼口號「打倒徵兵，打倒右派聯合」，且引發群眾的附和。

　　1814 年 5 月 30 日的《巴黎協定》將法國的版圖設定在 1789 年時的規模上，其實法國一心想參加維也納的大國會議以共同瓜分歐洲大陸，但到後來卻落得丟失領土的地步。留下來的是戰爭末期的歎息，這種痛苦愈來愈難以忍受，最後他們的帝王拿破崙遠走他鄉、威望掃地。

六、百日戰役

　　其實易北河的收復是在相當混亂的局勢下進行，拿破崙其實早就可

以預先躲在隆河河谷，並占領穿越阿爾卑斯山的伊塞爾山谷，但他沒有這麼做，相反地，他在格勒諾布爾和里昂受到很好的接待，而路易十八除了擁有新建不到一年的皇宮之外，也沒有得到任何的成就。

拿破崙重返杜勒里宮引起很多內在與外在的問題，例如，始終忠於翁顧列姆公爵的皇家軍隊在到達德洛姆的埃羅後即向拉巴呂投降，相反地，不列塔尼和中央山地兩地區卻爆發了保皇黨叛亂。拿破崙的部隊對保皇黨對手採取謹慎節制的做法，卻促進雙方保存一批力量，他們認為這種國內戰爭毫無意義，而那些一年前就侵犯的地方，抵抗也愈來愈激烈。

自由主義分子和獨裁主義分子在根據《帝國制憲補充條款》選出的眾議院中平分代表席位，法國與參加維也納大會的大國也中斷了關係，並很快地平分反侵占者戰爭中帝國的戰利品，這個消息使國內的保皇黨大吃一驚，他們立即招收士兵和擴充軍隊，他們的新兵數量上升很快，甚至超過了預期的程度。此時的軍事過程發展地非常迅速，拿破崙攻擊了英國人越過的邊界區，然而普魯士軍隊卻還駐在荷蘭，拿破崙在前兩天還成功地狙擊它的對手，但他在滑鐵盧的集結卻蒙受巨大的失敗，他遺棄自己的軍隊回到巴黎，但此時盟軍卻再一次侵占法國。

談判順利地進行，對楓丹白露宮的交易而言不成問題，各國代表再也不用掩飾自己的自由主義思想更勝於對一位吃敗仗皇帝的忠誠。新的政治危機將隨波旁王朝的第二次復辟而結束，同時拿破崙的軍隊在羅亞爾河南部和阿利耶西部重新整編，任由普魯士、英國、奧地利、皮埃蒙、西班牙與俄羅斯，再加上日耳曼邦聯所有小國家的眾多聯軍進駐法國大半江山，而拿破崙則向西行，但因英國封鎖，只好放棄取道英國逃往美國的途徑。

在赫森將軍的保證之下，與奧地利、普魯士、俄羅斯與法國的監督下，勝利者的代理人把拿破崙遣送到聖赫勒那島，1821 年 5 月，拿破崙死在島上。

毫無疑義地，拿破崙是一位在思想和性格方面具有特殊能力的人，他具有強大的工作能力和組織力，還有敏銳的觀察力，除此之外，他更有天賦的長才。

　　百日戰役的戲劇化插曲，也改變了歐洲的歷史，1814 年盟軍的見解是，他們作戰的對象是拿破崙而非法國，因此他們準備給法國公民莫大的優惠條款，也就是不對法國索取賠款，也不占領法國，在法國外交官塔里蘭的捭闔縱橫下，法國在歐洲各大強國之間也取得了一個平等的地位；然而在滑鐵盧一役之後，各國的態度就不同了，法國給予拿破崙的歡迎似乎顯示兩者的一致默契，於是法國現在需要償付 70 億馬克的賠款，並且接受威靈頓將軍所統率的 15 萬人的軍事占領，拿破崙在歐洲各地搜括的藝術品也須全數歸還。

　　對法國作戰的國家公開宣示：抵抗革命、恢復由拿破崙摧毀的舊秩序，歐洲的風暴已經成為過去，歐洲大陸將恢復往日的生活方式。1814 年和 1815 年的歐洲政客無意利用這個機會作為他們政治改造的契機，此外法國大革命時期的口號「自由、平等、博愛、民主、進步、人道主義」等，都被認為是具有危險聯想的字眼；然而，事實上與法國革命相契合的力量是不容易被控制的，儘管這些政客努力恢復歐洲的舊秩序，但是一個嶄新歐洲興起的歷史已經悄悄展開。

七、受到監視的法國

　　總之，拿破崙的價值主要在於其創設的新制度，而不在於其軍事榮譽。因為後者的結果顯得十分消極。1815 年的法國失去了 1792 年起征服的一切地方，因而差不多重新回到了大革命前的疆界。為了這樣一個結果，難道要在二十年時間裡殺死 3、4 百萬歐洲人，其中 1/3 是法國人嗎？幾乎所有殖民地都丟失了；1689 年時如此輝煌的海上貿易完全遭到了破壞。何況結束這一切時，法國落到一個很壞的形象，至少在結盟戰勝法國的各國政府眼裡是這樣。在半個世紀時間裡，法國背上了「歐洲令人掃興的國家」的名聲；在他們眼裡，這就為建立針對法國的監督機構提出了理由，他們認為法國很可能傳播革命的狂熱。1815 年後，此類機構中最重要的是神聖同盟。

八、從輝煌到幻滅

　　在許多年時間內，法國顯得相當強大，以致於它獨自就能制衡整個

歐洲，但最後還是失敗了。

　　因軍事失敗受到傷害的法國還因法國人的分裂而受傷。他們之中那些拒不接受大革命而選擇流亡國外，以便與法國之敵並肩戰鬥的人最後贏得了勝利。即便他們未能像某些人希望的那樣恢後 1788 年的法國。

　　對於大革命的擁護者而言，這一局部成功（指他們的對手未能全面復辟舊制度）是苦澀的。在整個十九世紀，他們始終都非常擔心貴族和教士要求歸還其手中沒收，隨之被留在法國的許多業主購買的國有財產。這種擔心對於法國人最終拋棄君主政體關係極大，而且使他們自 1830 年起寧可要大革命的三色旗也不要波羅家族的白旗。

　　1793 年至 1794 年間，法國還體驗一種獨裁統治，祖國面臨的巨大危險爲建立救國委員會的理由提供了解釋。該委員會最活躍的成員屬於雅各賓俱樂部。他們的雄心是建立統一的、不可分割的共和國。在他們看來，一切不合規範的東西均是可疑的，所以予以摧毀。以理性的名義追求劃一。

　　拿破崙曾是雅各賓派。他給法國帶來的改革直接借鑒於這些思想，尤其是他實行的遠比舊制度下更爲強大的行政上的中央集權。

第十八章
復辟王朝與七月王朝

第一節　復辟之後的三位法國國王

一、路易十八

　　1755 年 11 月 17 日，路易十八（如圖 18-1）生於法國凡爾賽宮，當路易十八得悉其兄路易十六被送上斷頭臺的死訊後，他即宣布立其姪爲法王路易十七，自己則爲攝政王，一直到 1795 年 6 月 8 日，路易十七死於監獄中，他才自立爲路易十八。此時法國的政權落入拿破崙的手上，路易十八自登基後便到英俄等國家居住。直到 1814 年，拿破

圖 18-1　路易十八

崙在萊比錫戰役戰敗、巴黎淪陷、拿破崙宣布退位，路易十八在英普聯軍護送下回到巴黎，波旁王朝復辟，這一年拿破崙被流放到厄爾巴島。1815 年，拿破崙重掌政權，路易十八又退位。直到拿破崙在滑鐵盧戰敗，再次宣布退位，被流放到聖赫勒那島，路易十八才又復位。

　　路易十八推行議會政治，國王擁有行政權和立法權，但不久他又解散了議會，在重新選舉的議會中，自由派占了多數，政治逐漸清明。換言之，他使法國得以開始學習政治自由主義和代議制度。然而只有足夠富裕因而享有選舉權的法國人才從這些制度中得到了好處，在全國 3,200 萬居民中，這樣的人有 10 萬人。此外，爲了使懷疑法國圖謀拓展邊界的其他國家放心，他奉行對外各平政策。1820 年 2 月 13 日，其弟阿圖瓦伯爵之次子貝利公爵遇刺，激進派乘機逼迫首相辭職。隨即激進派組成內閣，倒行逆施，人稱「黑色恐怖」，路易十八無力干預，自

嘆自己是一個「連馬背也跨不上去的騎士」，1824 年，路易十八一病
不起，由 67 歲的弟弟阿圖瓦伯爵繼位。

二、查理十世

查理十世（如圖 18-2）是法國波旁
王朝復辟後的第二個國王（1824 年至
1830 年），他即位前的封號為阿圖瓦伯
爵。查理・菲利普生於凡爾賽宮，他是路
易十五的孫子，路易十六與路易十八的弟
弟。查理・菲利普是法國大革命時期流亡
貴族的領袖之一，他在 1795 年至 1814 年
間住在英國，路易十八復辟之後，查理・
菲利普成為其主要的謀策者，在他周圍全
是一批舊貴族。

圖 18-2　查理十世

查理十世是極端守舊保守主義者，對法國大革命和拿破崙戰爭時所
受的折磨難以釋懷，因而對自由主義極度怨恨，對新秩序加以抗拒，其
兒子伯利公爵被激進分子所殺，使他對自由主義更加恨之入骨。他迷信
君權神授論，認為君主應擁有絕對權力，他曾言：「寧鋸木為生，亦不
屑成為英式立憲君主」，反映出其對君主專政的保守心態，固執、傲慢
正是其失敗之根源。查理・菲利普領導著一個極端保守、主張恢復革命
前階級特權的舊貴族勢力，他的這種傾向在其繼承王位後表現得更加明
顯。他在即位後推行一系列反民主的政策，這使他十分不得人心。為解
除反對者武裝，查理十世利用對阿爾及利亞的奪取給他政府帶來的最新
榮譽。他再次解散議院，改變選舉法，取消一切新聞自由。由於貴族政
治的腐敗，引起人民的反抗。1830 年爆發了七月革命，查理十世政權
被推翻並被迫遜位，再度流亡英國。

三、路易・菲利普

路易・菲利普（如圖 18-3）是奧爾良公爵路易・腓力・約瑟夫之
子，初稱瓦盧瓦公爵。1785 年其父繼承奧爾良公爵的稱號後，他成為

夏爾特爾公爵。法國大革命爆發時，他
參加支持革命政府的進步貴族團體，翌
年，參加雅各賓俱樂部。1792 年 4 月法
奧交戰，他參加北方方面軍，同年 9 月
晉升少將。1793 年 4 月，他偕北方方面
軍指揮官杜穆里埃投奔奧軍，並去瑞士
避難。同年 11 月其父被雅各賓派政府處
決時，他成為奧爾良公爵。後來他轉往
美國，1800 年他到達英國，並在英國長
期定居。

圖 18-3 路易・菲利普

　　1814 年路易十八第一次復辟時，路
易・菲利普返回法國。1830 年，法國 7
月革命（7 月 27 日至 30 日）後，7 月 31
日，立法議會選舉他為王國攝政，兩天後查理退位，8 月 9 日，路易・
菲利普被加冕為法國國王。他在右翼極端君主派和社會黨人及其他共和
黨人之間採取中間路線，以鞏固自己的權力。

四、七月王朝（1830年至1848年）

　　三色旗重新成了國家的象徵。新聞自由得以重申，直至 1835 年，
它是名副其實的。但被稱為「憲章」的憲法幾乎沒什麼改動。

　　這個制度並不真正追求進步，輿論界越來越多的人譴責它墨守成
規，在漫長的吉佐內閣（1840 年至 1848 年）末期尤其如此。1846 年
至 1847 年間的歉收和經濟危機導致生活艱難，城市裡特別嚴重。若降
低取得選舉權的納稅額，使中產階級新階層享有選舉權，進行這樣的選
舉制度改革，原本或許能使多數不滿分子不再吭聲。但這樣的改革提出
得太晚了。1848 年 2 月，使所有人大吃一驚的是，巴黎的兩天騷亂，
推翻君主制度。

　　他於 1848 年 2 月 24 日遜位，隱居於英國的薩里並於 1850 年去世。

第二節 經濟的發展

一、法國經濟政策

拿破崙戰爭結束之後，法國的經濟疲弱不振，爲了使經濟提升，政府乃採取重商主義的政策，政府依靠高關稅以及推行保護主義，繼續發展經濟貿易。然而這種經濟政策卻迫使市場價格飆漲，工業原料成本也隨之高漲，雖然爲工商業上層階級帶來了巨額的利潤，但是卻對中產階級造成不良的影響，此外，由於它抬高了生產價格，因而也增加法國商品外銷的困難。

法國的交通不便，導致市場機能的喪失，1829 年，在 37,252 個市鎮中，就有 35,500 個市鎮沒有郵局，主要交通工具是公共驛站，當時從巴黎到里昂的路程需要 2 天的時間，水路交通也不夠完備，1821 年5 月，法國建立了第 1 條鐵路，從聖艾提安到安德雷佐，總長 18 公里。

1815 年維也納會議廢除了奴隸制度，馬賽和旺代船主的利益因而受損，海上交通和貿易的吸引力也大不如前。在十八世紀，李希留曾經從烏克蘭進口小麥，一百年之後的 1816 年，法國農產歉收，因此又從烏克蘭進口小麥，這個事件使馬賽的船主產生新的希望，他們力圖恢復往日的船運業，並開始籌資建造大型海輪。

復辟時期的法國仍保持古老陳舊的工業結構，各省議會向查理十世提議恢復享有特權的行會組織，而這些行會在舊制度下嚴重束縛了經濟的發展。此外不少鍛爐和高爐因木炭和礦石缺乏，每年只開爐幾個星期，工人也只得離鄉背井，另謀生計。

十八世紀末，法國資本主義的發展獲得比較顯著的成就。1812年，法國的羊毛用量爲 3,500 萬公斤，1829 年增加到 5,000 萬公斤；棉花用量從 1812 年的 1,030 萬公斤增加到 1829 年的 3,500 萬公斤；1827年，棉紡企業共擁有工人 80 萬，紡機 360 萬臺，棉織企業有紡織機 28萬臺，紡織品的產值在 1815 年爲 4,000 萬法郎，到 1830 年增至 8,000萬法郎。

技術的進步促進了工業生產的發展，1818 年法國開始仿效英國用焦炭煉生鐵和熟鐵，到 1825 年，法國生產的鐵已有 1/3 是用焦炭熔煉

的。總體而論，法國的工業化確比英國慢得多，僅有印刷術和奢侈品製造得到長足的發展。

　　法國工業化緩慢的原因主要是分散日趨嚴重的小農經濟所造成，小農經濟也阻礙著人口的迅速增加，並使一大部分人口滯留在農村裡。此外當時法國鄉村的勞動值低廉，促使許多手工業工廠主向鄉村工匠訂貨，且政府又實行保護主義關稅政策，使法國工業品喪失競爭力。由於銷路不足，銀行家不敢冒險投資手工業，實業家擔心不景氣，政府機關也不希望增加工廠工人的數目，此時法國工業的宗旨就是少生產，依靠關稅保護，只求滿足國內有限的需求，工業革命的進展緩慢。

　　1815 年，法國人民渴望和平，波旁王朝依靠擺脫拿破崙的舊幹部及忠誠部屬而建立起來，路易十八迅速建立起君主政體。

　　儘管政府有極端無理的要求，但法國的復辟運動仍然建立君主立憲制，1830 年以後，君主立憲制逐漸成為議會制。當時舊的商業經濟體制在更先進的商業形式下已經衰退，同時在 1830 年時，貴族政治的權勢開始衰微。經過長時期的拿破崙政權，1815 年掀起一股浪漫主義熱潮，它同時更新了語言、靈感和感覺，但這種運動只影響少數人，大多數法國人仍生活在過去的節奏中。

二、法國人口及農業社會、人口統計運動

　　1836 年，法國有 37,252 個市鎮，其中 36,150 個市鎮的人口在 3,000 以下，代表了法國 3/4 的人口。我們甚至可以認為，農業人口的百分比其實超過這個數字，因為在很多超過 3,000 居民的市鎮裡也有許多農業人口。

　　人口統計運動受到農業問題的影響，法國的人口從 1821 年的 3,046 萬 1,875 人增加到 1846 年的 35,400,486 人，人口上升的高潮在復辟期間，然後是在 1841 年至 1846 年之間。生育過多的問題直到 1825 年才引起注意，然而資產階級和貴族階級已經在控制生育，城市的平民階級也意識到自己的壽命低於平均壽命值。

　　1836 年，只有 43 個城市的居民超過 2 人，城市人口的增加和國內的遷居有密切關係，這比國外人口流動更重要。就國外人口流動來講，

最常見的就是移民，特別是在 1831 年至 1836 年期間。至於人口的國內遷居則爲大城市擴充農業、工業、商業的進展。相反地，也有 20 多個省分的人口一直外流，如山區或東部省分，在危機時期人口被暫時控制住。1831 年，農業人口的增長至少和城市人口的增長等速。此後城市人口增長得更快，而農業勞動力的過剩引起農業人口轉向城市，也就造成統計數字的增長。

三、農業經濟

農業經濟控制舊經濟體制，1840 年左右，舊經濟體制仍在大多數地區繼續運行，其特色是以農業爲主導，但低價的運輸工具卻不足，在工業活動中，手工的消費性產品占優勢。1815 年農業仍受穀類產品的控制，麵包和馬鈴薯仍是民眾賴以生存的基本糧食，馬鈴薯產量超過 1817 年的小麥產量，因此，賴以生存的農業仍占主導地位，農民只能消費他們所生產的東西，但是大革命以後，他們有了出售產品所得的大筆餘額。

農業商品化的發展首先建立在糧食的基礎上，1819 年 7 月 16 日，國王同意實行關稅保護，反對進口外國小麥，這種發展也同樣涵蓋葡萄、甜菜及畜牧業，而畜牧業既可以刺激城市肉製品的消費，又可以擴展飼料作物的耕種，在 1820 年以後，牲畜的繁殖是農業產品發展的重要一環。

財產的分派則透過土地的標價分配，1820 年，近 78% 的土地標價都在 20 法郎以下。法國農民爲了土地而負債累累，城市內的土地價格不斷上升，因爲富有的資產階級購買土地。

從傳統上講，資源的補充來自於手工業或工業活動，它關係到許多森林地區的小煉鋼廠、魯格爾地區的五金行業，以及遍及全法國的家庭紡織工坊。但自 1835 年開始，這些資源的重要地位減弱了，因爲工業的機械化對農村工坊，特別是棉紡廠給予致命的打擊。總之，在 1846 年的經濟蕭條發生前，農業、工業的衰退一般來講還是相當緩慢，同樣地，那些尚未引進新技術的地區，有助於保住農業人口不外流。

不同種類的農具對人口過剩的農業大有好處，例如，考慮到將減

少採葡萄工人的僱用，並大幅增加採收量，延緩長柄鎌刀取代鎌刀的時間，因爲農業人口過剩阻礙先進農藝的引進，但也維持著低收入，一旦收成不理想，鄉村的流浪漢和乞丐就跟著多了起來。

四、農村社會

農業的社會結構變化非常緩慢，它受持有土地的貴族所控制，這些貴族在復辟時期一般都擁有大片土地和地方領導權；大地主在地方官吏中所占比例在 1822 年明顯增加，省長中大貴族占 75%，他們都是大地主，也有 23% 的少數人從動產中獲取利潤。我們根據 1840 年納稅選舉資料所得到的結論，在 512 名納稅人中，每人要繳納 5,000 多法郎的選舉納稅額，這些人中有 238 人是鬼混階級，在 58 位納稅人當中，有 39 人是貴族階級。因此，在 1830 年以後，貴族仍然堅持自身的統治地位，他們在農村地區保持和加強自己的社會地位及經濟實力。大地主階級在兩院及省議會中竭力表明自己的農業主張，然而他們的利益與土地開墾者、領主及地方官的利益並不吻合。

農業人口過剩加深農村生活的窮苦，一方面卻穩定農業社會的結構，農業富有地區看到社會差距加大；北方及諾曼地的大農場或巴黎平原都是真正開發的要地，這些地區控制領薪水工人的數量；至於那些小的土地開墾主及其他地區農民，生活節奏並沒有多大的變化。農業人口的流失使農業失去活力，只能維持自己的陳章舊律，新生事物就其自身來講也並不意味著進步。

農民生活領域的孤立狀態隨著鄉村小路的開通，或交通設施的進步而得到緩解，星期日的彌撒仍是很多各省居民主要的聯繫管道，教堂既是禮拜的地方，也是聚會及節慶的舉辦場所。

五、城市及資產階級的進步和經濟的黃金時代

1830 年，法國只有 3 個城市超過 10 萬人，其他 6 個城市都在 3 萬到 10 萬人之間，但它們仍然代表法國社會的進步力量。通訊方面的落後，依然能夠令如南錫、雷恩、貝桑松或克萊蒙費朗等擁有 28,000 或 29,000 居民的城市，發揮地方大城市的作用。

　　大城市的主要發展，仍是在商業和工業領域。國際及海上貿易使馬賽的人口在 1820 年到 1846 年之間增長 66%，達到 183,181 人，移民人口是人口增加的主要原因；里昂也是如此，儘管它發展得並不快，1846 年的人口為 177,976 人；波爾多的移民人數在 1841 年和 1846 年激增。商業及工業中心都在大城市建立，大城市既是主要會議場所，又是省的銀行所在地，復辟時期這些大城市投下部分經費修建橋樑、地方公共設施，但在七月王朝中，地方資源卻變得不夠用，因為國家開始修建鐵路。

　　有些先進的城市因工業發展而進步快速，最顯著的是牧羅茲，它的人口在 1821 年到 1831 年之間成長 3 倍，成為最活躍的工業中心，其棉產品在法國足以與英國的曼徹斯特匹敵；這種情況在魯貝、聖康坦、聖艾提安都一樣，它們的人口從不足 2 萬發展到 1846 年復辟初期的 49,600 人。工業活動仍以手工業為代表，資本家通常是商人或工廠主，即使沒有港口或工業，大城市一直是消費中心和經濟決策中心。

六、行政和政治中心

　　對法國來說，其國家總體的代表就是政府機構，內政部在各省長的協助下實行集權制，復辟時期部分地區實行區域選舉制，加強資產階級、甚至城市中產階級的角色。

　　一年一度的省議會期間，各省的省會以行省中心代表自居，由於省長經常調職，很多省裡多數當選的議員都是內政部和行政區的中間協調者。國家中狹隘的公共職責大幅限制人們的社會參與感，但有利於把重要角色交給顯赫的人物，這些人包括市府官員、濟貧院（在里昂特別重要）的委員會或商會成員。大城市除了是貨幣流通、商業活動、財政和決策中心之外，也是大眾輿論的中心。

七、知識份子的故鄉

　　這些城市中有一個特徵，就是咖啡店和地方官員俱樂部，地方資產階級可以在這些地方閱讀巴黎的報刊。省級新聞在德卡茲內閣時代就採用簡易的廣告，七月王朝時，這一形式又得到更進一步的發展，1832

年，在外省的 9 個城市中，就有許多種類的政治日報，波爾多、里昂、盧昂有 4 種，馬賽、里耳、南特有 3 種，史特拉斯堡、特魯瓦及阿弗爾有 2 種。

此外城市也是教育的故鄉，特別是皇家和村鎮的中學，外省的學院數量不多，也不缺少學生，除了史特拉斯堡、普瓦提耶、雷恩的法學院，以及蒙貝利埃的醫學院，除此之外並不重要，外省的大學只是一般地參與社會生活，並且受到來自巴黎的誘惑。

八、巴黎

簡單地說，巴黎具有一切都市生活的特徵，也表現出原創與革新的特性，巴黎人口的發展速度爲全法國之冠，特別是在七月王朝時期，1821 年，巴黎人口爲 714,000 人，1846 年，增加爲 1,053,897 人，移民是人口大增的主因，大量的移民湧向首都，使首都活躍起來，但變得不穩定，於是率先發生經濟危機。都市範圍在擴大，西北部香榭麗舍大道和馬德蓮教堂後面的建築物也增多，特別是在復辟時期，儘管社會的階級沒有像第二帝國時那樣壁壘分明，但巴黎的生活，區與區之間卻沒有明顯的區別。聖日耳曼市郊已經變成貴族階級的樂園，他們的沙龍成爲人們發洩對 7 月政體不滿的場所；反之，聖奧諾利市郊，特別是蕭塞達丹，金融中心都在 1830 年後變成奧爾良黨人的活動範圍；東區、中區及商業區人口過剩，這些地方既是動亂的誕生地，也是 1832 年許多人因霍亂病死的主要地區。

巴黎是一個繁華的大城市，它使外省迷惑，並控制著外省，巴黎以它的科學院、沙龍、文藝社團、畫廊、報紙及雜誌控制和吸引著外省人。巴黎也的確是法國唯一的文化、知識中心，在這裡產生文學與藝術的共鳴，是歐洲科學的主要搖籃之一。巴黎是一個享樂的城市，正如作家筆下所描述，但是巴黎最出名的美味佳餚卻與大多數巴黎的百姓生活無關，在巴黎的飯店、俱樂部、劇院裡，到處可見高貴的人們，巴黎還創造所有的潮流，而以時裝爲箇中翹楚。

巴黎是一個擁有權力的城市，它有自己的政治權力，因爲它在政府、法院、議會、高級行政會議上都有一席之地，財政權力也同樣如

此，1840 年，巴黎人口只占全國的 2.7%，但參加納稅選舉的候選人卻占全國總數的 8.7%，法國銀行、巴黎高級銀行及各個委員會為了保衛自己的利益，都已經開始建立自己組織，這有助於加強巴黎對外省的信貸及威望。巴黎雖有威望，但也是權力鬥爭的要地，這種鬥爭必將引起革命，不僅巴黎有祕密或公開的團體暴動，而且自 1827 年起，巴黎資產階級即組成一個最大的納稅選舉黨團，目的在結合一個反對多數黨，並買下多家報社以最嚴屬的方式批評政府，如復辟時期的《憲政報》和七月王朝後期的《世紀報》，大多數巴黎人是民族主義者，1840 年 10 月，當拿破崙的骨灰移往傷兵院時，典禮盛大隆重，並吸引眾多人潮前往觀禮。

第三節　國際關係

一、1815年條約和歐洲政治

君主立憲制時期，法國境內比較平和，不管法國喚起革命的目的何在，特別是在它喚醒革命的拿破崙「百日復辟」之後，法國都很意外地與歐洲一致行動。

1815 年 11 月 20 日的《巴黎條約》，強加給法國比復辟初期更艱苦的條件，法國完全失去薩伏瓦省，且放棄了菲利普城、馬利昂布、布伊隆和薩爾路易的有利地位，此外還拆除東北部朗多的邊界，且英國占領期間法國須提供軍餉，這些條件法國在迫不得已的情況下全部接受。由於擔心法國局勢因第一次復辟失敗而生變，路易十八挑選了李希留公爵擔任會議主席，以取得沙皇亞歷山大一世的支持，李希留公爵是法國大革命時流亡俄羅斯的貴族，他讓沙皇占盡便宜，俄羅斯加入「神聖同盟」，此外法國也加速清償戰爭留下的債務，以減少自 1817 年盟軍在法境的駐軍，並實現 1818 年 10 月在沙佩勒會議中所決定的盟軍的完全徹軍。法國隨後加入因 1818 年 11 月 15 日簽訂的協定書而成立的「四國同盟」，以實現梅特涅所推行反革命走向的歐洲體系。法國在 1822 年 10 月至 11 月的維若那會議之後，法國參與聯軍干涉西班牙一事，其

目的在於重新建立西班牙國王斐迪南七世的絕對權力，法國的軍隊不費吹灰之力地進駐西班牙，1823 年 8 月 31 日，占領托卡代羅要塞，使卡地斯投降，立憲政府流亡，並解救斐迪南七世。

二、法國地中海政策

法國的外交愈來愈重視地中海地區的問題，親希臘派被天主教人士夏多布里昂和浪漫主義派雨果所帶動，自由派也引發法國政府考慮到希臘起義，而聯合英俄兩國的干預，1827 年 7 月 6 日，法國在倫敦簽署協議，法英艦隊長官，特別是法國海軍司令黎尼利用一次意外，於 1827 年 10 月 20 日在那瓦漢摧毀一支土耳其、埃及艦隊，1830 年 2 月 3 日，英法俄 3 個強國迫使蘇丹承認希臘獨立。

復辟政府一方面結束北非柏柏爾人的海上掠奪，另一方面又以國家榮譽的名義取得軍事上的勝利，並且在 1830 年派布爾蒙將軍占領阿爾及利亞首都阿爾及爾。

法國在地中海地區的政治活動引起世人的關注，且得到埃及穆罕默德－阿里的幫助，法國對埃及沒有採取殖民地的形式，這在 1840 年引起了一場外交危機，阿里重新與法國敵對。

三、法英協議的困難

1830 年的革命引起歐洲外交力量的重新分配，比利時君主立憲成為英法重新結合的契機，此外，1834 年，西班牙與葡萄牙兩個君主立憲制國家聯盟而擴大其影響力。

東方問題並不是法國和英國之間唯一的困難，根據輿論，聯盟不得人心，法國反英的情緒擴大，也影響許多事件，阻礙 1841 年英法就航海旅遊法的問題展開談判，這起因於法國懷疑英國輪船販賣黑奴，最後引起 1844 年至 1845 年普里查事件，該事件中，法國逮捕一位英國商人兼新教傳教士，英國以行動表示反對法國成為大溪地的保護國。

第四節　政治思想的分歧

一、內部政治的演變

　　1814 年 6 月 4 日宣布的憲章在匆忙中起草，提出對 1789 年時的思想，將拿破崙的國家機構及君主制做一個妥協的折衷，憲章提供立憲制的框架，展現 1814 年至 1848 年的政治思想。政治權力方面主要是以財富，特別是以土地的財富為基礎，因為選舉的納稅額主要是參考土地方面的稅金，自 1830 年開始出現議會型式的君主政體。

二、復辟時期與憲章的實施

　　路易十六的幼弟路易十八是個非常謹慎、自私、善猜忌、殘廢、沒有體魄魅力的老人，但他大力捍衛舊體制，非常注重君王的尊嚴，他肯定既定事實，並順從事實，接受立憲政體。他與權力的行使並無多大關係，他與大臣部長、寵幸的臣子、外省士紳或重新歸附的過去帝國官員一起治理國家，這些高官要員都依附國王，但國王為了實現必要的政治措施卻把他們作為犧牲品。

　　憲章賦予國王行政權，國王根據法律有優先提議對外政策及部長人選的權力。議會由兩個議院組成，貴族議院設在盧森堡宮，成員由國王任命，且可以世襲；眾議院每五年由納稅的選民選舉一次，30 歲以上的公民納 1,000 法郎的直接選舉稅，他們的被選舉資格是 40 歲以上，擁有至少 3,000 法郎的財產。議會經過討論之後，通過法律和國家預算。選舉權有限制，1830 年以前最多 10,000 萬人，政體中沒有任何國會代表，但憲章的實施卻詳細指出代議政體的運作情形。憲章的主要原則包含保障公共自由財產權，即使對於以往國家財產的買主，民法並不能從該朝代復辟追溯到舊政體的復辟時代。

　　隨著憲章的產生，也出現許多政治傾向，那些最忠誠於波旁王朝的人與極端保皇主義者死心塌地地投靠國王的兄弟阿爾杜瓦伯爵，他們譴責憲章限制國王的權力。投靠大地主的主要是貴族或以前的移民，他們受帝國時代組成祕密社團的成員指導，在西部地區農村、南部手工業者及店主中影響很大，這些極端分子主導 1815 年 8 月的第一場選舉，又

稱：「無與倫比的議會」選舉，推動肅清運動，進而反對舊革命者和拿破崙主義者。納伊將軍被判處死刑，且遭槍決，並有一批人遭到流放，7萬人被逮捕。反革命學說得到傳統哲學及反平等主義者德波納的稱讚，並由許多報章和作家廣為宣傳。

　　路易十八對君主立憲制充滿信心，他反對所有的暴力革命與極端行為，他沒有組織政黨，因此在1815年的選舉中，擁護他的人僅得到極少的席位，這些人大都是富有的資產階級、舊的高級官員、自由傳統派的貴族，他們有的是部長、行政法院的法官，當初1815年至1818年受李希留總理的領導，後來1818年至1820年又受德卡茲的領導，但1817年之後，獨立派與自由派人士分家，他們都聚集在拉法葉將軍、銀行家拉菲特和沛利爾或康斯坦等處。

　　第二次復辟之初，沒有出現任何反抗的跡象，但眾議院的極端派首領卻宣布對政府的監督，同時放寬選舉範圍，降低選舉納稅額及實行兩級選舉，其目的是為了減少資產階級的選票，因為他們被懷疑受革命思想所同化，因此這對往後憲章更往代議制方向的實施有益。相反地，國家卻支持君主政權，由國王解散「無與倫比議會」，在空論派的推動下引進一些改革，將政府機構舊政治生態套進當時的局勢，但1817年2月8日的《萊內法令》卻支持眾議院的議員直接由選民選出，且同意逐步廢除選舉納稅制度。今後議會每5年改選一次，這使那些部長深感不安，1818年3月通過了聖·西爾軍事法制定軍官升遷的規章，且除去各階級貴族所有的特權。最後1819年通過《塞爾法案》，給予媒體更大的新聞自由，此後法國的政治生活便將選舉和新聞媒體兩者聯繫得更加緊密，也同時有兩種方式可以表達公眾輿論。

三、憲章保守實施

　　1820年2月13日至14日，國王的姪子兼繼承人貝里公爵的被殺害，極端保皇派因此更加反對君主立憲的自由主義的實施，總理德卡茲也被迫辭職，西班牙馬德里革命加速了法國政局急轉，極端保皇派因而出現，個人及新聞媒體的自由都受到限制。1820年6月30日，一項所謂的《雙重選舉法》宣布每個省的選民有第二輪投票的權利，保皇派氣

政府沒有將保守派多數黨之問題交付討論，且不經大刀闊斧改良這個極為受限的選舉體制，因此不可能推動改革。蘇爾德利用維持和平與國家興旺的名義，在 1846 年夏天的選舉中獲得絕對多數票的支持。

第五節　傳統社會結構的分解

一、發展中的法國──人口停滯、但經濟騰飛

在大革命和帝國時代，法國仍是繼俄國之後歐洲人口最多的國家。但在十九世紀，法國人口幾乎不再增加。

作為 1870 年前已完成統一的歐洲陸上唯一的大國，法國實現了重大的進步。自 1840 年起，尤其在第二帝國時期，法國進入了工業化時代。

二、法國工業革命的開端

為了指明當時法國的經濟增長這個問題，

「工業革命」一詞愈來愈少用，因為根據人們所做的記載來看，「工業革命」並沒有實現，而是在 1840 年左右產生非常複雜的變化。

三、農業現代化

農業的現代化對於廣大地產和大片開墾地來講已成為事實，這些大的拓荒地主要在北方、法蘭西島、布斯布利，而且還採用新技術。復辟時代以來，馬提奧在莫特設置模範農場，他是法國現代農業的創新者。運輸成本的降低雖然仍屬有限，但畜牧業已在進步，品種改良技術已經開始，肥料廣為使用，1840 年以後，改良的農業工具開始出現在某些開墾過程中，小麥每公畝生產超過 10 公噸。七月王朝時，農產品占國民生產的 44%，大多數農民長久以來的農業混作與現代化商業化的農業區之間的距離愈來愈大，卻也對運輸革命有所助益。

四、鐵路革命

法國鐵路的建造起步較晚，1837 年，巴黎至聖日耳曼的鐵路由彼

海爾兄弟建造，鐵路的建造必然需要有財政和政府的支持，1842 年 6
月 11 日，政府發布一條調解國營鐵路和私人鐵路之間關係的法律，有
了這項法律之後，法國鐵路才眞正開始建設，1841 年建成鐵路 499 公
里，而 1847 年建成鐵路達到 1,900 公里。當時巴黎至里耳的鐵路是最
重要的路線，政府對於已讓渡且數目過於龐大的鐵路路線的授權經營始
終遲疑不決。1842 年以後，在「鐵路熱潮」之下，法國殷切需求英國
的資本，1848 年之前，英國對於法國鐵路的投資金額超過 5 億法郎，
但是法國冶金產量的短缺，不足以因應量大且急迫的需求，這足以說明
法國發展的相對遲緩，以及法國爲了建造鐵路而在經濟生活中造成混亂
狀態。鐵路興建喚醒許多不切實際的幻想，並引發大眾的懷疑，它不僅
對工業和信貸機構產生衝擊，也剝奪部分貴族的影響力，路線的選擇更
爲複雜，此外技術人員和大財團老闆等各方勢力的介入，達到經濟力量
的匯集。

五、貿易

國內貿易受到優待，對外貿易因路易拿破崙簽訂的各項自由貿易協
定而得到長久發展。其中第一項協定是 1860 年與當時工業最發達的英
國簽訂的。外國的競爭迫使企業領導者們實施企業現代化，否則就要倒
閉。1860 年至 1890 年前後，法國經濟的發展速度與幾個主要競爭國一
樣快，有時甚至更快。

六、工業的增長

1835 年至 1847 年的國民收入年成長率爲 2.4%，是過去十年的一
倍，工業產品的增長比農產品快兩倍。紡織工業代表了手工業和工業生
產的主要部分，它雖然分布過於分散，卻是相當先進，這是得利於技術
的進步和在上亞爾薩斯省牟羅附近、里耳區域和塞納河谷靠近盧昂等地
的經濟集中所致。棉紡廠是最活躍和最機械化的工業種類，儘管紡織業
的進步快速，但它的生棉消費並沒有達到 1848 年法國工業中毛料的消
費程度。冶金仍是一個古老的行業，焦炭鑄鐵在 1847 年只達到鑄造產
品的 44%，十年前只占 15%，這個行業就像礦業一樣，面臨與手工業

合作的問題。

　　無可爭議地，法國的工業活動在七月王朝的最後十年中有所進步，並帶動經濟，特別是傳統社會結構的分裂。就經濟來講，兩個生產薄弱的環節阻礙自由資本主義的發展，舊傳統遺留下來的 1830 年前後的納稅制，首先因關稅保護而便於讓壟斷的資本主義確實阻止外國的羊毛、鐵及糖類輸入；又因集團聯合干預實際上得到特權，例如，羅亞爾河的米諾公司和法國銀行。

　　法國銀行的例子足以說明法國經濟實力的不足，法國經濟實力不足的原因很多，例如，信貸功能減退、心理習慣，以及因革命時期的紙券影響而對銀行鈔票不信任、通貨緊縮等經濟問題，法國工業及商業信貸的實驗在 1847 年的金融危機中失敗。

七、七月王朝的崩潰

　　吉佐政府和政體面臨的危機，來自於政治、經濟、社會心理等多方面因素。

　　首先是政治危機，與英國聯盟的中斷以及向梅特涅靠攏，加深了反對吉佐內閣的人民情緒，拒絕吉佐內閣改革開放，使眾議院中的對手和無能的議員透過輿論媒體在全國擴展，這個宣傳媒體在小資產階級、城市平民中散播對政府的激烈批評，也宣傳政府的政治制度缺失，這件事得到左派的參與，並很快地在巴黎發生武裝衝突。

　　對政治體制的批評在輿論界引起很大的迴響，它與一連串的醜聞以及高級官員被指控的事件相吻合，這些官員包括兩個前任部長泰斯特和古比埃爾，他們被指控貪汙以及謀殺罪。貪汙的案件一直持續到 1846 年選舉時，又被反對派的媒體誇張報導，正像托克維爾描繪的那樣：「全國人民都被這些醜聞激怒，使他們認為代議制度不過是一個純粹的政治機器，用來控制特殊利益的工具。」這些統治階層的人們受到這次道德淪喪事件的衝擊，也懷疑自己的權力是否已動搖。

　　總而言之，1847 年一切徵象表明七月王朝已經面臨與 1789 年相類似的嚴重危機時期，它也預示著革命的來到。

　　其次是經濟危機，由於 1845 年馬鈴薯的歉收，以及 1846 年的穀

物歉收，導致麵包價格大幅上漲，糧價的上漲也影響到紡織業，人們的工資降低，喪失了購買力，紡織業面臨全面的崩潰。而危機也致使流動資金不足，信貸不足，修築鐵路的計畫不得不暫時停頓，這又影響到了新興的冶金工業和採礦業。1847 年冶鐵業產值下降了 1/3，採礦業下降 20%，商業額比產值下降得更嚴重，70 萬工人失業，物價上漲，對貧困家庭造成極大的困難，連生活用品也送進當鋪。一部分工商業者由於貸不到款而利潤減少，怨聲載道，政府的財政赤字高達 2 億 5,800 萬法郎，占正常收入的 20%。

經濟危機帶來社會和政治的雙重危機，各種危機也引起了工人與農民的騷動，搶劫經常發生，富裕地主因囤積糧食而被殺害，此種情況使人回憶起 1789 年的「大恐慌」。此外，政府受到嚴厲的譴責，當權者的政策被指控應對危機負全部的責任，賴德律‧洛蘭在 1847 年的議會中，就國王開幕詞進行辯論時發表演說指出：「應歸咎於這個沉重地壓在我們頭上十六年之久的制度！」一個議員問政府，七年來做了什麼？什麼也沒有做！統治階層的內部開始發生分裂，官方的意識形態——自由主義——和它的「不干涉」政策也受到攻擊，自由主義意味著「自由」失業、「自由」挨餓。

然而無論是路易‧菲利普或是吉佐似乎都未意識到王朝的末日即將來到。當政治民主的正常管道被完全堵塞時，人們也只能訴諸武裝革命。

第十九章
法國王室的覆滅

第一節　二月革命的導火線

一、宴會運動

　　1848 年初，宴會運動蓬勃發展，與會者抨擊政府、號召改革（如圖 19-1）。吉佐內閣於 1848 年 1 月下令禁止巴黎地區的宴會運動，無異於是在堆積的乾柴中扔下一片星火，2 月底群眾走向街頭，抗議政府解散宴會的行動，在

圖 19-1　法國 2 月革命

軍民衝突中有多位民眾死傷。然而路易・菲利普仍無危機感，一直到巴黎的國民自衛軍高喊：「改革萬歲」、「打倒吉佐」的口號時，他才感覺到事態的嚴重，因而他立即撤換吉佐內閣以平息眾怒。由於國民自衛軍投向起義的群眾，使群眾有了強力的靠山，故此時群眾的訴求已經轉變為成立共和國。

　　此外，各方的反對派在路易・菲利普統治初期被嚴厲鎮壓，但並沒有就此消失，反而造成 1840 年 10 月 29 日自我標榜保守派的吉佐內閣一直掌權，這亦提供他新的政治舞臺。

　　在議會領袖及資產階級中，雖然不乏不滿的人、蠢蠢欲動的野心家，但是卻沒有人能提出與吉佐完全不同的計畫，也無人提出具體的改革方案。在領導階級以外，有不少的憤慨、急躁和希冀，尤其是共和派在 1830 年被愚弄後經常遭受當權者嚴厲的懲處，因而反對派的聲音也藉著報刊在人民中傳播；另外，還有一部分重要的力量也在支持他們，就是不滿被一味地排除在政治之外的「有才幹的資產階級」。社會主義

者的人數比 1830 年更多，也更有組織。著名思想家聖西蒙和傅立葉以他們的天才稟賦、預見未來的眼光和大量的著作，對知識分子造成很大的影響，他們的繼承者普魯東、卡貝、布朗、佩戈爾則建立一套更具體的理論，並在期刊上發表文章宣揚理論。雖然這些社會主義思想出於資產階級知識分子，但還是被工人階級所接受。不同的反對派勢力開始互相支援，1846 年到 1850 年橫掃整個歐洲的經濟危機，更使反對派的勢力開始壯大。

二、舊類型的農業危機

　　1846 年農業收成極差，從 1830 年到 1845 年，法國的平均小麥產量是 5,500 萬擔（法國古代計量單位，一擔等於 100 法郎舊制斤），1846 年下降到 4,500 萬擔。每 100 公斤的平均價格在 1840 年到 1844 年間是 17 至 20 法郎，1845 年上升到 22 法郎，1846 年為 25 法郎，1846年底上漲到 31 法郎，而 1847 年則達到 37 法郎。4 斤重的一個麵包（法國古斤，巴黎為 490 克，各省為 380 至 550 克不等）大約要 2 到 2.5 法郎，相當於占一個工人每天消費的 1/3。馬鈴薯的年產量從 1838 年的7,600 萬擔下降到 1845 年的 6,000 萬擔。農業嚴重歉收，於是爆發給養危機，食品稀少，人們備受飢餓折磨，死亡率因而普遍上升。1849 年又爆發霍亂，造成的死亡人數比 1832 年那次更多（表 19-1）。

表 19-1　1844 年至 1849 年的死亡人數

年份	死亡人數	年份	死亡人數
1844	768,000	1847	849,000
1845	742,000	1848	837,000
1846	821,000	1849	973,000

三、工業危機

　　鐵路建設以及 1842 年發布的法律提供了一些就業機會，但在大部分情況下，工程預算表都沒有經過仔細的計算。巴黎的第二條鐵路預計

2 億法郎，結果卻增加到 3 億 5,000 萬法郎，由於缺乏資金，工程被迫停止，從波爾多到拉泰斯特、從馬賽到亞維農、從巴黎到奧爾良的鐵路都遇到同樣的狀況。資金的缺乏也波及到冶金業，尤其是鍛造鐵軌的部門停止生產，大量的工人因而失業，許多人湧向巴黎，希望能在當地找到工作。

四、財政危機

資本家不再有股息，所有的生產企業或貿易都處於困境之中，他們也開始紛紛從銀行取出存款或四處借錢。

大資產階級和議會各階層反對派沒有意識到危機的嚴重性，他們當時草率地攻擊國王和政體而轟動一時，但他們卻沒有考慮到人民的焦急憤怒，甚至沒有想到會產生這種憤怒。

君主立憲制代替舊體制，共和政體又代替君主立憲制，帝制再代替共和政體，接著是波旁王朝的復辟，七月王朝的出現。每次歷經變動後，人們都說法國大革命已經成功，驕傲地聲稱偉大的業績已經完成，人們這麼說、也這麼認為、更這麼希望，但現在大革命又重新開始。

第二節　第二共和國

一、1848 年二月革命

路易‧菲利普和他的政府顯然低估對手，但是這個成分混雜的聯盟成員幾乎互相不認識，也不知道彼此的力量。

議會反對派巴羅、提耶爾只滿足於更換內閣。共和派的領袖拉馬丁不願接受任何妥協，他們充分利用現況形勢。1848 年 2 月 22 日，遊行被禁止後發展成衝突，23 日巴黎市中心首次築起街頭防禦工事，這時事態其實並不嚴重，但 23 日夜間到 24 日的衝突導致一部分民眾被槍殺，示威的群眾將屍體裝上車，舉著火把遊行，這樣陰森的場面爆發了起義，部分軍隊也支持起義者，24 日早晨，國民自衛軍甚至噓斥國王，路易‧菲利普由於受到驚嚇，對事態的發展無能為力，24 日中午，國王放棄了王位。

　　溫和派則積極促使國王退位和取消稅收制，2 月 25 日，溫和派被並非他們所期望的成果嚇呆，但因為共和派已經達到目的，將於 2 月 25 日在巴黎市政廳宣布成立共和，溫和派最後只好接受工人社會主義者的代表，組成共和政府。

二、共和政府和社會主義傾向

　　從共和建立到巴黎公社，三種力量的鬥爭構成了法國歷史發展的路線：秩序黨反對派認為這些資產階級並不熱心於共和政體，尤其他們決心以一切代價，甚至包括屠殺以阻止社會革命；共和派從政治角度考量，他們認為全國普選、議會制一定能解決主要的困難；社會主義者要求更長遠的目標，他們希望以政治民主的方式建立社會民主的新結構。

　　在 2 月 24 日動亂的混雜聲中，當奧爾良公爵夫人徒勞地想使她的攝政地位得到承認的同時，拉馬丁和幾個共和派取得政權。厄爾省的老杜邦已經 81 歲，他代表 1789 年的大革命，1848 年的人們希望繼承 1789 年大革命的光榮傳統，同時也想拋棄它專政、流血和武裝的面目。學者阿哈貢、馬利、阿爾貝特、克雷米厄、加尼埃、帕吉和勒德律·洛蘭，這些先驅當時組閣成立臨時政府。

　　巴黎工人以一份名為《改革》的報刊表達他們的希望，社會主義理論家布朗也在 1839 年出版《勞動組織》，並以此聞名，《勞動組織》之後又再版好幾次。所有的這些人都是巴黎人，由此顯現出巴黎和外省的衝突，他們沒有一個人有政治經驗，他們經常且大規模示威遊行以阻止臨時政府所採取的措施，這些措施往往都沒有經過深思熟慮。

　　自 2 月 25 日始，各部長將工作時間從 12 小時減為 10 小時，他們建立兩個本來應該合作但卻發展成對手的機構，中央學校、工程師托馬斯領導的的國家工廠，以及總部設在盧森堡由路易·布朗領導的政府工人委員會。幾天後，政府通過一些社會措施並宣布制憲議會由全國普選產生，年滿 21 歲的男子有選舉權。

　　部分最激進的示威遊行者對這兩個措施感到滿意，然而在外省卻有一些地方發生動亂，羅斯切爾德的城堡和路易·菲利普的城堡被掠奪、鐵路被破壞、亞爾薩斯猶太籍的高利貸業者受辱。相反地，3 月初的那

段日子，巴黎的情勢反而比較平靜。

三、政府在人民焦躁情緒和資產階級未來之間猶豫

　　1848 年 3 月，這幾乎是「田園式牧歌」的一個月，所有的人都以行動向人民表達他們的殷勤，高貴的人穿上工作服聽歌劇，教士種植自由樹，許多工人都相信政府，希望政府能很快找到解脫他們苦難的辦法。

　　此時，一方面，部分社會主義者促使政府採取大膽的改革；另一方面，秩序黨的政治領導不為這種熱情所動，決定排除所有觸及私有產業和財富的危險，並試圖在這種情況下利用選舉。

　　騷動主要發生在俱樂部、報社和社團內部，當然其間可能有不同觀點的爭論和個人恩怨，例如，巴爾貝斯和布朗基的對抗，以及對私有財產制度、社會等級和傳統的攻擊。一些資歷高深的保守派政客諳知真正的威脅所在，而巴黎和農村業主、大商人及小資產階級卻很焦慮，並已經準備好當被迫加入這些行動時所應該採取的措施。

　　政府的孱弱既不能滿足一方的要求，也不能消除另一方的焦慮。一些政治自由措施順利通過，例如，新聞自由、取消人身束縛、解放七月王朝時被抓的政治犯、取消對殖民地有色人種的奴役制度；但是當人們向盧森堡委員會建議成立合作社、固定稅率、建立農業經營的集體組織時，這些建議卻又停滯不前，亦未成為具體的措施；總體而言，1848 年的人們，尤其是臨時政府成員，既不是無神論者也不是反神權論者，他們還是希望取消和教皇達成的和解協議以及公共教育部，後者擬出一本公民教育的通俗教材。

　　拉馬丁或許表明他的政府無意干涉外國，但巴黎革命浪潮如波浪般地湧向德國、義大利、奧地利等國；愛爾蘭人生活在苦難中，他們的領袖不斷地揭露英國的高壓統治，法國政府難道不會改變它的初衷嗎？法國政府難道不會向反叛的各民族提供幫助嗎？

　　這時期的經濟狀況使資產階級更擔心，革命爆發於經濟危機的中期，接下來是長期的農業、工業蕭條時期。許多企業主都因賣不出產品而四處借貸，政府設立國家貼現銀行和一些存放借款抵押品的倉庫，可

以把商品放在那裡換取一張「倉庫存貨單」，這些措施都受到歡迎。相反地，儲蓄所只要面值 100 法郎的償還，銀行票據限制流通，尤其是抵押品所得要繳稅的威脅和每 1 法郎多收 45 生丁的稅，都在商業界引起強烈的不滿，這直接影響到經濟蕭條、政治騷動和政府決策的猶豫。

四、選舉和秩序黨的勝利

就是在這樣的氣氛下討論選舉的問題，政府訂於 4 月 9 日選舉，但是左翼黨派認為太早，他們希望爭取一段時間以教化選民，並爭取選民支持，為了達到這一目的，他們於 3 月 17 日在巴黎組織一次大遊行，最後得到明確滿意的答覆，選舉延後到 4 月 23 日。

這一期限對於沒有任何組織的社會主義者和共和派來說並不夠，然而卻被各省依靠貴族的秩序黨所利用。另外，天主教在當時顯赫一時的人物蒙塔朗貝爾的領導下和不信教的保守派蒂耶等聯合，對付一切社會革命的威脅。社會主義者認為他們能夠重訂 3 月 17 日競選新的期限，他們籌備 4 月 16 日舉行大遊行，但由於國民自衛軍和其他示威者的敵視而以失敗告終。

4 月 23 日、24 日進行的選舉，以省為單位，名單由簡單多數決產生，不採取兩輪制。這是法國人第一次選舉，他們以無比的熱情投入，各村落的選民在神父或村長的帶領下，伴隨著鼓樂、像儀仗隊般地來到投票所，投票所一般是村政府所在地。投票率很高，900 萬的選民中有 84% 參加選舉，最後選出的 900 名議員，其中有 200 名君主主義者、130 名正統派、500 多名溫和的共和派、激進的共和派和社會主義者占不到 100 個議席，且沒有一個領袖當選。這次議會選出一個 5 人行政委員會，包括阿哈貢、喀爾尼耶、馬利、拉馬丁、洛蘭，行政委員會原本訂於 3 月 11 日要任命一位行政首長，但是直到 3 月 17 日才產生，這就是戰爭部長卡芬雅克將軍。

由於對選舉深感失望，革命者籌備遊行，占領國民議會，但被國民自衛軍趕走，遊行一方面加強了秩序黨的激進思想，另一方面遊行中最引人注目的領袖巴爾貝斯、布朗基、拉斯帕伊、阿爾貝特被捕。

革命者這次失敗是可以預見的，托克維爾分析：「比 1848 年革命

者更凶惡的不乏其人，但我看沒有比他們更傻的，他們不知道怎樣利用普選，也不知道如何避而遠之，如果他們在 2 月 24 日的隔天，趁上層階級還沒反應過來時就進行選舉，那麼人民的驚訝將大於不滿，革命者可能會如願取得議會多數；如果他們大膽地專政，他們本應該把政權緊緊地掌握在手中。但他們卻在訴諸群眾的同時，卻又盡可能遠離他們、他們引導國民支持自己卻又用放肆的計畫和粗暴的語言嚇唬他們、他們用所謂高尚的行動邀請人民反對他們……總之，他們似乎想解決這個懸而未決的問題，想實行多數人執政又違背這些人意願……他們認為設立普選制是號召人民參加革命，其實是給他們反對自己的武器。」

五、六月

在選舉中獲勝的秩序黨，希望盡早解決 10 萬名武裝工人編入國家工廠的問題，然而國家工廠不願意給工人們一份工作，但卻給他們 1 天 1 法郎的薪資。國家工廠主任托馬斯的計畫使當權派秩序黨萬分不安，國家工廠正在轉變成一個路易布朗應該不會反對的組織。此時秩序黨還發現無所事事的武裝工人竟然公開宣揚社會主義和拿破崙思想。

最後，在決定鐵路國有化以圖使所有工人都有工作之後，6 月 21 日頒布一項決議，實施兩項早已做出的決定，即 18 歲至 25 歲的的工人必須服兵役，其餘的工人必須離開巴黎到外省去，或去修築鐵路、或去索洛涅墾荒。這是一個明顯的挑戰，無論是兵役還是工作，都不可能解決社會問題；實際上，國民議會的這項決定，逼使工人在餓死和反抗間作抉擇。

和選舉一樣，這次也是外省起來反對巴黎：「沒有起義者的號召，各地的人們紛紛從四面八方湧向巴黎幫助我們，因為有了鐵路，抗爭在前一夜就已開始，有人從 50 里外趕來（引用者註：法國古里，1 里合 4 公里）。在第二天和接下來的日子裡，人們從 100 里、200 里外趕來，這些人屬於社會各個階層，有許多資產階級、大產業者及貴族，他們交織在一起走在同一列隊伍。」（引自托克維爾《回憶錄》）抗爭延續 4 天，從 6 月 22 日到 26 日，過程也很激烈，根據官方統計，起義者死亡人數達 1,500 人，這顯然是低估的數字，軍隊死亡 800 人，包括 3 位將

軍，傷者 1,500 人。巴黎大主教阿弗爾想介入以阻止大屠殺，結果被流彈擊中身亡。這次鎮壓反映出資產者的忿怒和恐懼，12,000 名起義者被捕，4,000 人經過一次形式上的審訊後，被流放到阿爾及利亞。

1848 年 6 月是關鍵的一個月，工人在這次運動中對共和派完全失望，因而不願再和他們攜手合作，他們轉向與路易‧拿破崙合作來反對共和派；從長遠來看，1789 年的大革命如同 1830 年的革命，法國工人都爲了共同利益和其他階級合作，今後，爲了徹底動搖體制，法國工人將傾向於獨自行動反對資產階級。1848 年的革命起初並沒有革命的色彩，是 6 月的行動漸漸產生革命的思想。

六、六月後的反應

卡芬雅克爲了重建秩序，對革命進行殘酷的鎮壓，但他仍是令人信服的共和派，然而很快地他就失去了秩序黨領袖的信任。

1848 年夏他組閣時，國民議會首要之務是制定憲法，前言指出公民和共和國政府的權利和義務，包括各種主要的自由，共和國在盡可能範圍內有保護家庭、救濟貧苦人民和提供工作的義務。

立法權由全國普選產生的 750 名議員擁有，並由議員所任命的行政法院輔佐其工作。行政權的總統，亦由全國普選產生，任期四年，不能連任，如果他在全國的選票低於 20 萬張，則由國民議會選出總統，總統有任命部長並掌握軍隊的權力。

選舉訂於 1848 年 12 月 10 日，有 3 位代表左派和中間派的候選人，即拉斯帕伊、洛蘭和拉馬丁，卡芬雅克讓溫和派和秩序黨拉馬丁聯合，但他因世俗化的思想，希望建立人人平等的兵役制度，對君主復辟的明顯敵視和粗暴個性，雙方因此合作不成。

此時，路易‧拿破崙出現，他生於 1808 年，曾參與 1830 年義大利燒炭黨人的暴動，1836 年在史特拉斯堡、1840 年在布洛涅亦曾兩次企圖篡權，因而被關在索姆省的哈姆，之後他逃往英國。1848 年他第一次被選上國會議員，同時被選上的還有他的一些表兄，但路易‧拿破崙沒有任職，後來他再次當選，這次他接受任職，他的擁護者從 3 月開始就爲他積極地宣傳。

秩序黨和天主黨選中路易・拿破崙的原因是「他被認爲平庸無能」（引自托克維爾《回憶錄》）、「這是個說一不二的白痴」，提耶爾如此直截了當地說，但他卻大錯特錯了，因爲路易・拿破崙表現出捍衛秩序黨的姿態，又具有宏大的野心。路易・拿破崙在兩個重要問題上，採取違心的態度，他支持教育自由化，因而破壞拿破崙一世的傑作——壟斷大學；他幫助教皇在義大利各共和國重建權力，從感情上來說，他支持義大利革命者。

在這次選舉中，路易・拿破崙取（如圖 19-2）得最有組織、最強大、具有委員會系統的政黨支持，只有他的名字在法國家喻戶曉。大選結果出爐，路易・拿破崙 550 萬票、卡芬雅克 150 萬票、洛蘭 37 萬票、拉斯帕伊 36,000 票、拉馬丁 8,000 票，路易・拿破崙只在四個省沒有得到絕對多數。

圖 19-2　路易・拿破崙

秩序黨希望能在幕後操縱一切，因而迫使路易・拿破崙任命奧迪隆巴羅爲總理，向加爾涅將軍擔任國民自衛軍和巴黎駐軍的指揮官（1848 年至 1899 年）。同時，秩序黨也滿懷信心地參加 1849 年 5 月 13 日的立法選舉，這次選舉棄權率達 40%，比 1848 年 4 月高，立憲派只有 300 名議員蟬聯，秩序黨獲得近 500 席，但山岳派取得 180 席，秩序黨和極左派間幾乎沒有溫和派的空間。雖然秩序黨擁有無可置疑的多數，但他們對於極左派的迅速發展頗感驚訝，極左派之所以成長快速，得歸功於許多鄉民的選票，鄉民們像工人一樣深感失望，於是不再追隨貴族，並且毫不猶豫地把票投給極端分子。

當局的壓制並不能阻止激進思想的發展，在保守派看來必須徹底行動，尤其是看到路易・拿破崙露出改革的跡象，路易・拿破崙本來希望赦免六月革命的被捕者，建立「農業移民地」以接收城市失業人口，但總理都表示反對，他也不再堅持。

　　1849 年 6 月 13 日，極端分子發起類似 1848 年 5 月 15 日的大遊行，他們原先企圖攻占國民議會但失敗，巴黎駐軍指揮官尚加爾涅擊退他們。外省和里昂、史特拉斯堡、土魯茲、格勒諾布爾在 1848 年時都沒有行動，但這次則積極參與，而巴黎行動的失敗也導致他們的失敗。議會多數黨藉此進行反革命行動，三個被懷疑是國民自衛軍的軍團被解散，山岳派 34 位議員被捕並被審問，許多人逃亡，所有俱樂部、集會和報刊都服從緊急法令，這些法令給予當局很大的政治權力。儘管如此，許多選舉還是有利於社會主義者，雖然俱樂部被禁止，但祕密社團卻發展迅速，小冊子和報紙使社會主義思想更深入農村。

　　同時，秩序黨的議會領袖和備位總統有相互靠攏的態勢，短短數月後，1850 年 3 月 15 日議會就通過三條新法律，總理巴羅迎合 1830 年以來自由派天主教徒的需求，確立教育自由。所有世俗的人只要有一張高中畢業文憑或小學畢業證書就能辦一所學校，教士只要有上級或主教的批准也可辦理學校，另外，所有主教都是文化教育委員會成員。但是這些機構還無法滿足弗約那樣的極端天主教徒，因為國立大學仍然存在，並控制一切下行機構，獨攬像升留級、高中畢業會考、授予學士學位、博士學位等權力。

　　1850 年 5 月 31 日的選舉法，目的是限制選民人數，要求今後每一個選民必須在同一個村裡連續居住滿三年，然而當時大量的工人和農民為了找工作經常流動，這項法令使選民人數一下子從 960 萬驟降到 680 萬。1850 年 7 月 16 日建立《報刊法》，恢復保證金和印花稅，報刊數量減少 4/5。

　　社會恐慌中又加上對政治危機的擔憂，1852 年的選舉將會如何？總統任期結束後又會發生什麼事？因為 1852 年的憲法禁止總統連任。

　　總統和秩序黨多數黨員的爭執永無休止。1849 年 9 月，總統給他的一位朋友納依的信被公開，信中明確指出只要教皇答應在義大利各國實行改革，法國政府就非常願意幫助教皇在各共和國重建權力，這完全有悖於法國天主教派領袖的想法；1849 年 10 月 31 日，總統罷免總理巴羅，這並不違憲，總統任命以非議會議員魯埃爾為首的新內閣，此外富爾德和奧布勒議員也都入閣；5 月 31 日表決選舉權，路易·拿破崙

派的議員，尤其是總統的兩個表兄也都投了否決票；尚加爾涅將軍是個十足的保皇派和野心家，但他後來公開冒犯總統，於是路易‧拿破崙在1月9日不顧議會多數派領袖的反對，罷免了他的職務。

全國各地熱烈地討論總統能否連任的問題，然而國民議會在7月19日的修憲提案被否決，因為贊成者不足所規定的3/4多數。

路易‧拿破崙似乎不採取武力就無法打破僵局，可能是復辟君主制，但此也陷入正統派蕭伯爾伯爵和奧爾良派路易‧菲利普的兒孫們之間的鬥爭；可能採取政變，在秩序黨領袖和總統之間達成協議，或是總統發動反對議會的政變。

綜上所述：第二共和勉強延續了四年。自由資產階級後一開始起就面臨著一場民主風潮並需對付工人們的要求。工業已開始發展，工人數量因此得以增加，在一些城市裡，尤其巴黎更是這樣。1846年至1848年2月起便宣布了普選和勞動權。大批失業者來到國家工廠，這是國家為給他們一份工作和工資創設的。但這項救濟政策費用昂貴。掌權者決定將其關閉，但失業問題卻依然如故。工人們發動了可怕的起義作為回答：1848年6月，起義被血腥鎮壓。因此，第二共和是保守的。新憲法生效了，它把權力在負責立法的國民議會和負責行政的共和國總統作了分配；議會和總統均由普選產生。沒有人預先料想到國民將選擇路易‧拿破崙擔任共和國總統。

第三節 路易‧拿破崙的勝利

一、政變

政變經過縝密的籌畫，總統煞費苦心保持輿論對他的支持、博取工商業的歡心。1851年11月13日，他要求取消5月31日的法令，恢復全國普選制度，卻遭到議會拒絕。他擁有一批精明能幹、地位顯赫的朋友，包括同父異母的兄弟莫爾內、他的預算調配官弗勒里、戰爭部長聖阿爾諾將軍。

政變過程迅速，1851年12月2日凌晨的公告，公布國民議會已被

解散，恢復普選制，新憲法正在草擬中，同時多數派領袖蒂耶、卡芬雅克、拉莫里西埃、尚加爾涅在他們各自的家中被捕，另外議會及議會主席官邸也被占領。

政變的過程中，若干共和派議員曾號召抵抗，但力微勢弱；接著巴黎出現更強烈的反抗，但於 12 月 4 日被突然地血腥鎮壓；外省地區，包括中央高原、東南地區、西南地區，有時也出現武裝反抗，通常比預料的還要嚴重，但也都被鎮壓。12 月 21 日舉行公民投票，表決結果卻明顯地支持政變：7,339,216 票支持、646,737 票反對、約 200 萬票棄權，公民投票的結果使非法的政變具有了合法性。

許多知名人士如蒙塔朗貝埃和一些神職人員聯合反抗政變，但都被無情地鎮壓，路易‧拿破崙更進一步鞏固了他的地位，這個「不被賞識的窩囊廢」突然成為主宰事態的指揮官。32 個省被他的軍隊包圍，26,814 人被捕、239 人被遣送到圭亞那、960 人被勒令放逐國外、4,559 人被拘禁在阿爾及利亞、5,532 人被驅逐到阿爾及利亞。

12 月 4 日標誌著拿破崙三世時代的開始，槍殺示威者以及警察的鎮壓使共和派永生難忘，從此以後，他們不僅對帝國深惡痛絕，而且直到第四共和，仍然對所有關於權力的形式和思想都懷著戒心。

二、1852年憲法

1852 年的憲法包括參議院與立法機構，參議院是憲法的保護者，成員至多為 150 人，起初只有 80 人，均為終身職，一些人天生有權成為參議員——如樞機主教、海軍元帥、陸軍元帥，另一些人則是被任命。立法機構由全國普選產生，議員沒有津貼，每六年改選一次，這其實不是一個議會，它既無權質詢政府，也不能和君主抗辯。行政法院包括 40 至 50 名成員，經任命就職，也得以撤職，他們的任務是起草法律條文，而高級法院行使司法權。總統實際上大權獨攬，他任命所有政府成員——包括各部長的下屬、簽署所有的條約、唯一有權提出法律草案、能轉帳預算的金額、可以給予公共工程貸款。另外 1852 年的憲法仍然繼續沿用 1789 年的一些原則和普選制，禁止占統治地位的政黨存在。

三、帝國與專制制度

　　歐洲各國政府認為，應該要少修改憲法，它們因而阻止法國的變化；相反地，法國的部分輿論卻衷心希望這一變化，在以「帝國就是和平」安撫列強後，帝國在 1852 年 11 月 7 日建立，11 月 22 日透過全民公決，以 7,824,000 票贊成、253,000 票反對、2,000,000 票棄權通過。

　　帝國建立後政府繼續依靠軍隊與地方政權控制局面，軍隊使政變成為可能，當時軍隊大部分已不再是自由思想軍官的陣營，鑲金邊的制服、無休止的訓練不過是它的表象，軍官受到許多好處，法國軍隊雖然參加幾次勝利的遠征，然而它卻難以保持這種勝利，因為老舊的軍事制度在軍事戰略方面並無任何建樹，尤其是參謀部竟然不知道利用鐵路運輸系統來運送兵員和裝備。

　　各階層的資產階級無論是腰纏萬貫的銀行家，或是小商人，經過三年的動盪後，感受到街頭運動對資產者的威脅很大，他們都願意建立有秩序、有保障的制度，繁榮不僅和政府的行動有關，同時也離不開國內、國際的有利形勢。政府利用這一繁榮情況在法國各地建立起專制體制，義大利王國建立後，一直到 1860 年，教皇所屬的國家一直受到威脅，因而教會贊成王權和教會的聯合。

　　就表面物質上來說，教會很「興盛」，教會所占的人口比例從來沒有這麼高過，1861 年有 54,000 個教區神父，平均每 700 人就有一個教士，這是 1789 年以來的最高水準，在以前從未有過這麼多教士，而且他們之中只有 10% 的人超過 60 歲，教會預算不斷增加，修建的教堂也愈來愈多。帝國政府支持創辦世俗學校，但教士仍在中學、高等教育機構如高級師範學校有很大的影響。

　　然而，一如波旁王朝復辟時期，王室法律顧問羅蘭和巴羅什不顧主教和羅馬教廷的要求，根據一些帶有濃厚教會自主論色彩的條款和羅馬教廷達成的協議，堅持國家的權利。

　　反對派幾乎找不到發表言論的方法，一些人依附於正統派或至少謹慎地保持沉默，而正統派一直有他們的沙龍，支持他們的各省力量，尤其在西部，許多年輕人成為軍官或外交家，並為這種政治體制效勞；奧

爾良派擁有科學院和《兩個世界》雜誌；共和派受到的打擊最為沉重，
他們只能暗自交流諷刺漫畫、以及閱讀雨果的《懲罰集》，他們在朋友
家聚會，例如，在羅曼‧羅蘭的父親家中，關緊窗戶偷偷唱《馬賽進行
曲》。

　　但也正是這些共和派人士將扮演第二帝國時期的政治角色，選舉必
須嚴格依從官方候選資格，這在 1848 年共和制時已被洛蘭使用過，但
這次約束更大。1857 年法國選舉時，帝國政府候選人得到 550 萬票、
共和派得到 665,000 票，共和派也僅有八人當選。一些部長如卡諾、岡
德修、卡芬雅克因拒絕宣誓而不能成為議員，但是包括法弗爾、埃密爾
在內的五人向皇帝宣誓效忠而成為議員。共和派的發展遠不具侵略性，
但已足以使帝國政府感到不安。反對派小小的勝利伴隨著一次嚴重的
謀殺事件，這雖然不是第一次，但它的程度使人吃驚，1858 年 1 月 14
日，一名義大利共和派成員奧里西尼和他的同伴，向皇帝夫婦駛往歌劇
院的馬車扔 3 枚炸彈，造成 8 人死亡、148 人受傷，而這次謀殺事件卻
為帝國體制加強獨裁特色提供了很好的藉口，警察有權拘禁或流放一切
可疑份子，尤其是那些在 1851 年受審過的人。

四、重振國威的外交政策

　　如同所有的內政都該由皇帝決定，外交政策更應該由他操縱，
「我是唯一知道法國外交政策的人」，路易‧拿破崙城府極深和性格頑
固，使他總能不顧周圍所有人的意願，達到他的部長所不能及的目的。

　　他很明確地確定目標：「我認為法國被汙辱、被孤立、被摧毀。」
因此應該歸還法國的榮耀以及找回曾屬於它的所有省分。但由於他有許
多自相矛盾的想法，政策往往因此變得複雜。一方面，他尊重歐洲、阿
爾及利亞甚至印度支那的民族原則，另一方面他又任憑普魯士取得丹麥
公國，而且他也想征服盧森堡，同樣地，他是近東天主教利益的捍衛
者，同時在墨西哥的行為卻損害了義大利教皇國。

　　拿破崙三世只有一支平庸的軍隊，且組織渙散，亦沒有傑出的指揮
官，它之所以能取得的勝利也往往只是因為對手比它更平庸，換言之，
拿破崙三世從來就沒有一支可以保護他政權的軍隊。但是一直到 1860

年，法國外交政策的弱點依然沒有人能感受到，他們看到的只是輝煌的勝利以及征服帶來的威望。

1845 年 9 月 26 日，法英土聯軍在俄羅斯的塞巴斯托波爾激烈圍城戰後，沙皇被迫接受最後通牒，並簽訂了《巴黎條約》，這是法國對《維也納條約》遲來的報復。在義大利的馬干塔及法國的索爾弗里諾戰爭的勝利顯示第二帝國在歐洲的優勢，拿破崙三世以此為主軸大肆宣傳。雖然迫於普魯士在萊因河的壓力，戰爭可能不得不停止，以及法國的皮門塔人因為只有收復倫巴底而不滿，但是 1815 年屬於法國的上薩伏瓦省和尼斯伯爵領地，依然在 1860 年經全民公決後重回法國懷抱。海外也同樣取得更多的利益，他奪取了土倫港，1855 年費德爾布率領法軍多次討伐各部落的反抗，在拿破崙三世的統治下，法國完成了對塞內加爾的殖民征服。

當然這些光榮完全違反在波爾多演講中所提到的「帝國意味和平」，但是法國不再被汙辱、被孤立、被摧毀，絕大多數人從中獲得重振國威的滿足。

五、物質的繁榮

第二帝國的機運在於它的國祚正好處於一段經濟普遍發展的時期，這種趨勢在工業化國家尤為顯著，由於 1815 年到 1848 年間物價疲軟和新經濟結構的緩慢就位，法國很快地將工業設備推展到全世界的工業運動中。

1847 年到 1872 年間，法國國民產值從 135 億增加到 230 億法郎，年增長率在 2% 左右，比前幾個時期的 1.1% 還要高，成長表現在各方面，但工業和國家經營活動表現得更明顯（表 19-2）。這種發展趨勢可能始於 1840 年，早於第二帝國，但是 1846 年至 1849 年的經濟危機迫使發展暫時中斷，而此時這一趨勢在歐洲重新抬頭，和路易・拿破崙當選總統的時間正好吻合。

人口的增加更顯著，但和同時期的英國相比，則又少得多。人數超過 2,000 人的城市不斷增加，人數少於 2,000 人的農村卻不斷減少（表 19-3）。

表 19-2　國民生產各方面的分配情況（以 10 億為單位）

年份	1847	1859	1872
農業	6	8.7	9.5
工業	3.9	5.8	6.7
商業	0.99	1.4	1.6
自由職業	0.3	0.36	0.51
不動產公司	0.7	0.9	1
國家	1.6	2.2	2.7
總值	13.5	19.4	2.3

表 19-3　城市人口與農村人口的變化（人口以百萬為單位）

年份	1845	1850	1855	1860	1865	1870
農村人口	26.75	26.65	26.19	26.60	26.47	24.89
農村人口所占百分比（%）	75.6	74.5	72.7	71.1	69.5	68.9
城市人口	8	9.13	10.79	10.79	11.59	11.21
城市人口所占百分比（%）	24.4	25.5	27.3	28.89	30.5	32.4

　　第二帝國經濟發展的四件大事包括農業進步、工業成長、運輸方式的改變，以及金融制度的發展。此時的法國傳統農業生產快速發展，1870 年蔬菜生產超過 60 億法郎（1914 年的法郎），這是第一次也是整個世紀的最後一次，2,600 萬畝田地被開墾，其中有 700 萬畝麥田，這也是空前絕後的數據，此時期的動物產品如果有增長，總量也只有 1870 年蔬菜值的 50%，這時候的食品結構以麵包和蔬菜為基礎；一些工業部門也獲得發展，鐵路建設由於應用了俾斯麥製造鋼鐵的方法，又刺激了冶金業的發展，雖然仍有 1/3 的木製高爐，但已出現一些大企業集中的現象，但消費性工業，尤其是紡織業仍是最重要的工業，當法國真正走上工業化軌道時，人們發現煤炭短缺是多麼嚴重的障礙（表 19-4）；此時法國的運輸方式發生改變，尤其是鐵路建設的突飛猛進，不過值得注意的是，儘管鐵路的重要性不斷增加，卻沒有完全取代公路或水路交通（表 19-5、表 19-6）。

表 19-4　英法兩國的工業產量

年份	法國工業產量		英國工業產量	
	消費品	設備	消費品	設備
1851	87.6%	12.4%	60%	40%
1871	81.6%	18.4%	53%	47%

表 19-5　商品運輸（10 億噸／公里）

年份	公路	水路	鐵路	沿海航運	總量
1830	2	0.7	0	1.1	3.8
1851～1852	2.6	1.7	0.55	1.3	6.2
1856～1857	2.7	2	2	1	7.6
1863～1864	2.7	2.1	4.3	0.9	10
1869	2.8	2	6.2	0.8	11.8
1876	2.5	2	8.2	0.9	13.5

表 19-6　乘客運輸（10 億人／公里）

年份	公路	鐵路
1830	0.5	0.5
1841	0.9	1.1
1845	1.3	2.0
1855	1.4	3.9
1865	1.4	5.5
1875	1.4	5.8

　　此外，法國的貨幣總量增加和信貸建立，法國充分利用 1848 年在加利福尼亞和澳洲發現的金礦所提煉的大量黃金。法國建立多層次的銀行系統，陸續建立三大主要的儲蓄銀行，1853 年的貼現銀行、1859 年的興業銀行、1863 年的里昂信貸銀行。這三家儲蓄銀行主要幫助現存企業運作，但三者的經營活動不同，有些風險很大，實施短期貸款，不對大宗商業活動投資。因此還要有銀行投資大宗商業活動，也就是要進行大量投資，這也是聖西門及普魯東思想的一部分，即透過吸收許多小額的儲蓄和「貸款民主化」，以達到大量投資。貝爾西兄弟創建動產信

貸銀行時就想這麼做，他們贏得很大的利潤，但卻沒有建立足夠的儲備金，因而和一些重要的企業家——如科索的施奈德、鼎鼎大名的羅斯切爾德——發生衝突，貝爾西最後瀕臨破產邊緣，雖及時獲得援助，但必須在 1871 年清算。

國際貿易不斷增長，以百萬法郎爲計算單位，進口量由 1851 年的 765 增長到 1869 年的 3,153，出口量從 1861 年的 1,158 增長到 1869 年的 3,075。「進口量」增長的原因主要是工業原料的增加，但如同英國一樣，對外貿易仍是赤字，這種情況一直延續到 1914 年，然而無形貿易的收入大大彌補這一赤字，包括水上運輸、旅遊，特別是帝國末期在國外投資的收益，這些收入高達幾億法郎。

1860 年經過祕密地精心策畫，拿破崙三世宣布已和英國簽訂自由貿易條約，一如人們所認爲，這是一次「經濟政變」，打破長期的貿易保護主義。條約表面看來好像沒有損害法國企業的利益，但自由貿易這個字眼就是法國資產階級反對的藉口。

拿破崙三世和他周圍的人完全投入這一經濟運動，不可否認地，拿破崙三世在經濟方面有某種程度的才能，以及想確保物質繁榮的眞實願望，但就如同政治、外交或軍事技術方面一樣，他不敢將他的制度和思想貫徹到底；他試圖照顧他所需要的大銀行和大企業，同時又想在政治上體現社會的公正，但這是很難維持的平衡。不過，整體而言，此時的收入明顯增加，利潤的增加又比工資的增加多更多（表 19-7）。

表 19-7　利潤指數與工資指數

年份	利潤指數	名義工資指數	真實工資指數（考慮物價）
1850	100	100	100
1860	220	113	97.4
1870	386	145	128

這次繁榮看得見的跡象是整體公共設施，拿破崙三世時，法國農村面貌發生變化，朗德省種植松樹，索洛涅地區和東布地區開挖水渠，且電線桿也增多，1855 年，所有省會都有連接到巴黎的電線。大城市獲

得新建設和現代化，馬賽、聖納澤爾、阿弗爾港修建錨地，修繕碼頭；大部分重要城市內都建立了新街區，在舊城邊緣建立新市區以設置火車站，今天法國大部分火車站都建於第二帝國時期。

　　毋庸置疑，最主要的巴黎建設在市長奧斯曼伯爵領導下發生變化，1853 年至 1869 年的 16 年間，他拆除大部分老街區，老街區雖不乏魅力但髒亂不堪，取而代之的是筆直的大道，他也興建實用的建築物，如中央市場和火車站，修繕歌劇院和一些教堂，以及在巴黎周圍興建公園，如布洛涅森林、文森森林，巴黎城內也建立公園，像蒙索公園、蒙蘇利公園、蕭蒙高地等，此外巴黎還興建幾百公里的下水道，數以百計的公共汲水臺、配備水龍頭，提供衛生的水資源。

　　在新巴黎中，有錢人住在西部街區，東部則多是窮人，尤其是工人，他們被這個大規模拆毀與建設的大工地所吸引而來。一些市鎮併入巴黎，因而形成 13 區和 20 區，窮人就這樣集中，且受新的入市稅束縛，入市稅又使物價不斷上漲，這是 1871 年巴黎公社的背景。

第四節　第二帝國

一、帝國統治後期的讓步與困難

　　1860 年間，第二帝國幾乎同時失去兩大主要支柱，首先是天主教徒不滿拿破崙三世對義大利的政策，其次是工業界對 1860 年的自由貿易條約不滿。

　　1860 年底前，義大利王國征服義大利中央地區，包括屬於教皇國一部分的雷加遜以及整個義大利南部，也就是同樣是教皇國一部分的馬爾許和翁布利亞，如果說羅馬完好無損，教皇國卻受到深深的震動。拿破崙三世對教皇國被支解似乎不聞不問，1859 年以後，他任由他人以他的名義這麼寫道：「領土愈小，君權愈大。」然而當時法國天主教徒是支持教皇擁有絕對權力主義者，他們的感情深受傷害，不滿於看到他們支持的政府放棄教皇的利益。短短的時間內，輿論的潮流、新聞界和天主教徒的說法都變了，路易・弗約、奧爾良的主教杜邦，以及國會議

員、參議員等都毫不遲疑地揭露拿破崙三世的政策，並為保衛「羅馬梵蒂岡」向信徒敲響警鐘。

拿破崙三世在義大利和貿易上的自由政策使他失去兩個支柱，難道第二帝國政府無法再尋找其他支持，代替這不再靠得住的兩個支柱而使政權更鞏固嗎？第二帝國的新盟友將會是共和派和工人。

第二帝國政府的原則和拿破崙三世個人的想法並不完全對立，他們都想要限制這種「開放左派」。至此，我們可以簡述帝國政府內部的變化，他們的讓步和改革都不是為了贏得共和派和市民階級的支持，但共和派仍是一股政治力量，此外工人運動的發生也讓人不能忽視，而此時政界、天主教及商業資產階級的嫌隙加大，儘管如此，拿破崙三世及時改變策略，以溫和變革抵銷人們對專制帝國的不滿情緒。

這一變化分四步驟，首先是羅蘭從 1856 年以來一直擔任宗教事務部長，他傾向於擁護法國教會自主，1860 年拿破崙三世准許他嚴格執行這一政策，後來不僅像《宇宙》一類的報紙被勒令暫停發行，甚至主教的正式文章如主教訓諭也被查禁。同時又多了兩項立法權：1860 年11 月建立公眾辯論制和發表對皇帝登基演說的祝詞；1861 年 12 月每位部長都得參與討論預算收支問題。

1863 年魯埃爾成為國務委員、比優去世，莫爾尼亦在 1865 年過世，迪律伊在 1863 年被任命為教育部長、巴羅什成為宗教事務部長，他們都反對天主教徒，迪律伊支持小學教育世俗化，同時為女子提供隸屬國家的中等教育，巴羅什利用教皇和法國所簽訂的宗教協議書的權利，於 1864 年在法國禁止出版岡塔‧奎哈的百科全書，巴羅什更拒絕接受羅馬教廷推薦的人選，法國一些主教區也因而沒有主教。1864 年工人獲得罷工的權利，法國《法典》中，集會作為輕度犯罪的條款被取消。頭腦冷靜沉著的工人如托蘭、高爾波逐漸被大家接受，他們在1864 年撰寫 60 條聲明，以溫和的筆調，把工人境況問題擺在輿論面前，他們取得參加國際工人聯合協會的權利，以及與倫敦工人取得聯繫的權利。

第二個則是放寬輿論評論範圍，蒂耶與立法機構聲援反對派，右派貝里耶、中右派、中間偏左派埃密耶要求新的讓步並批評拿破崙三世。

拿破崙三世的政策猶豫不決，結石的病痛使他提前衰老，他被迫對皇后讓步，爲了使他的放蕩行爲得到諒解，其中一些敗行險些引起公憤，拿破崙三世有意在政治上對他的妻子讓步，因爲他是相當保守的天主教徒，他支持對墨西哥之戰的草率行動，以求彌補他對義大利政策的過失。

第三是 1866 年至 1867 年，1866 年奧地利在薩多瓦被打敗，1867 年在墨西哥，法國遠征軍於 2 月被迫重新捲入戰事，6 月麥西米連在克雷塔羅被處決，同時關於盧森堡對萊因河左岸，「小費政策」談判失敗，這些構成法國衰微的氣氛，此外米爾·法弗爾和蒂耶精確、熟諳內幕的雄辯術更引爆了法國政治形勢的紛擾。爲了企圖改變這些令人不快的印象，拿破崙三世決心進一步加深他的改革運動，報刊和集會法在 1866 年變得更加溫和，尤其是 1867 年恢復質詢法。

然而共和派再次抓住時機，顯得比攻擊帝國政府時更咄咄逼人，利用 1868 年報刊法規定的新自由，羅什福爾創辦《路燈報》第一期，諷刺巴黎現況：「皇家年鑑說：法國有 3,600 萬臣民，當然不包括不滿的主題……」（法文中「sujet」一詞同時有「臣民」和「主題」的意思，這裡用的是此一文字遊戲。）曾在第二共和任要職的前朝官員也發洩他們的不滿情緒，年輕的律師弗洛蓋當著正在巴黎訪問的沙皇面前說：「波蘭萬歲！先生！」朱爾·費里出版一本反對「偉大男爵」的諷刺小冊子《奧斯曼荒誕的帳目》，以甘必大爲首的共和派，提出貝爾雅爾綱領，他們反對帝國體制。

1869 年的選舉也顯示帝國的退步，它只獲得 460 萬票，各反對派總體上明顯進步，反對派總共獲得 3,317,000 票。

第四是 1869 年至 1870 年，關於 1869 年 9 月 8 日參議院法令的主題，憲法有了更動，立法機構有立法創制權，這些法案同樣也應該由參議院投票決定，部長團結一致，但他們只對皇帝負責。1860 年和 1864 年的改革被稱爲「自由帝國」，1869 年的改革是否爲「議會制帝國」呢？這次改革從魯埃爾整個人的變化可見一斑，他身爲專制帝國的人，很狡猾地也是自由帝國法律的創造者。這次改革透過 1840 年 4 月 20 日的參議院法令得到加強，法令明確指出取消部長對皇帝負責制，皇

后不再參加部長會議，皇帝主持部長會議但必須尊重多數。5 月 8 日舉行全民公決要求贊成這些改革，反對的僅有 1,572,000 票。共和派失望了，歸附的保皇派卻反而對未來充滿信心，「我們將爲皇帝準備幸福的晚年」，埃密耶如此說。

二、普法戰爭

1870 年爆發普法戰爭（如圖 19-3），1871 年法國失敗，由於參戰的軍隊不多，因而這是一場不大的衝突，但它對法國內部和國際關係產生的政治作用卻影響深遠。

衝突發生的直接原因是次要的，1868 年以來，西班牙一直沒有君主，西班牙議會建

圖 19-3　普法戰爭

議將王位授予普魯士國王的遠房表親，天主教徒利奧波德，這件事直到 7 月 3 日才公布，外交界立刻從中看到威脅和羞辱。法國政府決定讓普魯士國王對他的遠房表親施壓，使他放棄西班牙王位，最後法國如願以償，7 月 12 日利奧波德的父親宣布放棄他的西班牙計畫。法國政府想得到更多，因此鄭重約定，今後類似候選人資格將永不再出現，普魯士國王當時在愛姆斯，認爲他沒有必要做如此承諾，在這樣的條件下，他再次拒絕接見一再堅持要求會面的法國大使。

俾斯麥和軍隊的兩位指揮官毛奇、羅恩曾因被取消宣戰而耿耿於懷，俾斯麥將利用這一意外事件，再次建立有利宣戰的氣氛。

得知普魯士國王已使人知道他對法國大使無話可說之後，俾斯麥將這一消息登在愛姆斯的電文摘要上，看到這份電文和俾斯麥撰寫的摘要，人們大吃一驚，認爲一些歷史學家「竄改」內容。俾斯麥什麼也沒有修改，但很明顯地他意在傷害法國統治階級的自尊心，而他也終於成功。

除了像蒂耶等少數人之外，絕大部分的部長以及許多反對派領袖覺

得這份電文是項侮辱並表示不滿，這不過是個藉口，問題是出在拿破崙三世矛盾的政策中。拿破崙三世一方面想以實際行動，以幫助實現民族自治原則，1859 年爲了使義大利走上統一之路，他斷然挑起與奧地利的戰爭，1865 年在比亞利茲的會晤中，他似乎想讓俾斯麥知道他不參與反對奧地利的戰爭，因而讓普魯士也走向統一；但是另一方面，他也反對這些統一的完成，無論是關於羅馬征服，還是德國南部歸入德意志聯邦；反對這些統一運動的同時，他也反對歐洲的大幅變動，他和他的時代互相矛盾。最後，他從未尋求阻止這些民族進程的方法，軍隊戰術革新沒有貫徹實施至每個細節，實行聯盟的談判總是半途而廢。

　　1870 年拿破崙三世的軍隊一如義大利戰爭時戰鬥力不強，他也沒有盟友，企圖推行政策卻拒絕一切手段。戰爭在 7 月 17 日爆發，這個導致拿破崙三世垮臺的軍事行動持續了一個月，8 月 4 日到 6 日，在亞爾薩斯、維桑堡、弗萊許維爾、莫爾斯布有幾次重大戰事，但都沒有決定性作用，史特拉斯堡從 8 月 9 日至 9 月 28 日被圍困，8 月 14 至 18 日法軍被騷擾，在梅斯、格拉沃洛特和聖普里瓦展開激烈的戰鬥，最後，法軍被圍困在梅斯，馬克·馬洪從夏隆出發，直到東北部，希望從北部突襲梅斯的普軍，但他在色當受到突襲並負重傷，他的軍隊被包圍，拿破崙三世認爲在這種情況下只能投降。法國皇帝、32 位將軍、一位元帥、96,000 人的軍隊，其中包括 14,000 名傷兵都成了戰俘。

三、帝國崩潰

　　依靠一支十分有效的警察隊伍的帝國確實非常專制，但自 1860 年起變得自由了些，至 1870 年春，甚至幾乎成了代議帝國。當時無人能想像它已處於崩潰前夕；但在 1870 年 9 月 4 日巴黎示威運動中，帝國倒臺了。自 1870 年 7 月起與普魯士交戰的法國才遭到一連串的失敗，拿破崙三世的被俘導致帝國崩潰，9 月 3 日晚上，一些政府機構、立法機構和皇后試圖建立新政府，但卻沒有達成一致的行動，當以甘必大（如圖 19-4）和法弗爾爲首的人群衝入議會宣布帝國崩潰時，人們像 1848 年時一樣，湧向市政廳宣布共和成立，並在市政廳建立臨時政府，特羅許將軍成爲總統，甘必大、法弗爾、畢卡爾、羅什福爾成爲新

政府主要成員，政府命名爲國家防禦政
府，它宣布解散立法機構和參議院，皇
后則逃亡英國。

四、文化藝術

十九世紀六○年代法國文化藝術
的主要特點在於眾多流派同時存在，相
互競爭，且深刻地表現在社會政治生活
上。

圖 19-4 甘必大

新古典主義由於受到了第二帝國的
支持因而在政治上擁有優勢，這些藝文
人士在頌揚皇帝「豐功偉業」以及歌頌「帝
國佳慶」方面，創造了不少作品。新古典主
義的力量主要在繪畫，代表人物爲安格爾，
他在這時期的代表作有《泉》（如圖 19-5）
與《土耳其浴室》，作品布局均勻，優美線
條與超凡境界使他的作品充滿嚴肅的美，因
而符合官方歌功頌德的需求。文學中浪漫主
義仍有較大的影響，第二帝國期間，雨果（如
圖 19-6）分別在比利時和英國過著流亡生
活，1859 年，第二帝國實行政治大赦，雨果
拒絕返回法國，一直到帝國垮臺爲止，雨果
在 1848 年的革命中支持激進共和派立場，他
撰寫了《小拿破崙》等作品，矛頭直指第二
帝國與拿破崙三世，同時雨果還寫了《悲慘
世界》與《海上勞工》等名著。1857 年福樓

圖 19-5 安格爾的《泉》

拜撰寫《包法利夫人》，引起巨大震動，最後這本書被政府查禁，福樓
拜曾受法庭審訊，其罪名爲「敗壞道德」與「誹謗宗教」，《包法利夫
人》無情地揭露了 1830 年代到 1840 年代法國外省的社會生活，愛財
如命的富人、被欺凌而死的婦人、生活困苦的群眾都在書中有動人描

繪。

　　小學教師常以被割讓給普魯士的亞爾薩斯和洛林兩省的法國地圖，教育學生。其中以都德所著的《最後一課》最爲感人。

圖 19-6　雨果

五、哲學與史學

　　此一時期哲學的代表人物是孔德，他的實證主義哲學思想具有廣泛影響，孔德認爲科學只是對於經驗事實或經驗現象的描寫和記錄，只有經驗事實或經驗現象才是「確實的」或者「實證的」，他將社會發展畫分爲三個階段：神學、形而上學與實證主義。根據他的見解當時西方社會正處於實證階段即科學階段，孔德撰寫了《實證政治體系》與《主觀綜合》等著作。

　　史學方面，米涅於 1851 年撰寫《瑪麗·斯圖亞特王朝史》，1854年又出版《查理五世》。提耶爾撰寫《政府的執政與帝國史》，這部著作總共二十卷，至今仍具有其價值。吉佐著有《英吉利共和國與克倫威爾時期》、《當代史回憶錄》等，他不贊成個人專制、貴族統治與民主政治，他大力宣傳君主立憲制的優越性。米什列的史學觀點比較激進，並帶有濃厚的民主主義色彩，此時期他完成了七卷《法國革命史》以及《法國史》的後五卷，他從宏觀的角度觀察歷史，力求歷史「復活」，他讚揚丹頓、羅伯斯比，否定路易十六，他也拒絕向第二帝國與皇帝宣誓效忠，1852 年，他被撤銷教授職務與國家檔案館歷史部主任職務。庫朗日在 1864 年出版《古代城市》，這本名著使他在法國史學界有了一席之地，他公開宣布：「歷史不是藝術，而是純科學，要求撰寫歷史者需堅持客觀的批評態度，保證史料準確」，因此有人稱他爲「法國史學眞正的奠基者」。

六、科學技術

　　十九世紀中葉以後，由於社會經濟生活的需求不斷擴大，給予了科技發展的空間，法國在生物、化學、生理學、醫學、工程技術等方面

的發展迅速。生物科學方面的成就首先表現在巴斯德的研究中，他在動物學與植物學之外，開闢了新的領域——微生物學，他闡述了微生物的作用，科學地解決乳酸、酒精與葡萄酒的發酵現象，巴斯德最重要的貢獻在於免疫學和消毒，此外他還發現了狂犬病疫苗，並創辦了巴斯德學院，他被譽爲「人類的造福者」。在化學方面，德維爾生產了稀有的鋁與鎂，由此促進了輕工業的發展，他還發現熱的分解作用；熱拉爾在1853年製造了阿斯匹靈藥丸。生理科學與醫學的發展也很顯著，貝納爾發現血管運動的神經作用，他的名著《實驗醫學導論》於1865年出版。工業技術的進步與工業革命相呼應，馬丁發明平爐煉鋼法，爲法國生產優質鋼材與機械奠定基礎；勒努瓦發明了內燃機，泰利埃則發明了冷凍機。

總而言之，法國科學技術的進步也反映了當時社會經濟的變化。

七、對於社會的研究及理論

主張王權主義思想家博納爾奠定了社會學基礎，他們可能不知道自己正在創立一門新學科。

與工業化時代初期「原始資本主義」發展相連的貧困促進了社會主義思想誕生。第一個重要社會主義流派出現在法國；最早的思想家聖西門傅立葉之後，出現了布朗和普魯東的代表作。

第二十章
第三共和國

第一節　第三共和國的建立

一、普法戰爭（1870年至1871年）

由法蘭克福和約結束的這場戰爭既未減少法國人口，也未削弱法國經濟實力，進行了六個月的短暫的戰爭，僅導致了有限的物資損失，即使把德國要求的 50 億金法郎戰爭賠款考慮在內也是如此。更為嚴重的後果是阿爾薩斯、洛林變成了德國領土，這是俾斯麥戰勝法國後所強加的措施。這一兼併深深傷害了法國。無論從精神上還是從政治上看，法德間真正的和解都變得不可能了。

二、國家重建

從拿破崙三世手裡接過了沉重包袱的政府首先關注的是重建國家。這是一項艱難任務，因為應以何種制度取代帝國的問題上，1871 年的法國人意見並不一致。

在軍事失敗後與結束戰爭而選出的國民議會中，占據多數但又陷於分裂的君主派失去了恢復君主制的機會。當時主要的政治家梯也爾夢寐以求保障社會秩序。

其首要任務是鎮壓巴黎公社起義（1871 年 3 月至 5 月）。這次起義既是愛國的，同時只有利於建立一個非常民主的傾向於深入的社會改革的共和國。此類社會改革有觸及資產階級政權基礎的危險。

梯也爾本性傾向於君主派，但鑒於君主派內部分裂，王位覬覦者又不夠靈活，任何君主派復辟在他看來均不可能，所以他維護共和國，只要它是保守的共和國。

三、艱困的誕生

1870 年 9 月 4 日，色當失敗的消息傳來，巴黎所蘊釀的暴動，終於推翻第二帝國，並宣布建立共和政體。1871 年 2 月 8 日，法國在發

生戰爭的同時，號召一場以
和平為目的的選舉，選出當
地的知名人士，最後成立以
保守分子居多的議會，其
中又以保皇派分子為主。
1871 年 5 月，軍事力量證
實選舉的結果，巴黎革命軍
及巴黎公社均被鎮壓（如圖
20-1）。

圖 20-1　1871 年的巴黎革命軍與巴黎公社

　　在這些條件下，法國如何能建立起共和國？又如何能在史無紀錄的
情況下維持共和的長久性？

　　君主立憲派記取軍事挫敗的教訓，他們擺脫責任問題，將責任歸
咎給蒂耶，但這位法國元老不僅沒有精衰力竭，相反地卻獲得前所未有
的聲譽，他玩弄曖昧的政治技倆，但最終還是對共和主義有利。此外，
君主立憲分子分成兩派，合法擁護者尚包爾伯爵為波旁家族分支的後
裔，他受神權思想的影響非常深。多數議會中的君主主義者，或是出於
信仰、或是出於現實，在炫耀他們手中三色旗的同時，也僅承認君主制
度。簡言之，就是奧爾良黨人的君主政體，在 1871 年和 1873 年，兩
次復興的意圖都遭失敗後，君主制議會只有一種方法可行，即延長臨時
政體一直到尚包爾伯爵去世為止，由於尚包爾沒有子女，爵位可以留給
奧爾良黨人的覬覦者。這種打算無關國家的穩定與安全，準確地說，法
國還不知道如何組織這個臨時政體。

　　但當這些波折趨於表面的同時，法國的真面貌也被勾勒出來。
1870 年的法國，大多數地區都還處在鄉村及手工業者、中產階級及小
經營者為主的階段。在後來的普選中，法國外省不願再受巴黎騷動支
配，但也不願再回到舊體制。共和主義者為使農民擔憂君主體制，向農
民宣傳恢復君主政體將使法國封建制度重建，在過去，主教的統治一直
都與貴族的統治相關聯，法國農村也保留著這樣的記憶。再者，一旦法
國與德國簽署和平協議，未真正具有憲法權力的議會難道不該解散嗎？
最後，共和政體者不再「狂怒」，反倒是主張絕對權力的天主教徒擺出

一副好戰的面孔。

　　1871 年 7 月，選舉由擁護共和者所支持，稍後引起保皇派分子的反撲，面對這種新威脅，議會中部分擁護君主體制者開始驚慌失措，他們意見分歧，並與共和黨人共同制定了一部模稜兩可的憲法，且建立了多數人仍希望維持的臨時共和政體。

四、1875年憲法

　　1875 年憲法確立了第三共和國並賦於後者以代議制，這種制度的主要缺陷是，它很快就助長了政黨的分散性，從而使議會多數派十分脆弱，導致政府危機不斷增加。儘管如此，直到 1914 年，法國從總體上說得到了正確管理。這一切是在戰勝困難和危機中實現的屬於君主派的保守派在社會上依然非常強大，直至 1876 年至 1879 年間，共和派才漸漸控制了共和國主要機構。

　　1875 年的第三部憲法與法國的傳統相左，它只是一部雛形憲法，但內容頗具彈性與實用，正是這部憲法使新體制的壽命比 1789 年以來的任何一個政體都要長。

　　普選中，國民議會的表決獲得一致贊同，1848 年取得的這一成果也不再遭到非議，但也成立了第二個議會，並隸屬於君主政體及貴族制度的傳統，按照此機構的主創者之一布羅格利公爵的說法，這種議會實際上也集中了社會上的菁英代表，主要是為了抑制普選中的衝動。但隨著保守派的意見分歧與共和派的善於操縱政治，一個完全不同的政體出現，參議院不再是兩個議院，法國的重心落在市議會選舉，從而確保了鄉鎮的優勢。

　　新體制模稜兩可，影響到共和國總統的角色扮演，上議院的成立可追溯到 1848 年，當時個人的權力很快被賦予，儘管有前例，憲法授予總統極大的權力，可以集政府和國家元首於一身，即建立所謂的總統制，但當總統不需要對議會負責的同時，「除叛國罪外」，其他的部長則需對議會負責，這又是議會制的另一特徵。

五、國民議會

　　共和建立後，法國於 1876 年 3 月選出以共和黨人為多數的國民議會。國民議會不久就與總統發生衝突，馬克・馬洪履行憲法賦予他的權力，辭退他的內閣，然後解散議會。但新的選舉認同舊議會多數黨，馬克・馬洪被迫屈從，他在新議會任職期間寫道：「1875 年的憲法確立我的無責行為，部長的共同負責，建立議會制。」

　　共和派的機會主義派和激進派占上風，他們從 1879 年起掌控全國的機構，他們在兩院中占有多數席位，而且新的共和國總統格雷維也是其中一員，尤其是新體制擁有穩固的道德基礎，因而沒有人可以義正辭嚴地指控第三共和的體制。

　　但共和派並沒有形成單一的團體，他們之中存在性格上的衝突與代溝，更何況被所有人倚仗的法國大革命本身就包含多種因素。老一輩共和派是 1848 年的羅馬革命者，但對青年有著特殊吸引力，下一代則已經到了肩負偉大責任的年齡，相反地，年輕一代卻充滿實證主義的精神。另外，1848 年的不幸經歷使這些人明白，法國還是一個以農業為主的國家，共和政體若只靠某些大城市居民的支持絕對無法維持長久。從此以後，獨裁不再橫行，必須以普選的獲勝為本。這正是甘必大所明瞭的，這位被對手描繪為具有衝動性格的演說家，具有深入的天生知的能力，他曾說：「我的政治即普選政治。」這已是無可否認的事實，普選是新體制的基礎，並被賦予合法性。但對於甘必大及其對手而言，他們總體上遵循著一條相同的道路，我們稱為「機會主義」路線。另一方面，農村確實使其簡化許多，他們皆為平均主義者，反對一切提倡恢復舊制度的人，但人們厭惡政治及社會動亂。

　　反之，對於那些激進派或強硬派的人來說，「大革命形成一個集團」，克里蒙梭認為應該完全接受其遺產。當然，他們並非打算透過恐怖手段落實他們的想法，在他們看來，普選也是不容置疑的裁決，而他們受共和派理論的影響。

六、保守與激進

　　兩種爭論的主要焦點在於 1875 年的憲法，對激進派而言，這是一

部君主憲法，從歷史觀點來看，某些部分是對的，但是也小看了這部憲法所賦予的彈性及發展的可能性。實際上已成立的議會制在開始也沒有獲得激進派的參與，因為這個體制並不隸屬於大革命的傳統，而是從英國，特別是由奧爾良保皇黨人引進法國的產物，而激進派的主要口號是廢除共和國參議院與總統制。

　　參議院的問題更為嚴重，如果參議院不能發揮作用，參議院的存在還有什麼價值？參議院不就對普選構成束縛與損害嗎？甘必大認為參議院不再具有任何貴族政治意涵，它是「法國市鎮的大參議院」，由此可以看出，市鎮對於參議院確實保有永久的否決權，這種額外的保證使農村更加堅信他們無需對共和有任何顧慮。機會主義者則完全適應此種議會制，在憲法問題上，激進派與機會主義者之間的裂痕已無法彌補，特別是從 1884 年開始，當機會主義當權派對憲法進行有限的修訂時，即阻撓了日後的「正式」修訂之路。

　　儘管法國政治存在著衝突，但共和派執政的前幾年，成績令人矚目，他們給予出版和集會結社極大的自由。

　　鑑於天主教教會組織所引起的問題，他們並未對所有的社團開放完全的自由，但 1884 年的法律，對職業工會給予合法性。1884 年的法律決定了市議會有市長的選舉權，但巴黎除外，當時的市鎮還處在相當沉重的行政體制下，特別是在那些保守的外省，他們不許當地的貴族阻止共和國法律的實行，特別是教育法。

七、教育法

　　共和派主要的政績是頒布世俗法，特別是教育法，其內容是有關所修正的女性中等教育法，這或多或少與拿破崙所創立的男性中等教育平行發展，特別是世俗義務與免費的初級教育。人們也應該充分認識這一基礎教育的內容，這是一個必然的社會需求，基礎兼技術性的教育，是拯救窮人脫離苦海的唯一方法。這項事業兼備愛國情操，法國人普遍相信，正是這種普魯士的小學教員對未來新兵的培養，才使普魯士成為 1870 年戰爭的勝利者；這項事業也具有大眾性質，以後獨立自主的居民都應具備實行自身權利相關的知識，但非宗教的教育則還有其政治內

涵的存在，1864年天主教教會出版《現代錯誤學說彙編》，這也似乎
成為民主自由、科學精神的敵人。

　　在這種意義上，極具建設性的教育法對世俗法進行干預，然而機會
主義分子對激進派的要求卻退避三舍，因為結果將與上次革命一樣，會
導致教會與國家的分離，機會主義者帶著某種惶恐而拒絕，他們不僅害
怕會在某些農村引起可怕的動亂，更不願失去軍隊，這些軍隊乃是《政
教協議》撥給政府用來控制教會的活動。

　　最後要強調，如果「機會主義者」和「激進派」是兩個合適的詞，
那麼兼具組織及紀律的黨派並未加入法國的政治領域裡。另一方面，上
述行為的概念也不僅根據地區，還要根據情況來做不同的自然變化，一
些政治人物的臨時組織也因此變化，這也就構成政府的不穩定性。

　　為了使共和主義思想在廣大民眾中更牢固地確立起來，第三共和構
想並實施了關於學校政策，1880年至1885年間主要的部長費里是該政
策最著名的主使人。他對天主教會發動了一場無情的戰爭，特別是要結
束它對青年教育的控制。

　　教會自十九世紀中葉以降得在教育上放手而為，教會中小學的就學
率比較俗世學校增加得更為迅速。由於教會自1789年革命以來一直敵
視共和，共和派新領袖唯恐教會學校出反共和的學生。

　　此外，共和派作為良好的實證主義者，相信俗世的普及教育對科
學與道德的進步極為重要。1881年至1882年，國民議會通過費里的提
議，對7歲到13歲的全體兒童實施初級義務教育，並禁止公立學校裡
開授任何宗教課程，同時又採取初步步驟，解除天主教士在公立學校裡
任教職。1879年，國家再度壟斷高等教育與學位的授與，接著幾年又
撥出數百萬法郎來提昇公立大學。

第二節　經濟的轉變和殖民擴張

一、工業與農業

　　十九世紀末，儲煤豐富的歐洲國家，如英國、德國及稍後的俄

國，經濟發展比法國快：因爲法國缺少這種當初被視爲「工業的麵包」的燃料。

法國工業在 1883 年和 1887 年持續發展，到了 1890 年，這種突飛猛進的速度開始緩慢下來，甚至比德國慢許多，法國在世界經濟中的影響力開始減弱，法國人普遍認爲，工業不再爲他們提供大量的就業與致富前景。

二、法國經濟和財政強國

在某些前衛領域，如放射性產品，無線電廣播、電、電冶金學、汽車、航空等領域，法國甚至充當了開拓者角色。

在 1873 年至 1896 年間「世界性大蕭條」中，法國經濟增長有所放慢，但到二十世紀初始又恢復了強勁的增勢，其速度甚至超過了它試圖重新對其取得領先地位的鄰國。法國人還關注改善國家的設施，1871 年至 1914 年間，鐵路網長度幾乎增加了兩倍，甚至超出了當時的經濟需求。當時修建的地方性鐵路大多無利可圖，因此，國家財政撥給了他們大量補助金。人們認爲當時法國最強有力的方面是其財政力量。

在這一領域，法國緊隨英國之後而位於德國之前，甚至在很長時間內位於美國之前。大多投向外國，尤其投向俄國（俄國公債）和巴爾幹地區的法國存款每年增加 30 至 40 億金法郎。這種資本輸出是被食利者們（即依靠年金或依靠利息生活的人）所看好的。但當時沒人明白這種局面的危險，外流的資金恰恰是國家發展所缺少的。萬一投放這些資金的遠方國家爆發革命，將發生什麼情況呢？

三、社會的落後和進步

社會起著變化，這並非起因於人口增長，因爲低出生率使城市人口只能靠農村人口外流才得以增加。農村將剩餘人口打發到城市裡。然而，與歐洲其他工業化國家相比，法國這種人口流動要慢得多，直至 1914 年，一半以上的法國人仍居住在農村，只有巴黎、里昂和馬賽是上百萬人口的城市。

由於醫學的進步，靠巴斯德及其弟子們的發現，醫學有了重大進

步，居民衛生狀況正在緩慢改善。然而肺結核病仍在肆虐，尤其在有不衛生居住區的城市裡更是這樣。

法國在實行社會立法方面不屬於歐洲先進國家之列，俾斯麥的德國和勞和、喬治的英國在這方面顯得仁慈大度得多。政治鬥爭占據了各政黨的所有精力，他們無暇或無意關注於此，從而把這一重要的方面擱置不顧。

四、殖民擴張

第三共和創建了法國從未有過的龐大的殖民帝國。在這方面具有決定意義的開局是朱爾費里於 1881 至 1885 年間完成的。1914 年時，只有英國因其帝國的幅員和居民數量而在這方面走得更遠。1871 年失敗後寂靜了十年後，法國人在政府支持下很快就勘察了直至當時還鮮為人知或不為人知的廣闊地區，尤其在非洲，還有東南亞。二十世紀初，法國殖民地面積是宗主國（法國）的 16 倍，居民數是 1.5 倍。法國從這個帝國僅獲取了微薄的好處，但它引起了領土小於法國的德國等國家的嫉妒。

雖然法國工業的重要影響逐漸下降，但農業仍占優勢，1910 年到 1911 年，農業人口占全部人口的 56%，因此，要特別注意農業所經歷的大危機。首先，由於新興國家的競爭引起了普遍危機，不僅衝擊了穀物市場，還衝擊了牲畜市場，小麥的平均價格由 1871 年的 100 升 26.25 法郎，下降到 1895 年的 100 升 14.06 法郎，接踵而至的是一系列的特別危機事件，一場嚴重的葡萄根瘤蚜蟲害在 1870 年和 1900 年漸漸蔓延整個法國地區，引起法國葡萄種植區的極大變化，紡織原料、油料、染料的種植在外國競爭與技術進步的衝擊下，不得不減產或消失。

面對這一連串的災難，農業界該如何因應？首先是採用社會的適應能力，農民向工業城市流動，這嚴重破壞了第二帝國時期的工作型態，發展成目前的農業短工（表 20-1），相反地，有產農民則有加強茁壯之趨勢（表 20-2），因此，農村社會更趨穩定，而保守主義也能順應先進的觀念。

表 20-1　日工與農業短工的數量變化

年份	日工	農業短工
1862	2,002,000	2,012,000
1882	1,480,000	1,954,000
1892	1,210,000	183,200

表 20-2　農業人口的變化

年份	農業人口
1862 年	1,812,000
1891 年	2,199,000

　　另外，農業人口的減少並沒有導致農村的退步，甚至沒有導致農業蕭條，1882 年和 1913 年間，耕地從 620 萬公頃減少到 380 萬公頃，這種減少有利於畜牧業的發展，牧場從 550 萬公頃擴大到 2,000 萬公頃，人造牧場從 270 萬公頃擴大到 410 萬公頃，飼料草耕種面積從 30 萬公頃增加到 110 萬公頃。

　　這種發展導致肉類消費量的提高，也反映出中產階級的富有情形，同時說明了人們的一般生活水準有所提升。1880 年和 1914 年間，農業生產至少增長 25%，這種結果或許是因為農民取得前所未有的自耕農頭銜而更加賣力工作，農民的努力以及農業技術的進步，才能有如此的成果展現。

　　然而在這幾年困苦的日子當中，農業像其他的工業一樣，千方百計地抵禦外國的競爭以求自我保護，從 1855 年起，糧食與畜牧法漸漸得到改善，這項政策因 1892 年《梅利那稅則》出爐而圓滿完成。從一開始這項政策就遭到批評，人們指責這項政策導致法國整體產業的落後，從長遠看，這項指責不無道理，但在當時，海關的保護即使不單針對農業，不也是在拯救法國的農業社會嗎？

　　然而，這並不能說明農戶總是了解他們的切身利益，1890 年以後，左翼黨極力在財政基礎領域推行改革，他們引進了所得稅制度，從此法國的公共財政主要由間接所得稅及土地所得稅來維持，這兩種稅在

整體上按比例攤派，窮人比富人承擔的稅賦還要多，而農民對稅務人員持不信任的態度，令人回想起舊制度時的情景。農民的反對使參議院直到 1914 年才對所得稅問題進行投票，結果是農業對國家稅捐的百分比大爲降低。

五、人口

二十世紀初期所產生的現象在這時候就發生過了，死亡率雖然減少，但是出生率也降低，人口成長幾乎完全停滯，甚至在幾年內，人口比率整體降低，加上人口外流，導致人口潛在性的減少，推敲其原因，此一現象完全不同於十九世紀末某些主要工業國家出生率下降的現象。在國外，出生率下降主要是受大城市中追求自在生活方式的影響，但在法國，出生率下降卻表現在農村裡，原因是人口的過剩及教會影響的削弱，人們不願生活在人口多而財產少的環境中，馬薩爾斯理論在某些省分，在人們的主觀上具有決定性的作用，家庭的永久性甚至不再穩固，雖然如此，馬薩爾斯人口論在農村經常是捍衛生活水準的武器。

人口壓力的減少及農產品價格的降低造成土地價值的明顯下跌，不只是普通的儲蓄金額，特別是農民的儲蓄金額提高，人們逐漸將錢財用於其他方面的投資上，土地乏人問津，1880 年到 1890 年間，法國人的動產超過不動產，工業及商業股份有限公司的不動產份額則從 1890 年至 1895 年的 20% 上升到 1910 年至 1914 年的 30%，然而法國人還是偏愛本國或外國的公債，由於這些豐富的儲蓄金，從 1890 年起法國的外交就像一支一流的軍隊般崛起。

第三節　政治的發展

一、布朗熱主義

保守的右派在 1885 年後變得十分民族主義，他們在兩次嚴重危機期間使共和制陷於危險境地。1886 年至 1889 年間，右派推出了頗有聲望的將軍布朗熱，將其描繪成針對德國的「復仇將軍」。然而，自

1889 年起，即慶祝大革命一百週年的同一年起，這場組織不當的「布朗熱運動」失敗了。十年後，被不公正地指控爲了德國利益而背叛法國的猶太軍官德雷菲斯事件（1894 年至 1899 年），再次把共和國的反對者聚集了起來。

　　1885 年至 1898 年，共和政體在表面上儘管還有許多騷亂，但共和體制已深入人心，以致沒有其他力量能夠威脅它，共和體制最終所保證的政治穩定，必然保持法國社會的基本平衡。

　　這種穩定的主要因素是什麼呢？首先是反常的布朗熱主義事件，問題不在於對這種現象的複雜起因進行分析，也不是重新探尋這一具有悲喜劇色彩的意外事件，但也不應該低估這一事件的後續性影響，布朗熱主義使某些民族主義的政治團體轉向，從選舉中的表現，說明了這些團體在某些工人階級派別中有極深的根基。但布朗熱主義的最快效應就是牽連到憲法增訂的理念，且使得共和派在未來的日子裡不能專心致力於這項工作，甚至機會主義分子與激進派的基本賭注也消失。

　　同時，教皇里昂十三世努力迫使天主教徒歸順共和政體，儘管遭到了強烈的抵制，但教皇最終還是讓他們看到這樣的事實，隨著時間的流逝，在法國復興君主政體的機會也已經消失殆盡，甚至右翼政黨的反對活動也已被粉碎。

　　最後，法國的愛國者長期以來所寄予希望的法俄聯盟成爲事實，但並沒有因此而引起復仇的狂熱，這種復仇的渴望長期以來已心照不宣地被扔到九霄雲外。相反地，法國長期被俾斯麥恫嚇所控制，因而對德國的驚恐之心也減輕，法國的輿論也愈來愈實際，而且對國內問題比對國外問題更加關心。

　　大量的社會問題開始受到重視，1893 年，10 多名社會主義者第一次進入議會，他們在講臺上響亮地傳播社會主義的思想，他們並非已經代表一個強大的政治力量，他們繼續分散爲六個派別，由他們所推選出的派系也不隸屬於任何人，這就是「獨立派」，像查勒斯和米勒蘭等。另外，社會主義的「滲透」雖然使活動複雜化，但他們不進行大的政治顛覆行動，甚至蓋德主義者，屬於社會主義理論中較令人擔憂的一部分，他們也訂定了土地計畫，且表現出對法國農業重要性的明確認知，

但也明顯地背離馬克思主義的正統思維。大多數社會主義者實際上歸附議會民主原則，這個原則是米勒蘭於 1896 年在聖美德發表演說時明確提出的。

二、德雷菲斯事件

德雷菲斯事件使政治重新陷入混亂，幸而有馬赫賽爾的著作《德雷菲斯沒有參與的事件》，否則以其複雜性，今天許多人仍然會一無所知，甚至對於德雷菲斯的無罪（今日之定論）或有罪，都無法了解其理由為何，其中「德雷菲斯」對政治的重新分類，與其說是原因，不如說是藉口。德雷菲斯事件使第三共和處境危險。在派各政黨為拯救與第三共和而組織了起來。左派和右派的鬥爭似乎有所緩和，但在 1899 年及隨後的幾次選舉中，這種鬥爭重新激烈了起來。

然而有一件事是清楚的，前十年宗教活動的相對緩和並沒有真的被敵對力量所接受。天主教徒中的活躍分子曾原則上接受歸順，因為一方面他們是教皇絕對權力主義者，一方面因為他們不專門隸屬傳統的君主政體派別；但他們向來堅持與共和派鬥爭信念，這些人當中的激進分子急於重操法國世俗化未竟的事業而有些遲疑。因此我們也不無驚訝地發現到許多天主教活躍分子，像「聖母升天十字軍」等，積極地投入反德雷菲斯陣營，同樣地，瓦爾德克・盧梭（1899 年至 1902 年）內閣很快地被激進分子所控制也不足為奇，因為內閣的組成是想實現一個大的聯盟，將那些要對德雷菲斯案件修正的人聯合起來，並打算維持共和體制的完整。因激進派別，甚至社會主義派別的加盟，左派增加了實力，因此在直至 1914 年前的歷次選舉中經常獲勝。

三、政教協議

在一些大的民主自由活動中，只有一項還懸而未決，即結社自由，因為怕引發天主教修會地位問題，事實上，1802 年的《政教協議》就沒有包括這個問題，應該歸咎於措施的不足，1884 年就應該頒布一項專門法律，允許官方承認工會。1901 年 7 月 2 日制定的法律，對一般結社予以擴大承認，而對多數宗教團體則予以取締。

　　《政教協議》的運作同樣愈來愈多問題，羅馬教廷和法國共和政府在精神上互相對峙，如何能在天主教的任命上取得一致？這時，對外政治的意外事件，使法國與義大利王國的關係更密切，這也決定了法國與梵蒂岡關係的破裂。

　　1905 年 12 月 9 日投票通過教會與國家分離，是當時局勢的必然結果，政教分離法令結束了天主教會自 1801 年教務專利以來享有的特權制度。此舉在法國引起不小的震撼，不僅因為有關教士的財產問題急待解決，某些人或擔憂「教會與國家的分道揚鑣」會在短期內導致法國教會的崩潰。

四、激進的共和

　　然而所有這些現象並沒有發生，當教會努力證明其穩定時，議會甚至行政法院仍盡力設法利用法律的靈活性，且不對宗教信仰活動橫加阻攔。確實，在執行有關分離的法律時，埃米爾‧孔布這位反教權主義者已不再執政，其他的問題則成為宗教衝突的次要因素。

　　從 1905 年起，激進派儘管還是最大的政黨，但也似乎失去了主動性，而且被一些他們已失去控制力的事件所困擾。

　　1905 年為了破壞法英協議，德國突然提出摩洛哥問題，接著有一段時期，局勢變得尖銳，德國要求法國外交部長德爾卡塞辭職。此後，法國自 1890 年起相對安定的思想格局結束，戰爭仍不可避免，德國除了想打仗，沒有其他事情可做，「唯有備戰」這些觀點開始在某些輿論部門流行；相反地，有些人則千方百計地尋找一切辦法擺脫這種威脅，這種由對外政策引起的新的分歧與傳統左右派的畫分不一樣，特別是在激進主義者內部，卡約與克里蒙梭之間激烈的對立證明了這點。

　　同時，社會激烈動盪，其尖銳程度為歷年僅見，特別是無政府主義者現在也發揮其影響力。1906 年的亞眠大會嚴正地宣布法國工會對所有政黨，有絕對獨立的特殊宗旨。工會運動寧願朝著行動的方式發展，這使我們不由地想起「總罷工的夢想」開始萌芽。另外，再看看 1905 年俄羅斯的例子，受策畫鼓動「革命者」去傷害「改良主義者」。

　　然而，這些事實並不能完全解決這些現象，大企業的工人反倒很

少被大罷工及示威所衝擊，礦工除外，反而是國家公務人員與雇員受拖累。另一個應強調的就是法國在世界上處於繁榮時期，自 1896 年以來，1910 年至 1913 期間，有關失業方面的紀錄並不多。但是經濟的起飛伴隨著物價上漲，特別是十九世紀末，物價上漲超過工資上漲的幅度，工人階級害怕重新投入為提高生活水準而展開漫長又艱辛的工作，此外，廣闊的研究領域為青年史學家在這方面開闢方向。

1914 年大戰前夕，法國嚴重地分裂，其政治前途未卜，教權主義者與反教權主義者的對立，社會主義者與激進派又就政權對工人示威的態度嚴重對立。對外來威脅應採取何種態度也形成新的衝突，有關三年兵役的法律問題在經過激烈的爭論後，於 1913 年才投票通過，而 1914 年的立法選舉似乎又重陷困境。在這種條件下，1914 年 8 月，重建法國的道德，不僅是當時人們的話題，也是史學家的主題。

王國經濟支持政治革新，又支付對外政治，拿破崙三世事件使 1815 年的條約被重新提起，根據《維也納條約》，此時義大利已經被分為八個國家，加富爾認為在歐洲政治範圍內，義大利的穩定問題應該要浮上檯面。

皮埃蒙參與克里米亞之戰後，伊曼紐爾二世在倫敦和巴黎受到歡迎，拿破崙三世要求加富爾為皮埃蒙和義大利盡他最大的努力。1856 年 3 月 30 日《巴黎條約》簽字後，加富爾提交一份訴狀，他認為以前義大利所謂的革命形勢，都是迫於奧地利的壓力所形成，他要求大會的當權者根據民眾的意願幫助皮埃蒙解決這個問題。這就是皮埃蒙所要得到的一切，從此以後他們成為最大的當權者。加富爾擔任部長職務，並為義大利發言。大會在法國的支持聲中，提出「當政者讚賞的義大利問題」。

第二十一章
第一次世界大戰期間
（1914年至1920年）

第一節　巴爾幹火藥庫

一、處於列強環繞之中

　　法國屬於當時的強國。1871 年失敗後，它主要關注的是沒法抵消其強大的鄰國，即不可避免地被視爲其敵國的德國的力量。

　　俾斯麥在二十年時間裡成功地孤立了法國。直至其 1890 年被剛登上皇位的威廉二世免職，俾斯麥與所有大國均保持著良好關係，這使法國無任何盟國。他正確地認爲：如法國冒失地復仇、那只能被打敗。但這個俾斯麥體制，因其創始者被免職而消失了。1890 年至 1914 年間，威廉二世牢牢地維持著承之於俾斯麥的奧國、德國、義大利三國同盟集團。他無法阻止法國先與俄國結盟（1893 年），繼而 1904 年又與德國海軍擴張野心感到不安的英國接近。這個 3 國協約抗衡著三國同盟。1905 年至 1914 年間，法、德對抗漸趨激烈，但並未眞正危及和平，直到奧匈帝國皇儲，斐迪南大公於 1914 年 6 月 28 日在薩拉熱窩被刺。這一謀殺是第一次世界大戰導火線。

二、1914年至1918年（大戰的悲劇）

　　1914 年 8 月 3 日，德國對法國宣戰，當時人人都以爲這應該是短期戰爭，但它延續了四年有餘。1918 年 11 月 11 日，停戰協定結束了戰爭。戰爭使 1,000 萬人喪生，其中 140 萬是法國人。

　　凡爾賽和約（1919 年 6 月 28 日）把阿爾薩斯、洛林歸還了法國，縮減了德國軍事力量並迫使其賠償所造成的破壞。1919 至 1923 年間的其他和約改變歐洲地圖。法國成了歐陸首屈一指的政治、軍事強國。這能延續多久？何況付出了多大代價？

三、禍害連連之年（1914年）

　　儘管在廣泛的定義下，第一次世界大戰中人與物的損失及政治、經濟、心理的後果等各方面，都不及第二次世界大戰，但1914年至1918年的這場戰爭還是被稱爲大戰。

　　首先，它持續的時間長得驚人，以往戰爭的經驗使人們誤以爲它將是一場短期戰爭，然而它是長期的，而且連續不斷，儘管以往的戰爭也有持久的紀錄，但在相對的時間內，戰役與戰役之間卻有一定的間隔。其次，戰鬥方式之新也令人驚奇，戰場不再限於地面或海上，潛艇和飛機將戰鬥帶至海底及空中，人們互相交換以往的戰爭情報，戰爭後的二年，人們的所作所爲與第二次世界大戰中的某方面極爲類似。戰場的相對固定也使人們感到驚訝，除了包圍戰中的一些的短間隔插曲，所有的戰鬥都是移動戰，例如，雙方在瓦爾米、熱馬普、阿爾科、奧斯特里茨、耶那、摩斯科瓦、滑鐵盧、馬讓塔、索勒菲里諾、色當及蒙斯等地戰役，軍隊一掠而過，且一刻不停地向前，以致在四年的時間裡，相同的情況不時地重複出現，馬恩省、阿圖瓦、香檳、索姆、凡爾登，然後是沃杜瓦、埃巴爾熱、阿齊亞戈、戈里齊亞、班西加等，而東部前線卻相對地穩定。

　　第一次世界大戰是一場不尋常的戰爭，它不僅以火力攻擊的方式使國防工業現代化，從而使1914年至1918年間每個師步兵百分比大爲減少，象徵新式的消耗戰誕生，戰爭中及戰後人民的精力與毅力之巨大消耗。戰場上沒有一次成功是事先確定的，情況好時前進幾百米，反之後退幾百米，最壞的情況則是敵人成功地阻擋住從戰壕衝出來的突擊隊，並在戰壕中將他們一舉消滅。那些爲了爭得或守住幾平方米土地的戰鬥，其實就是守住戰壕，因此戰壕成爲整個戰爭的象徵。危險無時不在，這時死亡、受傷都無濟於事，將領只有消耗的概念，它不出現在士兵的腦海中，也不在戰場上，這不難理解1914年移動戰末期，將領在西部戰場上仍頑強地尋求突破，以及士兵在每次進攻前的期望。

　　爲什麼在如此長的時間裡，連續不斷的戰事都沒有導致疲憊？也沒有成爲危機的泉源？特別是那些組織不力或管理不善的國家？

　　戰線的擴展延伸和戰事的持續不斷，導致軍事裝備的大量使用及武器彈藥的極大消耗，這些在戰前都始料未及，因此需要進行一次前所未有的人力和經濟的總動員。各陣營從支持它的國家吸收資金以免衰敗，那些首先無法再支持其陣營的參戰國將是第一個失敗者，無論是因爲缺乏人力還是因爲意志衰退，此時宣傳也是一種戰爭的武器。

　　但本次大戰並不限於它給人們帶來的驚奇，也並不限於它所顯現的不同尋常，它同時也是世界均勢發生變化的開始。一方面美國透過顯示它在太平洋及大西洋地區的海上威力，首次介入歐洲的事務；另一方面俄羅斯經歷一場革命，使它在世界上將發揮新的影響力。然而美國的注意力轉向國內的問題，以及俄羅斯因國內革命所必然帶來的困難及衰敗，使西歐在若干年內對自己的重要性繼續存有幻想。

　　西歐的衰落隨處可見，1914 年它保障世界貿易的 2/3 以上，可是只能分享 2/5，煤炭生產減少 30%、公債增加 6 至 10 倍、貨幣疲軟。然而復甦的前景無法令人樂觀，戰爭的破壞極爲嚴重，工業及鐵路運輸原料消耗殆盡，就業人口的損失難以恢復，戰爭的負擔如債務、撫卹金等十分沉重，歐洲明顯需要努力以挽救這一切，同時許多國家也面臨政治危機和內部的麻煩。最後，西歐必須面對殖民地的困擾，當時馬克思的理論及列寧主義的策略，在殖民地人民中正得到廣泛的迴響。

　　許多政府將它們的國家拋入產生如此嚴重結果的衝突當中，箇中緣由與當時存在的危險會有什麼樣的關係呢？

四、危機

　　1914 年 6 月 28 日奧地利王儲斐迪南被謀殺，揭開 1914 年的危機，7 月 28 日奧地利與塞爾維亞開戰，宣告第一次世界大戰開始。

　　奧地利與塞爾維亞之間，經濟問題是次要的，相反地，塞爾維亞使得奧地利在巴爾幹半島的政治擴張野心受阻，對於奧地利，這是一個極有限的危機，但卻是眞實存在，更何況人們對 1912 年和 1913 年的巴爾幹危機至今仍記憶猶新，但力量的對比不允許塞爾維亞在與強大的鄰國發生嚴重危機時，採取強硬的不妥協態度。於是 1914 年 7 月當奧地利指責塞爾維亞是塞拉耶佛事件的同謀，並於 23 日發出最後通牒時，

塞爾維亞向維也納發出和解的訊息。但是奧地利政府不爲所動,並於28日向其宣戰,問題擴大到全歐洲。

塞爾維亞背後有俄羅斯的支持,而聖彼得堡對塞爾維亞的支持出於俄羅斯的政治野心、宗教的憂慮及對自己威信的關心,此時經濟方面的利益尚未顯示,然而1908年當奧地利入侵波士尼亞-赫塞哥維那時,俄羅斯在巴爾幹半島的影響力便遭受沉重的打擊,因此俄羅斯不太可能允許1914年再次出現這種情況。但是曾經被日本人重創的俄羅斯海軍已經局部重建,能夠在歐洲從事軍事活動,此外1908年曾經認爲與俄羅斯根本利益無關的法國,此時因爲擔心失去法俄聯盟的價值,這次似乎決心不再拋棄盟國,因而可以確定的是俄羅斯不會像1908年時那樣行事,毫無疑問,這是形勢的根本變化。

但是當俄羅斯已有反應,而且英國在7月26日提出的調解仍然能夠使它從戰爭道路上有利地撤出時,爲什麼奧匈帝國在衝突擴大之前仍毫不退卻?德國的支持是主要的理由,如果雙重君主體制在民族運動的推動下終於崩潰,德國將在歐洲再次處於衰落的位置,它能面對這一退步嗎?當面對英法俄三國協約而再度被孤立時,不管是在軍事還是經濟上,它怎能繼續發揮獨一的政治作用?

對於柏林而言,保持強而有力的奧匈帝國是生死攸關的需要,但德國未曾料到一個偉大的勝利,將有力地支持奧地利,以及更進一步打開通往東邊的道路,滿足它的政治野心,並實現其在巴爾幹半島及中東地區的經濟企圖。然而德國並沒有憑藉戰爭實現它向東擴展的野心,因此當面對奧地利受到政治威脅時,它才預感到戰爭的危險。

事實上,面對源於巴爾幹地區的爭端,法國和英國將如何採取行動?它們在塞爾維亞既沒有重要的政治利益,也沒有可觀的經濟利益,決定他們態度的僅有總體上的政治因素考量。

如果俄羅斯將其自身至關重要的利益看作與塞爾維亞事務密不可分,那麼法國能夠逃避聯盟的責任嗎?聯盟的任何削弱都將使它的安全受到威脅,使歐洲的權力均衡受到破壞,更不用說放任聯盟崩潰,因爲那將使法國在軍事上脫離聯盟,而這恰好是英國軍隊所期待的,英國一直存有它在衝突中支持法國的假設。再說喬弗爾與基林斯基會談並沒有

向法國保證俄羅斯軍隊快速推進的軍事行動。此外，有一點十分令人懷疑，普安那雷個人在俄羅斯問題方面的賭注，他剛剛結束對沙皇的訪問，此為最重要的象徵。法國以自身的利益出發，最終還是支持俄羅斯，法國統治者為何寧可冒著與聯盟戰爭的危險，而不考慮今後不戰而降或是單獨作戰的可能？面對一系列安全策略、民族存亡的考量，隨之而來的財政或是經濟的利益，即使有的話，在法德關係締造之後，上述問題也只能擺在次位。

至於英國，它的情形則完全是另外一回事，德國固然是一個令人生畏的對手，但德國的金融市場仍然很弱，再者經濟關係並不容忽視，英國不正是德國工業產品的最好買主嗎？經濟和金融領域最禁不起戰爭的侵害。相反地，有另外兩種威脅似乎更加嚴重，因為德國海軍威脅英國的安全，裝備有最新艦隊的德國海軍，使得英國的海上霸主地位動搖；再加上 1914 年德國軍隊對法俄取得勝利，這是倫敦政府能夠接受的嗎？它似乎是自拿破崙以來威脅大英帝國的最大挑戰。盧森堡和比利時遭到入侵而使得這些威脅更具體時，大英帝國所做的選舉似乎可以得到解釋。

因此，1914 年夏天的危機，乃受到安全的考慮及各種力量平衡等因素的支配，也正是這些因素決定了各國政府的決策，任何時候，經濟力量都不是首先考慮的因素，只有在下了決心之後，才能夠考慮人們在戰爭中的希望，而且還必須是獲勝戰爭中取得的好處。

五、戰爭

7 月 28 日至 8 月 4 日，幾個國家相繼宣戰，參謀本部清楚地意識到即將落在他們肩上的責任，需要本國政府採取必要的措施，以進行必要的動員，並實現他們的軍事計畫，而這些國家總體的失敗及戰壕到處出現，構成 1914 年戰爭開始時的狀況。

由於領土遼闊，運輸方式有限，俄羅斯從 7 月 30 日起總動員，根據 1913 年軍事協定的條款規定，俄羅斯軍隊 110 個步兵師及 40 個騎兵師應該從戰爭的第二個星期起介入，為了顯示它的努力，東普魯士是最有利的戰場。8 月 20 日俄羅斯軍隊在岡比爾使幾支德國軍隊陷於混

亂，但德國最高指揮部馬上任命兩位新的將領興登堡與魯登道夫，防止
東普魯士被進一步入侵，這兩位將領遠遠勝過俄羅斯的參謀本部，在塔
能貝爾及馬祖里湖、薩松諾夫及萊寧坎普的俄羅斯軍隊喪失了戰鬥力，
俄羅斯進攻的失敗，對於德國的西線計畫顯然影響重大。

　　基於史里芬伯爵的計畫，又經過摩爾特克的修改，德國的目的是想
在戰爭開始幾個星期內對法軍取得決定性的勝利，為了實現這一野心，
德國人在右翼特別集中所有部隊 5/7 的力量，比利時被占領，8 月 22
日至 24 日，又取得對沙勒羅瓦的勝利，德國最高指揮部認為勝利唾手
可得，因而於 8 月 18 日至 20 日才在洛林地區與法國軍隊對峙，而失
利的喬弗爾將軍此時處境艱難，不停地戰鬥及不斷地退卻迫使他必須改
變部隊總體部署，並在東線實施第十七作戰計畫，被追擊的士兵則向西
逃脫，這也確保德國與法國軍隊左翼之間的力量均衡，他成功地做到這
一點，但在選擇撤退到何處為止及全面反攻的時間上，卻猶豫不決，巴
黎軍區司領加利埃尼的介入使他做了最後的決定。從 9 月 4 日開始，由
於察覺德國第一軍在行進中突然轉向東南方的重大變化，加利埃尼將他
的部隊投入克魯克的部隊而輕易暴露出的右側翼，莫努里的部隊開始採
取行動，展開馬恩省戰役，也意味著大反攻的開始，馬恩省戰役在一週
之內取得有限的勝利，德國軍隊停止向達姆撤退，此役使德國的計畫破
滅，所以是決定性的勝利。

　　戰爭不會太久的想法僅是幻想，在雙方部隊相互試探以及在 10 月
18 日至 30 日的耶瑟戰役、10 月 30 日至 11 月 15 日的伊普雷戰役之後，
戰線相對穩定，各自構築戰壕，但還沒有人完全估計到新的形勢及戰爭
所持續的時間。

　　此外，東部戰線的大規模移動戰，使人們希望西部戰線的穩定只是
暫時現象，事實上俄羅斯軍隊與日耳曼－奧地利軍隊在 1914 年底以前
共發生 3 次大規模戰鬥，包括 8 月 23 日至 9 月 21 日的利沃夫戰役，它
迫使奧地利－德意志軍隊後撤並使俄羅斯攻占加利西亞；10 月 4 日至
28 日的伊凡科沃－華沙戰役，日耳曼－奧地利軍隊先進後退；11 月 11
日至 12 月 13 日的羅茲戰役，德國人最後取得勝利，但卻因為軍隊數量
的不足，沒能乘勝追擊，戰線就此穩定。

　　義大利的中立使軸心國極爲失望，但土耳其加入軸心國的陣營參戰，對於同盟國而言形成極大的威脅，東線從開始就顯得居於次要位置，對於法國和英國來說則是有利的，因爲它影響到德國的分裂，西部戰線已經形成僵持，史蒂芬計畫造成更糟的局面，馬恩省的勝利反而使戰爭延續，它提供聯盟的可能性，並使人爲的潛力和經濟的潛力都伸展開。此外，海路和國際市場也向他們打開大門，殖民地在這次戰爭中提供了許多協助，隨著聯軍實力的展現，保持自由行動的軸心國經常使他們的對手處處受制。

六、關於作戰行動的研究（1915至1918年）

　　從 1914 年 12 月到 1918 年 3 月，西部戰線沒有什麼變化，東部戰線則非常活躍，如果在這期間會有驚人的勝利，那麼它不需要依據什麼決定，只要作戰者不屈服就可以了。1915 年戰爭擴大到義大利、保加利亞，1916 年波及羅馬尼亞，此蔓延並沒有明顯地改變兩個同盟國之間的對比關係。

　　既然如此，事到如今有兩種選擇，若非停止行動，表示交戰國會平白地耗盡財力、物力，且還透過已經顯示的血腥計畫重組行動；此外便是訴諸戰爭。1917 年，貝當將軍計畫透過移動所有漫長戰線的攻占區，進行新的行動，但問題是貝當缺乏炮兵戰略和坦克技術。

　　在這種條件下，他是否應該尋找一種外圍的戰略行動以解決這些問題呢？但德國政府很快地放棄達達尼爾海峽的控制權，這也顯示英國已制定其目標，它不能讓東部戰線只當副手，僅發揮輔助作用。

　　1917 年突然爆發的俄羅斯十月革命結束在東方的戰爭，也改變雙方均衡的關係。聯軍的海上封鎖使德國經濟陷入困境，海上戰爭極力地引誘美國參戰。戰爭的機械化和新的策略無聲無息地來臨，飛機、坦克、機關槍、大口徑大炮爲最後的防禦做好準備，1917 年在俄羅斯里加的戰場上，雙方以炮彈猛烈地攻擊；法國也於 1917 年 12 月 20 日發出第四號命令，再一次準備防禦和軍事的操練；1917 年 11 月 20 日在岡布雷戰場，英國坦克成功地開闢了一條通道，卡車和汽車的機動作用則保證了戰略的多變性，雖然 1918 年的移動戰時間很短，但它所引起

的後果卻是顯而易見。

第二節　連續的戰線

一、1915年的突擊和突圍

　　1915 年德國進攻東部戰線，1916 年凡爾登戰役可以被視為是突圍戰，而主要的參戰國也耗盡大量的財力、人力，重點突擊的企圖在一些猛烈的衝擊和奇襲中獲得了成效，後備軍人重新集結也克制了進攻的力量。此外，疲勞戰動搖了軍心，但這並沒有造成軍事的失衡。

　　對於主要參戰國來說，這種連續的戰線只能透過不可抗拒的行動來阻撓，如果這種連續的戰線能被切斷，將取得移動戰的勝利，這些條件一直到 1917 年才慢慢地整合，在 1917 年底正式實行，尤其是在 1918年，連續戰線都在戰爭中得到支配的作用，敵方則以突擊和突圍來引誘切斷連續戰線。

　　1915 年經過幾次地方小勝利之後，德國在法國的突擊又失敗，不論是在阿圖瓦還是在平原地區，奧費爾將軍都沒能成功地達成他重點進攻的願望。這些失敗也帶來了慘重的損失，類似的條件也在南方義大利戰爭中起支配作用，1915 年 5 月 26 日，義大利軍隊參戰，但很快就被困住不動，這是由於山地戰場自然條件和連續戰線所產生的結果。相反地，在俄羅斯戰場上，德國軍隊在最薄弱的戰線上獲得勝利，但在1915 年 5 月 2 日於杜那傑克突破防線，卻沒有獲得決定性的勝利。

　　在俄羅斯戰線上，5 月 2 日的突破是一次強有力的進展，興登堡和魯登道夫的軍隊使俄羅斯軍隊遭到慘重的損失，83 萬人死傷、90 萬人被俘、俄羅斯軍力損失一半以上，並把推向俄羅斯的戰線壓進 100 到150 公里，占領了波蘭和加利西亞，這次勝利還不是很徹底，因為義大利控制住奧地利軍隊達到 40 多個師。

　　德軍為了重新尋找突破口，堅持軍隊的戰鬥力，並減輕俄羅斯戰線的壓力，奧費爾將軍在 1915 年加強進攻，1914 年 12 月 20 日到 1915年 1 月 15 日，由福煦（如圖 21-1）親自指揮阿圖瓦的第一次戰役，結

果毫無所獲，對於阿高那、沃愛弗、孚日的進攻也是一樣；至於2月16日到3月18日的第一場平原戰，只是去掉一些戰壕；阿圖瓦的第二次戰役是在5月9日，此戰役僅將戰線推進三公里；平原戰的第二次戰役從9月25日開始，法國貝當的軍隊攻陷第一個德軍陣地，這也正是昂格軍隊的進攻陷入困境之時。總之，要想在一次進攻中攻下兩個陣地是不可能的，要想做到這一步，將會付出高昂的代價，用重點進攻突破防線的方法不太符合西方戰線的現實情況。

圖 21-1 福煦

　　這一點在義大利戰場上也同樣得到證明，奧地利軍隊透過卡多爾那將軍在伊松索和戈里齊亞控制著整個局勢，為了打開的里雅斯特通道，改變戰爭的指揮方針難道不是很必要的嗎？難道不應該向迂迴的外圍戰略政策讓步嗎？人們可以針對達達尼爾海峽遠征的結果思索如何布局。

　　聯軍企圖以海峽為工具，重新與俄羅斯建立關係，並鞏固聯軍在巴爾幹半島的力量，然而保加利亞和希臘還沒有明確地表態是否參戰，或是以攻占君士坦丁堡來約束土耳其的力量，這項計畫尤其受到年輕海軍上將邱吉爾的支持。現實是存在他們的思維中，海峽的英國海軍力量從1915年3月18日起一直就是衰敗削弱的，這也帶來了陸上競爭的問題，這種競爭是從4月25日開始，很快就在加利波利島停止。這種箝制的戰略在連續戰線面前受挫，那麼還需堅持什麼呢？英法聯軍重新開始裝備並擴大在薩羅尼加的力量，這項戰略的實施者奧弗爾將軍認為，這場戰爭的主要戰線就是英法聯合戰線。

二、1915年戰爭擴展周邊國家地區

　　1915年的局勢顯示戰爭似乎將很快結束，如人們年初所設想的那樣，但是事實上不太可能。人們處於「中心戰爭」之中，由於實力相當，使得重點進攻和突圍都遭到失敗，德國、俄羅斯顯然並沒有筋疲力

竭，反而他們已經調動所有能控制的力量，戰爭已擴展到周邊國家地區。

各國都運用不同的手段，使金融和經濟皆能適應戰爭，經濟也愈來愈傾向生產戰爭物資，因此也就產生了特殊工人，工業也顯示出堅守戰線的重要作用，並與戰勝的可能性緊密相關，在每一個不同的戰場都有革新的計畫，並縮減步兵消耗，充實炮兵和連發武器的發展，還有加強空軍和坦克部隊。

經濟生活給予政府的壓力愈來愈大，政府與工作人員及工會的關係也發生了變化，在法國尤其明顯，一個最大的工會組織最終歸附於國家保護主義政權之下，我們可預見政府力量的迅速集中和增強，政府的內部大權主要掌握在幾個重要的部長手中，像法國這樣的共和制國家，人們還不適應大權集中於個人手中，因爲他們怎能忍見戰爭的指揮權集中在共和國總統一人手中？

最後，海面開始承受比陸地還要重的負擔，自從 1914 年 8 月起，法國向英國提出了執行 1909 年 2 月 26 日的倫敦聲明，這份聲明是關於查封海上走私商人貨物的問題，從 8 月 25 日起，這項協議開始實行，但是漸漸地，聯軍擴大商業的範圍，包括一些被認爲是戰爭走私品的東西，因此引起了和英國間的激烈爭論，藉由在北海部署的德國潛水艇，使聯軍的行動更易進行，英國認爲此舉危險，就是再清出北海航線使所有中立國的船隻都在達尼港停泊，那裡是加萊海峽的入口，在該地當他們的貨物到達時會使海水水位上漲，這將會帶來嚴重的後果，因爲它還要加上聯軍對海上的控制，美國從德國進口的直接貨源被切斷，1913年 12 月到 1914 年 12 月之間，美國的進口貨物金額，從百 3,200 萬下降到 200 萬美元。

1915 年 2 月 4 日，德國政府警告中立國，它將使用強制力量報復聯軍，從 2 月 18 日起，德國海軍不考慮船員和旅客的安全，他們破壞了所有英國和愛爾蘭的水上商船。基於此，聯軍透過發布 1915 年 3 月11 日的一項命令予以回報，他們宣布扣押所有可能來自或前往敵方的商人和商船，並開始對同盟國經濟封鎖。雖然中立國還能繼續向德國買賣商業，但這種情形對德國的打擊不小。隨後聯軍又補充限額的辦法，

也就是說他們將按照戰前的統計，如果中立國的商業超出先前的消費量，他們的船隻將被扣留。

於是1915年的戰爭開始影響所有的國家，從各個國家的財力、物力來看，誰要想迅速結束戰爭都不太可能，1916年各參戰國的衰退加速。

三、1916年的衰退

1916年戰事主要集中在西部戰線，而1915年的進攻也並未動搖聯軍戰線，爲什麼沒有耗盡防守者的精力呢？這種長時間的消耗不也是一種重大損失嗎？1916年2月21日德軍將領弗肯昂發動凡爾登戰役，並認爲奧弗爾應可承擔，而且他也應該接受挑戰。

在一段時間的驚訝和猶豫之後，法軍在貝當元帥的指揮下，在法國抵抗德國激烈的進攻，接下來就是如何把退卻限制在最小的範圍之內，即大量使用卡車作爲交通工具以滿足第一線要求，隨後就是各師頻繁的運輸人力或物質，這種形式是由貝當元帥所創造的，他堅持要在每個損失1/3步兵的師部中執行，爲的是避免全面的潰敗和爭取部隊的重建。

這次戰役的範圍有好幾百平方公里，在這裡有50多萬人被送到戰場，有的死、有的傷、有的變俘虜。在軍事上，凡爾登戰役對於德軍總指揮而言是一次失敗的戰役，雙方損失一樣慘重，1916年7月11日戰爭停止。

至於1916年7月1日，英法聯軍的展開進攻則並未完全失敗，它是在尋找增強實力的機會，同時這次進攻也有一些重要的影響，它分擔並減輕凡爾登戰線的壓力，而且最後阻止德國的進攻，此外使聯軍把戰線向前推進十幾公里，也使德軍蒙受重大損失。法國軍隊在凡爾登慘敗之後，就是德國軍隊在凡爾登的慘敗，但不論是法國還是德國，兩國孰勝孰敗仍未定。

在東方戰線上，俄羅斯軍隊利用1915年到1916年的多天整頓重建，俄軍在布魯西洛夫指揮下發動進攻取得大規模的勝利，從6月4日起，他在奧匈帝國的戰線大勝，並俘虜了40萬人，重新征服布科維納和加利西亞大部分土地；8月中旬由於軍需不足，俄羅斯的進攻才停

止，它帶來兩個不同的後果，一方面它迫使奧地利在東方戰線僅接受興登堡指揮，另一方面 8 月 28 日決定促使羅馬尼亞參戰，但時間稍晚了點。德國新統帥興登堡已經計畫好在最短時間內削弱羅馬尼亞，弗肯昂在 1916 年 8 月 27 日放棄指揮權，由馬根森執行，12 月初撤退的羅馬尼亞軍隊被俄羅斯力量所吸收。

1916 年的結果令人失望，西線戰場表面上並沒有出現明確的衰敗，但東線戰場布魯西洛夫的勝利則因羅馬尼亞的失敗而被抵消。

5 月 31 日和 6 月 1 日的海上戰役展示了雙方艦隊的實力，德國艦隊訓練精良，它使英國艦隊損失慘重，但是它把自己限制在唯一的出口處，這等於是被囚禁在港口中。

參戰國也感到疲憊不堪，而曾經指揮過戰爭的人也要求和平，這怎能不讓人吃驚？這些企圖是少數黨派提出的，目的是爲保持與歐洲國家社會民主黨的關係，但是這些主張也有分歧，大部分的人想要停止戰爭，另一些人想要實行革命，至於社會民主黨他們支持政府發動戰爭，並同意參加戰爭。1916 年 12 月 12 日，歐洲各國提供了和平可能性的建議，18 日威爾遜總統要求參戰國明確表示參戰的目的，12 月 26 日和 30 日，德國和聯軍對於威爾遜總統提出的要求分別做出了答覆，顯然各國的財力、物力、人力的消耗已經不可能使參戰國達到原來參戰的目標。儘管如此，人們希望盡快地結束戰爭，因爲這是實行新方案的時候。

四、1917年的實驗

捷克的政治策略在1917年藉由新戰略的出爐和發展表現出其特點。

在 1916 年底，確切地說是 11 月 16 日，奧弗爾將軍在協約國間的一次會議上提出要從 1917 年 2 月起，實行一種聯合進攻體系，與反對同盟國的進攻同步，但在這一時期，奧弗爾不是馬恩的唯一勝利者，他也是 1915 年徒勞無功的指揮者，雖然法國元帥的威嚴已經恢復，但他在一開始就受到約束，人們等待他的繼任者，以另一種方式指揮戰爭。然而尼維爾突然被提升爲最高指揮官，他想運用權力中斷戰爭，以結束這一切的衝突，隨著海上戰事的擴大，使德軍戰線出現一個大缺口，但

尼維爾並沒實施中斷的措施，此時運用連發大炮、坦克、轟炸機都顯得很費力，因爲再也沒有供他支配的軍隊以及快速移動所需的機械化設備，也沒有必要的炮兵和補給，1918 年魯登道夫的進攻，成功地開創出聯軍戰線上的幾個袋形陣地。

然而尼維爾將軍的進攻，甚至連這個效果也沒有，因而中斷戰爭沒能實現，法國軍隊被阻截。

此時歷經三年戰爭的士兵已經學會判斷戰略的價值，他們認爲再用這種從來沒成功過的方法打下去終將還是歸於失敗，這就成爲 1917 年 5 月至 6 月叛亂的起源，也是軍隊精神危機的一種徵兆。但這只爆發在那些戰線後的部隊中，並沒有影響到那些在戰線上的軍隊，而這種影響所持續的時間不長，對方的衝擊並不嚴重，而這種現象本身並不是對戰爭的拒絕，而是對作戰中某些戰略的抗議。

新的總司令貝當一面批判尼維爾的進攻策略，一邊實行他的新戰術，他停止無紀律的行動，但並不是透過限制與懲罰，而是結束局部的戰爭，他尊重士兵，尤其是改善軍人休假和補給制度。

爲了避免會再度帶來更嚴重的後果，貝當元帥實施一種新戰略，即限制進攻的目標，那就是經仔細地準備，預估壓倒性優勢的大炮、飛機，在一個可能的範圍裡，有把握地進攻易觸及的目標，有關對作戰行動領導的最高指揮此時又重拾了信心。

7 月在法蘭德斯、8 月在凡爾登，這種新術的效應更加突顯。在拉馬爾梅松戰場上效果更明顯，幾天之內就征服達姆道路，這時貝當進攻的戰術甚至在曾經發生嚴重反叛的地區也效果顯著。但是這種戰術要求的是先進的武裝力量，這是唯一減少傷亡的方法，得以最終加強防禦能力的辦法，因此貝當認爲立刻進行工業化勢在必行，而且生產計畫也應該修正。

法國最高指揮部要求盡快完成 1916 年 5 月 30 日的炮兵計畫，要盡快裝備好各種不同類型的連發大炮，還有飛機的數量要迅速增加，尤其要爲 1918 年春天準備好 3,500 輛坦克。如此一來，勝利的物質基礎就齊備了。

五、重回行動（1918年）

　　但最高指揮部還面臨新的問題，就是俄羅斯可能背叛，的確，克倫斯基政府拒絕所謂分裂的和平，他計畫改變軍隊的作戰部署，但這已經不可能，此時俄軍7月的進攻只是最後的奮鬥而已。1917年12月15日，德國和俄羅斯之間開始停戰。

　　而俄羅斯的這種背叛，是否改變了雙方陣營的力量平衡，以致聯軍能夠在美國干預之前即簽署和平協定呢？

　　法國的高層統治者爲了回應軍隊的新要求，答覆和平解決的可能性而改變了戰略，它認爲必須控制英國延長戰線，阻止美國在洛林建立特區，因此法國軍隊將由兩大集團集合而成，而且軍隊還將具備進攻和防禦力。假設德國受到西方利益的吸引，那就不會在1918年發起進攻，而貝當準備在消耗戰之後，在1918年左右發起進攻，並且伺機在上亞爾薩斯準備戰略性的突擊。從那時起，法國也獲得了政治擔保，以使它有可能在和平大會上占有幾個席位。這一戰略將成爲貝當左右戰爭的領導路線之一，直到1918年11月11日。

　　儘管巨大的犧牲明顯地削弱英國軍隊的力量，但他們還是無法收復法蘭德斯海岸，只奪取了帕斯高塔爾。而海格元帥更幸運，1917年在康布海戰役中，他發動坦克襲擊並摧毀了有組織的戰線，這個他在里加戰爭中得來的經驗，表明了作戰行動重新一步一步地出現在戰壕的靜止戰爭中，他的主動戰略奏效（如圖21-2）。

　　這種作戰行動突然在義

圖 21-2　第一次世界大戰中使用的大炮與坦克

大利戰線上實現了，10月24日，在卡波海托受德軍進攻而粉碎義大利的防線，迫使英國人向處於困境中的盟軍增援，盟軍最後在皮亞夫重建基地。

在戰爭危機過程中，盟國唯一缺少的是指揮系統，而且盟國既沒有制定統一的戰略方案，也沒有任命大元帥，因此在1917年11月哈帕羅協約國大會上，盟國決定建立戰爭高級委員會，由專職軍隊代表組成。

1916年12月起，英國把自己的命運交給一個強有力的政府，在政府內部，主要權力由勞合·喬治所掌握。在法國施行改革實有必要，在這由軍隊進行的改革之後，也促使了共和國總統相信克里蒙梭會對政府負責。

因此，1917年是具有無數經驗的一年，是發生深刻變化的一年，這些變化發生在戰爭的過程和指揮中。對於盟國，未來還是充滿了猶豫不決，戰爭僅給英法聯軍單獨的力量，直到美軍參戰為止。他們會一直堅守下去嗎？在德國正準備決定方案時，怎樣給他們最大的機會呢？

馬爾梅松·里加和康布海皆表現出堅固而有組織的戰線，1917年12月15日，德國與俄羅斯簽訂停戰協議之後，協約國不再懷疑德國將會在1918年發動進攻，1917年12月12日，法國戰爭委員會決定作戰策略是不會有防守性的進攻，而只是等待德國的進攻。

第三節　協約國的勝利

一、反攻行動的準備工作

法國的防守理論以相當簡單的方式表現出來，但更應該「不惜任何代價」地堅持自身的進攻地位，如果將這一地位丟失，應該「立刻」再將它得到。這是為了第一地位的戰爭，而它在1918年能夠打開的新角度中還是顯得可以理解，許多領袖對此想法與貝當的新觀點大相逕庭。俄羅斯的背叛、兵額危機加重、五個師的減少，為了表現更廣更深的可能性，移動可能重現，這是貝當堅信唯一能夠阻止強大進攻的戰術，在第二陣地等候，並在第一陣地之後3、4公里遠的地方安置軍力，之後

靠小部分部隊堅守，第二陣地的任務是擊潰敵方的進攻，使得貝當喪失了鬥志，他狼狽地撤離並躲避炮兵進攻的陣地，尤其是迫擊炮的進攻，因此也限制了敵人推進的機會。

第四號指令使得這一理論很快在許多客觀事實面受挫，第二陣地還不存在於統一陣地中，如何根據軍隊的訓練要求調整實施工作完成的第二陣地？如果在沒有爭議的情況下放棄反覆斟酌的計畫，放棄曾經是那麼難以得到的堅固陣地，比如「達姆道路」或者是香檳山脈。貝當應該增加巡迴視察來維持他的想法，他為了節省人員開支而退出土地的想法的確讓人敬佩。當 1918 年 3 月 21 日德國發起進攻時，第四號法令還僅是受限制地處於現實和希望之間，高級指揮部也感到在防守中發起反攻的困難。

二、抗德行動與協約國的勝利

1918 年 3 月 21 日至 7 月 17 日間，協約國面對 5 次德國的進攻，前兩次進攻是在 3 月 21 日和 4 月 9 日，結果摧毀了英國戰線，另外 3 次的對法進攻結果不同，5 月 27 日德軍使「達姆道路」的戰線陷於混亂，四天之後到達馬爾納，6 月 9 日他們在馬茲地區的進攻很快被抑制，7 月 15 日德國人的進攻從一開始就被粉碎。

7 月 18 日和 11 月 11 日間，協約國在 7 月和 8 月縮小德國春天的進攻網後，於 9 月、10 月連續奪取堅固的戰線，這些戰線本是德國高級指揮部打算用來阻止協約國軍隊的推進。當福煦想要在 9 月 26 日向梅茲爾發動戰略性進攻的時候，由於美國軍隊很快陷入困境而遭到了失敗，也沒有能力組織進攻的行動，至於貝當主張由福斯元帥指揮進攻柏林的決定則為時已晚，因為 11 月 14 日已經提前發出了停戰書。

如何解決 1918 年戰爭的迅速發展？在該年西部地方就中斷了軍事性的衝突，此時背叛的俄羅斯也進攻了大部分的德國軍事力量。

而第二戰場的存在曾經對協約國有極大的好處，海戰使德國的內陸戰場更為穩定，海戰持續加重由軸心國聯盟的封鎖分量，但它也是雙重行動的場所。過去的行動是原料以及能源和英國軍隊登上歐陸，最近的行動即是美國的軍事力量介入。當俄羅斯的背叛向德國打開東方戰場的

時候，盟軍的潛水艇取得了勝利，這是由於軍隊組織、美國艦隊的幫助和潛水艇的應用所致，從 1917 年秋天起，盟軍即收復了沿海地區，並且讓美軍的行動轉向歐陸，但他們太慢抵達，1918 年 4 月中旬，美軍只有四個師能堅守前線。德國從俄羅斯撤出的軍事力量與美國向盟國提供的軍事力量，兩者之間極不平衡，但德國在西方戰線上那些師的士兵數字也極有限，因此德國高級指揮部只能獲取一次機會，效果是立即也是短暫的，美國的軍隊則反而更有效率且維持長久。

此時德國掌握進攻盟軍的辦法，實際上，就是可以保證他們中斷敵方前線的供給，這主要建立在炮兵以及進攻部隊的行動中，但他們缺少汽車、載重卡車，不能完全控制所發動的進攻活動。但是這一行動也獲得好處，因為它遇到兩個不同的防守陣營，在 3 月 21 日的猛烈攻擊之後，德國大步前進，盟國面臨嚴重的戰略和政治問題，在極其危險的情況下，他們思考是否應該冒著失去英法兩軍之間聯繫的險惡去關閉英吉利海峽的港口，還是放棄它而保留這種聯繫，並運用較可行的方式使英軍大規模撤退到索姆。在 3 月 26 日杜明大會上，他們同意福煦「協調」西方前線的盟軍行動，他選擇了維持兩國軍隊的聯繫來保衛亞眠。但 5 月 2 日阿布維爾大會上，盟國對德國 4 月 9 日向法蘭德斯發動的第 2 次進攻感到協約國後備軍人的重要性，但這也引起福煦和貝當之間的衝突，因為執行這個決定可能犧牲英吉利海峽的港口，以此保護協約國的戰場損傷並安全撤退。

但在 5 月 27 日魯登道夫想要吸引遠在法蘭德斯的法國後備軍人，突然在達姆道路對杜珊納將軍指揮的第四軍發起進攻，這對貝當的防守理論並無好處，且是一場災難，5 月 31 日德軍抵達馬恩省，最後由於貝當將軍的靈活戰術而牽制住他們，另外一個原因是德軍戰線拉得過長，但局勢則相當嚴酷，協約國也喪失了他們的後備軍人。

特別是德國於 5 月 27 日到 6 月 4 日間對法國前線發動第 3 次進攻之時，局勢發生了轉折，在 5 月 27 日發起戰爭與 6 月 9 日間的這幾天，貝當在馬茲地區法軍力量防守支配權上大作變動，他急急忙忙地重新聚集一批後備軍人，這些措施讓敵軍蒙受一半的損失，自 6 月 15 日到 7 月 15 日，西部前線重歸平靜。這一拖延使盟國得以重建後備軍人，加

強其物資優勢，尤其是輕型攻擊坦克最後全面投入生產。同時使美軍十幾個師也採取了行動，且投入戰場，並控制平靜地區，作為解放法國的精銳部隊。但是海格和福煦之間的新衝突引起人們的注目，尤其是貝當和福煦間的衝突。

法國統治者認為他的軍隊被福煦將軍的戰略置於危險之中，福煦將軍想把大部分法國後備軍人聚集於英國前線部隊的後面和法蘭德斯前線上，貝當認為德國將再次進攻法國前線，而不是像福煦所堅持的攻打英國前線。幾天危機之後，最後找到和解辦法，貝當直接受福煦的指揮。

三、德軍危機

協約國最困難的時期已過，而且德軍此時開始了解德國所面臨的緊張局勢與兵員危機，一些攻擊師和後備軍人的耗損，讓德軍士氣低落，因而魯登道夫想要結束這場戰爭，在一次猛烈的進攻之後，他占領了香檳地區，他想在法蘭德斯給英軍決定性的一擊，但在 7 月 15 日貝當將軍在法國第四軍中實施第四號命令，他們事先撤離香檳山脈，徹底粉碎德國的進攻，使其喪失了第二戰場，這次防守的勝利促使 7 月 18 日突襲的成功。

蒙甘和德古特所指揮的法國第十軍和第四軍則加強在德國勢力範圍內的西部防線，這也迫使魯登道夫大規模撤退到維斯勒和埃斯納。德國指揮靈活，而法國對於戰爭卻拙於領導，尤其是第十軍，坦克損耗過快，法軍在第耶里的包圍，一方面縮小，但一方面行動又太緩慢，以致德軍能夠逃脫並避開圍剿，這種種都可解釋德軍的奮戰行動。這是德軍從 3 月 21 日以來的第 1 次勝利，在 7 月 15 日的決戰和 18 日的進攻，盟軍已經付諸行動，事實上，在這場戰爭中也投入協約國最後的資源。

但在 8 月 8 日（德國軍隊的祭日），法國軍隊不再獨自進攻，英國軍隊反而開始發動主要的作用。盟軍第二次進攻致使德軍失去亞眠陣地，從 9 月初開始撤退，在興登堡戰線上很快被海格元帥的大軍所攔截，福煦將軍預見 9 月 26 日反叛事件，同時當天保加利亞即請求停戰。

法國所要完成的任務是試圖向梅茲爾進攻，其目的不乏雄心，因為這一進攻能夠切斷或至少威脅德國戰線的相互聯繫，福斯反倒沒有預期

英國軍隊的行動結果。事實違背了他的推論，而美國的進攻也陷入了困境，海格成功地粉碎興登堡戰線並且率領軍隊直逼山谷。

　　此後，戰鬥的指導方針一直到 11 月 11 日才發生變化，英國軍隊還是擔任要角，法國高級指揮部卻認為讓法軍擊退德軍是件頭痛的事，且他們擔心法軍是否能在和談期間得到有用的政治擔保。

第四節　第三共和：第一次世界大戰期間（1914年至1920年）

一、宣戰

　　1914 年 6 月 28 日，塞爾維亞的恐怖份子狙殺奧國王儲，有若投下一枚定時炸彈。一個多月後，不可倖免的危機爆發，情勢接著急轉直下。7 月 23 日，奧國在德國鼓勵下，對塞爾維亞遞上一份無法被接受的最後通牒。當時，法國總理龐卡瑞與外長韋維尼正式拜訪聖彼得堡。他們向俄國保證，法國會履行聯盟義務，接著立即束裝返國。

　　7 月 28 日，英國斡旋失敗，奧國乃向塞爾維亞宣戰。次日，沙皇下令部份動員。德國警告：如有更多舉動，它會採取行動。7 月 30 日俄國下令總動員。31 日，德國向沙皇遞上最後通牒，要求俄國停止動員，並詢問法國政府是否維持中立，如是，則應交出杜爾與凡爾登的堡壘，以資保證。8 月 1 日，法國不顧英國是否會支持，反對德國的要求，並下令總動員。德國向俄國宣戰。8 月 2 日，法國並未表示敵對，反而將軍隊撤離邊界 10 公里，大出德國預料。比利時發表反對德軍自由過境的最後通牒。8 月 4 日，英國無法袖手旁觀比利時被侵入，乃加入戰局。

二、神聖聯合

　　法國在動員令下，堅毅甚至狂熱地應戰。這忍辱四十年的報仇時刻，光復 1871 年失地的聖戰，也是捍衛自由並抵抗侵略者的十字軍。社會黨人反省他們的綏靖主義，工團份子檢討他們的反戰主義。7 月 31

日，社會黨黨魁卓瑞被民族主義青年暗殺，但該黨議員仍對政府投下信任票。8 月 26 日，韋維尼成立神聖聯合的內閣，兩位社會黨人也移席加入其他政黨的代表。

三、戰爭計劃

德國的作戰計劃，史里芬計劃，是基於以下假設：俄軍以其動員緩慢，至少在六星期內無法出動作戰。這種遲延，能使德軍迅速集結西線，並以閃電戰擊敗法國，然後移師東向，征討俄國。

德國以龐大的側攻運動，穿過比利時與法國北部，包圍法國聚結在東側與北側邊界的軍隊，並將之消滅。法國參謀總部偵知這個計劃，但低估其識見。

四、邊界之戰

史里芬計劃在最初數週的戰鬥裡，進展順利。自 8 月 6 日至 16 日的十天內，它擊潰了比國小軍隊的抵抗。法軍左翼反攻夏勒哇附近的桑布爾河地區，但於 21 日至 24 日間大敗而被迫撤退，來不及與正在蒙區（Monsnegion）受重創的英國小遠征軍會師。接著數日，德軍急行軍穿過法北平原，展開其包圍策略，德軍右翼並進向巴黎。法國政府加入 50 萬各惶恐的巴黎人的行列，逃出首都，自立於波爾多，由加列尼將軍留守巴黎。

五、再恩河奇蹟

法軍全面撤退，井然有序，並未淪於潰散。總司令霞飛重聚並擴大其部隊，而德軍則因進展過速，且自法國前線掉轉兩個軍團到東線而削弱實力。俄國此時已展開攻勢，比德國指揮部所預期的更早。

9 月 4 日，德軍右前翼克魯刻將軍的部隊，開始渡過巴黎東側的馬恩河霞飛在加列尼的催促下，下令法軍停止並堅守。從 9 月 5 日到 10 日德軍撤退前戰場大為擴張。

六、壕溝戰

法軍雖勝但疲憊已極，無法乘勝追擊，德軍乃能在香檳區建立堅強

陣地盟軍自9月2日至11月13日，對西北部的這個戰線發動一連串攻勢，企圖將之奪下。每戰交戰都延長雙方的戰壕線。在這場衝向海邊的競跑結束時從瑞士邊界到北海之間，已建築了長達4,034英里的連綿而穩固的陣線雙方都挖掘兩、三道壕溝，以鐵絲網防禦，並以水泥與土壘連續地加以增強。1915年，德軍將其主力移向俄國。霞飛對西線連續展開大攻勢，以減輕俄國所承受的壓力。但指揮部所追求的突破，以當時可動用的火力而言，是不切實際的。為了使這些失敗且犧牲慘重的攻擊合理化，指揮部表示以這種蠶食攻擊，有技巧地腐蝕敵軍作戰潛力，必能贏得勝利。他們忘記了，在這種遊戲裡，攻擊者蒙受損失超過了被攻擊者。的確，單在1915年，法軍就有40萬人喪生或被俘，將近60萬人受傷或病重得無法作戰。

七、凡爾登戰没

1916年，德國採行消耗戰策略，攻擊法國防線上的一難守但極關重要的地點，凡爾登凸出地。這場戰爭自1916年2月持續到6月，空前未有地使用各種口徑的大砲。貝當將軍統籌法國的防禦，施阻敵軍的進展，解救了凡爾登。在世人眼中，這場成本鉅大的勝利，象徵著法軍的勇氣與持久力。

凡爾登造成的損失，並未阻止霞飛與英軍對索姆河的陣線發動攻勢。此時，英軍在戰場上已投入更多人員。但在1916年7月的一些初步勝利後，盟軍的進展已消耗戰的無情恐怖中消沈。英法共損失615,000人，德軍有65萬人喪生。對抗德國盟邦的牽制戰，人命損失較少，但同樣令人失望。達達尼爾之役，主要是出自英國之催促，以大潰敗結束。法軍登陸薩羅尼加，旨在挽救塞爾維亞，但失之太遲。

八、勝利

到1917年時，大戰初期那種狂熱的愛國熱忱逐漸被戰場上沉重的傷亡數字所抵消了。再加上國民經濟的軍事化，使得人民的生活處境日益惡化。民眾的一種反戰情緒在逐漸增長，統治集團內部的矛盾與鬥爭也不斷加深。面對國內的經濟政治危機以及國外戰場上困境，法國迫切

需要建立一個強有力的政權。正是在這種一背景下，普恩加萊拋棄了個人情感，授命有著「老虎」之稱的克里孟梭上臺組閣。

上臺伊始，克里孟梭就大力煽動民族沙文主義，鼓歡要將戰爭進行到底。在打擊與鎮壓國內和平發展勢力的同時，他在國內又強化了法國的戰爭機器，使得法國軍事實力有了明顯增強。通過艱苦的外交努力，克里孟梭解決了存在已久的西線協約國軍隊統一指揮問題，法國的福煦將軍隨後出任西線聯軍總司令。

10 月革命爆發後，俄國退出了戰場，藉此良機，1918 年 3 月至 7 月，德軍在西線集結了 190 個師的兵力，發動 4 次猛烈的攻勢，但最後被聯軍所擊退。7 月 15 日至 8 月 4 日，德軍又發動了第二次強渡馬恩河戰役，聯軍以優勢兵力與武器進行阻截。德軍無功而退，此後，協約國逐漸奪取了戰略上的主動權。

從 1918 年 8 月中旬開始，英法聯軍在西線發動大規模的總反攻。德軍的齊格菲防線，與登堡防線等先後被突破，只得退守安特衛普一馬斯陣地。在德國全線潰敗之際，保加利亞土耳其先後退出戰場，奧匈帝國也宣布投降，德國國內還爆發了十一月革命，窮途末路的德國只得求和認輸。11 月 11 日，在法國東北部貢比森林的雷通德車站，法德兩國簽訂了停戰協定。第一次世界大戰以法、英等為首的協約國的勝利而告終。

第五節　戰爭的代價

1918 年 8 月，盟軍在洛林發動進攻，直到 10 月 20 日福煦將軍才同意付諸行動，由於時間太晚，11 月 14 日才準備就緒。福煦否認這次進攻機會有決定性的意義，他認為高估了德國的反抗能力，而且低估德軍、政局的重要性。因此 11 月初他獨自繼續作戰，保加利亞戰線已於 9 月 15 日被埃斯貝雷擊潰，26 日保加利亞請求停戰，29 日簽訂停戰協議書。由於保加利亞的潰散，遂脫離與土耳其的協定，再加上土耳其在巴勒斯坦戰敗，乃於 10 月 31 日投降，《木托停戰》簽字已經成為盟國爭奪的對象，最後奧匈帝國完全喪失抵抗力，從 10 月 24 日起，軍隊就

陷入混亂並走向分裂，帝國於 11 月 3 日簽訂《維拉－吉斯提停戰協議書》，並退出了戰爭。

在這些情況下，可以說自 1918 年 10 月底到 11 月初，有一重大的進展，此時也重新考慮雙方力量的對比，盟國的 30 個師、600 輛坦克對德國的六個師，而且其中朗德威爾的 3 個師在心理上也受到挫敗，這種差距造成的軍事威脅能像敵軍那樣困難地躲過災難嗎？一切都不是想像中的那樣簡單。

因此，11 月 11 日簽訂停戰協議書顯得為時過早，盟軍好像急於結束戰爭，他們或許出於人道主義原則，且害怕德國會東山再起，而盟軍隊伍也已相當疲憊，他們判斷停戰的條件是德軍不可能再發動戰爭，並且迅速從盟軍占領區撤退，包括萊因河左岸地區以及右岸十公里寬的地帶，放棄西方條約，放棄《布萊斯特－里托斯克條約》中一切利益，交出戰爭物資、運輸財產、軍艦和潛艇。這一計算很準確，但事實是停戰協議書沒有在德國簽訂，而且他們忽略了一個軍事性的錯誤，它將是一場災難，那就是萊因河彼岸無阻攔地發展，就像背後被插一把利刃一樣。

幾個星期中所發生的衝突事件竟然持續了四年多才收場，這實在令人驚訝，人們不禁要問，各國政府準備採取哪些措施來維持和平？停戰之前協約國間的談判，巴黎和倫敦的不安逐漸明朗化，這就是德國帶給威爾遜的影響，這也讓他根據 10 月 5 日的通知，掌握了和平機構，美國總統的十四點原則，勞合‧喬治和克里蒙梭的後備軍人問題，還有美國總統關於民族自決的計畫，上述事情很難說明與和平大會有密切關係。

然而同盟國政府也忽視了戰爭的後果，人數方面，德國喪失 200 萬人左右，占就業人口的 9.8%，法國喪失將近 140 萬人，占就業人口的 10%，如果加上傷員和殘疾者，則高達 300 萬人，英國喪失 77 萬人，占就業人口的 5.1%，塞爾維亞喪失 40 萬人，歐洲共喪失 800 萬到 900 萬人，法國有 2% 的 17 到 27 歲年輕人在戰爭中罹難。

人口災難還要加上資源的災難，歐洲煤的生產減少 30%，鐵路由於缺乏整修及過分使用，已經沒有什麼承受能力。歐洲的經濟優勢也衰

退，1914 年艦隊總數占世界 85%，現在最多不過占 70%。

　　對於各國家來說，沒有什麼辦法可以控制金融競爭，結果是普遍受損，義大利的國債漲了 6 倍，法國是 7 倍，英國 10 倍，德國 20 倍，在危機時期，歐洲貨幣帶來的危機比精神危機更嚴重，既無法準備好承受，也使各國政府束手無策。戰爭產生新的精神上、社會上和心理上的問題，使得潛入深處的一種跡象有時會表現出來。1914 年的歐洲均勢被摧毀，舊俄羅斯消失，奧匈帝國分裂，德國戰敗，戰爭結束之後誕生的新興國家，這些都是戰爭的影響。此外，除了美國和日本獲得權威外，令人吃驚的是歐洲的倒退，它的地位被動搖，它面對移民的困難、再次失去的市場、必須償還的戰爭債務，而它的經濟體系也很虛弱，且受到列寧思想的批評、攻擊並被擊敗，列寧還沒有完成拋棄資本主義體系而實行「新經濟政策」。

　　對於區域性的爭端意外結果，讓法國感到侷促不安，法國的筋疲力盡和驚訝都發生在 1918 年 11 月 11 日歐洲戰後的騷動中。

第二十二章
戰後國際局勢

第一節　法國與歐洲局勢的演變

一、凡爾賽條約

　　1919 年 1 月到 6 月間，在巴黎召開的和會，擬定了和平的條款。克里孟權利獲眾議院授權便宜行事，一再與英相勞合喬治威爾遜總統發生齟齬。他們都同意阿爾薩斯與洛林歸還法國，但英美兩國反對將法國東界設在萊茵河，福煦與大多數法國人則認為這是法國未來安全三所擊。克里孟梭要求英美保證，在德國發動侵略時應對法國提供援助，此對並要求一些規定：限制未來的德軍在 10 萬人之內，佔領萊茵河西岸十五年，以德國履行條約為條件分段撤出，以及東岸一個 50 公里寬的地區與西岸永久非軍事化，薩爾地區由國聯管理十五年，期滿時由公民投票，決定其最後處置。

　　法國盟邦，在原則上認知德國應協助修護它的地區所遭到的毀滅損失，但無法對賠款數目與支付方式達成協議；乃置賠款委員會來處理這些複雜問題，並要求它在 1921 年 5 月以前提出報告。此期間，德國應支付 250 億金法郎。

　　1919 年 6 月 28 日，交戰雙方在凡爾賽宮的鏡廳，極其隆重地簽訂和約。

二、中歐和東歐

　　第一次世界大戰的結果宣告了歐洲的衰退，歐洲大部分地區損失慘重，幾乎財力耗盡，在戰爭中變得貧困。歐洲在世界經濟的地位降低，主要得利者是美國，其次是日本；在政治及精神層次上，歐洲也同樣衰退，一種來自歐洲以外的力量——美國，在戰爭最後發揮決定性影響，在制定新的和平條約上也產生決定性作用，並在和平條約中加強美國自己的觀念和想法。此外，歐洲國家之間的爭鬥也使得整個歐洲在世界上

的威望受到動搖。

是否從此以後國際關係應首先置於世界環境之中，歐洲在這種環境中只處於次要位置？事實上並非如此，歐洲的問題在對外政策上仍占主要地位，戰爭沒有解決這些問題，反而是戰爭製造出更多問題。作爲歐洲國家一員的俄羅斯從此建立蘇維埃社會主義共和國聯盟，它環繞著亞洲的一部分，由於地理位置的原因，很多年以來它一直處於風險之外；至於美國，更是毫不猶豫地遠遠避開歐洲事務，雖然世界問題主要以歐洲問題爲主，但歐洲的力量再也不足以解決這些問題，這裡只有一個明顯的例外，下面我們將闡述。

被大戰蹂躪得最嚴重的地區是歐洲中部，這是因爲奧匈帝國的崩潰和俄羅斯的衰退，然而俄羅斯現在變爲蘇聯蘇維埃統治者，已經不是和平條約的簽訂者，同時確定了它在西部的疆界；另有一種因素使局勢變得複雜化，即聯軍找到另一種對付布爾什維克的方法，首先爲了對抗德國，東方戰線重新建立，軍備將繼續存在，其次是阻止革命在歐洲的蔓延。此外布爾什維克則全力對付德國，波蘭是主要的戰場，1920 年，波蘭在敗退前夕得到法國的幫助，並擊退了布爾什維克，1921 年 3 月 18 日的《里加和約》規定了俄羅斯與波蘭東部敏感地區的邊界，它限制了俄羅斯領土收復主義的萌芽。

波蘭在其他地方還有領土的糾紛，它與立陶宛爭執維爾那權，還有捷克斯洛伐克也和它有領土糾紛，波蘭曾向捷克斯洛伐克讓出特申的領地，它與鐵路、煤礦等一樣重要。此外波蘭和德國限定的疆界雖然規定在和約上，但還有很多阻礙，如高西里西亞，主要是工業和礦藏地區，然而這應該以全民的表決作一明確的決定，但就在 1921 年波蘭舉行全民表決之前，波蘭和德國兵戎相見，更糟的是，德國人絕不撤走「波蘭走廊」上的設施，這條走廊把東部的普魯士和德國其他地區分開，波蘭也很看重這條走廊，利用這條通道的波蘭人比德國人更多，它是波蘭人出海的通道。

這時期歐洲一系列小國成立，它們的經濟和政治過於貧乏，又因爲受到過於強大的鄰國德國的影響，力量很微弱，這些小國目前的任務是聯合，雖然奧地利夢想歸併於德國，但匈牙利無法忍受其勢力範圍的縮

小，它殷切地希望改變疆界，捷克斯洛伐克、羅馬尼亞和南斯拉夫不僅擔心領土的收回，而且也擔心匈牙利哈布斯堡家族的復興將會成爲企圖建立雙重君主立憲政體的象徵，這就是爲什麼查理國王在 1921 年 3 月及 10 月兩次帶著反對重建的協定進入匈牙利，這個協定限制重建的工作，此外，捷克斯洛伐克、波蘭與德國，羅馬尼亞與俄羅斯，南斯拉夫與義大利這幾個國家之間的矛盾關係也愈演愈烈，南斯拉夫與義大利則有開戰的傾向，義大利在重建協議裡描述 1919 年 9 月費蒙城被攻占的情況，這些小國擔心義大利入境阿爾巴尼亞，使它們處於危險的境地。

當然這種混亂的局勢也開始在歐洲達到一種均勢的狀態，戰敗的德國與蘇聯之間的對立逐漸緩和，這一點在 1922 年 4 月的《哈帕羅條約》上可見。同時因經濟傾斜政策和熱那亞會議的失去，使俄國進入全歐洲協調方案的努力正開始進行，1924 年，義大利、法國、英國與蘇聯重新建立了外交關係，但蘇聯害怕被「資本主義」包圍，西方國家又害怕蘇聯會發起全世界的革命運動，這種相互之間的疑慮存在了相當長的時間

大戰結束後的英國感到歐洲大陸反衰敗的傾向有點類似美國，它不想用任何的資源支持那些新生政權，法國也採取同樣的態度以避免德國在歐洲中部和東部的統治，但是它也提出關於政策方面的疑慮，法國軍隊司令迴避談論法國與波蘭同盟的解體，如果法國保護波蘭，意味著法國要與其他鄰國反目成仇，包括蘇聯在內，法國在中歐的外交政策是重新建立多瑙河流域的聯盟，並達到與德國的平衡，從 1921 年開始，法國即決定支持小國的協議，而這種突然的轉變，一部分源於法國外交人員的變化，另一部分也因法國不再控制因新生國家的自主意見而引起的暴力衝突，如果法國不想擴大德國的影響，它也只有這個選擇，法國處於一種脆弱甚至是自相矛盾的外交環境中，支持波蘭又同時支持小國條約，這也衝擊到法國和英國之間的關係，英國反對法國過於參與歐洲事務，以及對於多瑙河流域和義大利巴爾幹半島的野心。

三、1924 年之前歐洲安全體系

很難同時論述戰後總體問題，德國無法將國內的政策和它對外統治

的問題分開處理，法國基本上也是如此，法國害怕德國的報復行動，為了自衛，也由於沒有足夠力量保衛萊因河上的軍事區，法國接受英美聯軍的保護，但這項保護此時已被取消，因為美國參議院不承認《凡爾賽條約》，最後法國不得不獨自對抗德國，而德國的經濟實力較強、人口也較多；另一方面，法國獲得德國在戰爭中帶來的災害賠款，因為法國認為沒有這筆賠款，很難在廢墟中重建，《凡爾賽條約》中只提到重建的方針原則，至於具體實施還有待解決。

對於英國來說，德國的戰敗和裁軍的原則並沒有威脅到自己，另一方面由於對歷史記憶的影響，英國擔心法國會在歐洲大陸建立霸主地位，使人寬慰的是由於法國人的誠懇，讓英國至少在口頭上達成一項和解協議，相反地，關於經濟復原的問題，我們在英國比在法國看得更清楚，如果不是德國衰敗，人們也希望看到德國負擔起經濟重建的責任，對於這個觀點，英國的經濟學家肯尼斯認為這是不可能，他根據現實提出，如果德國不是從根本上擾亂國際的經濟交易狀況，無法賠償它在戰爭中帶來的損失。這也是協約國間反對戰爭制定各種賠款的理由，因為它沒能減輕歐洲各國經濟重建的負擔，德國也極力拒絕負擔協約國間的債務。

1921 年 5 月英法之間訂立協約，德國賠償 1,320 億金馬克，但德國要求延期，並換一種方式支付賠款，英國首相勞合・喬治有一個龐大的計畫，藉由一次國際會議推動歐洲經濟的重建，允許蘇聯參加，也許還能得到美國的幫助。但這個美好的構想歸於失敗，在熱那亞會議之後，與法國的協商毫無結果，其次是法國議長阿里斯泰・布萊恩的下臺，其實不僅是重建問題沒有完全解決，保護公約的構想也和勞合・喬治的構想相去甚遠。1922 年 4 月至 5 月的熱那亞會議並未達成任何的協議，西方國家和蘇聯在經濟問題方面的觀點實在不調和，不久，法國和英國又因為遠東問題導致彼此之間的矛盾愈來愈尖銳。

1922 年以來，人們似乎認為賠款的舉動已告一段落，於是法國新議長雷蒙・篷卡雷決定占據萊因河右岸的魯爾工業區，對於英國來說，雖然並不贊成，但也難再予以否決，德國不能使法國放鬆索取賠款的要求，如果德國不繼續賠償，後果將很嚴重，但貨幣的貶值使德國有理由

不再付賠款，協約國在倫敦舉行會議，通過以美國銀行家道威斯為首的專家委員會提出的賠款計畫，這個計畫沒有確定德國賠償總數，只規定逐年增加。國家透過提高日用必需品的間接稅而增加的預算收入，作為其繳付賠款的主要來源。此後，美國大量向德國貸款、投資。

第二節　國際聯盟

一、國際聯盟的頂點

　　從 1924 年開始，國際關係處在一種新的氣氛中，這一時期貨幣的穩定使歐洲主要國家間的關係復甦，這期間也通過了臨時性的賠款條約，而歐洲國家之間的關係從 1919 年以來逐漸衍生出心理優越感，換言之，人們精神狀態上的變化更大於實質上，因為人民在大戰之後迫切需要休息、和平，具有議會特性和特有語言的國際聯盟，也順勢為大家所歡迎。在日內瓦一系列會議中有關條約的制定，逃避問題多於解決問題，因此 1924 年《團體安全公約》之希望也完全不存在，著手這項公約困難重重，而制裁的本身很近似侵略。英國拒絕一些不由自主的強制力，它反對所有可能的侵略，因為這會限制它對外政策的自主性。

　　這些年來，戰爭的跡象似乎離歐洲很遠，事實中的樂觀態度就是見證，法德和解的兩個人物是法國的布萊恩和德國的古斯塔夫・斯特萊斯曼，他們於 1925 年 10 月通過的《羅加諾公約》使和解具體化。

　　斯特萊斯曼明確表示，他熱切期待和解政策開始實行，現在的德國政府不是要與法國軍隊作戰的政府，德國從萊因河地區全線撤兵，條件是德國未來的行動自由，德國也從此進入歐洲協調關係的行動計畫。斯特萊斯曼推遲德國的民族主義，它不靠長期或短期目標，而是用各種方法延後。很難理解法國布萊恩心裡到底有何打算，他彷彿被斯特萊斯曼所欺騙，也許他還在想一種報復德國的更好方法，同時他也重新找到一種與英國和解的方法。

　　人們了解《羅加諾公約》的主要傾向，法德兩國各自擁有由義大利和英國所認可及擔保的不可侵犯新疆界，這就使歐洲潛存著戰爭危機。

《羅加諾公約》中，法國與波蘭、捷克斯洛伐克分別簽訂防備德國進攻的互助條約。

《羅加諾公約》的簽訂，給往後幾年帶來兩個重大的後果，1926年9月德國參加了國際聯盟，並取得國聯行政常任理事的席位。

布萊恩沒有放棄努力，1927年他尋找機會和美國建立公約，但美國外交已經轉變方針，1929年至1930年，布萊恩宣揚一種同盟的主張，主題思想並不明確，由於過早表示，結果並未獲得成功，布萊恩是否高估了他的政策所產生的作用？

二、凡爾賽和約執行的問題

第一次世界大戰是法國歷史上最大的一次戰爭，它投入了所有的精力，爲了生存和戰勝，那些不可避免的衝突，尤其是指揮方面的衝突，都存在於神聖聯盟不可侵犯的陰影下，同盟一直延續到1917年9月。1919年的和平局面並未能帶來直接的緩和作用，因爲有些方面仍在等待實施，例如，應該使德國確實裁軍，還有德國應該賠償在戰爭中侵占法國領土所造成的一切災害。此時獨自處於外部的社會黨人分爲三派，1920年12月的圖爾會議，他們中間的大部分成員又重新組成國際共產黨，共產黨在法國的人數增加迅速，當社會黨忠實於「古屋」重新組織它的力量時，他們在法國組成一個新形態的政黨。

政府由傳統的官僚領導，但德國的裁軍政策、重建問題都很棘手，布萊恩的政策是爲了讓英法的和約做出一些讓步，並用來迷惑德國，而普恩加萊的政策則是更加嚴格地執行。

在1922年底，德國的貨幣貶值和它公開明確地停止支付重建款有關係。法國國會議長篷卡雷在1923年1月實施一項布萊恩的計畫，即占領萊因河地區的工業區。德國、英國雖然反對，這項計畫還是成功，德國被迫保持貨幣平衡，並簽署一項賠款計畫，這項計畫將得以實施，因爲它有道威斯計畫的保護傘。

人們期待和平解決關於萊因河工業區的占領問題，因爲人們在這個問題上所耗損的精力比財力、物力更多，且法國在等待德國償還的同時，不僅要負擔戰爭的壓力，還要擔任重建某些被破壞地區的任務。雖

然公共債務的膨脹要求德國成為主要負責人，稅率也增加，但是價格再也不能回到戰前的水準；相反地，1921 年和 1922 年之後，價格和稅率又重新增加，人們的憂慮也愈來愈深。

至於 1924 年 5 月的選舉則標示了國家集團的失敗，這一點並不讓人吃驚，激進派和社會黨人聯合，他們的勝利形成一種與 1902 年或 1914 年類似的政治局面，戰爭真的結束了嗎？

三、法郎的危機

從 1914 年起，法郎與黃金價格本位分開，它透過與其他貨幣的對比關係改變了價值，到此為止，1 美元相當於 5 法郎，1 英鎊相當於 25 法郎；1919 年底，它們的比值分別為 1 美元相當於 11 法郎，而 1 英鎊等於 42 法郎；1922 年底，1 英鎊值 64 法郎，1 美元值 14 法郎；1923 年底，1 英鎊等於 83 法郎，1 美元相當於 19 法郎；1924 年 2 月，1 英鎊價值超過 95 法郎，4 月和 5 月又分別下降到 71 法郎和 75 法郎，美元在同年 2 月上升至 1 美元值 23 法郎，4 月和 5 月又分別下降至 16 和 17 法郎；隨後在 1924 年初，1 英鎊值 87 法郎，1924 年 12 月，1 英鎊值 130 法郎，美元在 1924 年值 18.5 法郎；1925 年，1 美元值 27 法郎，7 月份 1 英鎊價值高達 240 法郎，美元也超過 40 法郎對 1 美元；1926 年 12 月，英鎊和美元價值下跌到 1 英鎊兌換 125 法郎，1 美元兌換 25 法郎。

這種兌換貨幣過程中的起伏變化，引起人們的關注，它是一種危機的徵兆，這種危機在此一時期深刻地震動法國。首先它無法使處於同一時代的人理解何以有此危機，因為他們已經習慣於貨幣的穩定，並期待法郎遲早會恢復戰前的狀況，直到現在這種現象還非常不明朗，但是所有人都很自然地把這種現象歸於政治的原因。對於執政黨來說，法郎的下跌只是源於某些不懷好意的投機商幕後操縱，這種投機僅是根據執政黨而起變化。不久之後，問題變得更複雜，這種現象被認為是由法國的政策所引起。對於反對派來說，赫里歐政府無力激起人們對於貨幣穩定的信心，「自信」一詞有一種神祕價值，它也賦予了理由，它表示出左派無力掌管國家，尤其是對保持預算平衡問題欲振乏力，而這一點又是

保持貨幣平衡的首因。金融管理問題成為左派和右派之間討論的重心，左派無言以對，如果赫里歐政府不能使金融恢復合理的秩序，乃是由於它受到政治對手的控制，而政府也抱怨金融環境中極頻繁的對抗問題。

　　這些現象也表現出法國的政治局勢，一個關於法郎危機的測試突顯了政府沒能力解決社會經濟問題，固有政策也引起了討論，法郎貶值的加速和左派政府的無能以及投機者的做法使法國經濟問題雪上加霜。法郎的第一次危機發生在 1924 年春天，正值篷卡雷執政時期，他承認對於危機的發生後知後覺，隨後執政的赫里歐是左派代表，在 1924 年 6 月，他未能在局勢惡化前展現其影響力，他在 1925 年的勢力也遽減，但不如前任那麼快，下一個危機在 1924 年 4 月到 7 月間爆發，且擴展到極大的範圍，但它和帶有鮮明色彩的左派政府不同。

　　我們知道當時的法郎不能恢復到戰前的狀況是因為戰後帶來嚴重的通貨膨脹，人們希望由德國來付這筆重建的款項，甚至在此情況下，價格還是從 1924 年前夕開始漲三倍，人們不再懷疑這時降價是根本不可能的事實。

　　在 1926 年隨著價格交易的標準和預算赤字的縮減，這場危機不再繼續惡化，1926 年 7 月普恩加萊政府的重新掌權，普恩加萊和國家聯盟部長的努力，幾乎平息這場危機，篷卡雷使法郎在 1926 年底到 1928 年這段時間和戰前的貨幣平值，這是經濟上顯而易見巧妙的解決方法，但精神上的影響則甚鉅。節省下來的公共積累資金成為經濟的主要組成部分，節儉和保持穩定平衡的思想在法國占據優勢，幾乎成為法國生活的主題。

第三節　經濟復興

一、戰後經濟的恢復與繁榮

　　此時法國開始面對它有史以來最亮麗的發展，它的積極性也由於重建的需要而受到激勵，法國不再把經濟狀況置於戰前的模式中，而是徹底地汰舊換新。北方工業，尤其是煤的開採，使用更先進的設備來增加

產量，戰爭帶來破壞性的同時，也使一些土地得以歸併，農村的建設也
帶來了收益，通貨膨脹和價格的升高對生產造成刺激，工業的快速發展
是在保持貨幣穩定的四年內進行的，法國開始新的工業發展階段，如汽
車（如圖 22-1）、化學、電器產品的發展。此外一些被占領省分的歸
附，例如，亞爾薩斯和洛林，它們在沒有大幅度改變其原有面貌的情況
下，擴大了發展規模。雖然物價升高，但工人階級也終於獲得經濟擴張
的成果（表 22-1、表 22-2）。

圖 22-1　1931 年的雷諾汽車工廠

表 22-1　小麥、酒、煤、生鐵（單位：百萬）

	小麥（q）	酒（hl）	煤（t）	生鐵（t）
原始紀錄	86.9	44.3	40.8	21.9

表 22-2　工人薪資水準

年份	巴黎零售貨物價（1938 = 100）	冶金工人每小時平均工資
1920	53	28
1921	46	25
1922	45	25
1923	49	27
1924	56	30
1925	60	32
1926	79	39
1927	82	42
1928	82	45

年份	巴黎零售貨物價（1938 = 100）	冶金工人每小時平均工資
1929	87	51
1930	88	55

　　在工業發展中，法國社會也發生明顯變化，城市人口的比例開始超過農村，這種變化是一種進步，並沒有引起什麼驚慌，法國工業領域的集中，證明法國還是一個小企業國和獨立生產國，社會的穩定處於被保護狀態。根據社會情況調查，就業人口數量減少，在 1914 年以前就很明顯，由於戰爭中的死亡使人口減少加劇，形成對法國內部的嚴重威脅（表 22-3）。

表 22-3　就業人口的變化（單位：千人）

	1921	1926	1931
大企業老闆	6,411	6,276	6,237
獨立的小企業老闆	1,800	1,652	1,707
職員	2,274	2,382	2,615
工人	8,762	9,274	9,143
領固定薪水者	522	435	419
無固定職業的領薪者	989	781	628
無工作者	537	242	453

二、危機的再生

　　世界的經濟危機較晚才波及到法國，法國的經濟危機也不如其他國家具有廣泛及尖銳的特點，這種狀況是來自於法國的小企業和相對較少的貸款，因為法國對外經濟比重占得很小，失業人口也遠不如美國那樣多，亦不如德國、英國嚴重。

　　但同時，從 1931 年，尤其是從 1933 年開始，由於國際形勢的惡化，也摧毀了緩和的局面，並增加人們的憂慮，普恩加萊的著作充分表現了 1932 年的壓力和緊張局勢。1932 年至 1933 年局面突然變得不可收拾，而人們也陷入精神上的混亂，人們怎麼能夠接受在戰爭中所付出

的巨大犧牲，就是爲了再繼續失去勝利的成果，甚至包括和平的代價？在已經忍受了那麼多損失之後，爲了使已經貶值的法郎恢復平衡，人們怎麼能夠接受金融危機在找不到根源的狀況持續增長？在這種混亂的情勢中，法國人的反應顯示兩個極端：對經濟平衡失望的心情、或沉醉於非常冒險的投機中。法國此時處於前所未有的狀況中，1934 年 2 月 6日一次示威遊行演變成暴動，它說明法國政治生活中週期性的暴力階段又開始。法西斯在歐洲到處都有勢力，它會占據法國的政治舞臺嗎？如果這段時期希特勒再激起一次恐怖活動，還是會有人響應的，義大利法西斯政權就因此得到很高的聲望。

但法西斯政壇根本不可能登上法國政治舞臺，因爲一場自發性反法西斯的運動正在蘊釀，它使局勢愈來愈簡單且明朗化，在群眾的壓力和國際共產黨的活動影響下，三個有矛盾的政黨建立起聯盟關係，這三個政黨是激進黨、社會黨和共產黨，這是一條人民戰線。在 1936 年 5 月的選舉中人民戰線占上風，對於左派和右派來說都是一樣，極端主義者戰勝溫和主義者，共產黨者在 70 個席位裡占 20 多個席位。

社會黨和激進黨（共產黨只限於從外部支持他們）在布魯姆的領導下執政，在新政府建立之前，爆發一場大罷工，規模和形式都是史無前例的，他們占領政府機構，對於這場暴動的起源，人們還在討論，似乎所有的工人組織、工會都能進行種種活動並引起轟動，形勢的嚴重性在很大範圍內造成緊張狀態，無法準確估計它所帶來的影響。

法西斯主義也毫無機會占據法國政壇，人民戰線政府確信能夠解決經濟危機，然而經濟政策失敗也導致了它的衰敗，它的失敗在於擁有一種相似特徵或錯誤的訊息，也因爲它在同一範圍內實施兩種互不相容的理論，我們終於明白，人民戰線政府從它的建立到法郎的貶值，在這過程中它是很軟弱的。同時另外一種理論則是用群眾的低消費解釋危機，這種理論主張大力提高購買力、提高工資，並保持農產品的價格。另外一些觀點認爲這是生產過剩的危機，這種理論認爲應該在維持生存的工作質量上進行公平的分野，他們採行毫無彈性可言的每星期 40 小時工作時數，結果可以用幾句話來總結，即產業不景氣，失業沒有減少，工資的增長反被價格的飛漲所抵消。

　　我們不應該指責這時期人們的無知，也不應輕視人民戰線的作為，但是它的失敗卻使國家造成極混亂的局面，而 1938 年實現的經濟平衡，成爲工人階級的一個藉口。

三、失敗

　　1938 年 9 月法國在戰爭面前卻步，簽訂《慕尼黑條約》，1939 年 9 月法國加入戰爭，所有重新退出的藉口都成爲不可能，1940 年 5 月，眞正的軍事行動已經在西部前線開始，不到六個星期法國又退出戰場。一系列的戰事失利，尤其是軍隊最後的慘敗簡直讓人目瞪口呆，偉大的歷史學家布勞什發表《奇特的敗退》一書，這場災難在書中被賦予了完美的解釋。

　　但還是應該看看它的原因，從 1915 年起，法國就平白耗盡財力、物力，並忍受一些慘重的損失，而修築防禦工事也沒有太大的作用，卻又拿來對付德國的壕溝戰，這種情形持續到第一次世界大戰結束。從此以後，大眾的本能反應都走相同的道路，這條道路的結果在皮爾菲的《撒了謊的布魯塔克》書中表述，它主張防守重於進攻，所花的費用就會很少，防守的策略尤其適用於法國人口少而衰落的國家。甚至一些人認爲防守戰略爲首要目標，它將保持永久和平局面，並消除一些暴亂，且讓侵略者不攻自敗。軍事專家可沒這麼想，他們認爲最後的勝利是藉由管制經濟來決定，即封鎖原料和在材料及物質上占絕對優勢，也就是說法國不用期望獨自取勝，即像 1918 年那樣，勝利是不能排除英國的協助。

　　1935 年，由於法國對外政策的混亂以及希特勒的作梗，使法德關係的和平戰線聯盟開始分裂，其中一方仍堅持傳統政策，另一方面堅決抵制法西斯的威脅。右派又分成兩派，一派仍保護傳統對德國的懷疑和戒備，另一派則擔心法國背離純粹的防守政策，而這種防禦策略被認爲是自救的唯一方法。在這種混亂與不安中，大部分政界領袖和一般人的本能反應，都堅持這種可靠的路線，在這種條件下，已經不可能再有什麼新的觀點和主張，因爲人們不想再以未來的前途來冒險。然而德國的進攻是在一種大屠殺的形式下進行，法國從此幾乎無法繼續生存，

1936 年 3 月，希特勒絲毫不考慮國際反應，再度占領萊因河地區。

我們可以用同樣的方式解釋 1935 年是法國和蘇俄的失敗年，人們懷疑共產蘇俄的軍隊價值，也懷疑史達林的眞正意圖。防守戰略比較符合英國的需求，因爲他們有海峽作屏障。而對俄羅斯來說也一樣，如果沒有遭到襲擊，它是不會跟誰聯合的。但這樣做在中歐是否有效？對於法國來講，這種戰略不是很自相矛盾嗎？當然有，這一點對於法國和波蘭之間的情況更是明顯，且也愈來愈使法國感到困窘，至於捷克斯洛伐克，相較之下更加順從法國的勸戒，它將繼續修建自己的馬其諾防線。

在這一時期，由於政治的過度活躍，我們沒有注意到人民戰線在法國不支持戰備中的責任，人們指責的是社會的動盪不安和勃魯姆政府的經濟政策，因爲它拖延戰爭供需品的製造時間。事實上正好相反，應該讓人們看到勃魯姆在 1936 年 9 月提出一項重新武裝的偉大計畫，但卻因考慮預算平衡而遭擱置。無論如何，法國不可能在與德國的武力衝突中取勝，因爲法德的工業實力相差懸殊，而德國在工業上多著重在軍事工業生產上。

危險愈是迫在眉睫，法國愈向英國看齊，1940 年 5 月，德國軍隊已經入侵比利時，法國和德國軍隊於是開戰，在目前看來，這是一種致命且不謹慎的行動，法國最後失敗，這是一種思想僵化的表徵，盲目而輕率地相信自卑政策的後果。

四、和平的幻象

重新回到戰前的正常生活，這是 1919 年後法國人和歐洲人的強烈願望。這解釋了人們對和平存有如此巨大希望的原因。這解釋了人們對和平存有如此巨大希望的原因。當時許多人認，鑒於國際聯盟這個新機構已按美國總統威爾遜的主張建立起來，和平從此有了保障。然而國聯達不到它自己確定的目標，其作用只有在 1924 年至 1930 年間才是令人滿意的。

法國外長白里安和德國外長斯特萊斯曼所追求的法德和解在 1926 年至 1930 年間甚至似乎確立了起來。

法國指望德國所許諾的賠償，以便支付重建因戰爭而衰竭的經濟所

需的費用並歸還 1914 年至 1918 年間欠美國的債務。法幣貶值，1926
年的幣值僅是 1914 年的 1/5。國民擔心更可怕的貶值，因此把 1926 年
至 1928 年間穩定了貨幣的普恩加萊當成法郎的救星。重建後得以恢復
的繁榮刺激了經濟增長，在被稱爲瘋狂歲月（1925 年至 1930 年）的那
段時間，經濟增長十分強勁。

經濟危機很快表明了所有這些希望的脆弱性。華爾街股票行情暴跌
（1929 年 10 月 24 日）使美國隨之又使歐洲陷入了危機。法國開始了
政治不穩定時期。然而值得一提的是，自 1928 年起，一些社會法令得
到了通過（1928 年 4 月 5 日的強制社會保險法令，4 月 16 日的中等教
育免費的法令。）

五、走向第二次世界大戰的災難

共和制在德國復滅了。納粹黨頭子希特勒掌握了政權（1933 年 1
月 30 日）。他把重新武裝德國反對法復仇作爲宣傳的基本主題。在五
年間，他可怕的獨裁給了德國以力量，使其一個接一個地撕毀了它立下
的保證。希特勒粉碎了國內的所有敵手，1935 年起，他著手重新武裝
德國。

在法國，人民陣線經 1936 年激烈的選舉後勝出，勃魯姆組成了法
國歷史上第一屆社會黨政府。每週工作時間確定爲四十小時，領工資者
（每年）享有兩週帶薪假期。勃魯姆於 1937 年 6 月 21 日辭去了職務。

面對納粹德國，法國在兩種態度間猶豫不決，是採取強硬立場還是
寬容？英國直到很晚時候才支持法國。

1938 年至 1939 年間，希特勒滅掉捷克，而法國作爲後者的盟國，
先前還許諾要保衛它呢。法、英兩國未能與俄國結盟，本來，這一聯盟
或許能遏止希特勒的野心。令所有人詫異的是，希特勒與史達林簽訂了
蘇德條約。而位於德蘇兩國之間的是波蘭，希特勒不隱諱他要兼併波蘭
西半部。

1939 年 9 月 1 日，德軍進攻波蘭，英、法兩國曾爲後者提供過保
證，因此立即對德宣戰。第二次世界大戰在歐洲爆發了。

第四節　希特勒的上臺

一、納粹上臺

1933 年 1 月希特勒（如圖 22-2）在德國掌權，直至 1945 年死亡為止，他的一系列構想及主動性，成為這一時期主導國際政治的要素，對他來說，首要目標是推翻 1919年簽訂的所有條約，在歐洲建立一個日耳曼帝國，即將整個歐洲置於日耳曼的旗幟之下，在這一點上，他的設想與德國其他民族主義者，甚至與俾斯麥沒有兩樣，但是他在這一共同思想中，又加入向東方擴張的構想，把斯拉夫人對其損害也納入。這一構想的先決條件當然是要消滅法蘭西民族，相反

圖 22-2　希特勒

地，為避免重犯威廉二世的錯誤，希特勒戒慎恐懼地以避免引起英國的敵視，他小心翼翼地實現他的殖民要求，也不重新裝備德國海軍。

透過同樣的方式，希特勒製造一系列新的事件，首先他急於實現一個令人生畏的歷史進程，對於他所描繪的構想，他發誓他能夠獨自完滿實現，同時他認為自己活在世上的時間屈指可數，勢必把握時間。此外作為德意志的絕對統帥，他沒有控制不住的局面或反對運動的危險，這就使他更為大膽，一個又一個地解決問題，同樣地，他也能夠一會兒運用閃電戰的軍事行動，一會兒又發出令渴望和平的人們相信的和解呼聲。

希特勒早期所採取的一系列行動，是他的思想，也是行為性格的表現，1933 年秋天，德國撤出國際聯盟的同時，也撤銷了裁軍會議，由此希特勒證實他不願接受對德國擴軍的任何限制和束縛。但是 1934 年 1 月，德國與波蘭卻公布《互不侵犯條約》，這當然是在做戲，因為兩國之間的仇恨自始至終沒有間斷過，那些願意相信的人，能夠在此看到德國和平的意圖，而波蘭統治者則認為這是他們現實主義精神最好的表現，他們以為能將德國的威脅引向南方。

　　許多人並沒有料到希特勒在德國執政所可能帶來的影響，剛開始各國都還不清楚他的策略和手腕，特別是英國，面對德國的一系列要求，英國政府長期抱持和平的態度來對待，英國一直對德國的擴軍計畫持贊同的態度，而希特勒也以此來控制德國的政策。1935 年 6 月，德國排除與法國、義大利的協定，卻與英國簽訂了英德海軍協定。確實，這個協定將德國船艦的數量限制為只占英國船艦的 35%，但離德國的要求卻差得很遠。同時許多英國人也以爲可以用和平的方式修改 1919 年協定中有關領土的條款。

　　德國對法國造成的威脅特別明顯，面對這一威脅，法國採取不同的外交手段，第一個手段是試圖重新拉攏義大利，從 1932 年底開始著手進行，義大利與法國有著共同的利益——阻止德國吞併奧地利，但兩國在中歐及非洲事務上的許多觀點卻大不相同，法國冀望義大利在非洲讓步，換言之就是對義大利大加限制，特別是希望在法義共同的保護下，實現多瑙河流域的經濟合作，這當然含有政治的內涵。在這一系列的談判期間，爲了討好義大利，法國締結了一項條約，擬建立一個四國歐洲政府，包括了英國、德國、義大利和法國，但 1933 年 6 月的這項《四國公約》實際上並沒有任何的實質意義。多瑙河流域合作的設想也沒有取得更多的進展，尤其捷克斯洛伐克並未意識到迫在眉睫的威脅，因此不願對義大利有所讓步。然而 1934 年 7 月的一次奧地利納粹份子軍事政變未遂，卻引起了義大利強有力的反應，墨索里尼與法國議會主席拉瓦勒於 1935 年 1 月在羅馬簽署一項協定，這項協定對法國解決非洲爭端的問題極爲有利，以致人們不能不懷疑兩國是否私下有祕密補償，1935 年 4 月，法英義三國締結和約，共同反對德國採取新的侵略行動。

　　與此同時，法國和蘇聯也採取行動，這次採取主動的是蘇聯，它一方面擔心希特勒的野心，另一方面擔心在兩條戰線作戰的可能性，即同時對德國與日本作戰；法國則謹慎地回覆蘇聯，因爲它十分在意保護法波聯盟的安全，並且不要失去對蘇聯一直不信任的英國，爲了不使其他國家不安，法國想在被國際聯盟接受的安全條款範圍內，與蘇聯締結法蘇協議，法國此舉試圖將該地區的所有國家都包括進去，並且實現所謂的東方羅加諾，既不排斥也不強迫任何國家。確實，1934 年 9 月，蘇

聯被國際聯盟接受為成員，並成為常任理事國，但是這一被稱為東方羅加諾的協定所希冀的設想，在同時遭到德國和波蘭的反對後失敗，因此1935年5月2日法蘇締結《法蘇互助條約》。這一事件的意義重大，但締約雙方考慮的卻完全不是同一回事，蘇聯希望建立一個真正的軍事聯盟，用軍事參謀本部的有關協定代替外交協議。但是這些並沒有實現，我們可以對此有各種不同的解釋，首先，存在於德國與蘇聯之間的波蘭領土，使得當法國受到侵犯時，蘇聯參戰的形勢與境況也變得複雜化，同樣地，採取完全防禦態勢的法國參謀本部，對於蘇聯首先遭到攻擊時，法國是否立即參戰的必要性，也完全沒有取得一致的意見。

　　在1935年下半年至1936年間，出現兩個事件，使得原本以為能夠依靠的大國顯現出其弱勢。

二、墨索里尼

　　第一起事件的發生相當偶然，人們弄不明白，在何種條件下，墨索里尼（如圖22-3）會突然決定進攻衣索比亞，從1934年12月起，義大利即經常利用衣索比亞與義屬索馬利亞之間沙漠地帶中的由游牧部落造成的邊境事件，來干預衣索比亞的內政，而墨索里尼似有感覺，即法國和英國都默許其一意孤行，事實上法英兩國打算在衣索比亞問題上，向義大利表示很大的經濟讓步。

　　但墨索里尼確信進攻衣索比亞所要付出的軍事代價會很少，因而於1935年10月向

圖22-3　墨索里尼

衣索比亞開戰，很快地，國際聯盟即對義大利實施制裁措施。然而同年12月開倒車的法國總理與英國政府起草一份計畫，同意義大利占據它覬覦已久的大部分地盤，由此給予了侵略者一個獎勵，如果這一計畫被拋出，從此以後，政治制裁將不會被徹底執行。

　　如此不一致的看法，很快就面臨一系列有待解決的難題，首先我們可以看到，合作安全的擁護者在法國一直人數眾多，此外法國利用英國

一次全民投票的機會,顯示出他們的力量;而英國政府則一直對輿論的壓力敏感異常,甚至當這些輿論與政府的政策不一致時亦然。同時我們可以理解英法兩國以爲在經濟制裁威脅面前,義大利政府必定會妥協,但事實很快證明,義大利並沒有絲毫讓步。爲實行有效的制裁,盟國不得不克服由之而來的困難,並冒極大的風險,英國內閣,如同拉瓦勒先生一樣,開始考慮妥協政策。不管如何,這一插曲的結果令人很不快,國際聯盟在義大利入侵衣索比亞問題上表現出無能爲力,這間接鼓勵了新的侵略行爲,墨索里尼在惱羞成怒的情況下,重返野心勃勃的希特勒陣營,並給世界和平帶來威脅。

進入《凡爾賽和約》所認定的萊因河左岸的非軍事區,一直是德國的傳統目標之一,因此,毫無疑問地,希特勒決心利用衣索比亞事件這個機會,其選擇的藉口是法蘇協定的簽訂,但萊因河流域的重新軍事化在此之後的 1936 年 3 月才出現。這一行動的性質非常嚴重,因爲它既是象徵希特勒的第一次軍事行動,也是對《羅加諾公約》的違背。然而這一切並沒有引起西方大國的任何反應,對這種不負責任的行爲,人們指責英國政府妥協的態度,並譴責法國政府的軟弱,尤其法國軍事將領不贊同採取任何軍事行動,這是法國的戰略方針,至少在戰事的第一階段是如此,法國僅考慮守在邊界地區的馬其諾防線,因此沒有必要讓自己捲入萊因河地區的軍事爭端中。

三、外交形勢

《慕尼黑協定》簽署後,英國於 1938 年 9 月 30 日、法國於同年 12 月 6 日分別與德國締結《互不侵犯條約》,這表示著英法今後不再阻止或反對希特勒的野心?或是英法希望將希特勒的目標引向東方藉以保持自己的安全?可以確定的是,至少英國存有這樣的願望。但事件的發展卻完全是兩回事,1939 年 3 月,德國占領捷克斯洛伐克,使得歐洲各國輿論產生了根本的轉變,特別是在英國。同時英法兩國政府都意識到歐洲那些尚未獨立的國家,此時都已陷入立即的威脅中。

英國政府將成爲抵抗德國侵略的領導國家,它向每一個即將受到威脅的國家提供保護。國際間很快將注意力轉向波蘭,從 1939 年 3 月底

開始，德國就公開要求收回但澤和走廊地區。其實早在幾個月之前，德國就已經私下將此意向告知波蘭政府，但波蘭統治者拒絕接受。

　　由於波蘭受到威脅，蘇聯的態度就成為首要問題，從 1939 年 3 月開始，法英兩國就屢次與蘇聯政府磋商，但一直拖延未果。很顯然地，主要障礙來自波蘭政府的態度，它不願意看到蘇聯軍隊穿過它的領土，甚至不願意聯合起來反對德國的入侵，在這種情況下，蘇聯怎麼能夠救援它？

　　但同時，自 1939 年 4 月起，蘇聯一直試圖私下與德國和平共處，而德國先是猶豫，繼而決定利用這一機會，1939 年 8 月 24 日雙方簽訂《德蘇互不侵犯條約》，並附帶一份瓜分波蘭的祕密協議。這一協定的宣布，猶如晴天霹靂，實際上，這不僅對德蘇兩國所表現出來的意識形態背道而馳，同時也是希特勒對蘇聯領土存有的野心，以及蘇聯在 1934 年以來整個策略不可能的轉變。我們怎麼解釋這一切？在希特勒的想法，這似乎可能僅是一種臨時的安排，它將使其輕易地解決波蘭問題，但要猜測史達林此舉的動機則更為困難，他是否認為自從《慕尼黑協定》簽定以後，西方民主國家將與希特勒勾結在一起以共同反對蘇聯？或者是他打了一個小算盤，認為使英法與德國對抗的戰爭將對蘇聯有利？到底各自的軍事領袖和主要活動者打什麼主意？如此眾多的疑問，我們無法確實回答。

　　但不管怎樣，1939 年 9 月 1 日德國軍隊入侵波蘭，英法兩國終於對德宣戰。《慕尼黑協定》並沒有得到根本的改變，外交形勢也更為惡化，似乎英法兩國意識到今後它們不能再退縮。

第二十三章
第二次世界大戰

第一節　德軍的攻勢

一、戰爭

　　這場戰爭對法國來說是殘酷的。組織上遠遠超過法國的德國裝甲部隊和空軍，在戰勝波蘭、丹麥、挪威並擊敗了荷蘭和比利時後，於六週內（1940 年 5 月至 6 月）摧毀了法國軍隊。1940 年 6 月 10 日，墨索里尼的義大利向法、英兩國宣戰。

　　第三共和在這一次災難中滅亡了。貝當將軍這位第一次世界大戰時期的光榮戰士成了以維琪為首都的一個微型國家有爭議的首領。2/3 國土已被德國占領，不過不包括法國殖民地。戴高樂 1940 年 6 月 18 日在倫敦通過電臺發出號召，一些法國人受此鼓舞，決定抵抗敵人。

　　戰爭在延續；德國在 1940 年夏的英國戰役中受挫；隨之在控制整個巴爾幹半島後，自 1941 年 6 月起又陷入了俄國的泥潭。最初勝利後接踵而至的是嚴重失敗，1942 年至 1943 年間在史達林格勒和北非的情況便是如此。隨後，盟軍在義大利發起了攻擊。

　　1944 年 6 月和 8 月，盟軍在法國海岸的二次登陸解放了法國。法國軍隊與英、美軍隊一起參加了這些行動。後者從法國國內抵抗運動聯絡網和游擊隊提供大量敵情中同樣受益匪淺。1945 年五朋反納粹德國的戰爭取得了勝利。

二、德國的輝煌勝利

　　「第二次大戰」是第 1 個唯一需用「世界」一詞做定語修飾的詞彙，因為它所涉及的戰場逐漸擴展，參戰的國家不僅是所有最強大的歐洲國家，連歐洲之外的大國也參加了，戰爭的整體態勢錯綜複雜，卻顯得十分簡明，在開始階段，德日等主動發起戰爭的國家十分順利，隨後從 1942 年開始，就是一個不可避免的此消彼長階段，與 1917 年間的

形勢變化相比，沒有什麼不同，侵略軍隨後筋疲力竭直至滅亡。第二次世界大戰本身，說明了現代經濟最大限度的動用，以及陸地與海洋力量的集中，這些比戰爭中的戰略結果有著更重要的意義。

希特勒把所有的希望寄託於分別打擊對手的快速進攻上，這可以說是他的首創，幾次成功的突擊，證明了這一戰略的價值與長處。

1939 年 9 月，完全失去蘇聯依靠的波蘭被希特勒毫不費力地攻下了，這也就昭示著英法兩國的無能為力，它們無法為盟國提供任何援助，哪怕只是很小的援助，更何況是直接對德宣戰。此事不論對歐洲中立國家的政治方面，還是對參戰國的心理方面，其影響可說是十分重大。

隨後出現的插曲更為複雜，在 1939 年夏天的一連串談判中，不論對盟國還是對德國，蘇聯所提出的條件之一，是對波羅的海沿岸國家的控制，以保障通往列寧格勒（聖彼得堡）的通道安全和通行自由，這也是彼得大帝以來的傳統政策。盟國對此保持沉默，而德國在這一點上沒有什麼困難，愛沙尼亞、拉脫維亞、立陶宛相繼屈服，1939 年 11 月底，蘇聯進攻拒不順從的芬蘭，芬蘭進行了令人意想不到的頑強抵抗。英法兩國考慮救援芬蘭，同時斯堪地那維亞國家的態度又不得不引起他們的注意。對於英法來說，首先要使德國得不到軍事工業賴以存在的瑞典鐵礦，同時對於英國，最好關閉北海的出口，可能的話，更要對在波羅的海的德國艦隊構成威脅；德國則堅決保護波羅的海，盡可能保住艦隊從北海出入的自由。總之，一場封鎖戰開始了，但卻是相當反常的方式，因為德蘇貿易協定及義大利的「不交戰狀態」想盡辦法去除英國海上封鎖的效果。德國不止一次地勝過他的對手，加上地面部隊行動的快速及空軍的效率，1940 年 4 月至 6 月間，德國成功地挫敗了英國的海上霸權，並將手伸進了挪威和丹麥。

三、法國戰略錯誤

儘管由於冬季的耽擱，希特勒還是決心盡早解決法國問題，由於對手的戰略錯誤，他已經擁有戰略優勢，對法國防禦能力相當自信的法國軍事領袖，又自相矛盾地被這一自信所驅使，犯了一次更為可笑的冒失

病，他們將軍隊開往一片廣闊地方，去救援比利時和荷蘭，而比荷兩國卻在受到德國攻擊之後，才同意向法國軍隊提供通道，也就是說一切都太晚了，政治因素起了不祥的作用。

但更主要的是，一支在 1918 年戰爭中表現十分出色的法國軍隊，和一支全新的德國軍隊發生了衝突，法國面對這些現代化裝備軍隊的快速攻擊，一開始就暈頭轉向，其失敗是無法挽回的。對於這一點，沒有什麼比統計年表更有說服力，1940 年 5 月 10 日德國開始進攻西部，5 月 13 日穿過色當，5 月 21 日德國裝甲部隊到達芒什省——濱英吉利海峽之法國省分；從 5 月 27 日到 6 月 4 日，由於比利時投降，北翼的大部分英法軍隊從敦涉爾涉上船撤退，幾乎丟下全部裝備；6 月 5 日，所有的德國部隊掉轉頭來向剩餘的法國部隊發動進攻，6 月 10 日，認為不會再有任何立即危險的情況下，義大利宣布參戰，同日法國政府放棄巴黎，6 月 17 日法國要求停戰，八天之後，德國接受請求。在 6 個星期之內，由於現代化武器及面臨裝備現代化軍隊的威脅，一個最古老的國家、一個最穩定的社會開始瀕臨滅絕的邊緣，進入動盪不安的時期。

第二節　法國的潰敗

一、假戰

1939 年 9 月 1 日清晨，德軍 53 個師團在大量坦克和飛機的掩護下，從西北和西南兩個方向對波蘭發動大規模進攻，第二次世界大戰開始了。驚慌失措的法國政府竟把墨索里尼在 8 月 31 日提出重開英法德義所謂的《和平建議》當作救命稻草，死命抓住不放。9 月 1 日，法國外長博內表示不接受義大利建議，在他的授意下，法國駐義大利大使兩次求見齊亞諾，乞求和平，並表示德國只須作象徵性的撤軍，換言之，在這段時間裡，法國在軍事上公然違背對波蘭的保證。在德軍大舉進攻波蘭兩天後，法國才遲遲宣戰，宣戰後六天，法國才出動一些先頭部隊滲入德國領土，但一遇德軍抵抗，就退守其著名的馬其諾防線，後來德軍又不進攻，每天只利用無線電向法軍宣傳，以「不要替資本家作戰賣

命」等口號來瓦解法軍士氣。英法軍隊靜守在馬其諾防線鋼筋水泥工事的後面，警戒的哨兵面對德軍陣地，眼看他們裝卸輜重槍炮、挖戰壕，卻絲毫不去打擾他們，守軍既不進行軍事訓練，又不挖戰壕，而是躲在工事裡聽音樂、下棋、寫家書或情書。

英法兩國對俄宣戰後，敵對雙方在戰場上缺乏激烈戰鬥的場面，這種現象德國人稱之為「靜坐戰」，美國的報紙卻譏之為「假戰」。然而這種現象卻不是偶然的，它實質上是法國政客長期奉行的「綏靖政策」的延續。波蘭戰役開始後，希特勒和戈林先後在柏林及但澤發表演說，故伎重施，大談德國所謂的和平願望，表示願意與法國和解。12月，墨索里尼配合德國的和平攻勢，向法國外交部祕書萊熱提出再次召開四國會議的建議，法國雖未表示同意，但仍對義大利在調解過程中所起的作用表示感謝。

對於法國領導階層的動向，希特勒了解得一清二楚，他始終估計法國人和英國人不會進犯德國本土，並於8月31日下令禁止在西線採取任何軍事行動，事實上，在1939年4月，英法參謀本部便商定，一旦戰爭爆發，兩國應採取消極防禦戰略，波蘭戰役期間，他們遵循的正是這一方針。

在假戰時期的漫長時日中，英法兩國人民關心的，反而是蘇俄對芬蘭的戰爭。原來蘇俄政府以德蘇簽訂的祕密議定作為護身符，在1939年9月、10月之間先後逼迫愛沙尼亞、拉脫維亞和立陶宛以簽訂互助條約，進而在上述3個小國中獲得了建築海軍基地以及派駐軍隊等特權，但是當蘇俄以同樣的手段向芬蘭提出割讓土地、建築軍事基地、派駐軍隊等要求時，卻遭到芬蘭的拒絕，同年11月，蘇俄就藉故派兵向芬蘭進攻，因此蘇俄、芬蘭兩國間的戰爭爆發。

蘇芬戰爭開始後，法國政府又掀起新的反蘇浪潮，1940年1月19日，達拉弟就責成甘末林和達爾朗共同制定襲擊蘇俄油田的計畫。2月5日，同盟國決定仿效義大利干涉西班牙內戰的做法，派遣3萬至4萬所謂的志願軍，經挪威和瑞典前去芬蘭作戰。2月22日，甘末林建議經過黑海進攻蘇俄，並在高加索的伊斯蘭居民中挑起反對蘇俄政府的叛亂，從南方進攻蘇俄的計畫由來已久，1939年8月去敘利亞組織「東

方軍」的魏剛就揚言，他一生的目的便在於「粉碎蘇俄的脊柱」。

1940 年 3 月 12 日，蘇芬簽訂和約，達拉易下臺，由雷諾組成新內閣，但法國政府所奉行的政策卻未改變。早在 1939 年秋天，法軍總司令甘末林就曾設想要使德國「被迫陷入巴爾幹半島戰爭」，因而法國也就能贏得時間，並獲得在二輪才參戰的好處，甘末林準備在巴爾幹半島和德國、義大利較量，但其真正目的卻是透過巴爾幹半島威脅蘇俄，一直到 4 月 5 日，法國空軍參謀本部仍制定此計畫，企圖在六天內徹底摧毀蘇俄高加索油田 30% 到 35% 的設施。

在這種政策的影響下，法國國內洋溢著一種和平的氣氛，不少地方依然歌舞昇平，絲毫沒有戰爭的跡象。社會各階層、各政治力量對戰爭的看法也莫衷一是、極為混亂。雷諾和某些經濟學家在 1939 年冬天鼓吹成立歐洲聯邦，認為這樣便可消除各大國之間的矛盾，重振西方文明；法國社會黨的左翼呼籲在對待蘇俄問題上要慎重，但其右翼則在《費加洛》等報刊公開建議封鎖莫曼斯克，炮轟熬得薩，對蘇俄採取軍事行動；《德蘇互不侵犯條約》的簽訂給法國共產黨帶來了思想上的混亂，法共被宣布為非法後，處境更形困難。

11 月 30 日、12 月 2 日，法國參眾兩院先後通過在戰爭時期授予政府全權的法律草案，然而政府內部仍然矛盾重重，1940 年初，環繞著挪威的軍事行動、芬蘭事件，達拉弟政府受到議會反對派的猛烈攻擊。3 月 19 日，眾議院召開祕密會議，譴責達拉弟政府在反德戰爭中的「軟弱無能」，要求推翻或改組內閣，要求反對蘇俄、反對共產主義，20 日達拉弟內閣向總統勒布倫提出辭呈。21 日總統與兩院議長商議後，命雷諾組閣，雷諾宣稱自己是「戰爭內閣」。27 日雷諾訪問倫敦，與英國簽訂了兩國「絕不單獨談判或締結任何停戰和平條約」的宣言，表示和英國聯盟抗德直到最後勝利的決心。

德國在假戰期間中的景象卻與英法相反，除了不理會俄芬戰爭外，更集中力量增加軍火生產與軍事人員的訓練，以為下一步進行更大規模的軍事行動預作準備。希特勒一直到 1940 年 4 月初才開始採取軍事行動，不過這一次的軍事行動仍然不以英法兩國為對象，其侵略的矛頭，反而投射到曾與德國簽訂互不侵犯條約的丹麥與挪威身上去，這又

是希特勒迷惑玩弄英法的另一個手法。

　　4 月 9 日希特勒突然派遣由海陸空三軍組成的機械化部隊，同時進攻丹麥和挪威，由於猝不及防，丹麥只在幾個小時不到的時間內就被德軍占領，德軍進攻挪威雖然不像占領丹麥那樣容易，而其進攻的方式卻安排地相當巧妙，原來德軍在對挪威發動戰爭以前，便已派了不少名為運煤的船隻進入挪威各港口，其實在那些船隻上服務的水手都是訓練有素的士兵，船艙中還藏著坦克車。自此以後，挪威國王率領的軍隊在內陸地區，雖然仍憑山險繼續作戰，甚至英法軍也派兵支援，但後來仍被德軍擊潰，挪威國王被迫逃亡。

二、閃電戰

　　5 月初，當挪威的戰爭已接近尾聲時，希特勒又已將 100 多師德軍調往德國西部，準備對西歐發動猛烈攻擊。5 月 9 日他對比利時和荷蘭的政府保證，德國對這兩國絕無攻擊的計畫，但這種保證言猶在耳，德國大軍在 5 月 10 日清晨四點就已越過邊界，同時向荷比盧進攻。

　　在德軍發動全面攻勢以前，法德雙方的軍力不相上下，德國有 135 個師在西線，而英法盟軍方面有 96 個法國師、10 個英國師，加上 22 個比利時師、9 個荷蘭師，盟國還略占優勢。法國與盟軍一起，有可能利用戰機，變被動為主動，轉為進攻的角色，可是，他們誤判了德軍的攻勢，把主要兵力部署在戰略上的次要地區，也就是以為德國會從馬其諾防線一帶攻過來，所以在面對瑞士、萊因河以及馬其諾防線一帶，駐有 32 個師和 10 個要塞師的兵力。他們視「馬其諾」為固若金湯的防線，往北，則是森林綿亙、峰巒陡峭的阿登山脈，他們認為德軍的現代化坦克車無法通過。他們視寬闊的馬斯河為「天然的防線」，認為只要依靠它，就萬無一失。因此，在阿登－阿斯這道屏障後面，防守薄弱、裝備不足，在中部 95 英哩長的防線上，只駐有第 2、第 9 兩個軍的 16 個步兵師和騎兵師，其中有 4 個是 B 級師，2 個師沒有配備 0.25 公分的反坦克炮，第二軍只有 3 個坦克營，第 9 軍只擁有 20 架殲擊機，然而，德軍在同一防區卻擁有 13 個坦克師、300 架中型轟炸機、200 架俯衝轟炸機和 200 架殲擊機。在法比交界的曠野，法國參謀本部認為是

德軍進攻的戰略重點，因此法國在此地駐有第一集團軍的 39 個師，其中 3 個摩托師、3 個輕機械化師，英軍也保持 23 個預備隊和 3 個裝甲師，只待比利時國王邀請，即可深入比荷境內作戰。當然，法國參謀本部也並不是完全否認德軍經由阿登進攻的可能性，法軍的戰略就是建立在這一假設上。

　　5 月 10 日，德軍向荷比盧發動突擊，英法盟軍根據甘末林制定的反攻計畫，向比利時推進阻攔德軍，德軍一邊在北佯攻，一邊調兵向馬斯－阿登一線推進，當時法國的偵察機也注意到德軍坦克車在阿登一帶移動的情形，第九集團軍的一個師長奧熱羅也注意到了德軍在馬斯、色當的機械化部隊的調動。可是，法軍司令部對德國軍隊的意圖還是捉摸不定，仍然認為這是德國的次要攻勢，主要的攻勢仍然是在比利時展開。然而 5 月 15 日德國另派一支主力的裝甲部隊，經由比利時東南的阿登山區，攻入法國北部，約以三天的時間在馬其諾防線北端攻破了達 60 英哩的缺口，自此以後的幾天中，德軍主力部隊就長驅直入，相繼占領聖昆丁、雪爾等地，接著向西攻占海岸上的阿比維爾。德國這支由東向西橫切而過的主力部隊，就將進入比利時境內的英法盟軍與法國主力部隊切斷。5 月 16 日，當時接替張伯倫出任英國首相不久的邱吉爾，帶著自己的幕僚匆匆趕到巴黎，他對法國的迅速潰散，以及甘末林手中竟然沒有預備部隊，感到非常驚訝，同時又強調英國為了自身的安全，已無法向盟國提供任何實質性的援助，同日雷諾召回年屆 83 歲高齡的駐西班牙大使貝當，以及法軍駐中東司令魏剛，這 2 位投降派的回國，無異加速了法國的敗亡。5 月 17 日，布魯塞爾的陷落，前線形勢更趨緊張，次日雷諾便改組內閣，他本人除任總理之外，還兼國防部長，貝當則任副總理，5 月 19 日，魏剛又取代甘末林出任法軍總司令，他迅速地制定了反攻計畫，並聲稱「德國坦克師已墜入陷阱，只要蓋子一關上，它們必然全面覆亡」，但是不久，防線便被突破，英法部隊潰不成軍，紛紛向海邊敗退。

三、敦克爾克撤退

　　5 月 23 日，德軍已進逼至離敦克爾克不到 20 公里的地方，25 日

和 26 日，布倫和加萊亦相繼淪陷。這時數十萬盟軍都退守在敦克爾克，面臨著覆亡的命運。5 月 28 日，比利時向德國投降，而且比軍還倒戈相向，對英法盟軍作戰，盟軍前景更加黯淡。5 月 26 日開始，英國徵集一切可用的船隻 800 多艘，日夜穿梭於英吉利海峽中，接運被困在敦克爾克的軍隊，英法盟軍除在敦克爾克的西面奮力抵抗德軍，以掩護海上的撤退之外，在撤退路線上空還派大批空軍保護，在如此急迫的情況下，由 5 月 28 日至 6 月 4 日撤出的部隊，多達 33 萬餘人，其中計有 11 萬餘的法軍。

敦克爾克大撤退後，英軍在法國只留下一支象徵性的部隊：一個步兵師和一個員額不足的裝甲師，英軍實際上已退出歐陸戰場。從 6 月 2 日展開戰役的第二個階段，這時法國和它強大的對手已處於一對一的局面，只得以 71 個師去應戰德軍的 140 個師，數量上處於絕對的劣勢，不久所謂的「魏剛防禦」便告土崩瓦解，巴黎告急。投降派遂活躍地公開活動，當時不少法國軍政大員所關心的已不再是如何戰勝德國，而是如何收拾殘局、維持其統治的問題。

四、停戰

6 月 11 日德軍渡過馬恩河，開始圍攻巴黎，法國政府倉皇地遷都波爾多，6 月 14 日巴黎淪陷。困處於波爾多的法國政府已知無力再戰，內閣改組，84 歲的貝當元帥出任總理，接著便向德國求和停戰。6 月 22 日簽訂的停戰協定中，將法國中部、北部和沿海地區劃為德軍占領區，約占法國總面積 2/5 的南部地區仍由法國治理，唯占領區的德軍軍費由法國政府負擔。

第三節　法國淪陷

一、維琪政府、第三共和結束

直到停戰為止，法國陸軍共死亡 82,000 人，被俘虜則多達 154 萬餘人，但海軍僅損失 34 艘艦艇，全部主力艦、航空母艦、巡洋艦均完

好無損，可說保存了實力，因而法國政府完全可以退守北非，在海軍的掩護下，憑藉地中海天險，繼續抵抗。法國的投降使德國得到很大的好處，大批法國軍用物資充實了德國的戰爭機器，92 個德國師團都得以配售繳獲的法國汽車，從而進一步地增長了德國的侵略氣燄。

停戰協定簽訂之後，德國占領者憑藉刺刀維持占領區的極權統治，建立「封鎖區」。各區之間的往來受到嚴格管理，與非占領區的往來則受到嚴密限制，甚至連維琪政府部長們的往來也得有德軍當局的「通行證」，占領當局解散了一切政黨、工會。7 月 4 日，一道命令禁止聚集街頭、印刷和散發傳單、組織公共集會和一切示威，禁止收聽外國廣播，對共產黨份子實行死刑，瘋狂地迫害猶太人，1941 年實行人質制度，凡殺死一個德國士兵，要用 50 至 300 個法國居民抵償。

「自由區」名義上是由貝當統治，實際上卻受到希特勒德國的控制，法國投降後，6 月 28 日，貝當政府由波爾多遷到克萊蒙費朗。然而，這個城市缺乏提供政府各部門所需的房舍，於是 7 月 1 日又遷到溫泉療養勝地維琪，維琪成為首都，史稱「維琪政府」。

貝當非常厭惡議會民主制，認為議會應對法國的失敗負責，甚至有人說，戰敗比勝利更為有利，因為戰敗摧毀了一個「不光彩」的議會制度。1940 年 7 月 10 日，在賴伐爾的建議下，舉行了參眾兩院的聯席會議，以 569 票對 80 票的絕對多數，通過了制憲法令賦予貝當以全權起草新憲法。從 7 月 11 日起，貝當連續頒布三個制憲法令：第一項法令宣布貝當為「法蘭西國家」元首；第二項法令規定：在新議會組成之前，貝當擁有立法權、擁有任命一切軍政職位的大權和國家元首的全部權力；第三項法令規定：原來的參眾兩院一律休會，聽候進一步的通知。兩天之內，共和國總統、總理被廢黜，國會的活動被停止，一切行政、立法、司法大權集中在國家元首貝當身上，甚至連「共和國」一詞也被「法蘭西國家」所代替。存在七十年的第三共和國就在此終結。

貝當政府內充斥著大量資本家和法西斯分子，如外長博杜安原來是東方匯理銀行經理，內政部長標舍就是法西斯分子，司法部長阿里貝爾也是「法蘭西行動」的成員，賣力推行綏靖政策的賴伐爾則成為貝當的繼承人，這樣的政府自然獲得了法國極右勢力的支持。貝當又提出所謂

「民族革命」的口號，其實是反對共和國、反對議會制、反對多黨制，主張建立「一個新的、勇敢的、極權的、社會的、民族的制度」去取代「議會制民主」，民族革命的核心是「勞動、家庭、祖國」，力圖在法國實行法西斯化。維琪政府時期壟斷資本，教會和各種極右勢力都紛紛抬頭，十分猖獗，為法國人民帶來了深重的災難。

對外，維琪政府不惜賣國求榮，積極投靠希特勒德國，1940 年 10 月 24 日，貝當和希特勒在蒙都瓦爾會晤時曾允諾對英作戰，並制定了襲擊英屬西非的計畫，並聲稱「我走上了合作的道路」。繼賴伐爾之後，弗蘭亭組成領導政府的三人委員會。1941 年 2 月，達爾朗海里上將出任副總理，獨攬軍政大權，5 月又和德國祕密簽訂《巴黎條約》，準備實行全面軍事合作，為德國在敘利亞和達喀爾提供空軍基地，並允許德國軍隊使用北非法屬殖民地的港口和鐵路。德蘇戰爭爆發後，維琪政府又要求對蘇作戰，條件是恢復法國 1941 年的邊界線和保留法國的殖民地，因遭到希特勒的拒絕，自討沒趣的維琪政府只得宣布為非交戰國，但仍派出一支 3,000 多人的反布爾什維克主義志願軍團去德蘇戰場作戰。

二、自由法國

法國抵制運動是全民族反法西斯戰略的運動，具有廣泛的民主性和社會性。法國抵制運動是主張抵抗法西斯德國的派別、集團或個人在不同地區、不同時間內逐步形成的，戴高樂的「自由法國」運動，對於法國抵抗運動的蘊釀和形成，發揮了直接的影響作用。

1940 年 6 月 17 日，作為堅定抗戰派的法國國防部次長戴高樂將軍（如圖 23-1），眼看大勢已去，決定隻身出走英國，儘管戴高樂在飛抵英國時，深感「自己是單獨一個人」面對「一片茫茫的大海」，但針對貝當

圖 23-1　戴高樂

的屈膝投降，他毅然在 6 月 18 日夜間發表廣播演講，號召法國人民繼續抗戰，並滿懷信心地說：「無論發生什麼事，法國抵抗的火焰不能熄滅，也不會熄滅。」於是戴高樂在 6 月 22 日宣布建立「法蘭西臨檢民族委員會」，他認為「沒有武裝就沒有法國，建立一個戰鬥部隊比什麼都重要」。他設法爭取撤到英國的法國官兵及傷病員，積極招募志願軍，使部隊從 6 月下旬的數百人發展到 7 月底的 7,000 人，7 月 4 日，戴高樂檢閱了自由法國的第一支部隊。

戴高樂一面命令「自由法國」的飛行員參加英國空軍對魯爾的轟炸，同時力圖擺脫寄人籬下的局面，在 8 月初即派出一支部隊深入非洲腹地，利用當地人民的反德情緒和維琪政府的軟弱無力，先後促成查德、下剛果（今剛果人民共和國）和烏班吉－沙利（今中非共和國）加入「自由法國」運動。到 8 月下旬，赤道非洲喀麥隆地區已歸附自由法國，9 月大洋洲上的法屬殖民地、印度的法國居留地也站在戴高樂這一方，散布在世界各地的法國僑民，也建立了戴高樂委員會，積極支援自由法國。10 月 27 日，戴高樂在布拉柴維爾以全法國的名義宣告法蘭西帝國防務委員會成立，號召法國人民為完成「偉大」的、保衛法國的任務而參加戰鬥或準備犧牲。到 1940 年底，「自由法國」領導的殖民地人口已超過 1,200 萬，法國抵抗運動因而可憑藉非洲廣闊的土地和豐富的資源與德國抗戰。

但戴高樂的「自由法國」運動與英美不斷發生摩擦，1940 年 2 月 3 日，英國艦隊突然襲擊停泊在阿耳及爾附近米爾斯克比港的法國艦隊，擊傷三艘主力艦，法國水手傷亡亦超過 1,600 多人，不久，英國艦隊又先後襲擊了停泊在土倫和達喀爾的法國艦隊。英國政府採取這些行動是為了使法國艦隊不落入德國的手中，但卻嚴重損害了法國人民的自尊心，在不少法國人看來，英國背信棄義，已成為法國的敵人。許多從敦克爾克撤退到英國的法軍官兵此時紛紛回到法國，更使在倫敦初創抵抗運動的戴高樂陷入困境。

《貢比涅停戰協定》後，英國政府雖然召回了英國駐法國的外交官，但和維琪政府卻並未完全斷絕關係。美國則一直和維琪政府保持著外交關係，並想透過和維琪政府的關係，鞏固它在西歐的地位，同時

美國政府還想伺機打入北非法屬殖民地，1941 年初，美國特使墨菲到達北非，並於 2 月和維琪政府駐北非代表魏剛簽訂了《墨菲－魏剛協定》，決定由美國向北非提供必要的商品，美英的這種政策對法國抵抗運動都是不利的。

三、抵抗運動

　　法國國內的抵抗運動是在極端困難的條件下展開的，它經歷了從自發到自覺、由單個的分散行動到逐步有組織的行動，它的第一批發動，則是少數愛國者對德國統治的直接反抗。在巴黎陷落後的第二天，即 6 月 16 日，有位名叫埃蒙德・米歇萊的人，散發了 500 份關於「認清形勢的真誠忠告」的傳單，發出了堅決反對停戰的忠告。一些被德國囚禁的法國士兵和難民，從德國集中營逃出，因無家可歸，被迫走上反抗的道路。人們運用各種形式，打擊侵略者，有的襲擊邊區小村的德國哨兵，有的利用在飛機工廠工作之便，卸下機上的重要鉚釘，使飛機在空中墜毀。尤其是科雷茲省的達納芝森林區，在 1940 年底已有 20 個活躍的小組，成為早期武裝抵抗運動的中心。1940 年 11 月 11 日，巴黎各地以及郊區的大學生、小學生和教師聚集在香榭麗舍大道，佩帶三色旗胸章，拿著小旗和紅白花束，估計人數從 3,000 人增加到 1 萬人。在南部地區，人們傳播戴高樂的廣播、搜集德國占領區的情報、出版地下報紙、成立抵抗組織等，如德拉巴東尼聽了戴高樂的廣播後，就約了 7 個朋友，開會討論抵抗行動，他多次搜集情報，送到瑞士再傳到英國，經過了三個月的努力，終於建立起情報網。

四、佔領區

　　1942 年 4 月，賴伐爾在維琪重掌大權後，加速了和德國合體的步伐，9 月 4 日，貝當政府頒布《勞動法令》，規定 19 至 50 歲的男性和 21 至 35 歲的未婚女性均需隨時應徵參加各種勞動，到 1944 年夏天，共有 963,000 人在德國境內服勞役。維琪政府的倒行逆施激起了法國人民更大的反抗，各抵抗組織克服重重困難，出版成千上百各種刊物宣傳抵抗運動，同時又採用各種手段打擊占領軍。1941 年 10 月，由法共發

起，成立「全國軍事委員會」領導法國武裝抗爭，1942 年秋天，法共
又動員 1/10 的黨員加入游擊隊。在戰爭期間法共總共出版了 316 期的
《人道報》，總發行量達 5,060 萬份，此外還發行地下傳單 1,196 萬份
和小冊子 1,495,000 冊。1942 年，破壞鐵路事件達到 276 次，1941 年
秋天，在南特和波爾多的一部分德國軍官被游擊隊消滅，惱羞成怒的占
領軍竟大肆屠殺法國無辜的居民，先後處決了 29,660 名人質。但是法
國人仍繼續抵抗，並和戴高樂在海外領導的抵抗運動建立聯繫，1942
年，社會黨人菲利普加入民族委員會，1943 年 1 月，法共代表格利民
埃前往倫敦，和戴高樂正式建立了關係，1943 年 4 月，激進社會黨也
表示支持戴高樂，國內外的抵抗運動逐步地結合起來，為法國的光復奠
定了基礎。

五、諾曼地登陸

　　1944 年 6 月 6 日凌晨，美英盟軍在艾森豪將軍和蒙哥馬利將軍指
揮下，在法國北部諾曼地登陸，盟軍 2,395 架運輸機和 847 架滑翔機，
載著 3 個傘兵師，在諾曼地海岸重要地區空降著陸。接著 2,000 多架飛
機猛烈轟炸德軍海岸防禦工事和炮兵陣地，進攻部隊分乘小艇和大型登
陸艇在密集的炮火下向諾曼地推進，迅速占領灘頭陣地，不斷擴大戰
果。到 6 月 7 日午夜 12 時，總計有 155,000 名盟軍戰士在法國諾曼地
登陸，之後，盟軍後續部隊迅速增加。7 月初，登陸盟軍達百萬人，德
國苦心經營的「大西洋壁壘」被摧毀。8 月 15 日，盟軍又在法國南部
普羅旺斯沿岸登陸，塔西尼將軍指揮的法國第 1 集團軍作為盟軍的組成
部分也隨之登陸。一再拖延的第 2 戰場終於開闢成功，從此開始了法蘭
西民族解放的新階段。

六、法軍參戰

　　戴高樂直到 6 月 14 日才回到法國，但是他仍堅持法軍應盡早、盡
可能參與光復法國的戰爭。6 月 17 日至 19 日，法軍攻占厄爾巴島，
2,000 多名德軍被俘。8 月 5 日，由勒克萊爾率領的第 2 坦克師終於登
陸，隨即投入了諾曼地境內的戰鬥。同時，法國本土的軍隊也積極配

合。7 月中旬，全國已有 40 個省為抵抗德國運動所席捲，在不列塔尼地區，約有近 8 萬名法國本土軍隊活躍於各地。自 6 月 6 日到 8 月 15日，法國軍隊就殲敵 8,000 餘人、俘敵 2 萬餘人，在中央高地，70,000多名游擊隊牽制德國第 1 軍共 12 個師，經過 3 個多月的苦戰，迫使其殘部 25,000 餘人全部繳械投降，到 8 月中旬，中部地區全部為游擊隊所控制。6 月 10 日德軍在法國阿拉都爾大屠殺，更激起法國人民抵抗的決心。在維爾刻耳山地保衛戰中，3,000 多名游擊隊奮起狙擊配備精良的德國軍隊，他們曾多次擊退德軍在坦克和飛機掩護下的進攻，雖蒙受重大傷亡，但仍堅守 1 個半月之久。艾森豪對法國本土軍隊作戰能力有很高的評價，認為它的作用相當於 15 個正規師。

第四節 盟軍的勝利

一、巴黎光復

　　巴黎光復是法國抵抗運動的最高潮，巴黎是抵抗運動的重要基地，法共對巴黎地區抵抗運動有很大的影響，「巴黎」本土軍隊司令、巴黎光復委員會主席均由法共黨員擔任，1944 年夏天，隨著第一戰場的開闢，德國占領軍加強對巴黎的控制與掠奪，致使生活必需品嚴重缺乏，麵包、糖、肉類、牛奶只能定量供應，物價猛漲、黑市盛行，由於原料短缺和空襲，許多工廠停產、失業工人增加，巴黎人對占領者的不滿和仇恨情緒進一步增長，人們盼望早日勝利（如圖 23-2）。

　　7 月 14 日，巴黎人舉行四年來第一次國慶遊行，參加者高達 15 萬人，巴黎的一些公司企業升起了三色旗，工人開始罷工，大眾的愛國熱情不斷高漲，巴黎抵抗運動的武裝力量也更加壯大，到 8 月 26 日，總計有內部武裝部隊 5 萬人、愛國警民 5 萬人。8 月 7 日，當盟軍向巴黎推進時，巴黎「本土」軍隊司令發出了「第三號命令」，指示部隊動員一切力量，最大限度地展開軍事行動。

　　在收復巴黎的過程中，德國占領軍死亡 3,000 人、傷者 5,000 人、14,800 百人被俘；法國方面，法國本土軍隊死亡 319 人、平民死亡 692

圖 23-2　巴黎光復

人、傷者 2,012 人，法國抵抗戰士以自己的鮮血和生命，收復了巴黎。

巴黎光復後，戰爭在法國境內繼續進行，勒克萊爾的第二坦克師挺進摩澤爾地區，接著進抵孚日山下，隨後又參加了收復亞爾薩斯和洛林的戰鬥。塔西尼指揮的軍隊在 9 月正式命名為第一軍，先後有 14 人加入該軍，因而提高了戰鬥力，隨後參加收復亞爾薩斯與洛林的戰爭。

二、戴高樂外交行動

1944 年，戴高樂採取了兩個重大的外交行動，首先是在 7 月訪問華盛頓，與羅斯福總統進行會談。出於當時的形勢，兩人在許多問題上都達成了諒解，緩和了兩國間的緊張關係。11 月底戴高樂又匆匆訪問莫斯科，與史達林簽訂為期二十年的《法蘇友好互助條約》，戴高樂因此就在美蘇兩大國間維持平衡，改善了法國的國際地位。不久，法國又取得了戰後占領德國與參加盟國對德管制委員會的權利，並成為聯合國安理會的常任理事國，法國又回到了世界大國的行列。

1944 年 1 月起，法國第 1 集團軍與盟軍一起乘勝追擊德軍，3 月底，法軍越過萊因河，在德國境內勝利推進。4 月，配合蘇俄紅軍展開

攻克柏林的戰役，在易北河與蘇軍會師後，不斷擴大戰果。5月7日，在巴黎以東的艾森豪司令部，德軍代表簽下了《無條件投降書》。8日下午三點，戴高樂與杜魯門、史達林、邱吉爾共同向全世界宣告盟國的勝利和歐戰的結束。午時12點，在柏林正式舉行了德國無條件投降儀式，法軍第1集團軍司令塔西尼受戴高樂委託參加了儀式，9日凌晨時10分，德國代表凱特爾在投降書上簽字。隨後，仍然盤踞在法國的德軍也舉手投降。經過四年的浴血苦戰，法國人民終於擊敗了德國，迎來了法國的光復，法蘭西民族在經歷了淪亡的悲劇後，現在終於獲得了重生，一個新的時代也即將開始。

第三共和國在這一災難中滅亡了，貝當元帥這位第一次世界大戰時期的英雄，成了以維琪為首都的法國政府首腦，2/3國土已被德國占領，1940年6月，戴高樂將軍在倫敦透過電臺廣播發出號召，一些法國人受此鼓舞，決定抵抗敵人。

三、北非行動

長時間以來，邱吉爾一直想在法屬北非地帶登陸，這也是英國「周邊戰略」中最引人的計畫之一，可能羅斯福也慧眼獨具地看到了這一點，這一計畫的實施主要取決於海上有關事宜的準備，必須徹底堅決地阻止德國人在摩洛哥——特別是在達卡——修建新的海軍基地，大西洋在此處最狹窄，同時必須縮短盟國最主要的運輸線中的一條，在重新確保地中海航線的情況下，將可以避免繞道開普敦，而史達林的堅決主張，也加速了計畫的實施，處於1942年德國發動攻勢猛烈威脅下的蘇聯，有充分理由堅持要求開闢第二戰場，然而在歐洲開闢這一戰場勢不可能，就如同1942年8月第波遠征的失算一樣，加強北非行動的同時，將迫使德國人抽回一部分兵力，對付來自南邊的威脅，如此一來，將即刻減輕俄國的壓力，哪怕以最後推遲在歐洲的登陸為代價。

登陸行動以美國人為主，於1942年8月同時在三個地點進行，卡薩布蘭加、歐蘭和阿爾及耳。限於篇幅，在此我們不能描述隨之在北非產生的混亂政局，以及美國當局對法國抵抗運動成員的不理解。無論如何，最後的結果是，法國大批軍隊投入反抗德國的公開戰爭，從此以後

恢復了法國的威信。

這時，已經抵達亞歷山大崗的隆美爾，在一位新英國將領蒙哥馬利的攻勢面前，不得不開始撤退，盟國在北非登陸，從後面威脅隆美爾，這一次希特勒不得不嚴肅認真地看待地中海戰場了，他急忙趕在聯軍到達之前，在突尼西亞投入大批援軍和大量的武器裝備，這正印證了聯軍的估算。從 1943 年 1 月開始，隆美爾放棄了利比亞，到了突尼西亞南部，德國甚至向西面連續發動進攻，但由於地形、惡劣的氣候以及法國的抵抗和聯軍逐漸增長的優勢裝備，德軍的進攻最後都歸於失敗。1943 年 5 月，突尼西亞的德軍和義軍被迫投降，這是軸心國一次重大的失敗，它丟下了 25 萬名俘虜和所有運到非洲的武器裝備。

然而最艱鉅的事情還在後面，德國最後調動所有的部隊，它的軍火生產量在 1944 年第 1 季達到了極限，聯軍的戰略轟炸對此顯得效力不大，至多使德國的汽油發生匱乏，而這是保障盟軍飛機主控戰場的關鍵。此外，V1 及 V2 型火箭等新式武器的投入使用，又對英國造成更嚴重的威脅。

四、歐洲戰場上的勝利

在歐洲西部登陸存在許多問題，而且也是前所未聞的，它不僅涉及到調集並運送大批部隊及數量龐大的武器裝備，同時還要將這些布置在一條築有防禦工事的戰線前面。「大西洋城牆」圍繞著法國所有的海岸，還包括那些根本不大可能登陸的海岸段，為了解釋這分散力量的安排布置，我們不能排除德軍指揮官已經看到盟軍出現的跡象，然而障礙確是令人畏懼的，再加上自然界的危險，大風、海浪、大霧等，在開始階段，這些因素隨時都可能將這次遠征行動變為一場災難。聯軍反覆設想並創造了最巧妙、又最大膽的做法，不僅建造成千上萬艘特殊的船艦，而且建造人工臨時港口，以及一條必須貫穿英吉利海峽的海底輸油管道。

位於科登坦半島上的坎內地區諾曼地海岸被選為戰場，但是透過一系列巧妙的聲東擊西，盟國使德國在登陸行動已經開始的幾天後，還以為主要進攻點在另一個可能的地區，即加萊海峽。此外，空中轟炸及法

國反抗組織的破壞活動，也使德國在整個法國北部的交通、通訊陷於癱瘓。

　　儘管如此，開始時的進度極為緩慢，登陸行動開始於 6 月 6 日，利用一段惡劣氣候中的一個短暫晴天，直到 7 月 1 日美國才到達瑟堡港，這裡是他們部隊的補給線不可少的港口，而且還必須用 1 個月的時間修復整理後，才能投入使用。最後，從 7 月 27 日至 31 日，科坦登半島的德軍基地被徹底摧毀。從這裡出發，與 1940 年的行動戰酷似的戰爭開始了，8 月 19 日在諾曼地被包圍的德軍大部分被殲滅，8 月 25 日勒克萊爾將軍所率領的法國軍隊進軍巴黎，重新收復巴黎。8 月 15 日第二次登陸在普羅旺斯進行，這一次一支精銳的法國軍隊參加行動，由達西尼將軍指揮，這一新的進攻在幾乎毫無抵抗下向前推進，9 月 12 日它與來自諾曼地的部隊在勃艮地會合。這次推進速度快的原因，在於聯軍不需要擔心後方，法軍依靠自己的力量，收復了羅亞爾河與隆河之間的所有領土，並完成其他地區的大部分工作。但隨著盟國向東深入推進，以及隨著它們的補給線必須穿過一個運輸網路大部分被破壞的地區時，形勢起了變化。9 月盟國抵達比利時和洛林，同時他們幸運地奪取未曾被破壞的港口安特衛普，但是必須先疏通入海口，這件事在 11 月 28 日完成。12 月德國進行了一次毫無希望的進攻，這次進攻很快地就被粉碎，其目的是穿過亞耳丁山脈，試圖重新奪回這一至關重要的基地。1944 年底，西方盟國英國、美國、法國到達德國邊界，在某些地段他們甚至越過邊界。

　　1945 年開始，聯軍抵達德國西部邊界，但擺在他們面前的是兩個看起來十分嚴峻的障礙，謝菲爾德防線以及又深又寬的萊因河，作為防線的萊因河同時還是主要工業區的護衛線，加上它的北岸地勢低窪，這也是德國隨時可能利用決堤的不利因素。相對地，東面蘇聯卻還離邊界很遠，但是他們沒有遇到任何德國可以憑藉來堅持到底的障礙，同時首都柏林就在東部邊界附近。

　　聯軍在諾曼地登陸（如圖 23-3）成功後，那些最清醒並最熟悉情況的德國人，特別是軍事領袖，他們清楚地知道德國失敗了，1944 年 7 月 20 日，他們試圖暗殺希特勒以挽救國家，但是他們失敗了，於是

德國只剩下極狂熱的納粹分子，
納粹分子寄望於神祕可怕的新式
武器，希望這些武器能夠使他們
在最後時刻時來運轉，準備與國
家共存亡。

圖 23-3　諾曼地登陸

　　1 月俄國開始抵抗，並很快
到達奧得河，但在南面，出乎意
料地遭到匈牙利的抵抗，因而拖
延了他們的攻勢，直到 3 月底才
抵達奧地利邊境，在西面，2 月
德國在萊因河左岸投入其最後的
力量，但由於部隊均就地防守，
以致沒有什麼部隊來堅守這條大
河，3 月 7 日聯軍穿過萊因河，然
而在魯爾地區有一塊孤立的陣地繼續抵抗，並一直堅持到 4 月 18 日，
聯軍總司令艾森豪指揮他的先鋒部隊向薩克森推進，但他輕忽了柏林政
治位置的重要性，同時在南面第 1 批到達布拉格的蘇聯軍隊的要求下，
他命令他的部隊停下，相反地，蘇聯軍隊卻集中所有的力量以便奪取柏
林。希特勒於 1945 年 5 月 5 日在柏林自殺，5 月 8 日他所指定的繼承
人簽署《無條件投降書》。

　　從此之後，德國及其他附庸國全部被同盟國的軍隊占領，實在不能
想像在這些征服之後會出現更全面的軍事災難。在中歐，出現了政治空
窗，由此而來的一系列問題，將在很大程度上左右戰後的歷史進程。

　　因此，法國屬於勝利者陣營。但它的經濟比 1918 年時所受的打擊
更爲嚴重，已變得毫無生氣。

　　在間隔了 1/4 個世紀的時間裡，法國的生命力遭受了兩次可怕的打
擊（1914 年至 1918 年間，死亡和傷殘各 140 萬人。1939 年至 1945 年
間約爲這個數目的一半），此等災難的痕跡看來是很難被抹去。

第二十四章
法國現代藝術的發展

第一節　巴黎是文化藝術之都

一、戰爭文學

　　1916 年，巴比塞寫出了以第一次世界大戰的殘酷大屠殺為主題的《火線》，這部作品贏得眾多的迴響，作者透過親身的經歷，描寫了戰爭的可怕，人類最醜陋的一面表露無遺，透過他細膩的敘述，戰爭所帶來的災難，青壯男人的逝去，寡婦、孤兒無所依託，這種震撼讓法國人徹底覺悟到西方文化的不足之處，它似乎缺少一些東西，這就是中國人所講的「仁義」。此外，巴比塞還創立了一個社團「光明社」，有趣的是《光明》是他繼《火線》之後的另一部作品，在《光明》中，他描繪了人類的思想變化，一個年輕人從入伍後所經歷的種種心理掙扎、矛盾，乃至於最後完全變了一個人，這正是戰爭所賜予的。後來他又以小說《光明》為名辦雜誌，並邀請歐洲著名的文學家參與，其中以英國作家哈代、奧地利作家茨威格最為有名。

　　此外，法國大作家羅曼・羅蘭，更以他那妙筆生花的文采控訴帝國主義所引發戰爭的罪惡，他以一對伴侶為創作題材，透過他們悲慘的命運，讓世人了解發動戰爭者不但讓人類文明毀於一旦，也讓世人流離失所。這一時期，羅曼・羅蘭的作品相當膾炙人口，經過大戰的洗禮，他在思想上亦愈來愈偏向社會主義，對於法國共產黨的支持更是不遺餘力。事實上，他的作品似乎始終擺脫不了第一次世界大戰的創傷，因此多以悲劇人物為題材，探討人的心靈問題，例如，《保衛新世界》、《鬥爭十五年》、《欣慰的靈魂》，這些作品確實可以打動人心，並對社會產生積極的作用，尤其他撰寫了以羅伯斯比為故事背景的劇本，把羅伯斯比最後的悲觀下場做了完美的告白。羅曼・羅蘭不僅是近代著名的文學家，他還是法國人民心靈的導師，而他不朽的作品，亦流傳後世受人景仰。

此外，法朗士與瓦萊里也堪稱近代法國的偉大作家之一，他們的作品不僅流傳甚廣，尤其甚受普羅大眾的喜愛。法朗士的兩部作品都與他的身世有關，《小彼爾》和《成年生活》內容生動感人，對於人物描寫得活靈活現，讀者往往對小說中的人物難以忘懷，這是作品成功之處，也是深得大眾喜愛的原因。瓦萊里的《濱海墓園》更是一部思想巨著，哲學義理很深，這部書有點艱澀，但邏輯清楚、條理分明，作者以各種類型的人物勾勒出主角的一生變化，充滿了哲學意味，是一部非常值得精讀的作品。

二、現實主義文學

在 1920 年代，法國的作家以阿拉貢最為特殊，他的作品以現實主義為本位，撰述的小說諸如《為社會主義實現而奮鬥》、《真實世界》，內容大都強調現實的重要性，小說必須和現實社會結合在一起，人們才會了解周遭的黑暗面和光明面。從另一個角度來看，現實主義的創作題材，也脫離了以戰爭為題材的局限，過去的將不再回頭，活在當下最重要。

其他作品還有瓦揚撰寫的《童年》、弗雷維耳的《難以消化麵包》，這些作品都和當時的政治經濟環境有密切的關係，他們以親身感受作為現實人生的場景，一幕幕將社會邊緣的現實描述出來，而人生真實的辛酸苦楚境遇在此也充分表露無遺。

安德烈是法國作家中少數能夠對中國有所了解的人，此時法國在上海、武漢、天津等地都有租界區，安德烈在這樣的環境下，撰寫出《人之革命》，他以旁觀者的角度來看當時中國社會的巨變。另一部作品《人之希望》則描寫西班牙的內戰，西班牙人民為追求共和的理想，犧牲奮鬥，人們希望推翻腐朽的政權，建立新興的共和國。

三、藝術

第一次世界大戰後，法國一些藝術家苦於沒有出路，因此開始了一股叛逆的風潮，他們開始否定一切的藝術價值，追求自我的解放，他們以詼諧的彩筆，調侃了這個世界，這就是所謂的現實主義。現實主義又

以 1905 年的野獸派為代表，他們的作品在色彩方面，主要強調非自然主義的色彩，這在當時來講是非常大膽的嘗試，他們對於去世不久的梵谷，更是推崇不已，因為梵谷說：「我不是極力去描繪我眼前所看到的事物，而是隨心所欲地運用色彩。」這就是野獸派的圭臬。他們進一步發展出以一種粗獷乃至於粗陋的風格，將自己的情感轉化為色彩，馬蒂斯是最重要的代表人物，其他野獸派畫家還有奧拉芒克、馬爾凱和魯奧等。

四、紀德與布魯斯特

　　紀德也是屬於現實主義作家，他的作品《偽幣製造者》是對貪婪者的描述，人類對物質方面的追求永遠不會滿足，既然如此，那不如「自行造幣」，作品指責了人類的道德墮落，對頹廢社會的批判是紀德的主題，紀德除了批判社會價值觀的被扭曲外，更無情地對資本家做嚴厲的譴責和嘲諷。此外，布魯斯特的《往事回憶》則打破了過去寫作的框架，他不以時間順序作為描述的主軸，透過主觀內心深處的獨白，描寫小說主角的潛意識活動，以追憶的方式重現流逝的歲月。莫里亞也寫了一些以金錢為背景的小說，他在《蝮蛇結》中描述了人類在金錢的支配下，必須表現虛偽的一面，這些人都戴著厚重的面具，但作者卻慢慢地把這面具撕了下來。儒勒‧羅曼是少有的法國長篇小說作家，《善良的人們》竟然厚達 20 多卷，小說中的人物眾多，他以細膩的手法，將每個人物的性格全部躍然紙上，從中我們亦可以看到法國社會複雜的一面。另外，迪加爾德所寫的《蒂博一家》也是長篇小說，1937 年他以這部作品獲得了諾貝爾文學獎。

　　夏爾‧杜蘭是這個時期的劇作家，他製作並導演了路易十四時代著名劇作家莫里哀的作品《吝嗇鬼》，深獲各界好評。戲劇中新浪漫主義的代表則非加斯東‧巴弟莫屬，他不僅創立法國幻影劇院，還結合了瑞士的劇作家皮托也夫共同創建卡特爾協會，其宗旨是向法國介紹世界各國著名的戲劇。在不斷與國外戲劇的接觸下，法國的藝術思維空間更加寬廣，這對於法國的戲劇發展有莫大的助益。

五、電影

在電影方面，此時出現了兩位著名的導演。雷諾所導的影片具有獨特的法蘭西民族特色，他先後拍攝過的影片包括《水上姑娘》、《托尼》、《朗基先生的犯罪》、《幻滅》、《遊戲的規則》，他的拍攝題材非常廣泛，且都是現實生活的作品，《托尼》這部影片反映了當時在法國的外籍工人的遭遇，《遊戲的規則》則揭發了法國社會黑暗的一面。克萊爾則是演而優則導，主要的電影以《巴黎屋簷下》最爲成功，《巴黎屋簷下》描寫在現實情況下，主角無力解決複雜的現實問題，片中充滿了無力感，由於對未來的不確定，也造成了以宿命論爲主調的闡述。

第二節　二次大戰期間的人文思想

一、超現實主義藝術

二次世界大戰期間，法國繪畫失去了二十世紀初期所表現出的那種未經雕琢的現代活力，它被兩個哲學化的運動所左右，那就是達達主義和超現實主義。法國的超現實主義畫家是亨利‧盧梭（1848 年至 1910 年），他可以說是一位開創者，他反對把藝術家強行歸類，他終生在海關工作，是一位沒有經過訓練的天才，但卻可以比經過訓練的畫家看得更遠。到了 1920 年代，法國開始流行超現實主義（怪誕藝術），如畫家伊夫‧坦格的作品《顚倒的世界》，它具有一定程度的破壞性，但是它只限制了我們想像的桎梏，而莫里斯‧德尼的《宗教藝術教室》則展現出他的超級想像力，把中世紀的宗教色彩帶到他的作品中。

在音樂方面的傑出人才有達律斯‧米約及弗朗西斯‧波朗克，他們創作了無數優秀的作品，爲法國留下了珍貴的音樂文化遺產。

此時期，柏格森可謂法國的大思想家，他認爲對生活和現實的理解，並非取決於理智，而是來自直覺，尤其他還鼓吹個人的極權主義，反對民主制度，他的思想對歐洲產生一定的影響力。他在 1932 年出版了《道德與宗教的兩個源泉》和《思想與運動》，他反覆強調唯一實在

的是活生生發展的自我。但柏格森主義卻無法經得起考驗，最後亦逐漸衰微。

二、年鑑學派

在史學方面，這一時期也有很大的發展，尤其是年鑑學派的出現，1929 年，布勞岱和費弗爾共同創辦《經濟和社會年鑑》雜誌，它標誌著年鑑學派的興起，他們主要把地理學和心理學的成果運用於歷史研究，主張從總體探索人類歷史。

三、哲學：存在主義

在第二次世界大戰期間，法國人蒙受戰敗的恥辱和陰影，戰爭之後又面臨經濟上的考驗，在這樣的巨變中讓人們有諸多的反省，其中以沙特和卡謬等存在主義者為這個時期的代表人物，他們主張凡存在者均非客體、而是主體，並特別強調個人的具體存在，存在先於本質，個人在選擇自己的本質時，不受社會關係和階級條件的制約，因而有絕對的自由。但人卻不能完全掌握自己的命運，都懷有一種害怕死亡的恐懼心理，所以必須藉助於宗教和「英雄的」悲觀主義來加以克服。

沙特的存在主義首先表現於他的哲學思維、之後才是文學作品，他往往把闡述一種哲學觀點作為作品的出發點，把存在主義哲學作為作品核心內容，他宣揚存在主義是一種人道主義，並強調「自由」和「責任」兩個概念，反對宿命論，他的作品以《存在與虛無》最為重要。卡謬的作品哲理性很強，作品中的人物或事件都充分體現了作者的哲學觀點，他在 1947 年創作了《瘟疫》這部代表作，其後又有《反抗的人》和《墮落》等小說出版。西蒙・波娃是沙特的妻子，她寫了許多理論著作，其中最著名的是《第二性》，這部巨著轟動一時，被稱為「有史以來討論女人的最健全、最理智、最充滿智慧的一本書」，甚至被稱為西方婦女的「聖經」。

第三節　第二次世界大戰後的藝文概況

一、新派小說

　　新派小說所走的路線和傳統小說截然不同。一般而言，以敘述在某一特定環境中，由於某種情欲的產生或熄滅而引起的衝突，這是傳統小說寫作的風格。然而，新派小說所鼓吹的創作方式是真實地描寫現實，作家不應該對客觀事物作任何的安排與解釋，其責任只在於純客觀的將事物記錄下來，不帶絲毫情感色彩，一反傳統小說創作中，人與物的主從關係，突出對物的描寫，從而體現物對人的巨大影響。新派小說的代表人物有薩羅特和格利耶等，薩羅特是一位俄裔法國人，他的作品有《無名氏的畫像》、《天象儀》、《黃金果》等，他主張作家應描寫「深層結構」，因此對人物的描繪應該輕描淡寫，故事演繹的責任都交給讀者，此外，他還聯合其他的新派小說作家，再一次反對「傳統藝術」利用讀者的好奇心來影響大眾，但目前這種風潮已逝，法國小說界仍是傳統派當道。

二、畢卡索藝術

　　西班牙人畢卡索因為長期定居巴黎而成為巴黎藝術界的奇葩，他具有多方面的才華，僅就創作數量而言，沒有一位藝術家可以與之相比，他是最具特色、多才多藝的畫家之一。整個二十世紀，畢卡索的作品都在困惑、奚落著人們，讓人不能斷定其價值究竟為何，但他所創作的《和平鴿》、《戰爭與和平》等，卻都帶有相當大的政治意涵在內。

三、荒誕派戲劇

　　此外，法國舞臺劇也一直很受人們的歡迎，1951 年政府創立了「國家人民劇院」，各類戲碼皆在此演出，導演路易·巴洛的藝術自成一格，深具個人特色。同時，戲劇又受荒誕主義的影響，1950 年代，荒誕派戲劇崛起於法國舞臺，立即吸引了大批觀眾，其代表人物大部分來自於國外，如貝古特原籍愛爾蘭、阿達莫夫則是俄國移民，他們的劇作表現了人們恐懼和不安的心理，反映出法國社會中常有的精神空虛和絕

望情緒。

四、新電影浪潮

　　在電影方面，1959 年坎城影展中，推出了新秀導演阿基・雷斯內的《廣島之戀》等作品，讓觀眾耳目一新，這也標誌著電影「新浪潮」的到來。

五、二十世紀的精神生活

　　總之，法國在二十世紀的精神生活中，不斷地有創新的改變，自 1930 年代以來，法國在人文藝術思想方面也不斷出現各種新的思維。

　　在文學領域方面，法國在第二次世界大戰以後，許多作家對當代問題表達了深切的反省。1939 年，馬爾羅即對自己的作品賦予某種政治影響力，此外，沙特的存在主義、新派小說的格里耶和薩羅特的作品，都是一個引起爭議的大問題；戲劇對源於古代的題材作了新的解釋，而且還流行荒誕的題材，例如，貝凱特和尤涅斯庫，他們的劇作蔑視一切傳統戲劇形式的連貫情節，揭示矛盾、展開衝突，得到解決的三部曲公式，強調用離奇的、誇張的、荒誕的、象徵的手法突出人的精神苦悶；哲學往往藉助媒體的傳播，在人們的精神生活中也占據愈來愈重要的地位；音樂則成了一個大實驗舞臺，由於音樂技術的進步和媒體傳播速度之快，音樂最後變成了大眾化的享受；在造型藝術領域方面，人們已經研究出一項特別的方法，無論在繪畫還是在雕刻方面，抽象藝術都占據了主導地位。

第二十五章
第四共和國

第一節　走向當代法國

一、第四共和（1946年至1958年）：在動盪不定中重建

　　戰爭結束時，法國幾乎無人希望回到戰前的政治體制，因爲人們認爲這個體制應對 1940 年的失敗負責。

　　鑒於其在敵占時期抵抗運動中的作用，左翼政黨當時很有影響，尤其是共產黨，它可贏得約 30% 的選票。法國臨時政府首腦戴高樂將軍主張建立一種擁有強大行政權的制度，這是左派所不接受的。戴高樂寧肯辭職（1946 年 1 月）也不願讓步。經公民投票，國民最終選擇了一部與第三共憲法頗爲相似的憲法，儘管前者是遭譴責的。

二、三個嚴重缺陷

　　首先是內閣不穩定。因爲差異極大的兩個反對派，共產黨和戴高樂派，對其構成了威脅。兩個反對派共可獲得一半選票。依靠餘下那些選民支持進行統治是十分困難的。即使最得人心的內閣，如 1952 年的比內內閣以及第二年的弗朗斯內閣也維持了不足一年。

　　其次是財政困難。因爲戰爭以及重建所需的開支，法郎疲軟，其幣值比二戰前夕降低了 4/5，1952 年僅穩定在 1914 年幣值 1% 的水準上。鑒於預算失衡，法國只得借債，尤其向美國借債，這就限制了其獨立性。

　　第三，非殖民化導致了制度危機。在黑非洲，摩洛哥及突尼斯，非殖民化進展平穩，未遇太多問題，但在中南半島（1946 年至 1954 年）和阿爾及利亞（1954 年至 1962 年），非殖民化都是歷經八年戰爭後才得以實現的。

三、第四共和因阿爾及利亞而結束

　　從行政上看，阿爾及利亞由類似於宗主國省份的三個省組成，其一千萬居民中有一百萬是法國人。1954年11月，當阿爾及利亞爆發了局部的即將向全國蔓延的民族主義起義時，法國有人認為，將這一百萬人棄之不顧是不可能的。

　　這場戰爭從財政和人道角度上說代價是昂貴的，從政治和精神上說則是分裂的起因。一個政府能屈尊與叛亂分子談判，或將其視為未來獨立國家的戰士嗎？只相信武力還是嘗試外交手段呢？

　　當戰爭延續了四年之際，阿爾及利亞發生的類似軍事政變的事件導致了第四共和的垮臺。為找到危機解決的辦法，第四共和最後一位總統向戴高樂求助。直到1962年7月，阿爾及利亞因宣告獨立才得以結束。

四、第四共和的功績

　　第四共和在其存在的短短時間內完成了許多工作。政治方面：它使法國人重新習慣了1940年至1944年間被壓制的議會民主並平息了在此期間產生的分裂。

　　經濟方面：它大膽地進行了革新。領導者們希望把法國帶出自三十年代起所陷入的衰退。為達此目的，他們賦予國家以新的手段，對全部或部分屬於國家控制的產業實行國有化（鐵路、大銀行、保險公司、航空、能源、汽車製造業）。通過靈活的計畫確定一個接一個的選項，同時動員必要的財政和技術手段。因此，法國很快實現了現代化。煤礦、大壩、鐵路電器化、冶金業等。1929年的最高生產總額後來再也沒有達到過，但自1952年起被超過了，而且此後經濟仍在高速發展。

　　特別要指出的是，法國面對外部世界不再顯得多疑和膽怯了。它與美國保持良好關係，輿論界多數人讚賞美國在整個冷戰時期在大西洋憲章和北大西洋公約組織範圍內為法國提供的保護。當然，通過西歐聯盟問題提供確實可行的解決辦法，法國也表現了主動精神。

第二節　戴高樂的主張與衝突

一、戴高樂政府

第二次世界大戰結束後，法國面臨許多的問題需要解決，幾乎無人希望回到戰前的政治體制，因為人們認為這個體制應該對 1940 年的失敗負責。臨時政府根據 1944 年 4 月關於「最遲應該在法國勝利後一年內，在環境許可進行正式選舉時，召開全國制憲會議」，在 1945 年 10 月舉行了議會選舉，在這次選舉中，皮杜爾領導的人民共和運動政黨領先。由於婦女首次擁有選舉權，結果 96% 的選民同意新當選的國民議會擁有制憲權，實際上，也否決了戰前的第三共和國憲政體制。透過選舉，共產黨擁有 159 個席位，人民共和黨有 152 個席位，社會黨獲得 142 個席位。共產黨雖為議會第一大黨，但席次沒有過半，因此不能執政，最後組成了三黨聯合的臨時政府，推派無黨派的戴高樂為總理。然而戴高樂堅決抵制第三共和國那種反覆無常的議會政治，他主張主權應該在元首和政府手裡，國家的命運不應該由紛爭不息的議會來控制，但此時法國政壇以及各黨派並不認同戴高樂所主張的擁有強大行政權制度，他所領導的政府與議會之間，也由此常發生衝突。而左派不能接受的原因在於一批職業政客想在政壇上分一杯羹，他們熟悉議會政治，透過議會可以操縱總統和政府，而總統和政府只對議會負責，所以戴高樂宣布自己的政治主張時，立即被有心人士批評為獨裁政治。

1946 年 1 月 20 日，當政府的軍備法案又遭到議會否決時，戴高樂深感自己已無力回天，於是便在 1946 年 1 月辭職，在其辭職聲明中，他寫道：「排他性的黨派制度又要捲土重來，我是不贊成這個的。但是，除非用武力建立一個我所不能同意的、無疑也不會有好結果的獨裁政權，我就無法制止這種嘗試。因此，我必須告退。」他靜觀法國政局的變化，伺機東山再起，也開始了他隱藏在幕後的漫長政治生涯。

二、第四共和憲法

沒有戴高樂的新臨時政府期間，制憲會議制定了法蘭西第四共和憲法草案，該草案在 1946 年 10 月公民投票中通過，這標誌著法蘭西第

四共和國的誕生。1946 年 11 月，選舉了法蘭西第四共和國第 1 屆國民議會，結果共產黨獲得 183 席，重新成為議會第 1 大黨，其他參與「三黨執政」的社會黨和人民共和黨席次略為減少。1946 年 12 月 16 日，社會黨的布魯姆成為總理，這是一個看守內閣。1947 年 1 月 16 日的總統選舉中，社會黨人奧里以絕對多數登上總統寶座，他個性堅強，決定充分扮演其角色，積極參與政治活動。1 月底總統授命社會黨人拉馬迪埃上臺組閣，議會三大政黨分享了內閣中主要部長職位，其中以共產黨掌控國防部最令人側目。之後在經濟與外交方面法國又遭遇了諸多的困難，加上國內差異極大的兩個反對派——共產黨和戴高樂派，使得在艱難誕生的法國第四共和國駛上了一條崎嶇的道路。

三、三黨聯合的破裂

在政治鬥爭中逐漸成熟的戴高樂，看到了自己的渺小，1947 年 4 月 14 日，他建立了自己的政黨——法蘭西人民聯盟，他強調必須強化政權和較大的選舉團以選舉總統。

拉馬迪埃政府除了受到戴高樂派的威脅外，共產黨對其中南半島和社會政策，尤其外交方面尋求馬歇爾計畫的援助極為不滿。不久之後，共產黨的內閣官員在非自願的情況下離開了內閣，內閣中三足鼎立的局面終於被打破了。拉馬迪埃隨後改組政府，但仍然無力應付日益嚴峻的經濟問題和此起彼落的罷工運動。此時，冷戰即將開始，轉入反對陣營的共產黨，立場很快變成強硬，仍然在內閣的社會黨，轉求中間黨派，也必須對激進黨做出較大的讓步。

1947 年，法國在內政外交上都遇到了危機，經濟方面每下愈況，煤產量下降、糧食供應減少、肉類來源幾乎斷絕，因此導致了物價波動、工資降低。此外由於戰爭的破壞，法國百廢待舉，重建所需的龐大開支使法郎疲軟，法郎的幣值比二戰以前降低了 4/5。1947 年 4 月 25 日，雷諾汽車廠的 3 萬工人為反對政府凍結工資而進行大罷工，風起雲湧的殖民地獨立運動也遭受鎮壓。

第三節　政治重建的肇始

一、經濟發展

　　從共產黨被逐出政府之後，社會黨乃尋求人民共和黨、激進黨和溫和派的合作關係，並組成第三勢力政府。此時政府加強國有化政策，它大膽地進行革新，並希望把法國帶出自 1930 年代起所陷入的衰退，而國有化的實踐，使得鐵路、大銀行、保險公司、航空、能源及汽車工業等，確立了它的基礎作用並恢復且發展了國家的經濟。透過靈活的計畫，同時也動員必要的財政和技術手段，法國很快地走向了現代化。同時「自由放任主義」的經濟政策，也有利於經濟按照市場經濟規律發展，但同時並未放棄國有化和國家干預的基本原則，因而進一步促使諸如煤礦、大壩、鐵路電氣化和競爭力很強的冶金業等加速發展。1948 年，法國工業已恢復到戰前 1938 年的水準，1952 年的法國工業、農業產量超過 1929 年的最高生產總額，1929 年是戰前最好的年份，而且此後的經濟仍在高速發展中。隨著國民經濟好轉，法國戰後初期所實行的配給制度就逐步取消，遊行示威愈來愈少，法國社會也趨向穩定。

二、第三勢力政府

　　在政治方面，第四共和國使法國人重新習慣了 1940 年至 1944 年間被壓制的議會民主，並且平息了在此期間產生的分裂，第三勢力政府完全排除了共產黨和戴高樂所領導的法蘭西人民聯盟。由於同盟內部黨派眾多，政治觀點各異，有時甚至互相敵對，使得每屆政府壽命都不長，法國政局由此長期動盪不安。在第四共和國與第三勢力政府當政時期，政治領袖包括了皮杜爾、布魯姆、富爾、弗朗斯、普列文以及舒曼。

　　面對共產黨和法蘭西人民聯盟的威脅，確保執政地位是第三勢力各政黨的目標。為了箝制兩大反對黨的力量，1951 年 6 月，國民議會通過《選舉制度改革法》，以一輪多數聯盟取代比例代表制，即任何一個政黨或政黨聯盟，在其選區只要獲得 50% 以上的選票就可以囊括該區的全部議員席位。值得注意的是，除了共產黨和法蘭西人民聯盟反對現

行政府體制不加入第三勢力外，社會黨實力開始下降，居然未能組閣，
因而與第三勢力開始分道揚鑣。

　　1951 年國民議會選舉，戴高樂所領導的法蘭西人民聯盟在議會中
取得 118 席，成為第一大黨，但其他各黨卻拒絕和法蘭西人民聯盟合
作，因此組閣的希望也落空了，由於戴高樂先前的形象讓人們感到害
怕，對他也造成了不利的影響，1953 年 4 月，「人民聯盟」在市政選
舉中遭到慘敗，只獲得 10% 左右的選票，接著戴高樂便於 5 月 6 日發
表聲明，宣布解散法蘭西人民聯盟。後來，他的忠實追隨者馬爾羅回
憶：「戴高樂將軍發動我們全速向盧比孔河前進，然後告訴我們扔掉手
中的魚竿。」

　　戰後初期，根據雅爾達會議和《波茨坦宣言》的決定，法國取得參
加管制德國委員會和對德占領的權利。法國推行肢解德國的政策，法國
政界人士也多主張嚴厲制裁德國，如戴高樂就曾多次呼籲分割德國，建
立一個各地區都有自治權的聯邦式德國，但在美國的壓力下，「第三勢
力政府」對德的態度軟化下來，並同意德國問題納入美國的戰略計畫：
成立西德國家，並武裝西德。除了德國問題外，法國外交的另一個目標
是建立旨在保障自身安全和鞏固其在歐洲地位的同盟，1947 年 3 月與
英國簽訂同盟條約，1948 年 3 月與英法荷比盧又簽訂了《布魯塞爾條
約》，隨之又加入北大西洋公約組織，換言之，法國面對外在世界不再
顯得多疑和膽怯，它與美國保持良好關係，輿論界多數人讚賞美國在整
個冷戰時期（1948 年至 1962 年）在《大西洋憲章》和北大西洋公約組
織範本內為法國提供的保護，當然，透過對西歐聯盟問題提供切實可行
的解決辦法，法國也表現出了主動精神。

第四節　殖民政策的困擾

一、殖民地的政策

　　在殖民政策上，法國遭到了很大的危機，尤其非殖民化導致了制度
危機，在非洲大陸，摩洛哥及突尼斯，非殖民化進展平穩，未遇到太多

問題，但是在中南半島（1946 年至 1954 年）和阿爾及利亞（1954 年至 1962 年）的非殖民化都是歷經八年戰爭才得以實現。

法國輿論固守著一種觀念，沒有殖民地的法國在世界上就不再具有威勢。實際上，深思熟慮的法國企業家早在二次世界大戰期間就已開始從遙遠的領土上撤資了，但他們很快就被政府投資所取代，這些資金是國家為表示其決心而拿去冒險的，事實上，如果將這些資本投到法國本土或投放到正在出現的歐洲共同市場，法國可以贏得更多的利潤。

二、蘇伊士事件

阿拉伯國家的積極反法宣傳，與其對叛軍提供支持，促使社會黨莫利採取行動，對付此一戰役的埃及獨裁者納瑟。

1956 年 7 月 26 日，納瑟決定將蘇伊士運河國有化，這對英法有相等的影響。它們計劃以武力干涉，並與以色列合作。10 月 31 日，以色列進攻埃及，戰爭乃告爆發。11 月 5 日，英、法傘兵登陸運河區。這個計劃進行並不順利。11 月 6 日，它在美蘇聯合威脅與聯合國譴責下停止，只達成少數目標。納瑟在軍事上雖然失敗，但贏得立場。而法國在埃及與整個近東的影響力則幾乎完全瓦解。

三、中南半島的戰爭

在中南半島戰爭爆發後，法國政府向越南不斷增兵，企圖用武力方式延長法國殖民統治，到 1954 年，中南半島戰爭已進入第八個年頭，法國為這場曠日廢時的流血衝突所耗費的資財已近 44 億美元，每年戰爭的費用約占國家預算的 25% 至 35%，但是這場戰爭的勝利卻仍遙遙無期。1953 年 11 月，法軍在奠邊府集結重兵，打算吸引越南人民軍，並在決戰中獲勝，1954 年 3 月 13 日，震驚世界的越南奠邊府戰役爆發，一萬多名法軍被圍困了 55 天後終於投降，奠邊府戰役的慘敗在法國國內引發了災難性的後果，人們認為法蘭西民族受到了前所未有的屈辱，6 月 12 日在法國人民的一片憤怒聲中，拉尼埃政府宣布辭職。

1954 年 6 月 17 日，激進派領袖弗朗斯組閣，他果斷地解決了中南半島問題，他在 6 月 17 日就職演說中宣布：「我們一定要在一個月內

解決這個問題，如果到了 7 月 20 日我們還沒有達到目的，或者日內瓦談判還沒有結束的話，我就重新回到這裡來，代表我的政府向國民議會辭職。」在各國的努力協助下，法國終於在 7 月 21 日簽訂了在中南半島停止敵對行動的協定，它規定以北緯 17 度爲界，在越南實施南北分治，並在國際監督下，於 1956 年在越南實行全國普選，解決越南的統一問題。在中南半島戰爭中，法國損兵折將，損失慘重，美國也在戰爭期間軍援法國，但這一切都未能挽救法國在中南半島的失敗，1955 年法軍全部撤出中南半島，美國勢力也開始滲入這一地區，就此展開了新一輪的越戰。

四、阿爾及利亞問題

從行政上看，阿爾及利亞由類似宗主國省分的 3 個省組成，其中的一千萬居民中有一百萬是法國人。1954 年 11 月，當阿爾及利亞爆發了局部的民族主義革命時，法國有人認爲，將這一百萬人棄之不顧是不可能的。尤其阿爾及利亞在撒哈拉地區發現石油和天然氣後，法國政府便更加狂熱地維持在當地的殖民利益。第二次大戰期間，阿爾及利亞成爲「戰鬥法國」的抗戰基地，阿爾及利亞人民在反抗德國的戰爭中獲得一個磨練的機會。1943 年，阿爾及利亞民族主義份子要求阿爾及利亞自治，1945 年，法國在阿爾及利亞鎮壓了並屠殺 5 萬多人。

1947 年 9 月，雖然拉馬迪埃政府頒布《阿爾及利亞章程》，宣布將在阿爾及利亞設立總督的諮詢機構——阿爾及利亞代表大會，但此機構仍然是法國殖民當局手中的工具。此後阿爾及利亞人民要求獨立的呼聲愈來愈高，但是法國政府充耳不聞，1954 年，阿爾及利亞民族主義者阿拔斯與弗朗斯會面時指出，如果不迅速改變阿爾及利亞現狀，情況將不可收拾，儘管阿拔斯再三警告法國當局，阿爾及利亞將會有劇變，但法國根本不把他們看在眼裡。1956 年 10 月，法國派出三營的傘兵前往阿爾及利亞，到了 11 月 1 日即爆發了大規模獨立起義事件，此時，弗朗斯政府一再聲稱阿爾及利亞就是法國，宣稱：「我們對叛亂決不姑息，決不妥協……不論哪一屆政府永遠不會在這個基本原則上讓步」，然而阿爾及利亞的民族獨立戰爭卻加速動搖了法國在北非的殖民統治，

也促使了第四共和國弗朗斯政府的瓦解。接著由富爾組閣，他擴大阿爾及利亞戰爭，財經政策又跳票，因而遭到輿論譴責與左翼反對派的強烈反對。

1956 年初，法國提前舉行議會選舉，社會黨、激進黨、民主同盟等左翼政黨共同組成共和陣線，與人民共和黨等右翼政黨相抗衡，參加共和陣線的左翼政黨在選舉中獲勝，隨後便由社會黨人摩勒組閣。

在阿爾及利亞問題方面，摩勒政府深陷泥沼之中。摩勒將阿爾及利亞政策歸結為「停火、自由選舉、談判」三點，但一貫倡導獨立的阿爾及利亞民族解放陣線則只接受「獨立」的目標，否則決不停火。法國政府只好在阿爾及利亞擴大軍事行動，將駐在阿爾及利亞的法國軍隊增加到 40 多萬人，並全力圍堵阿爾及利亞民族解放陣線對外的關係。

法國政府與阿爾及利亞民族解放陣線談判的同時，在 1956 年 10 月 22 日竟突然綁架了代表團的 5 名成員，單方面中斷了談判，尤其法國認為阿爾及利亞獨立運動的幕後支持者是埃及總統納賽。於是 1956 年 7 月 20 日當埃及宣布蘇伊士運河收歸國有時，法國立刻夥同英國發動了埃及戰爭。這一個打破中東均勢的軍事行動，當即遭到美蘇兩國的反對。1956 年 11 月 6 日在堅持近四個月後，英國宣布停火，7 日法國內閣在幾度緊急磋商後，也被迫宣布停火，24 日英法同時宣布撤兵。埃及戰爭的失敗為法國帶來很大的困擾，軍費耗去了 1,000 億法郎，阿拉伯國家紛起抵制，法國石油輸入也大為減少，1957 年 5 月在國民議會的一次信任投票中，摩勒政府又被推翻了。此後，由於殖民地問題引發的政治危機頻頻不斷，第四共和國也搖搖欲墜。

阿爾及利亞的民族獨立運動是法國在 1960 年代末期最為頭痛的問題，第四共和國無法處理所面對的問題，局勢長期動盪不安，從 1955 年至 1959 年 6 月，法國先後成立了 5 屆政府，為了防止阿爾及利亞民族解放陣線從鄰國突尼西亞補充給養，1958 年 2 月 8 日，法國空軍竟然轟炸了突尼西亞小鎮薩基埃特，造成平民 69 人喪生。法國在阿爾及利亞進行著曠日廢時的殖民戰爭，耗盡財力、物力和人力，使法國財政惡化，國內各階層矛盾叢生，導致了內閣和社會危機。在這期間，政府更迭的頻率加快，內閣危機的時間延長，正如當時的法國總統科蒂

所言:「從基本上說,我們的政治體制已經不能夠適應新時代的步伐了。」

1958 年 5 月 8 日,共和國總統科蒂召請弗林姆蘭組閣,他倡導以實力求和平的政策,即先嚴厲鎮壓在阿爾及利亞人民的獨立運動,然後選擇有利時機與其談判,從而締造有利法國的和平。但這項政策卻遭到在阿爾及利亞的法國殖民地當局和駐阿爾及利亞的法國軍隊強烈反對,他們把弗林姆蘭的政策斥之為「放棄政策」,前駐阿爾及利亞的官員拉科斯特公開表示擔心法國正在「向一個外交上的奠邊府」進軍,駐阿爾及利亞法軍司令薩朗拍電報給國防部參謀總長埃利,報告軍隊將以叛變反對談判的可能性。

5 月 13 日,阿爾及利亞極端殖民主義者發動了 10 萬人示威遊行和武裝叛亂,他們占領總督府大樓,並成立以駐阿爾及利亞傘兵司令馬絮將軍為首的救國委員會。同日薩朗將軍起草了一份致參謀總長埃利將軍請轉科蒂總統的電報,要求在巴黎有一位能夠主持全國大局的人,出來組成一個可使阿爾及利亞公眾輿論安心的救國政府,由這位最高權威人士發出和平呼籲,重申使阿爾及利亞歸屬法國的堅定決心,只有這樣才能挽回局勢。

五、戴高樂復出

以退為進的戴高樂終於等到機會了,此時他已經在幕後隱居了十二年之久,不過他沒有一天不關注政局變化。在創立法蘭西人民聯盟後,他頻頻出面,對時局發表看法,宣稱他的政黨將為「拯救法國」而奮鬥。當法國政府與阿爾及利亞殖民主義者的對立陷入僵局時,戴高樂就做好了復出的準備。

5 月 15 日薩朗將軍在阿爾及耳喊出:「戴高樂萬歲」的口號後,戴高樂終於打破了沉默,宣布:「準備擔負起共和國的權力」,這也激起了輿論的反響,為了消除人們的疑慮,他否認支持叛軍,重申準備執政。叛軍隨即攻占了科西嘉島,並策畫向法國本土進軍,這也造成了弗林姆蘭政府的垮臺,戴高樂終於可以實現他的理想了,5 月 29 日科蒂總統向國民議會發出咨文,要求授權戴高樂組閣,否則他將離職,時值

7 點半左右，戴高樂來到愛麗舍宮，並很快和科蒂總統達成了協議，隨即與各黨派密集會面，並闡述其執政綱領。6 月 3 日國民議會授予新政府六個月的特別權力，授予新政府修改憲法並交付全民公投的權力，隨後，經參議院同意，國民議會宣告解散。至此，戴高樂作為第四共和國的末任總理終於東山再起了，這也標誌著法蘭西共和國的壽終正寢。

第二十六章
第五共和國

第一節　1958年以來的第五共和：連續性與輪替性

在 1958 年 5 月危機中，戴高樂同意擔任第四共和最後一屆政府首腦，以便建立與其 1946 年 1 月辭職以來始終捍衛的觀念相一致的一個新制度。

在全民公決中得到大多數人贊同的新憲法建立了十分強大的行政權，而僅賦予議會以監督職能。所通過的選舉法方便了穩定多數的形成。

與第四共和不同的是，第五共和只有過爲數不多的幾位政府領袖（從此被稱爲總理）。其中一位總理，龐畢度在戴高樂在全民公決中被置於少數地位並辭職（1969 年）後接替了他的職務。龐畢度 1974 年去世後，接替了他的職務是其內閣部長之一，也是戴高樂時期的部長季斯卡。這種引人注目的連續性與前制度的不穩定性形成了對照。

一、1981年以來的輪替

社會黨密特朗當選共和國總統（1981 年至 1995 年在任）導致了（政權）第 1 次輪替。它說明（議會）多數派雖然不同，但制度卻能無懈可擊地運作。這一點在 1995 年得到了證實；是年，一名戴高樂派，席哈克重新當選爲共和總統。

二、重新恢復的活力

第二次世界大戰前夕，法國宛如一個布滿皺紋的衰老的國家，其居民人口停滯不前，每年死亡人數甚至超過出生人數。只因爲前來法國定居的外國人大批加入法國籍才掩蓋了人口問題不過仍無法阻止人口平均年齡以令人不安的速度繼續提高 1945 年後，出生人數大幅度增加，而

死亡率卻因醫學進步而得以降低。

法國人口從 1939 年的 4,200 萬變成今天的約 6,000 萬。這樣的成就是持續努力的結果。始於 1939 年的「家庭法」促進了人口出生並使法國能以比 1918 年後更快的速度消除第二次世界大戰的災難性後果。

1945 年後的二十年時間裡，法國主要因人口自然增長而年均增加 50 萬人。誠然，出身率自 1965 年起開始了下降，不過此類似的鄰國，如德國或義大利相比，這一下降來得要晚一些，後果也沒那麼嚴重。然而，世代交替仍未確保。

自從社會保險於 1945 年創立起，每個勞動者只要繳納從其工資中扣除的保險金，便可獲得社會的回報，如疾病補助、失業津貼等等。

三、前所未有的進步

自第二次世界大戰結束至七〇年代初，法國創造財富事實上每二十年翻一翻。它在世界總產量中所占的份額使其處於最強的幾個國家之列。

法國在對外貿易方面位於美國、德國、日本，所有這些國家人口都遠遠超過法國，之後，位居世界第四。在許多尖端技術領域，如精密化學，化妝品研究和美容術、航空和航天、土木工程、陸上運輸、核能，法國絲毫不亞於那些面積和人口遠超過法國的國家的最出色的成就。法國從這些行業獲得的盈利增加了蓬勃發展的傳統出口行業，農產品加工業，奢侈消費品業，尤其是旅遊業的順差。

四、為何取得如此成功？

首先，美國在馬歇爾計劃（1949 年至 1952 年）名下為法國，正如為其他歐洲國家一樣提供的經濟和財政援助，對於恢復交通運輸和生產手段以及投放新的投資具有重要的作用。

其次，求實的態度和堅韌不拔的精神使人們得以始終堅持最基本的選擇，同時又考慮到世界政治，經濟局勢的變化。因此，法國改變了對於能源的選擇，煤和水電在第四共和時期曾受到特別重視，而後則迎來了進口碳氫化合物的時代，在 1973 年和 1977 年石油危機以後，則開

始了核電站時代。今天,法國生產的 3/4 的電力是以核能為原動力的,大量剩餘電力則供出口。

第三,首創精神從此成了激勵大公司和中小企業的重要因素。它們必須習慣於競爭及外國的癖好,學會銷售學,學習盡善盡美地利用信貸,掌握外語以便就地尋找客戶。這一切是經歷了痛苦和失敗的。然而成果有目共睹,法國人每五天中有一天以上時間是為出口而生產的,這比荷蘭人、比利時人或丹麥人少些,但與德國人不相上下,比日本人或美國人則要高出一倍。

最後還因為,收入全面提高,信貸又增加了人們的方便,在這一切激勵之下,法國快步進入了消費社會。法國社會起著前所未有的變化。生產率持續快速的增長使農村在耕地面積不變的情況下每隔十年便增加 1 倍收成,而農民數量卻減少了 3/4。由於同樣的原因,工人數量也減少了 1/3。越來越多的婦女擁有一份工作。中產階級及其管理人員的數量增加了 2 倍至 3 倍,正如在一些最發達的國家中一樣,如今有 2/3 以上的法國人從事服務業。1950 年以來,平均生活水平提高了 3 倍至 4 倍。

五、面對1973年以來的危機

㈠危險的停滯嚴重和持久的失業問題

在輝煌的三十年間幾乎已消失的失業問題,自 1980 年起落到了 150 萬人頭上,十五年後,這個數目增加了一倍多。而那些被唾棄的人,提前退休者,找不到職業的年輕人,無家可歸者的人數則更多。這些人總共占工作年齡段居民數的 10% 以上……那些競爭最激烈,因而最脆弱的行業,如冶金、船舶製造、紡織、汽車工業等,首先受到了影響。

㈡國家開支持續增加

這是第三個不合常情的後果,政府不能讓這樣的貧困者處於無助境地,然而財政收入和社會捐助金收入卻停滯不變。為重新平衡預算,政府只有加重分配前必須先行提取的部分,這就減少了個人合法權利,何

況人們還得被迫儲蓄以便應對可能的辭退。危機孕育著危機。

六、價格變動

　　這方面有過驚人的後果，通貨膨脹一直延續到八〇年代初，主要是 1973 年和 1979 年兩次石油衝擊刺激了通貨膨脹，因爲這兩次衝擊使石油價格在八年間增至 10 倍。進出品貿易差額爲此失去了平衡。因爲法國地下資源中幾乎沒有碳氫化合物。爲減少進口，法國鼓勵節約能源並實施了一項雄心勃勃的核電站計劃。

　　然而這項計劃代價昂貴，只得大肆舉債。爲保持放款者（往往是外國人）的信心，就需維持高利率，但這又抑制了一些新的投資。

　　通貨膨脹盛行時，人們急於立即購買所需之物，以免日後付更多的錢。但當感到無望輕鬆還債時，購買慾便隨之下降。在此情況下通過舉債進行投資看來要冒很大風險，而最敢於冒險的人還不夠多，因此無法減少失業，尤其因爲新企業更講究生產率而不是勞動力。

七、尋找創新的解決辦法

　　一切都表明，要想像席哈克在其競選綱領中所許諾的那樣補救社會裂縫，是一項需付出艱苦和堅韌不拔的努力的長期任務。鑑於缺乏產生於低利率的強勁的經濟復甦，人們就只能期待奇蹟般的辦法了。

　　各種建議倒並不缺乏，例如，將就業崗位在失業者和在職人員間進行分配；這樣，後者每週工作時間將減少，那麼工資也將下降嗎？又如，增加類似的工作崗位和環保工作崗位？再或是與受「人人爲自己」意念驅使的歐盟所有國家同心協力地採取行動？

　　然而，沒有任何人眞正考慮過像三〇年代那樣過謹愼地退回到保護主義的老路上去，這倒是令人高興的。已經取得不少新成績的法國記得，社會進步往往產生於危機的痛苦之中。

第二節　強人政治

　　戴高樂政府成立之後，依照國民議會所賦予的權力，他立即著手

制定新憲法，經過幾個月的起草工作，終於制定了第五共和國新憲法。1958 年 9 月 28 日舉行公民投票，贊成票數占 79.25%，反對與棄權人數占 20.7%。事實上投票的人絕大部分沒有讀過新憲法草案，大部分的人是出自對戴高樂的一種信任，不少人希望避免內戰和結束阿爾及利亞戰爭，這也反映了法國人民對這次政治體制改革的關心與決心。第四共和國終於被戴高樂親手所埋葬，而在新的憲法基礎上建立起來的第五共和國終於誕生了。

　　和第四共和國相比較，第五共和國政府的象徵不再是議會、而是總統，在全民公投中得到大多數人贊同的新憲法建立了強大的行政權，而僅賦予議會以監督之職責，其所通過的選舉制度有利於穩定多數的形成。法國因此從過去的議會制政府走向了半總統制、半議會制的共和國，戴高樂的十一年任內，也僅換過三個內閣，法國政治趨於穩定。

　　1958 年 5 月的政治危機是從阿爾及利亞開始的，這也是法國動盪不安的根源，如果不解決將隨時會有新的危機。上臺之後不久，戴高樂出訪了阿爾及利亞，並採取了三管齊下的政策。首先採取懷柔政策，發表了著名的演說：「我理解你們」，甚至高喊：「法國的阿爾及利亞萬歲」，與此同時，又提出了「康斯坦丁計畫」，許諾實現殖民地社會經濟發展，為 100 萬阿爾及利亞人解決住房問題，將 25 萬公頃土地分配給貧窮農民，並在五年內使阿爾及利亞人在工資和退休金問題上和法國人享受同等的待遇，隨後又下令在阿爾及利亞釋放 7,000 多名政治犯，取消一批死刑判決，並改善被俘人員的待遇。其次，戴高樂仍然不放棄軍事解決的計畫，1958 年 10 月，在記者會上他又提出所謂「勇敢者和平」的方案，實際上是要阿爾及利亞民族解放陣線放下武器，同時法國殖民地軍隊的司令夏爾特將軍又提出「夏爾計畫」，打算繼續增兵，儘管法國在裝備和人力上都占有優勢，但阿爾及利亞民族解放戰線還是繼續抵抗。當二者均不見成效後，戴高樂又著手實施「第三種力量」的計畫，企圖分化當地民族解放陣線的力量，培養親法的勢力，但總體而言，以上政策均收效甚微。

　　處於進退兩難的戴高樂遂於 1959 年 9 月 16 日宣布讓阿爾及利亞民族自決，敦促阿爾及利亞可以在與法國完全分離（獨立）、與法國合

併、成為與法國密切合作的自治共和國中做出任意選擇。戴高樂還表示
只有在停火四年後,才讓阿爾及利亞人民進行公民投票,以決定阿爾及
利亞的前途,並且希望阿爾及利亞能選擇第二種方案。但該方案的公布
也引起了阿爾及利亞殖民主義勢力的不滿,他們建立了「保衛法國的
阿爾及利亞聯盟組織」,公開宣稱:「戴高樂仇視我們,我們被出賣
了⋯⋯」隨之他們在阿爾及耳發動聲勢浩大的暴動,但並未得到廣大
居民的支持。1 月 29 日戴高樂發表談話:譴責暴力,下令在阿爾及耳
恢復秩序,暴動也很快地平息下來,但阿爾及利亞問題仍然沒有解決。

　　此後,堅決反對在阿爾及利亞實現和平的國防部長蘇斯戴爾被解
職,戴高樂又多次與阿爾及利亞民族解放陣線高層會晤,接著法國政府
又和阿爾及利亞民族解放陣線祕密談判。此時,法國民眾希望戴高樂盡
快解決阿爾及利亞問題,因此也為戴高樂的緩慢談判創造條件。1960
年 11 月 4 日,戴高樂在電視談話中再次提出阿爾及利亞自治政策,並
要求舉行公民投票。1961 年 1 月 18 日,公民投票的結果表明大多數法
國人擁護戴高樂的自治政策,但也迫使殖民主義者走向激進的暴力活
動,他們建立「祕密軍組織」進行恐怖活動。1961 年 9 月 9 日在巴黎
塞納河邊上,戴高樂遇刺,險些喪命,於是戴高樂決定採取果斷措施,
盡快解決阿爾及利亞問題。1960 年 3 月 18 日,法國政府終於和阿爾及
利亞民族解放陣線在埃維昂簽訂了協議,法國承認阿爾及利亞獨立的地
位,這一協議在法阿兩國公民投票中以 90% 以上的支持率獲得通過,
至此法國終於從阿爾及利亞戰爭的泥淖中脫離,法國政局動盪不安的根
源從此消失。

　　在阿爾及利亞之後,法國繼續推動非殖民化運動。戴高樂給予中
非、西非殖民地兩種選擇,放棄後續援助獲得獨立,或是繼續保持與法
國本土的聯繫、但只能擁有部分自治。戴高樂結束了法國頭痛的殖民地
問題,法國和殖民地的貿易也在縮小,但是法國的經濟卻在不斷地發
展,因為法國發現它的主要貿易夥伴是在歐洲內部而不是外部。

　　法國政府繼續堅持國有化政策,並實現對外開放和參加國際市場競
爭,實行新的貨幣政策,大力調整農業經濟結構等措施,這就是法國財
政委員會的改革計畫。計畫分為三部分,第一部分的目標是有效制止通

貨膨脹，緊縮開支，增加收入，暫時壓縮國內消費，增加儲蓄，並使生產轉向出口方向。計畫的第二部分是關於貨幣方面的政策，目標是把法郎重新建立在穩固的基礎上，使法國產品在國際市場上具有競爭力，計畫建議法郎貶值 7.5%，每一新法郎等於 100 舊法郎，使法郎成為穩定的貨幣。計畫的第三部分是擺脫保護貿易主義，實行自由貿易，透過競爭使法國的經濟重新恢復國際地位。

1968 年 10 月，法國工業增長了 60% 以上，其中 1959 年至 1964 的年平均增長率為 7% 至 8%，汽車、化學、煉油、飛機製造工業也突飛猛進，汽車在戰前的年產量為 20 萬輛左右，到了 1960 年代已增加到 300 萬輛，法國人的購買力增加，汽車、冰箱、洗衣機等日用品進入普通法國人家庭。

此外，農業也躍入世界前列，1965 年拖拉機較戰前增加 30 倍，化學肥料使用則增加 4 倍左右，十年間，法國農業生產暴增，法國已成為僅次於美國的第二大糧食出口國。隨後，法國又先後執行第四計畫和第五計畫，在政府積極的干預下，對外貿易超過戰前 4 倍，在資本輸出中，法國僅次於美英兩國而居世界第三位，到 1965 年時，法國再次成為債權國。

戴高樂的外交政策是主張「歐洲人的歐洲」、反對「大西洋的歐洲」，並把實現法德和解為西歐聯合的核心，同時他要使法國成為大國的思想也很明確，要使歐洲成為第三種力量，法德和解與合作是必經之路。1962 年在歐洲共同體成立之初期，法國總統戴高樂和西德總理艾德諾互訪，1962 年 1 月 22 日，他們在巴黎簽署了《愛麗舍宮條約》，規定兩國領袖定期會晤。這一條約反映了法德兩國人民期盼和平相處的意願，象徵著法德兩國捐棄前嫌，實現了真正的諒解。法德都需要透過歐洲聯合在國際事務中發揮自己的作用，法國有強烈的大國意識，但經濟實力不足，德國雖經濟實力雄厚，但因歷史原因在政治和軍事方面受到壓制。此外，這項條約的簽訂，也正式結束了一個世紀以來兩國的世仇。

歐洲共同市場是第四共和國的遺產，戴高樂上臺後大力支持共同市場，使共同市場工業產品關稅同盟，農業政策得到實現，他進一步促進

歐洲國家在經濟上的聯合。歐洲一體化是當時爭論頗多的一個問題，對此戴高樂主張「各個國家的歐洲，反對建立統一國家的歐洲」，戴高樂雖然不要歐洲一體化，但他要歐洲合作，說穿了戴高樂所希望的歐洲就是一個由法國取代美國來發揮作用的歐洲。為此，戴高樂曾兩度否決英國入會申請，除了經濟考量之外，主要還是政治的顧慮，如果英國有意爭取歐洲領導權，美國的影響力也將隨英國的入會而進入共同市場，共同市場擴大後，可能使法國對之無法駕馭。

　　戴高樂非常清楚，使法國真正成為大國，其矛頭必然要對準美英兩國，特別是對準美國，二戰期間，羅斯福總統給他的種種打擊，令他心生不滿。此外，戴高樂未被邀請參加各項重要會議，也讓他覺得屈辱，尤其是美英兩國跳過法國逕自與蘇聯在雅爾達召開祕密會議，由此產生了民主與共產二大集團。

　　戴高樂的復出在美國引起了很大的震撼，儘管艾森豪總統重提舊誼，對法國政局變化表示歡迎，但仍難掩飾其心中的忐忑不安。果然不久之後，戴高樂在致艾森豪總統與英國首相麥克·米倫的備忘錄中，要求改組北大西洋公約組織，提出組成美英法三國指導機構，讓法國分享北約國家的領導權，但遭到美國的拒絕。戴高樂之所以有這樣的舉動，除了上述原因之外，其主觀意識的作祟也有關，法國成為大國是戴高樂夢寐以求的理想，何況北約所有政策決定權完全操縱在美國手中。

　　1959 年 3 月，戴高樂宣布從北約撤出法國地中海艦隊，6 月拒絕美國在法國儲存核子武器與建立中程飛彈基地，1963 年 6 月又撤大西洋艦隊，1966 年 2 月宣布法國退出北大西洋公約組織，撤除美國在法國的駐軍和基地。

　　要和美國抗衡，法國就必須擁有自己的核子武器，他毫不避諱地說，沒有獨立的核武力量，法國「將不再是歐洲的強國，不再是一個主權國家，而只是一個被一體化的衛星國」。1960 年 2 月 13 日，法國在撒哈拉沙漠雷岡綠洲附近的哈姆嘉試爆成功第 1 顆原子彈，4 月 1 日法國又試爆成功第二顆原子彈，隨後法國政府又提出耗資 300 多億法郎的《軍事裝備計畫法案》，其中 60 多億法郎是用來建立「核子威儡力量」。很快法國就擁有多種核子武器，成為世界上第四個核武國家。此

外，法國還堅持抵制美蘇的《部分禁止核武試驗條約》，以及拒絕美國提出的「多邊核武力量」計畫，且不參加核武裁減會議，確定其繼續進行核子發展計畫之意圖。

　　1962 年至 1969 年期間，戴高樂即著手鞏固第五共和國的體制，其中最重要的就是強化總統的權力（半總統制），為了掃除障礙，1962 年 4 月，戴高樂罷免了與自己有矛盾的德勃雷總理，而讓非議員出身的龐畢度接替其職務。但在經過新政府信任投票中，龐畢度只獲得 259 票的支持，反對票有 128 票，119 位議員缺席，換言之，戴高樂任命非議員出身的總理是不受議會歡迎的。

　　為了讓總統能名正言順地擁有更大的權力，戴高樂試圖實行憲法改革，透過普選選出總統。1962 年 8 月，戴高樂再次於巴黎遭到伏擊，戴高樂遂利用此事件於 9 月 12 日透過內閣發布文告，宣布透過公民投票的方式，向國人建議共和國總統將以普選制選出，但遭到各政黨反對，並迫使龐畢度內閣下臺，但在隨後 10 月 28 日舉行的公民投票中，總統的新選舉方式得到 1,300 萬同意票，反對票 800 萬票，這個結果使得憲法修正案通過。這是法國自 1848 年以來第一次公民直選投票選舉總統，由於總統權力和地位的提高，任期又長（7 年），因此各黨派都開始投注心力於總統競選活動。

　　1966 年底，戴高樂七年總統任期屆滿，法國歷史上第一次總統大選拉開序幕，面對右派戴高樂派的強勁力量，社會黨、共產黨與左派激進黨聯合推舉密特朗參與總統大選，12 月 5 日舉行第一輪投票，戴高樂獲得 43.71% 的選票，社會黨的密特朗獲得 32.23% 的選票，剩餘票則由歐洲民主派、極右派、中間偏右派所瓜分。儘管戴高樂在第一輪選舉中遙遙領先，但沒有獲得絕對多數，因此根據憲法規定票數較高的二位候選人必須進行第二輪投票，最後戴高樂以 55.1% 的支持率獲得連任，然而密特朗在第二輪選舉中高達 44.9% 的民眾支持率，表明了左派政治勢力正在法國崛起。

　　1968 年 5 月 1 日，巴黎發生學生示威遊行，繼而成為全國性的暴動，左派學生提出打倒資本主義社會的口號，竟然獲得部分教授的支持，再加上高等教育制度的僵化，以及不合理的管理制度，尤其教學設

備和教學課程的落伍，以至於即使取得文憑，也無法解決就業問題。此時幾乎全世界都在流行學生運動，先從美國開始，再輪到歐洲國家，此起彼落，而左派學生組織因為反對政府的阿爾及利亞政策，被政府取消經費補助而心生不滿。

這場政治風暴終於在南特大學學院拉開序幕，1968 年 3 月，警方在巴黎逮捕了 6 名被懷疑因反對越戰向美國在法商業機構投擲炸彈的學生，此舉引起了南特文學院學生的抗議。在社會學系三年級德籍學生邦迪的鼓動下，學生占領了學校行政大樓，「三二二運動」揭開了五月風暴。

5 月 2 日南特大學校長決定關閉學校，次日巴黎大學的學生湧進拉丁區索邦校區的院落集會，小小院落擠滿了人群，巴黎大學校長害怕發生暴動，於是請來警察驅散院落裡的學生，雙方展開激烈衝突，學生紛紛被捕，巴黎大學隨之宣布關閉。然而學生並沒有屈服，以巴黎大學為首的大學生舉行了聲勢浩大的示威遊行，學生運動由大學擴展到了中學，學生要求巴黎大學復課、釋放被捕學生、警察撤出拉丁區，接著激進的學生還放火燒汽車並與警察發生激烈衝突。5 月 13 日巴黎有 60 多萬人走向街頭，高呼反政府口號，示威群眾高舉一條 10 尺長的橫幅布條標語，上面寫著：「學生、教師和工人團結起來！」示威群眾浩浩蕩蕩走向市中心，隨後逐漸演變成全國性的總罷工，參加者近 1,000 萬人，法國局勢急遽惡化。

學生運動初期，由於警察的粗暴作風，使一般民眾對學生頗為同情，但數星期後，看到學生任意破壞，以及對再度掀起革命的恐懼，多數法國人轉而譴責這些年輕激進分子，此時社會黨領袖密特朗也企圖組織左派政權。面對這些咄咄逼人的反對黨領袖，戴高樂決定採取強硬措施，首先取得軍方支持，其次設法讓大多數法國人確信他真正能夠拯救法國，為阻止局勢進一步惡化，法國政府決定讓步，5 月 25 日，政府與工會、企業的代表簽署了協議，基本上滿足了他們在經濟上的需求，此後學生運動缺乏組織，運動也隨之趨於低潮，5 月 30 日，戴高樂在取得駐西德駐軍馬絮將軍的支持保證後，他即乘勢宣布解散議會，舉行新的選舉，並宣稱將用武力來維持社會秩序，隨後巴黎出現了 50 萬人

支持戴高樂的大遊行，失去工人和群眾支持的學生運動也隨之平息。

　　五月風暴是第五共和國潛在危機的引爆彈，其規模之大、發展之快、學生運動和工人運動聯合之緊密，爲法國歷史所僅見，由於這場風暴夾雜多種政治力量，因而也很難界定這場運動的性質，但這場運動對於大學教育制度的改革卻有深遠的影響。在 1968 年至 1969 年間，新成立的大學就大約有 40 所，每一個大學區皆有一所或一所以上的大學，巴黎就有 13 所大學，新的高等教育強調自主和參與原則，大學校長經由大學校務委員會選舉產生，任期五年，不得連任，系主任經選舉產生，任期三年。

　　戴高樂意識到，經年累月堆積起來的社會問題還可能死灰復燃，因而採取一系列措施，企圖重新控制政局。1969 年 2 月 9 日，他推出加強地方政治權力、把計畫經濟的權力下放到各省、實行參議院等改革方案，並付諸公民投票，以證明他的權威的合法性。他在 4 月 11 日一項公開談話中指出，如果多數人民反對他的政策，那他將引退。4 月 27 日公民投票結果正如民意專家的預言，52% 的投票者表示反對，戴高樂得悉後，翌日即宣布：「停止履行共和國總統職務」。戴高樂的下野也象徵著法蘭西第五共和國進入新的里程碑，1970 年 11 月 9 日戴高樂由於心臟病發猝然去世，消息傳出後，成千上萬的法國人紛紛走上街頭，表達了對這位長期風雲於法國政界人物的敬仰和懷念。

第三節　戴高樂的接班人——龐畢度

　　戴高樂引退之後，由參議院議長波葉依據憲法代理總統，不久法國進行總統大選，保衛共和國民主人士聯盟推出戴高樂派的龐畢度爲總統候選人，他的主要對手是右派所擁護的參議院議長波葉，左派政黨沒能統一行動造成分裂，使龐畢度坐收漁利。在 6 月 1 日第 1 輪投票中，龐畢度獲得 43.9% 的選票，遙遙領先各組人馬，在 6 月 15 日舉行的第二輪投票中，龐畢度又以 57.5% 的選票擊敗對手而當選總統。

　　隨即龐畢度任命了戴高樂的愛將戴馬爲總理，同時將戴高樂派的德勃雷安插在國防部，舒曼則任外交部長，以確保政策的延續性。此外，

他推行「開放」政策，吸收右派中間分子參加政府，獨立共和黨的季斯卡爲財政部長，右派中間分子普列文擔任司法部長，杜阿梅爾任農業部長，人民共和黨的豐塔內擔任勞工部長。

法國政局逐漸走出了 1968 年 5 月風暴的影響，重新恢復了穩定的局面，從 1969 年 6 月到 1971 年 12 月期間，在國民議會幾次的改選中，執政黨連續勝選，在地方選舉中也占據優勢。

1972 年 6 月 12 日，龐畢度在戴高樂的紀念堂落成典禮上發表了繼續忠於第五共和國的演說，他著力於經濟發展，編制以調整工業結構爲重點的第六個經濟和社會發展計畫，在經濟領域的分權，加強國家對經濟的干涉，與此同時，1969 年 12 月，他頒布了根據物價上漲幅度確定各行業最低增長工資的規定。此外，針對中央權力過於集中的弊端，他在經濟領域實行了地方分權，並注意調整政府和國有企業之間的關係，一批國有企業，諸如法國全國鐵路公司、公私合營巴黎運輸公司、法國電力公司、法國煤氣公司等，它們透過政府和企業之間簽訂的合同實行了企業自治。

在政治方面，爲了維護社會治安，對於左派學生，政府採取嚴厲鎮壓態度，1970 年鎮壓多起學生風潮，解放極左派組織，同年 6 月國民議會通過《反搗亂分子法》，規定參加禁止舉行的遊行就構成犯罪行爲，將予以懲戒。但是因延續已久的失業和通貨膨脹問題未能解決，1975 年石油危機爆發後，西方經濟危機蔓延到了法國，政府陷入困境，人民對政府的不滿，使左派勢力又一次地凝聚。1971 年 6 月新的社會黨成立，他們蓄勢待發，準備在下一輪的選舉中爭奪執政權。面對社會黨的改組以及左派的重新聯合，龐畢度加強了執政黨的整肅工作，與腐敗案件牽連的戴馬於 1972 年 7 月被解除職務，屬於傳統戴高樂派的梅斯美爾繼任總理。

1973 年 3 月法國舉行議會選舉，執政黨多數派由原來的 385 席減少到 276 席，但仍然以 46.98% 的選票獲勝，但已表現出明顯倒退。

在外交政策方面，龐畢度堅持戴高樂獨立自主的外交基本方針，同時也體現開放性，他小心翼翼地維持東西方之間的平衡，他在 1970 年分別訪問了美國和蘇聯以維持均衡的關係，他以德法爲軸心推動歐洲聯

合，並一反戴高樂拒絕英國加入歐洲經濟共同市場，龐畢度於 1971 年和英國就此問題達成了協議，此外他也擴大和第三世界的合作。

1974 年 2 月龐畢度因患癌症去世，令戴高樂派及其盟友措手不及，面對左派勢力的強大，右派政黨的不團結，政權有被左派拿走的可能，代表左派角逐總統職位的是密特朗，密特朗此時的呼聲很高，這是因為法國自龐畢度執政以來，經濟每下愈況，1973 年又爆發了石油危機，法國經濟疲弱不振，外貿萎縮，出現逆差，甚至外匯儲備驟減，通貨膨脹加深，物價上漲，人民購買力下降，法國人民對十六年的戴高樂派統治感到厭倦，保衛共和國民主人士又推選戴馬參選，力量分散。

左派的勝選機會頗被看好，戴高樂派尋求與獨立共和黨的季斯卡合作，並推舉他為總統候選人，季斯卡也得到中間派與極右派的支持。

在第一輪選舉中，密特朗得票率最高，囊括了 43.4% 的選票，季斯卡則獲得 33% 的選票，戴馬僅有 14.6% 的選票。在第二輪投票時，右派一致支持季斯卡，在非常高的投票率下，季斯卡獲得 1,340 萬票，得票率為 50.8%，密特朗獲得 1,300 萬票，得票率 49.2%，右派繼續執政，但卻是首次由非戴高樂派的人出任總統，這一現象意味著第五共和國的歷史進入了新的階段。

季斯卡入主愛麗舍宮時曾躊躇滿志地宣布：「法國政策的新紀元從今天開始。」他任命戴高樂派中少壯派的席哈克組閣，季斯卡之所以能在第二輪總統選舉中獲勝，席哈克的支持起了很大的作用。季斯卡責令內閣設立改革部，推行一系列的改革，在政治方面，把選民年齡降低到 18 歲，確立巴黎為自治權城市，巴黎市長由議會選舉產生；在社會方面，將社會保障制度擴大到所有領域，實施教育的民主化；在倫理方面，實施墮胎合法化、避孕自由及離婚自由等新措施；在經濟方面，增加擴大公共工程開支費用，增加就業機會。這些帶有左派激進色彩的改革，引起了席哈克的不滿，隨著總統與總理之間矛盾的激化，席哈克憤而辭職，戴高樂派也成為實際的在野黨。

隨後季斯卡任命經濟學家巴爾為總理，巴爾內閣把復興法國經濟作為施政綱領。1976 年 9 月 22 日，新政府提出了「巴爾計畫」，規定並凍結物價 3 個月，在 1977 年 4 月以前不得提高公用事務費，節制各項

支出，凍結高收入，嚴格控制購買力，提高高收入者的稅額。1978 年
4 月 26 日他又提出「第二項巴爾計畫」，給予困難的家庭及老人特別
援助。此外，在 1976 年至 1980 年，他還制定第七個計畫。巴爾政府
雖然在減少財政赤字方面取得一定的成果，但總體的經濟局勢卻未見好
轉。

　　與此同時，法國右派勢力之間的矛盾不斷加深，下野後的席哈克
改組了保衛共和聯盟，自己出任主席，從此戴高樂派開始逐漸「席哈克
化」了。1977 年 1 月，席哈克再度當選巴黎市長，其實力不容小覷，
但隨後不久，季斯卡改組共和黨，與席哈克形成對抗的局面。

　　季斯卡把法國獨立、安全與利益作為法國對外政策目標，謀求由
法國對自己的主要問題做出最後決定，不接受大國的統治，並把發展核
武作為確保獨立的基本手段。此外，他加強與北約的軍事合作，改善與
美國的關係，與西德聯合創立了歐洲貨幣市場，並與蘇聯保持「特殊關
係」，為了維持第三世界利益，積極發展法國與非洲的關係。

　　右派的分裂是造成 1981 年季斯卡在總統大選中敗給密特朗的原
因，4 月 26 日的第一輪選舉，季斯卡獲得 28.31% 的選票，密特朗獲得
35% 的選票，其餘選票由席哈克和馬歇瓜分，5 月 10 日舉行第二輪投
票，為此各派力量重新組合，選舉結果密特朗獲得 52.24% 的選票，當
選第五共和的第五任總統，這也標誌著戴高樂時代的結束。

第四節　社會黨政府

　　密特朗是打著社會主義的旗幟上臺的，他試圖將法國政治多元化和
經濟的某種集體組織形式結合起來，尋求中間路線，這即是「法國式社
會主義」。其做法首先是在不觸動私有制前提下擴大國營事業，以電氣
公司為首的法國五大工業集團以及 40 多家金融機構都實施了國有化，
法國因此成為西方世界國有化程度最高的國家；其次是改變中央集權的
行政管理制度，實施地方分權，加強地方民選機構的地位和作用；此
外，還增加各種社會福利，如最低工資提高 24.7%，家庭和住屋補助增
加 50%，實行 39 小時工作時間，男性退休年齡從 65 歲降低至 60 歲，

這些改革措施的執行，使得法國社會的面貌煥然一新。

　　然而，密特朗上臺之初，世界正陷入全面的經濟衰退期，許多國家明智地採取「緊縮政策」，但社會黨政府卻反其道而行，它實行膨脹計畫，為了刺激消費，增加就業機會，以實現振興經濟的目標，政府擴大公共工程開支，增加財政赤字等。遠景雖好，但卻不如人願，政府預定的經濟成長目標不僅未能實現，通貨膨脹卻開始加深，物價飛漲，財政赤字增加，失業人口連創新高，尤其是 1982 年以前的 6 個月，物價年上漲率高達 14%，外貿出現巨額逆差，法郎疲弱不堪，在 17 個月內被迫三次貶值，有鑑於此，政府不得不緊急煞車，轉而推行凍結物價和工資，削減社會福利和政府支出的緊縮政策。1983 年，政府進一步實施更嚴厲的緊縮計畫，對財政赤字額、物價增長率和外貿逆差均提出嚴格限制，此外，還提高公用事業收費，調高菸酒價格等，這種緊縮計畫固然使經濟增長緩慢，1983 年和 1984 年僅分別為 0.7% 和 1.2%，然而物價上漲卻開始有所緩和。

　　1984 年之後，法國經濟開始出現微弱的復甦，但是經濟政策突然的大轉變，也給國民經濟帶來了許多問題，這也導致投資不振，工業部門深陷困境，失業問題更加嚴重，國民消費能力大幅下降。面對新的技術革命和國際市場上激烈的競爭局面，法國政府公布了「1984 年至 1988 年經濟、社會和文化發展等九個計畫」，確定了調整經濟結構，加速實現工業現代化為目標的方針。隨後，政府通過「工業結構改革方案」，決心對冶金、煤炭、造船、汽車等傳統工業進行改造，北方的加萊和洛林等老工業區均被劃為重點改革區，此外還加速對尖端科技的研究和發展。為促進工業現代化的實現，政府在五年內投入了 1,000 億法郎，讓法國跟上世界先進技術改革的腳步。

　　社會黨基本的主張是建立統一的、世俗的國民教育，並在 1984 年 1 月提出一項教育改革法案，加強政府對私立中學的監督與管理，當時教育部長沙瓦里負責重新改組私立學校，使其行事曆與公立學校一致，但天主教學校的支持者卻不滿政府干涉私校的行政事務，因而發動一連串的示威遊行，許多天主教學生家長，為子女選擇教會學校就讀，是因為私校教育較能滿足個別學生的特別需求，家長也會覺得自己在社會上

似乎高人一等。右派見此狀況,趕緊見縫插針,以支持天主教教育自由為名義發動 100 萬人的巴黎街頭示威遊行。最後密特朗只好撤回法案,沙瓦里被迫辭職,莫魯瓦也被解除職務,由年輕的法比士擔任總理。

密特朗的外交政策基本上仍堅持獨立自主的方針,他在任內曾對非洲的查德和中東的黎巴嫩進行軍事行動,他以軍事介入查德內戰,主要是為了對抗利比亞的干預,至於在黎巴嫩的軍事行動則是派遣一支和平部隊,但法國也成為中東地區的軍火供應商。在與第三世界關係方面,密特朗主張透過富國援助窮國的方式來消除社會不平等,他更以積極的態度敦促歐洲共同體與「非洲、加勒比海和太平洋國家」達成協議,這些國家輸往歐洲共同體的商業享受單方面的免稅優惠,從而為第三世界國家的經濟發展做出貢獻。為了表示對非洲地區的特別重視,他親自出訪了非洲十四個國家。此外,他對加強中東、波斯灣、東南亞和拉丁美洲地區更不遺餘力。

密特朗在對蘇聯的立場上則比較強硬,此時蘇聯入侵阿富汗,並決定部署對付歐洲的 SS20 中程飛彈,密特朗決定支持美國和北約組織政策,也在西歐部署巡弋飛彈和潘興二號飛彈。法國還不斷譴責蘇聯入侵阿富汗,認為蘇聯對波蘭實行軍管負有責任,積極支持蘇聯國內的異議人士,但又同時認為加強與蘇聯關係是「歐洲平衡必不可少的因素」,並反對對蘇聯進行經濟戰,總體而言,密特朗僅是和蘇聯維持友好關係,但對蘇聯充滿不確定感,1983 年 9 月還曾發生驅逐蘇聯僑民與外交官事件,造成法蘇關係一度緊張。

密特朗上臺之初認為蘇聯和華沙公約組織的軍事力量已超越北約,於是他要「藉助美國的力量恢復歐洲的均勢」,他多次訪問美國,協調雙方立場,法國輿論把密特朗的這種對美政策稱為「大西洋主義」,即借重美國來遏制蘇聯軍事力量在歐洲的發展,但並不意味著法國放棄獨立自主和大國外交。1980 年代中期,東西方軍事力量已經能夠到達平衡狀態,他擔心美國的戰略防禦計畫引起新一輪的美蘇核武軍備競賽,從而打破歐洲的軍事均衡關係,因此反對美國「戰略防禦計畫」。1990 年 8 月伊拉克入侵科威特,法國為了保護其在中東和波斯灣地區的利益,因此也積極進行干預,與美國保持一致的立場。在波斯

灣戰後，法國對美國全面控制中東十分不滿，認爲美國乘機要把法國擠出中東和波斯灣地區，因而積極參與世界新秩序的組織，藉此提高法國的國際地位，維持法國的大國地位，更是密特朗的目標。

　　1986 年 3 月 16 日國民議會選舉，結果在 577 個議席中，保衛共和聯盟和法國民主聯盟獲得 291 席，社會黨和左派激進黨只獲得 215 席，法國共產黨 35 席，國民陣線 33 席，原來的反對派以超過半數三席的微弱多數獲勝，並組成新政府。於是密特朗只好授權席哈克組閣，左右共治的局面首次出現。席哈克仍任巴黎市長，同時又出任總理。

第五節　右派政府

　　席哈克上臺後，採取自由主義的治國方針，4 月 16 日法郎貶值，席哈克放鬆匯兌限制，實行工業產品價格的自由化，並廢除 1945 年以來制定的價格控制規定，公司的營業稅由 50% 減爲 45%，減輕大企業支付失業等社會保險的負擔，取消巨額財產稅，採取優惠政策，鼓勵法國海外的資本回國投資。此外，席哈克廢除了解雇工人需要得到政府批准的法律，把勞資協商的權利下放到企業基層，尤其主張將大部分國營企業轉爲私有，國民議會通過法案規定在五年內對 65 家國有企業實行私有化。之前社會黨政府的國有化成果頓時化爲烏有，這導致他和密特朗總統的衝突。席哈克政府不遺餘力地推行私有化和其他自由化經濟政策，一方面是以市場經濟爲出發點，以及反映企業界的利益，另一方面是急於刺激企業積極擴大投資和招工，盡快實現「經濟增長」，盡速扭轉 230 萬人失業的嚴重局面。

　　1986 年 7 月 14 日，密特朗拒絕簽署席哈克提出的國營企業私有化法案，但仍無濟於事，儘管席哈克在左、右對抗的回合中略占上風，不過老謀深算的密特朗也不時動用總統權力箝制席哈克的手腳，使其不至於在經濟自由化的道路上走得更遠。1988 年的大選，在第二輪投票中，密特朗以 54% 的得票率贏得勝選，席哈克隨即辭去總理一職，第一次左右共治結束。爲避免政府受到右派控制，密特朗乘總統大選的勝利餘威，立即解散國民議會，結果卻大失所望，密特朗的社會黨僅獲得

276 席，沒有超過半數，靠其他小黨派的支持，社會黨勉強繼續執政，可是法國所面臨的經濟問題，即使歷經了三位總理卻仍然無力挽回頹勢。

1993 年新的一輪國民議會選舉又展開了，政績不佳的社會黨僅獲得 67 席，密特朗立刻面臨被迫下臺的窘境，最後雖然他繼續他的總統任期，然而也不得不任命右派的巴拉杜為總理，開始了第二次的左右共治。此時業已宣布辭職的佩雷格瓦總理悲憤難平，面對社會黨的慘敗，他最後以自殺收場。此一事件對社會黨更無疑是雪上加霜，社會黨的士氣跌落谷底。

巴拉杜畢業於法國名校「國立行政學院」，曾追隨龐畢度與席哈克，政策手腕非常靈活而圓滑善變，他的經濟主張是經濟健康化和維持基本的社會保障。因此，他繼續推行國營企業私有化，例如，讓一些銀行和保險公司私有化。此外他又發行鉅額公債，高達 200 億法郎，增加社會福利支出，如撥款 500 億法郎給團結基金，保障各項社會保險的資金來源，以緩和社會矛盾。為減少政府開支，他讓公務員減薪，儘管巴拉杜救經濟的政策常下重藥治理，但也被譏為一腳踩油門、一腳踩煞車，因為他一方面減少政府公務員的工資、提高稅收、增加財政收入，另一方面又採取政府撥款的方式，減輕企業的負擔，以創造更好的就業環境。經過他的努力，法國經濟總算有點起色，加上他與密特朗總統相敬如賓，這一次的左右共治政局還算平靜，然而左右二派之間的意識形態仍存有極深的矛盾，明爭暗鬥，暗潮洶湧。

1995 年法國舉行總統大選，此時左派密特朗擔任兩任總統長達十四年，民眾普遍存有一種換人做做看的心理，加上社會黨執政期間經濟危機始終無法解決，而 1993 年國民議會選舉慘敗的陰影仍未走出，各方預料右派必定上臺，果不其然，席哈克以 52.5% 的選票擊敗喬斯潘。幾經挫折，最後如願登上總統寶座的席哈克終於結束了第五共和國的密特朗時代，第二次左右共治也告結束。1995 年 5 月 17 日，席哈克在就職演說中宣示其國政綱領，「使法國人民更加團結，更加平等，使法國人更具活力。」首先將竭盡全力恢復法國的凝聚力，解決因高達 12.2% 的失業率所造成的創傷、裂痕和不平等，隨後即任命朱佩為總

理，右派此時已是完全執政。

席哈克上臺後，開始大力推行經濟社會變革，鑑於政府的財政赤字嚴重，1995 年 10 月，席哈克宣布將實施兩年的緊縮政策，以減少政府的財政負擔，而緊縮首先就體現在社會保險制度的改革上，諸如提高家庭保險、養老保險、受保人應繳的金額等，簡單地說，席哈克的改革方案就是增稅，也就是說爲了享受社會保險，法國人將比過去繳納更多的保險金，也因此改革方案一出爐，便引起大規模公共交通系統的大罷工，矛頭都是指向社會保險措施。

此時政府盡全力振興經濟以創造就業機會，改革社會生產和教育制度，但法國經濟復甦局面仍未出現，尤其失業率屢創新高，社會矛盾不斷激化，各種抗議也此起彼落。

爲了順利地推行改革方案，席哈克決定鋌而走險，1997 年 4 月宣布解散國民議會，提前一年舉行大選，此舉目的是乘社會黨元氣尚未恢復之際，再次挫敗左派的勢力，以便右派能夠完全控制任期直到 2002 年新選出來的國民議會，避免第三次左右共治的出現，進而確保下次總統大選中的勝選。但選舉中的結果卻完全出乎席哈克意料之外，在 1997 年 6 月 1 日舉行的大選中，右派政黨獲得 243 席，左派政黨則獲得 333 席，右派在這次選舉中慘敗，席哈克無奈地接受第三次的左右共治，這次組閣的是社會黨的喬斯潘，他組成了一個向左派開放的內閣，其中共產黨有 3 人入閣，打破了 1947 年之後共產黨沒有人入閣的現象。

喬斯潘的意外上臺並沒有太鋒芒畢露，他小心翼翼地維持和右派總統的合作，爲解決就業問題，政府結束了公務部裁員政策，他在警察部門創造了 35,000 個附屬就業機會，在住房問題上，五年內爲困難戶解決 100 萬套住房問題，在稅收方面，他通過實行有利於投資的稅收制度，爲中小企業的發展創造有利條件，此外政府不支持具有競爭力的國營企業實行私有化，在軍事方面，將繼續自 1996 年開始的軍隊職業化進程。

然而法國持續已久的就業問題依然無法解決，而且亞洲金融危機對法國經濟的影響也令人擔憂，各種社會抗議活動依然不斷，所有這些都降低了左派政府在民眾心中的威望，爲 2002 年的總統大選與國民議會

的選舉投下陰影。

臺灣軍售醜聞對法國政壇猶如一顆震撼彈，1989 年，法國湯姆笙電氣公司與臺灣軍方商議出售拉法葉軍艦問題，但後來被法國外交部否決，由於這筆軍售金額高達 146 億法郎，引起各方的關注，法國埃爾石油公司對此深感興趣，並想從中大撈一筆，因此由該公司總經理里讓負擔軍售的運作，他派其特別助理西爾文對法國相關的單位和人物進行公關的工作，他深知否決這項軍售案的是外交部長戴馬，而戴馬之所以否決乃因中共的抗議，若讓軍售案通過則需買通雙方的高層人員，於是他進行對戴馬的收買行動。

首先他從戴馬的情婦鍾古夫人開始下手，鍾古夫人結過婚，美豔動人，在巴黎她是一位有名的交際花，追求者眾多。西爾文給鍾古夫人一份高薪的工作，聘她為埃爾石油公司的顧問，專責公關事務，從 1989 年至 1993 年四年間，她獲得的薪水竟高達 6,000 萬法郎，而且還收到一幢價值 1,700 萬法郎的豪宅，比較誇張的是她從來沒有在埃爾石油公司上過一天班。西爾文又探聽到戴馬喜歡蒐集希臘骨董，他花費一大筆錢購買 7 尊古希臘石雕像並透過鍾古夫人轉送給外長戴馬，俗話說：「有錢能使鬼推磨」，禁不起金錢誘惑的戴馬終於動心了，他不顧輿論的壓力，找藉口說明出售臺灣拉法葉艦的原因，1991 年 8 月，他終於完成了這筆高額的軍售，然而內部黑幕重重，也實在讓外人難以探究，到底法國、中共、臺灣三方之間發生了什麼事情，沒有人知道，但一件事卻揭發了這段醜聞。

1993 年底，臺灣海軍上校尹清楓的屍體被人發現在蘇澳外海，人們對他的死亡議論紛紛，誰殺了尹清楓成為臺灣政壇的熱門話題，根據資料顯示：尹清楓奉命辦理法國所出售的拉法葉艦核對事項，但發覺問題實在太多，不肯簽結這個案子，當時新加坡也購買相同的拉法葉艦，但它的價錢僅 40 億左右的法郎，而臺灣卻要 110 億，隨後更升高到 160 億法郎，尹清楓的死亡猶如電影情節般高潮迭起，與此事件相關人物的意外死亡或自殺人數也節節上升，且在法國、中共、臺灣三個地方都有涉案人員相繼神祕死亡。

臺灣媒體的報導，也使法國軍售貪瀆案被揭發，從而使戴馬辭去

了憲法委員會主席的職務，並接受司法審訊，他供稱這筆軍火庸金高達
30 億法郎，法國政府高級官員都從中受益，他只是代人受過罷了，實
際上也是如此，因為法國對臺軍售庸金的 30 億法郎中，埃爾公司只拿
到 1 億 6,000 萬法郎，鍾古夫人拿到 8,000 萬法郎，那麼其餘的 27 億
多的法郎跑到哪裡去了？換言之，法國從總統到總理以降的內閣官員都
有收賄的可能！當然這也包括了臺灣及中共的官員在內，而臺灣老百姓
則是這次案件的最大受害者。

　　除了臺灣軍售醜聞外，2000 年密特朗的兒子小密特朗涉及一件非
洲軍火收賄案，最後以 500 萬法郎保證金獲釋。而捐血案更是讓法國
人忐忑不安，法國的同性戀和吸毒者的捐血使各大醫院的血漿都受到汙
染，受感染的人數高達 4 萬多人，死亡人數也很多，相關政府官員雖然
也接受司法機關審訊，最後法院卻判他們無罪，引起輿論譁然。

　　2002 年 1 月 1 日起，法國進入所謂的歐元時代，法郎功成身退，
法國也大步走向了歐洲統合時期，然而總統大選與國民議會選舉又讓法
國政壇沸沸揚揚。

　　首先是要競選連任的席哈克總統攻擊社會黨喬斯潘曾加入托洛斯
基派地下組織，喬斯潘則回擊席哈克任巴黎市長時期曾經收取建商的回
扣，兩人唇槍舌劍毫不相讓，於是右派的總統與左派的總理展開了一
場總統寶座大戰。一般預料在這場選戰中席哈克會略占上風，第一輪
投票結果，席哈克獲得 19.67% 的選票，喬斯潘獲得 16.7% 的選票，但
讓人震驚的是，極右派的國民陣線勒朋竟然以 17.2% 的選票超過了當
時社會黨總理的票數。勒朋是一個極端的政治人物，主張把所有的外國
人都趕出法國，其政治主張與希特勒無異，過去幾次總統大選票數皆在
10% 以下，因此不成氣候，人們只是把他當作一件笑話來看。

　　但是法國長期的經濟不景氣卻給予國民陣線的勒朋一個非常好的
機會，一項民意調查中，有 70% 的法國人主張將所有移民趕出法國，
特別是阿拉伯人，勒朋投其所好認為法國經濟情勢都是這些移民所造成
的，此外法國青少年犯罪問題日益增多，偏偏阿拉伯裔族群又占多數，
這也給勒朋很好的藉口。失業率的不斷攀升也造成很多社會問題，諸如
犯罪率的增加，讓人們普遍有一種不安全感，一般婦女在夜晚甚至不敢

搭地鐵，法國治安出現了漏洞，勒朋就利用這種不滿情緒，迎合大眾口味順勢而起，呼籲恢復法國的體罰教育，禁止墮胎，加強學生道德教育等，並主張要建立一個萬能的政府，施行強人政治。

戴高樂派的衰弱和季斯卡傳統右派勢力的不振，給予勒朋見縫插針的機會，勒朋第 1 輪的勝出確實讓法國人大感震驚，接連幾次大規模示威遊行，透露出人們對這位法國極端人物忐忑不安的情緒，歐洲各國也對勒朋的作為大不以為然，英國首相布萊爾就抨擊勒朋是一個偏狹的民族主義者，號召歐洲各國抵制他，歐洲議會也抵制他在議會的發言，勒朋則毫無所懼，他堅持己見，聲稱一旦當選將立即舉行全民公投，決定法國是否要脫離歐盟，此外將徹底停止移民政策並把移民全部遣返。

這樣的偏激言論著實讓絕大部分的法國人感到害怕，5 月 5 日的第二輪投票時，法國人以 81.5% 的選票投給席哈克，創造了第五共和國總統得票率最高的紀錄，接著在 6 月 9 日和 16 日舉行二輪國民議會選舉，傳統右派獲勝，但 40% 的選民則以棄權表示對法國政治的冷漠。2002 年的總統大選和國會選舉席哈克皆大勝，從此結束了法國歷史上的第三次左右共治局面，新任總理是右派陣營小黨的副主席拉法郎，他主張實現社會對話和共和國安全為其政府的首要任務。

科西嘉島是拿破崙的故鄉，1786 年從義大利的熱那亞脫離而歸屬法國，由於地緣靠近義大利，加上民族和語言的不同，從拿破崙時代起，就有科西嘉人主張獨立，但最後都無疾而終，100 多年後，獨立的聲音似乎又起，但這種聲言並沒有引起共鳴，於是一批激進分子開始以暴力的手段追求科西嘉島獨立，他們暗殺 20 多名法國警察，希望以暗殺的方式引起法國政府的注意，但在大環境之下這只是丟到水裡小石子，小小漣漪起不了任何作用，於是在 1983 年 4 月激進分子把暴力程度提高，他們竟暗殺了當時科西嘉的副省長馬基尼，1998 年 2 月又暗殺了省長埃里尼亞克，此時法國政府才感覺到事態嚴重，法國總統席哈克親自到科西嘉參加省長的葬禮，並發表談話，他說：「法國是一個多元民族的國家，這也是法國的財富，法國只有一個，它的名字是法蘭西共和國，它只有一種法律，一種權利，一種義務。作為共和國的總統以及國家領土的最高捍衛者，我們絕對不允許任何的暴亂在科西嘉島上蔓

延開來，更不能容忍政府的公務人員遭到攻擊，我們不會也不能忍受國家領土的完整遭到有心人士的破壞。」實際上也是如此，法國自從丟掉阿爾及利亞之後，沒有一個政治人物能夠像戴高樂一樣有如此強大的權威，讓國家領土再次分裂。

內政部長舍韋內芒堅決反對讓科西嘉擴大其自治權，但意見未得到議會支持，舍韋內芒遂辭去了內政部長的職務，後來薩科奇接任內政部長，他以提高行政效率漸使科西嘉的政局趨於穩定。

席哈克的外交政策是著重實際效用的，換言之，帶有實用主義的色彩，由此他聲稱：法國的外交是為法國的經濟利益服務，因此與人為善、廣結朋友是席哈克外交主要的項目。除此之外為了表現外交的自主權，他不顧國際輿論的反對再一次完成核子試爆，並派維和部隊干預波士尼亞戰爭，強力主導巴爾幹半島的政局。

法國到底想做什麼？說穿了不過是想恢復往昔的大國地位，然而今非昔比，路易十四的時代已經過去，拿破崙的榮耀更是一去不復返，法國甚至在第二次世界大戰時被德國在短短數週內瓦解，法國的光復還是靠美國的協助才得以完成，現今法國人的大國夢，就好像手持二等車廂車票的人，拼命想擠進頭等車廂內。法國學者博尼法斯認為：只要法國高舉世界多元的旗幟，法國與歐洲聯合在一起，歐洲就是法國的跳板，法國就是世界的一強，法國永遠是世界的大國。其實這些話也只是講給自己聽，法國終究不是美國、也不是俄國，甚至不如正在崛起的中國，法國政客所作所為無非是夜郎自大，如同查理曼一樣憧憬著昔日羅馬帝國的光榮，但其實力已經大不如前了。

諸如席哈克上臺後想與美國維持密切關係，他採用的手法是既聯合又鬥爭，一方面表示願意重返北約組織，另一方面在北約南歐的司令以及聯合國的祕書長人選問題上與美國意見相左，同時法國又反對對伊拉克進行制裁，更反對英美兩國對伊拉克的軍事行動，何以法國會有如此之舉動？從西方陣營來看，法國絕對屬於西方陣營，但法國不願意成為美國的歐洲衛星國才是它何以對美國從不言聽計從的根本原因，法國領袖每年參加八國會議，與西方各國保持友好關係，證明法國只是不願被美國束縛罷了。

　　法國是歐盟的主要催生國家，對於歐盟當然也是非常積極，因此
《申根協定》、《馬斯垂克條約》、《阿姆斯特丹條約》法國皆有參
與，此外法國還要催生一部《歐洲憲法》，使之成為歐洲國家共同的制
約，然而法國是希望歐洲成為古代羅馬帝國的再生嗎？答案是否定的，
它既不希望歐洲成為一個單一的國家，也不願意歐洲成為一個聯邦，而
是歐洲各國既有自己的主權、也帶有一些聯邦的性質，此即所謂民族國
家聯邦體系。

　　法國是聯合國的五個常任理事國成員之一，在國際政治上有其影
響力，德國在第二次世界大戰後雖再次統一，也擁有強大的經濟作為後
盾，然而其在國際政治仍無足輕重，法德兩國截長補短、密切合作是兩
國外交上的重點，因而每個月法國外長與德國外長有四次左右的會談，
兩國的總理也一個月聚會一次，法德的聯合扮演著歐盟的發動機與火車
頭角色。

　　比較耐人尋味的是，法國不計前嫌地與德國等歐盟國家聯合組成
一支歐洲軍隊，這支歐盟部隊約有 6 萬多精銳，可以應付世界上任何一
個地區的危機情勢，這擺明了就是要和美國分庭抗禮，也就是法國學者
博尼法斯所講的：「歐洲就是法國的保障和跳板，法國和歐洲聯合在一
起，那法國永遠是一個世界大國。」

　　2002 年 11 月 29 日是席哈克的 70 大壽，相較於 2001 年的慌亂景
況，此時可說是政通人和、國泰民安了，席哈克從 5 月 5 日連任當選以
來，法國一直享有一段昇平之世，特別是在國際舞臺上，他展開密集的
外交活動，彰顯聯合國在處理伊拉克危機上的至高權威，並還能釋出和
平的機會，此外英國首相布萊爾在布拉格北約高峰會中贈給席哈克一支
邱吉爾前首相的名筆，代表著兩國修好的象徵意義，英國加入歐盟後，
兩國在財務問題上曾鬧得不可開交。以 82% 得票率高票當選的席哈克
將有兩年時間來修正前面七年和左右共治所予人的亂糟糟印象，然而英
國與法國之間的矛盾仍然很大，法國在歐盟推動稅制統一，而英國則堅
持各國保留稅制否決權。

　　席哈克所任命的內政部長薩科奇無異是內閣裡最閃亮的星星，從他
上任後，其行蹤像是旋風、無處不在，他每天都在跟時間賽跑，法國從

來沒有任何一位內政部長像他一樣如此受愛戴，他對人說：「政治是一場硬仗，前六個月的戰鬥即可定乾坤，所以他不能不跟時間賽跑。」

　　而右派另一位政治人物前總理朱貝則是薩科奇的強勁對手，一般認為兩人都有意競選下一任總統，然而法國的媒體幾乎每天都在播報薩科奇的新聞，讓朱貝很不是滋味。此時的法國總理哈法漢甚至以「我就是政府團隊的老闆」擋開薩科奇政策，2004 年 5 月，薩科奇擔任法國的財政部長，哈法漢在社會疾病保險方面主張一種醫療行為的良知存在，他不希望社會福利民營化，也不希望國家化，此外他也不贊成開徵新稅，也拒絕社會福利的加值稅，他認為那樣會破壞社會成長，破壞就業，因而他主張成立一個社會團結基金，以籌募政府第一個優先工作項目的社會團結大計畫的資金，政府要去挖掘預算之外的資源，作為社會團結政策的財力來源。哈法漢談他的施政方針也隱約可見到他未來的野心，而此時財政部長薩科奇彷彿腳踏兩條船，既要緊縮開支減赤減債，又要展開國庫濟貧扶弱，兩者互相杆格拉扯，十足扮黑臉的角色，讓人覺得財政部長難為。

　　席哈克對於歐洲憲法應否付諸公投一直迴避表態，但卻給了薩科奇表演舞臺，薩科奇迅速拋出歐憲公投之強勁旋轉球，迫使席哈克的愛將朱貝也不得不與薩科奇唱和，席哈克為此大為傷神，也感到薩科奇的威脅日盛，於是席哈克出面作紀律的喊話，希望薩科奇收斂光芒，社會黨甚至在記者會上諷刺地問：究竟法國現在是誰在當總理？哈法漢？薩科奇？而在執政黨黨魁之爭中，兩人也你來我往，口水戰不斷，而席哈克是否要連任總統也充滿了變數，隨著薩科奇的旋風捲起，2007 年 3 月，席哈克宣布不再連任，並表示擔任總統十二年後，現在已經到了以其他方式為國效勞的時候了。席哈克時代終於落幕，法國政壇的右派推出薩科奇競選總統，左派的社會黨則推華亞爾夫人與之對決，4 月 23 日的第 1 輪投票，右派的民眾運動聯盟薩科奇獲得 29.7% 的選票，左派社會黨的華亞爾夫人則獲得 25.8% 的選票，這樣的投票結果是在預料之中。

第六節　薩科奇總統

　　以薩科奇而言，早在席哈克總統當選連任之後，即分別擔任哈法漢內閣的經濟、財政暨工業部長，後來繼續擔任德維勒班政府的內政暨領土整治部長，這都是內閣中最重要的職位，他的一些政策雖也曾引起爭議，但仍給民眾很好的口碑，而華亞爾夫人則是法國有史以來第一位女性總統候選人，無疑占了很大的優勢，況且她的亮麗外表及優雅氣質曾被法國時尚雜誌評為 2006 年全球百位最性感女性的第六名，她的參選被視為改變法國男性政治生態的指標，她本身擁有深厚內涵，加上已故社會黨前總統密特朗的刻意栽培，華亞爾夫人已具備作為國家領袖的條件。

　　一如民調的預測，在 5 月 6 日的第二輪投票中，薩科奇以 53.06% 擊敗社會黨候選人，成為法國第五共和國的第六位總統，這也象徵著法國人將告別長期的老人政治，由二戰勝利後出生的中生代接班。薩科奇個性強悍，法國今後也有可能走向強人政治，他被視為將帶領法國立即開展經濟和社會改革，走出積弱不振的困境和希望。

　　2008 年元旦，他上任八個月，批評的聲浪隨之而來，有人批評他操之過急，但也有人嫌他動作太慢，薩科奇向人民解釋不可能在短期內解決所有問題。《法國世界報》則指出，薩科奇在總統大選期間承諾所有政見當選後馬上做，因此大家才會對他有過高期待，還真以為很快就能實現。

　　薩科奇強調施政的輕重緩急，恢復與敘利亞的對話、祝賀普丁總統與接待格達費來訪等，都是屬於政策中的緊急事務，因為法國必須立即重建與國際社會的對話與連結。此外他也提出了文明政治與新文藝復興兩個概念，他宣稱：我們這個古老的世界需再次復興。因此他希望法國能具有復興的精神。

　　然而隨著民調蜜月期的結束，法國媒體對他也開始毫不客氣地攻訐，認為他生活過於奢華，讓民眾反感。《法蘭西晚報》甚至指出：「總統將面臨困境或民氣將持續下降？」至少可確信，在此物價高漲時期，總統度假旅遊，吃香喝辣，密集使用總統私生活這張王牌，顯然無

法改善他的形象。《解放報》更批評他製造新聞的能力無人能比，無論公眾領域與私生活，他一個人就能搶占所有版面。《費加洛報》更質疑他把國家帶往哪裡？

　　薩科奇旺盛的活力及其積極的政策作為，一直是法國民眾乃至國際社會的矚目焦點，更是狗仔隊追蹤的媒體花邊新聞人物，然而薩科奇的政策及行為也出現許多爭議性，尤其在當選前他承諾提高國民購買力的支票迄未兌現，以及他的離婚與再婚等屬於私人領域的事務，尤為民眾及在野黨所關注，根據民意調查，薩科奇與民眾的蜜月期已經結束，其個人支持度出現反對分數，支持率有 46% 的逆向轉變。薩科奇的行為確實有一些不當，諸如他常常與民眾發生口角，一次在參觀展覽時，他和民眾的一段對話讓人覺得難過，當他和一位中年男子握手時，那名男子卻說：「你可別碰我！」薩科奇原本還笑容可掬，此時卻立刻變臉，立刻回敬：「那麼，滾開！」男子又說：「你會弄髒我！」薩科奇說：「那麼滾開，可憐的混蛋！」

　　薩科奇曾二度出任內政部長，由於他對治安採取強硬鐵腕政策，因此贏來警察頭子之稱號。在競選總統時，他強調工作的價值，勤奮工作的成果轉為財富的累積，使人們邁向富裕之路。此外他提出成立移民事務部與國家認同部，要求外國移民必須認同法國的價值，換言之，遵循法蘭西的價值，沒有一夫多妻制。重返天主教倫理道德也讓法國人普遍對他產生好感。在高舉教育權威至上之下，要求學生尊師重道，對校園紀律的敗壞也起了正面的作用。薩科奇在政治路上似乎緊扣著時代脈動在走，然而此時他離婚、又再婚，負面新聞掩蓋了他的政治光芒，薩科奇還有明天嗎？

　　2009 年 5 月 6 日，薩科奇已上任兩年，在外交表現方面，各界對他褒貶不一。2/3 的法國人對他感到失望。美國媒體認為他是一個有趣的人，但有時行事莽撞，經常得罪人，美國人對薩科奇也不如當初那麼熱衷了。此外薩科奇努力讓法國重回北約軍事指揮部，這是符合美國的期待，只是兩國之間看法依舊分歧，例如，增兵阿富汗，因為法國的堅持，歐巴馬政府就不得不再等一陣子了。2008 年 3 月，薩科奇偕新任妻子訪問英國，卡拉布魯妮屈膝覲見的優雅，簡直讓英國人瘋狂，而法

英兩國在移民、能源、氣候、國防的觀點難得這麼一致，英國也公開表達對法國 2008 年下半年輪值歐盟主席的支持，然而薩科奇在 G20 會議前的數度揚言退席，又讓倫敦當局不再認為薩科奇可親。柏林方面對薩科奇的觀感則是他總是行動先於思考，薩科奇要求在歐元區成立政府級機構治理經濟，德國並不贊成，德國認為薩科奇並沒有將法德關係擺在第一位，而德國至少還是法國在歐盟不可或缺的重要夥伴。此外以色列當局視席哈克為親阿拉伯派，迫不及待希望薩科奇趕快取得政權，法國擔任歐盟輪值主席期間，薩科奇也的確努力拉緊以色列與歐盟的關係，經薩科奇主導，以色列終於參加地中海聯盟會議，但是 2008 年底，法國在埃及的協助下，試圖止息加薩戰爭卻未竟全功。2007 年 10 月薩科奇首度訪問莫斯科時，與普丁攀肩搭背稱兄道弟，顯示他的務實作風，俄羅斯媒體則盡情報導他略帶滑稽的言行舉止，法俄友誼並不因為席哈克卸任而變質，讓俄羅斯方面鬆了一口氣，2008 年 8 月，薩科奇又極力調停俄羅斯與喬治亞的衝突，再度證實了法俄友誼不變的觀點。

薩科奇提出歐洲憲法修正里斯本條約概念，獲得了歐盟夥伴的讚賞，但他所提的地中海聯盟卻引起部分歐盟會員國的不滿。2009 年初他又提出拯救汽車工業方案，也被其他歐洲國家批評為保護主義。

薩科奇在法國人心目中的形象由紅轉黑，他的形式作風太差，對未來 2012 年或許會帶來一些衝擊。然而在當前的右派，薩科奇還是獨領風騷，沒有人能與他比高下，換言之，在總統的陣營裡，右派沒有人有挑戰總統的餘地。

而左派的社會黨，雖在兩年前敗下陣來，但勵精圖治，圖謀東山再起，中間派領袖貝胡在上次總統選舉中未能擠進，但雄心萬丈，立志奔向愛麗舍宮，2007 年其政治聲望僅成長 1.5%，但他的政治版圖卻擴張了十倍，原因不難理解，這位中間派領袖深知右派已經是薩科奇的天下了，他只有往左派陣營前進挖票。下一屆總統選舉，社會黨內部的爭戰將會有多慘烈，實不難想像，而此時民調顯示，貝胡與華亞爾夫人的選情旗鼓相當，社會黨將更不能忽視與貝胡的結盟問題了。

第七節　奧朗德總統

　　奧朗德是法國西北部高級諾曼第地區一名醫生的兒子，他在法國國家高等行政管理學院接受教育，他的同學包括未來總理維爾潘（Villepin）和未來社會黨總統候選人羅亞爾（Royal），後者是奧朗德的長期伴侶。1979 年，奧朗德還是一名學生時加入了社會黨，並在密特朗總統的政府中擔任經濟顧問。

　　次年，奧朗德未能成功挑戰席哈克（Jacques Chirac）的代表科雷澤（Corrèze）部門的議會席位，但被任命為密特朗政府經濟事務特別助理。奧朗德接下來擔任總理毛羅伊（Pierre Mauroy）總理的連續兩屆政府發言人的辦公廳主任。

　　1988 年，奧朗德當選國民議會議員。他在 1993 年失去了這個席位，但 1997 年又贏得了席位。同年，他接替喬斯潘成為社會黨領袖，此前喬斯潘在一個由保守派席哈克擔任總統的共治政府中被任命為總理。除了擔任黨主席和在國民議會的席位外，奧朗德在這段時間還擔任了一些地方和省級職務，最引人注目的是擔任圖勒（Tulle）市長（2001～2008 年）。

　　作為黨的領導人，奧朗德有時會被其他社會黨人所蒙蔽，這些人可能在外表上更像是電視節目主持人，比如經濟學家史特勞斯－卡恩（Strauss-Kahn）。隨著時間的流逝，奧朗德開始接受這一地位，他樂於接受媒體賦予他的「普通先生」的綽號。在社會黨候選人連續兩次在總統選舉中落敗後（喬斯潘在 2002 年的第一輪選舉中落敗，羅亞爾在 2007 年輸給尼古拉薩科齊）奧朗德在 2008 年辭去了黨魁職務。

　　2007 年大選一個月後，羅亞爾公開披露她和奧朗德已經分居。這一消息給羅亞爾隨後接任奧朗德黨魁的努力增添了更鮮明的色彩，但她被里爾市長馬丁奧布里（Martine Aubry）擊敗。然而，2011 年 5 月，史特勞斯－卡恩因性侵犯指控被捕，在黨內引起了更大的緊張。儘管指控最終被撤銷，但 2012 年總統選舉中的社會黨候選人史特勞斯－卡恩辭去了國際貨幣基金組織（IMF）總裁的職務，並突然被免職為可行的社會主義候選人。奧朗德最主要的競爭對手被排擠在外，他穩步地為自

已成爲社會黨提名人辯護，提出了一個溫和的綱領，得到了前總統席哈克出人意料的支持。2011 年 10 月，在法國第一次公開的初選中，奧朗德獲得了奧布里社會黨的提名。2012 年 4 月 22 日，奧朗德在第一輪總統選舉中高居榜首，並於 5 月 6 日與現任總統薩科齊決勝。在那次選舉中，奧朗德獲得了一場勢均力敵但令人信服的勝利，贏得了近 52% 的選票，並於 5 月 15 日就任法國總統。

一、總統

　　就職典禮僅幾小時，奧朗德就飛往柏林，在那裡會見了德國總理默克爾。自歐元區債務危機爆發以來，默克爾和薩科齊一直提倡緊縮政策作爲治療歐洲弊病的良方，但奧朗德贊成採用強調增長的方法。默克爾在總統競選期間曾公開表示支持薩科齊，但她還是與奧朗德找到了共同點，而餘下的兩人在剩餘的一年中大部分時間都在宣傳歐盟的新財政協定。到年底，奧朗德已經提出增加增值稅，削減國家開支，以及新的企業稅收抵免。

　　2012 年 12 月，他的提高個人最高稅率（75%）的立法被裁定爲違憲，儘管他在次年再次提出這一措施，將個人稅負轉移到雇主身上。然而，儘管有跡象表明法國經濟已經正式走出衰退，但由於法國經濟仍然停滯不前，他的支持率大幅下滑。

　　奧朗德公開批評敘利亞總統阿薩德在內戰中涉嫌使用化學武器後，呼籲外國軍事干預這場衝突。美國國務卿克里（Kerry）和俄羅斯外交部長拉夫羅夫（Lavrov）共同努力，達成協議，敘利亞將交出其化學武器庫，但奧朗德仍然強烈支持法國在海外採取軍事行動。2013 年 1 月，他派遣法國軍隊打擊馬利的伊斯蘭武裝分子，12 月，由法國發起的聯合國安理會決議授權對中非共和國進行武裝干預。大約 1600 名法國部隊補充了非洲聯盟在中非共和國的一支現有部隊，但這種越來越被稱爲「奧朗德主義」的做法遭到了法國選民的漠視，儘管此前在非洲的軍事行動得到了廣泛支持。

　　奧朗德的支持率在 2014 年 1 月略有上升，當時一家知名小報雜誌聲稱他與一名法國女演員有染。以保護當選領導人的隱私而聞名的法國

公眾在奧朗德附近集會，絕大多數選民表示，他們認為這件事是個人事務。

　　然而，在 2014 年 3 月的地方選舉中，他沒有得到這樣的支持，當時來自中間右翼人民運動聯盟和馬琳・勒龐（Marine Le Pen）的國民陣線的候選人在數十場市長選舉中擊敗了社會黨人。奧朗德的回應是改組內閣，由內政部長瓦爾斯（Manuel Valls）接替總理馬克・艾羅（Jean-Marc Ayrault）。

　　法國選民在 2014 年 5 月繼續表達對奧朗德的不滿，當時社會黨人在歐盟議會選舉中僅落後國民陣線和 UMP 1/3。瓦爾斯（Valls）將結果描述為「地震」，表達了對歐洲的堅定懷疑態度，法國傳統上是歐洲一體化的堅定支持者。

　　2015 年 1 月諷刺雜誌《查理周刊》遭到致命襲擊後，法國人支持奧朗德。然而，他的支持率很快又暴跌，社會黨在三月份的地方選舉中被擊敗。

　　儘管奧朗德在歐盟領導人與希臘總理齊普拉斯（Alexis Tsipras）之間的救助協議中所發揮的作用而受到讚揚，但他的國內政策卻遭到了自己政黨的抵制。工商界歡迎試圖啟動奄奄一息的經濟，但瓦爾斯曾二次被迫援用一個很少使用的程序來繞過反對派，並在未經議會表決的情況下進行經濟改革。

　　11 月，在巴黎發生的恐怖攻擊中，至少 129 人死亡，數百人受傷。伊拉克和黎凡特伊斯蘭國（ISIL；又稱 ISIS）宣稱對襲擊事件負責，奧朗德宣布進入緊急狀態，並表示法國與該組織「處於戰爭中」。

　　一次國際搜捕針對了那些涉嫌參與該陰謀的人，法國戰機襲擊了伊斯蘭國據點拉卡的目標。奧朗德還提議擴大安全措施，並與已經對伊斯蘭國發動軍事行動的美國和俄羅斯軍隊加強合作。奧朗德在整個總統任期內的支持率一直很低，但在經濟持續停滯和民粹主義浪潮不斷高漲的情況下，2016 年的支持率跌至個位數。2016 年 12 月 1 日，他宣布不再尋求連任，成為法國現代歷史上第一位拒絕競選連任的在任總統。

第八節　馬克龍總統

　　他在 2017 年當選法國總統。馬克龍是第五共和國歷史上第一個在沒有社會黨和戴高樂派支持的情況下贏得總統職位的人，他是自拿破崙以來法國最年輕的國家元首。

　　他就讀於亞眠的一所私立中學，在那裡他被證明是一個非常有天賦的學生。在那裡，他開始與戲劇老師特羅涅克斯（Trogneux）建立長期關係，兩人後來結婚（2007 年）。馬克龍在巴黎著名的亨利四世高中畢業，然後在巴黎高等科學學院學習國際政策和公共服務（grandeécole Sciences Po）。在此期間，他還擔任哲學家和歷史學家保羅・科爾的編輯助理。

　　2001 年，馬克龍獲得了巴黎高等科學學院公共政策碩士學位，以及巴黎南特爾大學哲學碩士學位。2004 年，他從享有聲望的國家高等行政管學院（ENA）畢業，在班上名列前茅，這所學校曾被譽爲通往公權力的捷徑。法國前總統吉斯卡德，席哈克和奧朗德都是國家高等行政管學院（ENA）的校友。

　　馬克龍於 2004 年開始其公職生涯，擔任法國經濟和財政部的財政督察。四年後，他以 5 萬歐元（約合 7 萬美元）的價格買下了進入私營部門的政府契約，朋友們警告說，此舉將危及他未來的任何政治野心。2008 年 9 月，他加入國際羅斯柴爾德金融集團（Rothschild financial group）法國分部（Rothschild&Cie Banque），擔任投資銀行家。馬克龍在公司迅速發展，2012 年，他促成雀巢斥資 120 億美元收購輝瑞嬰兒食品部門。據報導，馬克龍在這筆交易中的角色獲得 290 萬歐元（約合 380 萬美元）。馬克龍還在羅斯柴爾德期間，開始與奧朗德合作，後者在 2012 年大選前競選社會黨總統候選人。

　　奧朗德贏得總統寶座後，馬克龍加入政府，擔任副參謀長和經濟顧問。馬克龍在國際峰會上成爲法國的代言人，2014 年被提升爲財政部長。他推動了一項被稱爲「馬克龍法案」（loi Macron）的一攬子改革，旨在刺激垂死的法國經濟，但這項立法引發了社會黨左翼的反叛。2015 年 2 月，總理瓦爾斯被迫援引法國憲法第 49 條，這是一項很少使

用的措施，允許法案在未經議會同意的情況下通過，條件是政府隨後要進行信任投票。

瓦爾斯輕鬆地在那次投票中倖存下來，於是馬克龍（Macron）法案得以製定。因此，對周日開展業務的限制有所放鬆，一些職業也放鬆了管制，但勞動力市場基本上沒有受到影響，法國每週 35 小時的工作時間也沒有受到影響。馬克龍法案對於一個掙扎著持續高失業率和緩慢增長的國家來說，是相對溫和的一攬子改革方案，但它卻在左右兩邊引發了激烈的反彈。

一、升任總統

由於法國經濟表現乏力，加上歐洲持續的移民危機，奧朗德的支持率驟降；這兩個因素都將推動馬琳‧勒龐（Marine Le Pen）和她的民族主義反移民黨國民陣線（National Front）的崛起。馬克龍開始與奧朗德保持距離，儘管他還在政府任職，但 2015 年 11 月巴黎發生的致命恐怖攻擊使他延後了與社會主義政府的決裂。2016 年 4 月，馬克龍宣布創建了 En Marche！（「前進！」）這是一場他稱之為「民主革命」反對僵化政治體制的運動。與美國前總統克林頓和英國首相前布萊爾宣導的第三條道路範式相呼應。馬克龍提議將民粹主義和新自由主義融合在一起。觀察人士指出，這一宣布的時間比 2017 年總統大選提前了一年多，強烈暗示了外界他有意進向愛麗舍宮。

馬克龍與奧朗德的關係在前進（En Marche！）推出後，變得越來越緊張！但考慮到總統個位數的支持率，這幾乎算不上什麼負擔。2016 年 8 月 30 日，馬克龍遞交辭呈，11 月 16 日正式宣布參選總統。競選活動在那個月晚些時候發生了一個轉折，共和黨人選舉前總理菲永（Fillon）為他們黨的提名人。菲永在黨內角逐中擊敗前總統薩科齊和前總理朱佩。菲永曾被視為總統競選中可能的領先者，但他的競選活動因被指控為其家族成員創造了假工作機會，並不當地接受了數萬歐元的禮物而破裂。奧朗德認為無法連任第二任期，2016 年 12 月宣布不再謀求連任。瓦爾斯辭去總理職務並宣布參選，但社會黨人選擇了來自該黨極左翼的政治局外人哈蒙（Benoît Hamon）作為他們的候選人。瓦爾

斯和朱佩各自代表各自政黨的溫和派,隨後宣布支持馬克龍,這對一個沒有主要政黨支持的候選人來說是一次重大政變。歷史上對法國兩大政黨的支持率較低,爲獨立候選人打開了大門,這場競選實際上成了馬克龍、勒龐和曾在法國共產黨支持下競選 2012 年總統的前社會黨人梅倫喬(Mélenchon)之間的三方較量。隨著勒龐從極右派和梅倫喬從極左派,馬克龍的中間派反建制得到了廣大群眾的支持。值得注意的是,在這一場帶有強烈歐洲懷疑論暗流的競選中,馬克龍也是唯一親歐盟候選人。

2017 年 4 月 23 日,法國選民前往首輪總統選舉投票時,馬克龍在 11 名候選人中高居榜首,獲得 24% 的選票。勒龐以 21% 的得票率位居第二,保證了她在兩週後舉行的第二輪選舉中有一席之地。菲永和梅倫喬獲得第 3 名,各占 20% 左右,而哈蒙則以略高於 6% 的成績遙遙領先第 5 名。在第五共和歷史上第一次,法國的兩個主要政黨都沒有代表參加決選。就在那次事件發生前幾天,駭客將數萬條馬克龍競選團隊內部通訊上傳到互聯網上,顯然是想影響選舉。這次襲擊歸因於在 2016 年美國總統大選期間針對民主黨的同一俄羅斯支持團體,但所謂的「馬克龍語」資訊垃圾場的影響微不足道,至少部分原因是法國媒體法律禁止在選舉前數小時內進行競選報導。

在 2017 年 5 月 7 日舉行的第二輪選舉中,馬克龍以令人信服的 2/3 得票率獲勝,39 歲時成爲法國最年輕的總統。不過,選民們還是找到了表達對馬克龍和勒龐不滿的管道。大約 1/4 的法國選民投了全棄權票,這是近半個世紀以來選民不參與投票率最高的一次,而 400 多萬選民故意投了空白或損壞選票。馬克龍的勝利在法國以外受到歡迎,消息傳出後,歐元飆升至六個月來的新高。由於沒有現有的政黨結構,馬克龍作爲總統的第一個挑戰將是確保法國議會中的工作多數席位。

當 2017 年 6 月舉行立法選舉時,前進(En Marche)!取得了令人信服的勝利,在國民議會 577 個席位中贏得 308 個席位。在貝魯(François Bayrou)的民主運動(MoDem)的額外支持下,馬克龍的聯盟共獲得 350 個席位。儘管這一結果對於一個成立僅十四個月的政黨來說是一個驚人的表現,但投票率僅爲 42.6%,是法國近代歷史上選民參與議會選舉的最低比率。

大事年表

西元前 35,000 年：克羅馬農人或曰現代人。

西元前 25,000 年至 14,000 年：舊石器時代的偉大藝術。

西元前 6,000 年至 2,000 年：新石器時代。

西元前 58 年：高盧開始被凱撒統率的羅馬人征服。

西元前 52 年：高盧人在韋辛格拖里克斯領導下起義。阿來西亞之圍。韋辛格拖里克斯被俘。

一至三世紀：羅馬和平（時代），自二世紀末起，高盧被基督化。

263 年：法蘭克人和阿勒曼人侵入高盧。

406 年：「蠻族」第 1 次大舉入侵。

451 年：匈奴人入侵高盧，首領是阿提拉。

476 年：西羅馬帝國滅亡。

481 年至 511 年：墨洛溫（448 年至 457 年為法蘭克之王）之子克洛維為撒利克法蘭克人之王，他也是建立墨洛溫王朝的第一位法國國王。

561 年：克洛泰爾（511 年至 561 年）去世。法蘭克王國在其兒子間瓜分。

613 年：克洛泰爾二世及隨後的達戈貝爾特重新統一了法蘭克王國。

687 年：宮相、赫斯塔爾的丕平排除了墨洛溫諸王國。

732 年：查理・馬特在普瓦蒂埃擊退阿拉伯人。

752 年：矮子丕平（714 年至 768 年）廢黜墨洛溫末代國王。

768 年至 814 年：查理曼統治時期。

800 年：查理曼在羅馬被教皇加冕為皇帝。

814 年至 840 年：虔誠者路易一世統治時期。

842 年：史特拉斯堡誓言，這是以作為法語雛型的一種語言撰寫的第一份文獻。

843 年：《凡爾登條約》，法蘭克王國在虔誠者路易的兒子間被瓜分。

844 年：諾曼人最早的幾次大舉入侵。

885 年：歐德伯爵抵抗諾曼人，守住了巴黎。他被推舉為法國國王。

910 年：興建克呂尼修道院。

911 年：《埃普特登條約》，部分領土割讓給諾曼人首領羅隆，這些領土成了諾曼地。

987 年：于格・卡佩（941 年至 996 年）即位，建立卡佩王朝；日後統治法國所有王族皆附屬於該王朝。

1180 年至 1223 年：路易七世之子菲利‧奧古斯都統治時期。

1208 年：討伐阿爾比教徒的十字軍。

1214 年：布汶大捷（7 月）

1226 年至 1270 年：路易九世，即聖路易統治時期。

1285 年：英俊菲利四世即位，他統治至 1314 年。

1307 年：拘捕聖殿騎士團騎士。

1328 年：華洛瓦家族的菲利六世即位（新的王朝）。

1337 年：百年戰爭開始。

1345 年：巴黎最高法院誕生。

1347 年至 1350 年：黑死病。

1355 年：巴黎商會會長艾迪‧馬賽與王權對抗。

1364 年：查理五世即位。

1415 年：英國國王亨利五世在阿金庫爾擊敗法國人（10 月 25 日）。

1429 年：貞德解奧爾良之圍並使查理七世在蘭斯加冕。

1453 年：百年戰爭結束。

1461 年：路易十一即位。

1494 年：查理八世進行義大利戰爭。

1499 年：路易十二奪取米蘭和熱那亞。

1547 年至 1559 年：亨利二世統治時期。

1562 年：宗教戰爭開始。

1572 年：聖巴托羅繆大屠殺。

1589 年：納瓦爾的亨利（亨利四世）建立波旁王朝。

1610 年：亨利四世被刺。

1624 年：路易十三命紅衣主教李希留攝政。

1635 年：法蘭西學院建立。

1637 年：笛卡兒發表《方法論》。

1643 年：路易十三去世，奧地利的安娜攝政。馬薩林任首相，直至 1661 年。

1661 年：路易十四（1638 年至 1715 年）開始親政。

1701 年：西班牙王位繼承戰爭。

1715 年：路易十四去世。

1748 年：路易十五開始統治。

1751 年至 1772 年：《百科全書》在達朗貝爾和狄德羅領導下出版。

1766 年：洛林歸屬法國。

1768 年：熱那亞將科西嘉賣給法國。

1774 年：路易十五去世。路易十六開始統治。

1788 年：路易十六決定於 1789 年 5 月 1 日在凡爾賽召開三級會議。

1789 年至 1799 年：法國大革命。

1789 年：《人權宣言》發表（8 月 26 日）。

1792 年：廢除君主制（9 月 21 日）。共和國元年（9 月 22 日）。

1793 年：處決路易十六（1 月 21 日）和瑪麗・安東妮（10 月 16 日）。

1793 年：大恐怖，18 個月裡處決了 30,000 萬人。

1793 年：第一次反法聯盟組成。

1794 年：都督政府（10 月 26 日）

1798 年：第二次反法聯盟。

1800 年：創建法蘭西銀行。

1804 年：拿破崙加冕（12 月暗日）

1805 年：第三次反法聯盟。

1810 年：拿破崙娶奧地利的瑪麗・路易絲為妻。

1812 年：俄羅斯戰役開始。

1814 年：拿破崙退位（4 月 4 日至 6 日）。波旁王朝復辟。路易十八（任國王至 1824 年）賜予（法國以）憲章。

1814 年至 1815 年：維也納會議（6 月 9 日簽署《最終議定書》）。

1815 年：「百日政權」，拿破崙重返法國。

1815 年：滑鐵盧失敗（6 月 18 日），拿破崙第二次退位，隨之前往聖赫勒那島。

1815 年：第二次巴黎條約（11 月 20 日）使法國重新回到 1789 年時的邊界。

1815 年：維也納會議。

1824 年：查理十世（1757 年至 1830）繼承路易十八。

1830 年：七月革命（7 月 25 日）。路易・菲利普成為「法國人的國王」，7 月王朝開始。開始征服阿爾及利亞。

1830 年至 1848 年：浪漫主義在文學中取得成功。

1848 年：革命爆發並宣告建立第二共和國（2 月 24 至 25 日）。

1848 年：路易・拿破崙當選共和國總統（12 月 10 日）。

1851 年：政變（12 月 2 日）。路易・拿破崙成為第二帝國總統，隨之於 1852 年被稱為拿破崙三世。

1852 年至 1870 年：第二帝國。

1860 年：開始實行自由貿易政策。

1861 年：法國遠征墨西哥。

1869 年：恢復代議制。

1870 年：普法戰爭。法國在色當失敗（9 月 1 日至 2 日）。拿破崙三世垮臺，第三
　　　共和國宣告成立（9 月 4 日）。

1871 年：巴黎公社（3 月至 5 月）。

1871 年：第三共和國開始。

1881 年：公眾享有集會和新聞自由。

1881 年：突尼斯成為保護國。

1893 年：社會主義者進入議會。

1895 年：兼併馬達加斯加。

1898 年：德雷福斯事件。

1913 年：普恩加萊當選共和國總統。

1914 年至 1918 年：第一次世界大戰。

1919 年：和會。凡爾賽條約（6 月 28 日）

1936 年：人民陣線獲勝。萊翁・勃魯姆組織政府，1937 年 6 月辭職。

1938 年：慕尼黑會議（9 月）。

1939 年至 1945 年：第二次世界大戰。

1944 年至 1958 年：第四共和國。

1946 年至 1962 年：非殖民化戰爭。印度支那（1946 年至 1954 年）；阿爾及利亞
　　　（1954 年至 1962 年）。

1947 年至 1949 年：法國加入大西洋憲章，隨後又加入北大西洋公約組織。

1949 年：採納設在史特拉斯堡的歐洲委員會的章程（5 月 5 日）。

1957 年：創建歐洲經濟共同體，該共同體建立了共同市場。

1958 年：第五共和國開始。戴高樂當選共和國總統（12 月 21 日）。

1968 年：「五月風暴」。

1969 年：戴高樂離開政壇。龐畢度當選共和總統（6 月 15 日）。

1974 年：龐畢度總統去世。季斯卡當選總統。

1981 年：密特朗當選共和國總統。

1981 年：取消死刑。

1986 年：首次實施關於地方分權的德費爾法令。

1988 年：密特朗第三次當選共和國總統。

1995 年：雅克・席哈克當選共和國總統。

2007 年：薩科奇當選共和國總統。

2019 年：4 月 15 日 18 時 50 分左右，巴黎聖母院發生大火，預計要花 20 年修復。

參考書目

中文部分

劉金源著法國史，臺北，2004。

黃艷紅等譯，法國史圖說，上海，2005。

劉增泉譯，世界現代史，臺北，2003。

劉境泉譯，歐洲文化史，臺北，1999。

蔡百銓譯法國史，臺北，1989。

鄭德華譯法國史，上海，2002。

英文部分

A. BEHRENS: L'Ancien Régime, Paris, Flammarion, 1969.

A. BOSSUAT: Feanne d'Arc, Paris, P.U.F., 1967.

A. C. HAUDRICOURT et L. HEDIN: L'Homme et les plantes cultivés, Paris, Gallimard, 1944.

A. OLLIVIER: La Commune, Paris, Gallimard, 1966.

A. CORVISIER: L'Armée française de la fin du XVIIe siécle au ministére de Choiseul, 2 volumes, Paris, P.U.F., 1964.

A. ADAMOV: La Commune de Paris, Paris, Éditions Sociales, 1959.

A. DANSETTE: Histoire du Second Empire, Paris, Hachette, 1967.

A. DANSETTE: Histoire religieuse de la France contemporaine, Paris, Flammarion, 1948.

A. DAUMARD: La Bourgeoisie parisienne de 1815 à 1848, Paris, S.E.V.P.E.N., 1963.

A. DAUMARD et F.FURET: Structures et relations sociales à Paris au XVIIIe siécle, Paris, A.C. 1961.

A. DECAUX: Histoire des Françaises, Paris, Libraire Académique Perrin, 1972.

A. DUCASSE, J. MEYER, G. PERREUX: Vie et mort des Français, Paris, Hachette, 1962.

A. FRANÇOIS-PONCET: DE Verdun à Potsdam, Paris, Flammarion, 1948.

A. GRENIER: La Gaule, province romaine, Paris, Didier, 1946.

A. GROSSER: La Politique en France, Paris, 1964.

A. GROSSER: La Politique extérieure de la Ve République, Paris, Le Seuil, 1965.

A. J. TUBESCQ: Les Grands notables en France, 1840-1849, Paris, P.u.f., 1964.

A. KRIEGEL: Aux Origines du parti communiste français, 1914-1920, Paris, Mouton,

1964.

A. KRIEGEL et J.J.BECKER: 1914, la guerre et le mouvement ouvrier français, Paris, Colin, 1964.

A. LATREILLE, E. DELARUELLE, J. R. PALANQUE: Histoire du Catholicisme en France, Paris, S.P.E.S.,1960.

A. LATREILLE: La Seconde Guerre mondiale, Paris, Hachette, 1966.

A. LEROI-GOURHAN: Les Religions de la Préhistoire, Paris, P.U.F., 1964.

A. MATHIEZ: Études sur Robespierre, 2 volumes, Paris, A.Colin, 1918.

A. MELLOR: Histoire de l'anticléricalisme français, Tours, Marne, 1966.

A. OLLIVIER: Saint-Fust et la force des choses, Paris, Gallimard, 1955.

A. POIDEVIN: Finances et relations internationales, 1887-1914, Paris, Colin, 1970.

A. PROST: Histoire de l'Enseignement en France, Paris, Colin, 1968.

ARNO MAYER: Political Origins of the New Diplomacy, 1917-1918, NewHaven, Y.U.P., 1959.

A. SIEGFRIED: Tableau politique de la France de l'Ouest sous la III ^{e} République, Paris, Colin, 1913.

A. SAUVY: Histoire économique de la France entre les deux guerres, 2 volumes, Paris, Fayard, 1965-1967.

A. SOBOUL: La Révolution française, Paris, P.U.F., 1965.

A. SOBOUL: Les Soldats de l'An II, Paris, Club Français du Livre, 1959.

B. GILLE: La Banque et le Crédit en France de 1815 à1848, Paris, P.U.F., 1959.

B. MELCHIOR-BONNET: La Conspiration du Général Malet, Paris, Del Duca, 1963.

BOIS: Les Paysans de l'Ouest, Paris, Mouton, 1960.

B. TEYSSÉDRE: L'Art au siécle de Louis XIV, Paris, L.G.F., 1967.

C.E.LABROUSSE: Esquisse du mouvement des prix et des revenus en France au XVIII ^{e} siécle, 2 volimes, Paris, Dalloz, 1933.

C. FOHLEN: Naissance d'une civilisation industrielle en Histoire générale du Travail, Paris, N.L.F., 1961.

C. FOHLEN: La France de l'entre-deux-guerres, Paris, Castermann, 1966.

C. HIGONNET: Histoire de Bordeaux, Bordeaux, 1965.

CH. HIGONNET: Histoire de l'Aquitaine, Privat, 1972.

CH. LELONG: La Vie quotidienne en Gaule à l' époque mérovingienne, paris, Hachette, 1963.

C. LEDRÉ: La Presse à l'assaut de la monarchie, Paris, A. Colin, 1960.

C. MORAZE: La France bourgeoise, Paris, A. Colin, 1946.

C. WILLARD: Le Mouvement socialiste en France, les Guesdistes, Paris, 965.

C.WILLARD: Socialisme et Communisme français, Paris, Colin, 1967.

D. HALÉVY: La Fin des Notables, Paris, Livre de poche, 1972. La République des Ducs, 1972.

D. HALÉVY: Visites aux paysans du Centre, Paris, Grasset, 1961.

E. BARATIER et F. REYNAUD: Histoire du Commerce de Marseille, Paris, Plon, 1951.

E. CASSIRER: La Philosophie des Lumiéres, Paris, Fayard.

E. FAURE: La Disgrâce de Turgot,Paris, Gallimard, 1961.

E. GABORY: Anne de Bretagne Duchesse et Reine, Paris, Plon, 1941.

E. G.LÉONARD: Les Angevins de Naples, Paris, P.U.F., 1954.

E. LAVISSE: Histoire de France depuis les origines jusqu'à la Révolution, Paris, Hachette, 1903-1911.

E. LE OY-LADURIE: Les PAYSANS DE Languedoc, 2 volumes, Paris, S.E.V.P.E.N., 1966.

E. DOLLEANS: Proudhon, Paris, Gallimard, 1948.

E. BEAU DE LOMÉNIE: Les Responsabilités des Dynasties bourgeoises, Paris, Denoël; 1947.

E. MOREAU: Souvenirs d'un gouverneur de la Banque de France, Paris, Genin, 1954.

E. POGNON: De Gaulle et l'Histoire de France.

E. WEBER: L'Action française, Paris, Stock, 1964.

F. CROUZET: Essai de construction d'un indice annuel de la production industrielle française au XIXe siécle, Annales, janvier 1970.

F. GOGUEL: La Politique des partis sous la IIIe République, Paris, Le Seuil, 1968.

F. CROUZET: L'Économie britannique et le blocus continental, Paris, P.U.F., 1956.

F. BRAUDEL: La Méditerranée et le monde méditerranéen à l' époque de Philippe

F. FURET et D.RICHET: La Révolution française, 2 voulumes, Paris, Hachette, 1965.

F. GAXOTTE: Le Siécle de Louis XV, Paris, Fayard, 1974.

F. HINCKER: Les Français devant l'impôt sous l'Ancien Régime, Paris, Flammarion, 1971.

F. LOT: La Fin du monde antique et le début du Moyen Age, Paris, A. Michel, 1968.

F. LOT: La Gaule, Paris, Fayard, 1947.

F. L. GANSHOF: Qu'est-ce que la féodalité ?, Lebeque, Bruxelles, 1957.

F. LOT et F. FAWTIER: Histoire des institutions françaises au Moyen Age, 3 volumes, Paris, P.U.F., 1957-1962.

F. NOURISSIER: Les Français, Lausanne, Rencontre, 1968.

G. DE BERTIER DE SAUVIGNY: La Restauration, Paris, Flammarion, 1955.

G. BOURGIN: La Commune, Paris, P.U.F., 1969.

G. DUVEAU: 1848, Paris, Gallimard, 1965.

G. DUVEAU: La Vie ouvriére sous le Second Empire, Paris, Gallimard, 1946.

G. P. PALMADE: Capitalisme et capitalistes français au XIXe siécle, Paris, A.Colin, 1961.

G. DUBY et R. MANDROU: Histoire de la civilisation française, Paris, A. Colin, 1958.

G. DUBY: L'An Mil, Paris, Julliard, 1967.

G. DUBY: Histoire de la France, Paris, Larousse., 3 vol, 1970.

G. DUBY: L' Économie rurale et vie des campagnes dans l'Occident médiéval, IXe-XVe siécles, Paris, Aubier, 1962.

G. FOURNIER: Les Mérivingiens, Paris, P.U.F., 1966.

G. LIVET: Les Guerres de religion, Paris, P.U.F., 1964.

G. TESSIER: Charlemagne, Paris, A. Michel, 1967.

G. TERRIER: Le Baptême de Clovis, Paris, P.U.F., 1966.

G. ZELLER: Les Institutions de la France au XVIe siécle, Paris, P.U.F., 1948.

G. LEFEBVRE: La Grande Peur de 1789, Paris, A.Colin, 1932.

G. LEFEBVRE: La Révolution française, Paris, P.U.F. (Peuples et Civilisations), 1963.

G. LIVET: L'Intendance d'Alsace sous Louis XIV, Paris, Les Belles Lettres, 1956.

G. LEFEBVRE: Napoléon, Paris, P.U.F., 1965.

G. LACOUR-GAYET: Talleyrand, Paris, Payot, 1946.

G. BOURGIN: La IIIe République, Paris, Colin, 1967.

G. et E. BONNEFOUS: Histoire politique de la IIIe République, 7 volumes, Paris, P.U.F., 1956-1971.

G. LEFRANCE: Le Mouvement socialiste sous la IIIe République, Paris, Payot, 1963.

G. LEFRANCE: Le Syndicalisme en France, Paris, P.U.F., 1964.

G. BONHEUR: Qui a cassé le vase de Soissons ? l'album de famille de tous les Français, Paris, Laffont, 1963.

G. PEDRONCINI: La Haut Commandement et la poursuite de la guerre 1917-1918, Paris, 1971.

G. PEDRONCINI: Les Mutineries de l'armée française, 1917, Paris, P.I.F., 1968.

G. BONNET: Le Quai-d'Orsay sous trois Répibliques, Paris, Fayard, 1961.

G. WORMSER: La République de Clemenceau, Paris, P.U.F., 1961.

G. DUPEUX: La France de 1945 à 1965, Paris, Colin, 1969.

G. ELGEY: La République des Illusions, Paris, Fayard, 1965.

La République des Contradictions, Paris, Fayard, 1968.

G. DE CARMOY: Les Politiques étrangères de la France 1944-1966, Paris, La Table Ronde, 1967.

G. LEFRANC: Histoire du Front populaire, Paris, Payot, 1965.

H. DE MAN: Facques Coeur, argentier du Roy, Paris, Tardy, 1951.

H. HAUSER et A. RENAUDET: Les Débuts de l'Age moderne, Paris, P.U.F., 1956.

H. HUBERT: Les Gaulois, Paris, A. Michel, 1950.

H. MÉTHIVIER: Le Siécle de Louis XIII, Paris, P.U.F., 1964.

H. MÉTHIVIER: Louis XIV, Paris, P.U.F., 1950.

H. P. EYDOUX: La France antique, Paris, Plon, 1962.

H. TOUCHARD: Le Commerce maritime breton à la fin du Moyen Age, Paris, Les Belles Lettres, 1967.

H. MÉTHIVIER: L'Ancien Régime Paris, P.U.F., 1968.

H. MÉTHIVIER: Le Siécle de Louis XV, Paris, P.U.F., 1968.

H. GUILLEMIN: Le Coup du 2 décembre, Paris, Gallimard, 1952.

H. GUILLEMIN: Les origines de la Commune, Paris, Gallimard, 1966.

H. AMOUROUX: La Vie des Français sous l'Occupation, Paris, Fayard, 1961.

H. GRIMAL: La Décolonisation, Paris, Colin, 1967.

H. W. EHRMANN: Polities in France, Boston, Little Brown and, 1968.

H. MICHEL: Histoire de la Résistance, Paris, P.U.F., 1960.

Histoire de la France Libre, Paris, P.U.F., 1963.

J. P. MARTIN: La Rome ancienne, paris, université de France, 1973.

J. BARTIER: Charles le Téméraire, Bruxelles, 1946.

J. CHELINI: Histoire religieus de l'Occident médiéval, Paris, A. Colin, 1968.

J. DELHUMEAU: Histoire de Bretagne, Privat, 1971.

J. DELUMEAU: La Civilisation de la Renaissance, Paris, Arthaud, 1967.

J. HUIZINGA: Le Déclin du Moyen Age, Pari, Payot, 1948.

J. LE GOFF: La Civilisation de l' Occident médiéval, Paris, Arthaud, 1964.

J. LE GOFF: Les Intellectuels au Moyen Age, Paris, Gallimard, 1946.

J. PIVETEAU: Orgine de l' Homme, Paris, Masson, 1958.

J. BOUVIER et H.GERMAIN-MAEYIN: Finances et Financiers d'Ancien Régime, Pairs, P.U.F., 1964.

J. EGRET: La Pré-Révolution française,Paris, P.U.F., 1962.

J. GODECHOT: La Pensée révolutionnaire en France et en Europe 1789-1799, Paris, A.Colin, 1964.

J. GODECHOT: Les Institutions de la Révolution et de l'Emapire, Paris, P.U.F., 1968.

J. GODECHOT: Les Révolutions1770-1799, Paris, P.U.F.1963.

J. GODECHOT: L'Europe et l' Amérique à l' époque napoléonienne, Paris, P.U.F., 1967.

J. LEVRON: Madame de Pompadour, Paris,Arthaud, 1961.

J. MEYER: La Noblesse bretonne au XVIII ^{e} siécle, 2volumes, Paris, S.E.V.P.E.N., 1966.

J. MISTLER: Napoléon et l'Empire, 2 volumes, Paris, Hachette, 1968.

J. ORCIBAL: Louis XIV et les Protestants, Paris, Vrin, 1951.

J. TULARD: L'Anti-Napoléon, la légende noire de l'Empereur, Paris, Julliard, 1965.

J. VIDALENC: Les Émigrés français 1789-1825, Fac. des Lettres de Caen, 1963.

J. BOUVIER: Les Rothschild, Paris, Fayard, 1967.

J. TOUCHARD: La Gloire de Béranger, Paris, A.Colin, 1968.

J. MAITRON: Dictionnaire géographique du mouvement ouvrier français, 3 volumes, Paris, Éditions ouvriéres, 1964-1966.

J. BOUVIER: Le Crédit Lyonnais, Paris, Flammarion, 1968.

J. BOUVIER, F. FURET, M. GILLET: Le Mouvement du profit en France au XIX ^{e} siécle, Paris, Mouton, 1965.

J. B. DUROSELLE: La France et les Français 1900-1914, 1914-1920, 2 L.DE VILLE-FOSSE et J. BOUISSONNOUSE: L'Opposition à Napoléon, Paris, Flammarion, 1969.

J. CHASTENET: Histoire de la III ^{e} République, 4 volumes, Paris, Hachette, 1953-1957.

J. M. MAYEUR: Les Débuts de la III ^{e} République in Nouvelle Histoire de la France con-temporaine, Points, Le Seuil, 1973.

J. BEAUJEU-GARNIER: Gégraphie de la population française depuis le XVIII ^{e} siécle, Populations, octobre 1951 et avril 1952.

J. KAYSER: La Société française dans la France contemporaine, 1815-1839, Paris, Colin, 1958.

J. T.NORDMANN: Les Radicaux, Paris, La Table Ronde, 1974.

J. KAYSER: Les Grandes batailles du radicalisme, Paris, M.Rivière, 1962.

J. M.MAYEUR: La Séparation de l'État, Paris, Julliard, 1966.

J. ISAAC: Un Débat historique, le problème des origines de la guerre, Paris, Rieder, 1933.

J. DROZ: Les Causes de la Première Guerre mondiale, Paris, Le Seuil, 1973.

J. LHOMME: La grande bourgeoisie au pouvoir, 1830-1880, Paris, P.U.F., 1960.

J. M. JEANNEY: Forces et Faiblesses de l'Économie française 1945-1956, Paris, Colin, 1965.

J. FAUVET: La IV République, Paris, Fayard, 1959.

J. CHAPSAL: La Vie politique en France depuis 1940, Paris, P.U.F., 1966.

J. THIBAUDEAU: Mai 68 en France, Paris, Le Seuil, 1968.

Lacouture. J. De Gacelle: Le Politique, 1944-1954 (vol2), Paris, 1985.

Le Monde 1985-2009.

L. FEBVERE: Le Probléme de l'Incroyance au XVIᵉ siécle: la religion de Rabelais, Paris, A. Michel, 1947.

L. GIRARD: La Garde nationale, 1814-1871, Paris, Plon, 1964.

L. GIRARD: La Politique des travaux publics du Second Empire, Paris, A. Colin, 1952.

L. GIRARD: Naissance et mort de la II e République, Paris, Calmann-Lévy, 1968.

L. HALPHEN, R.DOUCET, J.DENIAU, J.GODECHOT, M.BEAUMONT: Histoire de la Société française, Paris, Nathan,1955.

L. MUSSET: Les Invasions, les vagues germaniques, Paris, P.U.F,1965.

L. BODIN, L.TOUCHARD: Front populaire 1936, Paris, Colin, 1961.

L. PALES: Les Néandertaliens en France. Paris, Masson, 1958.

M. AUGE-LARIBE: La Révolution agricole, Paris, A.Michel, 1955.

M. BALDET: La Vie quotidienne dans les armées de Napoléon, Paris, Hachette, 1965.

M. LÉVY-LEBOYER: La Croissance économique en France au XIX ᵉ siécle, Annales, juillet1968, pp.788-807.

M. PARTURIER: Morny et son temps, Paris, Hachette, 1969.

M. RECLUS: MONSIEUR Thiers, Paris, Plon, 1929.

M. WINOCK et J.P. AZEMA: Les Communards, Paris, Le Seuil, 1964.

M. BLOCH: La Société féodale, Paris, A. Michel, 1939-1940.

M. BLOCH: Les Caractéres originaux de l'Histoire rurale française, Paris, A.Colin, 1953.

M. BLOCH: Les Rois thaumaturges, Strasbourg, Istra, 1924.

M. DE BOÜARD: Histoire de la Normandie, Paris, 1971.

M. DILLON, N.K. CHADWICK, Ch. J. GUYONVARC'H: Les Royaumes celtiques, Paris,

Fayard, 1974.

M. MOLLAT: Histoire de l' Ile-de-France et de Paris, Privat, 1973.

M. MOLLAT: Genése médiévale de la France moderne-XIVe-XVe siécles Paris, Arthaud, 1970.

M. MOLLAT: Le Commerce maritime normand à la fin du Moyen Age, Paris, Plon, 1952.

M. LAUNAY et J. M. GOULEMOT: Le Siécle des Lumiéres, Paris, Le Seuil, 1968.

M. AUGE-LARIBE: La Politique agricole de la France de 1850 à 1940, Paris, P.U.F., 1950.

M. SOULIÉ: La Vie d'E.Herriot, Paris, Colin, 1962.

M. BEAUMONT: L'Essor culturel et l'impérialsme colonial, 1878-1904, Paris, Alcan, 1965.

M. OZOUF: L'École, l' Église et la République, Paris, A.Colin, 1963.

M. FERRO: La Grande Guerre, 1914-1918, Paris, Gallimard, 1969.

M. GENEVOIX: Ceux de 14, 4 volumes, Paris, Flammarion, 1949.

M. BLOCH: L'Étrange Défaite, Paris, A.Colin, 1957.

M. DUVERGER: La V ^{e} République, Paris, P.U.F., 1959.

M. PARODI: L' Économie et la société française de 1945 à 1970, Paris, A. Colin, 1971.

M. COUVE DE MURVILLE: Une Politique étrangère 1958-1969, Paris, Plon, 1971.

Maclean. M. The mitterrand Year: Legacy and Evalution, London, 1998.

P. GRIMAL: La Civilisation romaine, Paris, Arthaud, 1960.

P. M. DUVAL: Les Celtes, Paris, Payot, 1945.

P. M. DUVAL: La Vie quotidienne en Gaule romaine pendant la paix romaine, Paris, Hachette, 1953.

P. MURRAY-KENDALL: Louis XI, Paris, Fayard, 1974.

P. RICHE: Les Invasions barbares, Paris, P.U.F., 1967.

P. RICHE: Éducation et culture dans l' Occident barbare, Paris, Le Seuil, 1962.

P. WOLFF: Commerce et marchands de Toulouse, Paris, Plon, 1954.

P. WOLFF et P.DOLLINGER: Bibliographie d'histoire des villes de France, Paris, Klincksieck, 1967.

P. CONTAMINE: La Guerre de Cent ans, Paris, Gallimard, 1946.

P. CONTAMINE: La Guerre de Cent ans, Paris, P.U.F., 1968.

P. VIGER: La Seconde République, Paris, P.U.F., 1967.

P. SORLIN: La Société française, 2 volumes, Paris, Arthaud, 1969.

volumes, Éditions de Richelieu, 1972.

P. CHAUNU: Le Temps des Réformes, Paris, Fayard, 1975.

PH. DOLLINGER: Histoire de l'Alsace, Privat, 1972.

II, 2 volumes, Paris, A.Colin, 1967.

PH. WOLFF: Histoire du Languedoc, Privat, 1970.

P. et G. FRANCASTEL, P. TINE et M. Bex: Histoire de la peinture française du XIVᵉ au
      XVIIIᵉ siécle,2 volumes, Paris, Bruxelles, 1955.

P. GAXOTTE: La France de Louis XIV, Paris, Hachette, 1968.

P. GOUBERT: Louis XIV et Vingt millions de Français, Paris, Fayard, 1966.

P. BÉNICHOU: Morales du Grand Siécle, Paris, Gallimard, 1948.

P. HAZARD: La Crise de la conscience européenne.

P. VERLET: Versailles, Paris, Fayard, 1961.

P. GAXOTTE: La Révolution française, Paris, A. Colin, 1959.

P. CARON: Les Massacres de septembre, Paris, Maison du Livre Français, 1935.

P. GOUBERT et M.DENIS: 1789, Les Français de la Parole, les Cahiers de Doléances des
      États Généraux, Paris, Julliard, 1964.

Parry. M. et aleds. The Changing Voice of Europe Gardiff. 1994.

P. AVRIL: Le Régime politique de la V ᵉ République.

Péan. P. Une Jeunesse Française, Paris, 1994.

P. GRIMAL et E. TEMIME: La Société française 1914-1970 à travers la littérature,
      Paris,Colin, 1971.

PH. WILLIAMS: Polities in Post War France, Londres, Longmans, 1954.

P. ROBRIEUX: Thorez, Paris, Fayard, 1974.

P. VIANSSON-PONTÉ: Histoire de la République gaullienne, Paris, Fayard, 1970.

P. M. DE LA GORCE: La Répiblique et son armée, Paris, Fayard, 1963.

PH. ALEXANDRE: Le Duel De Gaulle-Pompidou, Paris, Grasset, 1970.

R. BOUTRUCHE: La Crise d'une société: Seigneurs et Paysans du Bordelais pendant la
      Guerre de Cent ans, Paris, Les Belles Lettres, 1947.

R. BOUTRUCHE: Seigneurie et féodalité, Paris, Aubier, 1959.

R. FAWTIER: Les Capétiens et la France, Paris, P.U.F., 1942.

R. LATOUGHE: Les grandes invasions et la crise de l'Occident au Ve siécle, Paris, Aubier,
      1946.

R. S. LOPEZ: Naissance de l' Europe, Paris, Arthaud, 1964.

R. DOUCET: Les Institutions de la France au XVIᵉ siécle, 2 volumes, Paris, Picard, 1948.

R. MANDROU: Introduction à la France moderne 1500-1640, Paris, A. Michel, 1961.

R. MOUSNIER: Les XVIe et XVIIe siécles, Paris, P.U.F., 1965.

R. MOUSNIER: Les XVIe et XVIIe siécles en Histoire générale des civilisations, T.4, Paris, P.U.F., 1965.

R. MANDROU: Magiciens et sorciers en France du XVIIe siécle, PARIS, Plon, 1968.

R. MANDROU: La France aux XVIIe et XVIIIe siécles, Paris, P.U.F., 1967.

R. MOUSNIER: Les Hiérarchies sociales de 1450 à nos jours, Paris,P.U.F, 1969.

R. PERNOUD: Histoire de la Bourgeoisie en France, Paris, Le Seuil, 1960-1962.

R. MAUZY: L'Idée de bonheur au XVIIIe siécle en France, Paris, A.colin, 1960.

R. MOUSNIER, E. LABROUSSE, M. BOULOISEAU: Le XVIIIe siécle, Révolution intellectuelle, technique et polotique, 1715-1815, Paris, P.U.F. (Histoire générale des Civilisations), 1953.

R. RÉMOND: La Droite en France, de la Restauration à nos jours, Paris, Aubier, 1963.

R. MANEVY: La Presse de la IIIe République, Paris, Foret, 1955.

R. GIRARDET: La Société française dans la France contemporaine, 1815-1839, Paris, Plon, 1952.

R. GIRARDET: Le Nationalisme français, 1871-1914, Paris, Colin, 1966.

R. ARON: Histoire de Vichy (avec Georgette Elgey), Paris, Fayard, 1961.
        Histoire de la libération de la France,Paris,Fayard,1959.

Rioux J. P. The Fourth Republic 1944-1958, London, 1987.

R. GIRARDET: La Crise militaire française, Coin, Paris, 1964.

R. RÉMOND: Forces religieuses et attitudes politiques dans la France contemporaine, Paris, Colin, 1965.

S. HOFFMANN: A la recherché de la France, Paris, Le SEUIL, 1963.

T. J. MARKOVITCH: Histoire quantitative de l'Économie françaisc. L'Industric françaisc de 1789 à 1964, 4 volumes, Paris, I.S.E.A., 1966.

V. L. TAPIE: La France de Louis XIII et de Richelieu, Paris, Flammarion, 1967.

Note

Note

Note

國家圖書館出版品預行編目資料

法國史（第二版）／劉增泉編著. －－二
版.－－臺北市：五南圖書出版股份有限公
司, 2021.08
面； 公分
ISBN 978-986-522-034-1（平裝）

1.法國史

742.1   109007327

1WE9 西洋史系列

法國史（第二版）

編　　著 ─ 劉增泉（360.5）

發 行 人 ─ 楊榮川

總 經 理 ─ 楊士清

總 編 輯 ─ 楊秀麗

副總編輯 ─ 黃惠娟

責任編輯 ─ 江莉瑩

封面設計 ─ 姚孝慈

出 版 者 ─ 五南圖書出版股份有限公司

地　　址：106台北市大安區和平東路二段339號4樓

電　　話：(02)2705-5066　　傳　　真：(02)2706-6100

網　　址：https://www.wunan.com.tw

電子郵件：wunan@wunan.com.tw

劃撥帳號：01068953

戶　　名：五南圖書出版股份有限公司

法律顧問　林勝安律師事務所　林勝安律師

出版日期　2010年4月初版一刷
　　　　　2016年10月初版三刷
　　　　　2021年8月二版一刷

定　　價　新臺幣550元

※版權所有·欲利用本書內容，必須徵求本公司同意※

五南
WU-NAN

全新官方臉書

五南讀書趣

WUNAN
Books
since1966

Facebook 按讚

1秒變文青

★ 專業實用有趣
★ 搶先書籍開箱
★ 獨家優惠好康

五南讀書趣 Wunan Books

不定期舉辦抽獎
贈書活動喔！！！

經典永恆・名著常在

五十週年的獻禮 ── 經典名著文庫

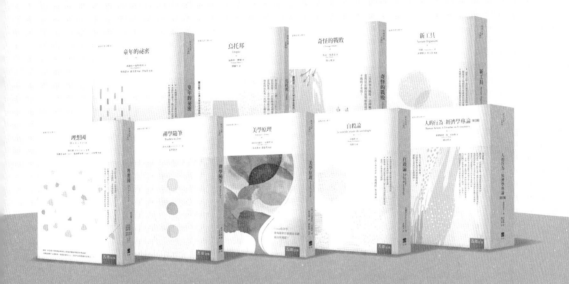

五南，五十年了，半個世紀，人生旅程的一大半，走過來了。

思索著，邁向百年的未來歷程，能為知識界、文化學術界作些什麼？

在速食文化的生態下，有什麼值得讓人雋永品味的？

歷代經典・當今名著，經過時間的洗禮，千錘百鍊，流傳至今，光芒耀人；

不僅使我們能領悟前人的智慧，同時也增深加廣我們思考的深度與視野。

我們決心投入巨資，有計畫的系統梳選，成立「經典名著文庫」，

希望收入古今中外思想性的、充滿睿智與獨見的經典、名著。

這是一項理想性的、永續性的巨大出版工程。

不在意讀者的眾寡，只考慮它的學術價值，力求完整展現先哲思想的軌跡；

為知識界開啟一片智慧之窗，營造一座百花綻放的世界文明公園，

任君遨遊、取菁吸蜜、嘉惠學子！